轉型中的行政與立法關係

黃秀端、盛杏湲、陳宏銘、蔡韻竹
吳志中、廖達琪、黃宗昊、沈有忠
劉書彬、吳重禮、邱師儀、陳月卿
李承訓、崔曉倩 ◆著

序　言

　　籌劃多年的《轉型中行政與立法的關係》一書終於出版了，這是東吳大學政治系國會研究中心繼《黨政關係與國會運作》一書之後的第二本專書。為了堅持論文的品質，所有的文章皆經過雙向匿名外審，有幾篇文章在審查過程中未獲審查者之青睞，只好割愛；也有一些文章經過多次的修改終於完成。在經過一番的波折之後，方能有機會出版。

　　東吳大學政治學系國會研究中心自2006年經系務會議通過成立之後，即致力於國會的研究、資料庫的建立、並透過年度的研討會與國內外學者研究切磋。為使資源共享，研究中心並設立網站，提供本系所搜集的各種資料與學界分享，網址為http://classi.ppo.scu.edu.tw/congress/，近年來已有多位國內外學者陸續向本中心申請記名表決資料的使用。

　　行政與立法的關係是一國憲政體制運作中最核心的部分，不同的憲政體制下，行政立法互動也有所差異。馬英九總統以「司法正義守護者」為名，為了立法院院長王金平關說案，而開除其黨籍，並希望藉此摘除其不分區立委職務，進而影響其院長職務。此舉因而引發國內法律學者對於總統逾越憲政規範的質疑。換言之，在憲政的規範之下，總統與國會各有其權力分際，總統不能介入國會自律事項、侵犯立法權的核心領域。本書共有十二篇文章，三大部分。第一部分的焦點放在臺灣的行政與立法之間的關係，包括行政與立法對法案審查的影響力、總統對於其優先法案是否有影響力、以及政黨在記名表決的攻防。第二部分則進行跨國比較，特別是本書對於臺灣與法國有非常精彩的比較。第三部分則是從民眾的角度來觀察，透過民調結果，分析民眾的想法。

　　本書要感謝以上十二篇文章作者的參與，沒有他們的寫稿，自然就沒有這本書。另外，也要感謝所有審查者的用心審查，讓我們有機會提升文章內容品質。再來，系上同仁對國會研究中心以及研討會的支持與共同努力亦是本書出版之動力。當然也要感謝我的助理洪煒婷與陳中寧的協助校對與各種行政協助。對於五南圖

書出版公司願意協助本系出版國會研究系列叢書亦是由衷的感激。為使本書更為完整，本書亦收錄了兩篇曾經於《問題與研究》發表的文章，在此要感謝該期刊同意此兩篇期刊論文讓本書出版。

　　最後，要特別感謝東吳政治學系66級學長，也是富蘭克林證券投資顧問股份有限公司總裁劉吉人先生的慷慨解囊，提供本書的論文審查費用、校對之工讀費、及其他相關費用，讓本書得以順利出版。劉學長對本系的貢獻不僅於此，對清寒學生助學工讀金的支持、對於英文表現優秀學生的獎勵、對於本系各項活動的贊助都令人銘感在心。劉學長最近的一項對國會助理人才的培育與就業計畫更成為本系的特色之一。

黃秀端

於外雙溪

2014/02/20

目　次

第六章　半總統制下的國會監督—從法制面比較臺灣與法國國會的監督能量　173

第七章　左右共治vs.藍綠共治 —— 法國與臺灣共治與否的賽局分析　223

第（一）章　前言：行政與立法之互動

黃秀端

　　無論是總統制、內閣制或半總統制，行政與立法之間的關係一向是政治運作的核心。內閣制國家行政與立法合一，行政必須向立法負責；總統制國家行政權掌握於總統手中，行政與立法分離，彼此相互制衡。半總統制國家一方面有民選的總統，另一方面又有向國會負責的內閣，行政與立法之間的關係較為複雜。

壹、行政與立法一體的內閣制國家

　　在內閣制國家中，先由人民選出國會議員，再由國會的多數黨黨魁組閣，閣員由閣揆任命，人民並不直接選舉閣揆。內閣閣員主要來自國會。內閣必須向國會負責，向國會提出施政報告，內閣亦可提出各種議案、並為政策辯護。國會對內閣有質詢權、國會對法案、預算有審查權。內閣之在位與否決定於國會的信任，國會如果對內閣不滿意可以行使倒閣權，倒閣之後內閣必須總辭，並得解散國會，交由人民選擇。對於重大法案，內閣可以主動提出信任案（vote of confidence），如果議會通過內閣所提出之重要議案或預算案，表示對內閣之信任；若未通過表示對內閣不信任，內閣還是要總辭。若有單一政黨過半時，就由該政黨組閣，由於行政與立法一體，除非執政黨內部內訌，否則法案在國會都能順利過關。英國在二戰之後至2010年之前都是由單一政黨執政。

　　但是執政的首相或總理若不得人心，在黨內可能遭受到嚴重的挑戰。擔任英國首相11年的柴契爾夫人（1979-1990）因人頭稅的問題以及經濟問題引發民怨，再加上保守黨內部對於歐洲經濟及貨幣聯盟問題的分歧，導致因政見不合而退出內閣的前國防大臣赫塞爾廷挑戰柴契爾夫人的黨魁和首相地位。由於赫塞爾廷的挑戰，保守黨舉行了黨魁選舉。在第一輪投票中，柴契爾夫人得票雖然高於赫塞爾廷，但是得票差額並未達到總投票數的15%，必須舉行第二輪投票。選舉的結果反映出，保守黨內確實有不少人對柴契爾夫人的領導與統治失去信心，要求更換黨魁。大多

數閣員認爲，柴契爾夫人未能在第一輪投票順利勝出，便很有可能在第二輪投票落敗。隨後在徵詢各方意見後，柴契爾夫人發表聲明決定退出第二輪投票，結束其首相生涯。之後，保守黨選出梅傑擔任黨魁和首相。

在日本則發生掌握國會多數的民主黨卻無能力治理國家，以致首相更迭不斷之情況。2009年在野的民主黨以接近三分之二的308議席（64%），贏得國會大選勝利。由鳩山由紀夫組閣，成爲自1993年細川內閣以來首位由非自民黨贏得選舉後組成的內閣，也成爲日本第一個以民主黨人爲首組成的內閣。內閣成立之初，民眾抱以厚望，支持度超過70%，但首相自己及小澤一郎的政治獻金案及沖繩美軍普天基地搬遷問題，8個月之後鳩山內閣之聲望跌低至20%。在位不到9個月（2009/09/15-2010/06/08）的鳩山由紀夫在黨內人士的逼宮下辭職。[1]繼任的菅直人首相也好不到那裡，又碰上前所未有的311地震及引發的海嘯所造成的重大核災，未能採取有效措施救災以及激勵災後的日本而被迫辭職，在位僅14個月（2010/06/08-2011/08/29）。2011年8月，野田佳彥以民主黨黨魁身分當選爲首相，面臨如何帶領日本從311那場毀滅性之地震以及隨後的海嘯、核災危機中走出來，重振該國經濟的嚴峻考驗。由於民主黨並未在參院掌握多數，幾乎民主黨的主要政策都不能得到通過。爲推動將消費稅提至10%的法案，最終卻只能靠同意解散國會、提前大選來換取通過。在2012年12月16日的眾議院選舉中，民主黨慘敗，自民黨又重返執政地位。

不少內閣制國家都是多黨林立的情況，因此沒有政黨能在國會取得過半席次，須由席次最多的政黨與他黨組成聯合政府，德國自二戰以來從沒有單一政黨執政過，目前的梅克爾政府是由聯盟黨與自民黨的共同執政。比利時、荷蘭、義大利、以色列都是典型的多黨制國家。

但也並不是所有時候，都能組成過半的多數政府。有時候由於無法談妥條件或因意識型態差距過大，也有少數政府組閣之情況。比利時更因爲荷語區和法語區之不合，導致長達540天無法組閣，在這期間比利時國王艾伯特二世（Albert II）只好任命勒德姆（Yves Leterme）組成看守政府（caretaker government），沒想到此看守政府一做就是一年多，直到2011年12月5日社會黨迪賀波（Elio Di Rupo）組成新政府。

---

[1] 有人認爲鳩山政權如此短命是因爲鳩山本人的領導能力不足，但是黃偉修（2011）認爲是民主黨建構的決策運作模式本身存在的缺陷，導致決策混亂。

我們常認為多數政府是正常，少數政府為例外，但是Strom（1990）的研究發現，有三分之一的內閣為少數政府。少數政府之所以產生可能有不同的情況，但是都是在某些結構限制下，政黨領袖所作之理性抉擇。少數政府常被汙名化為政治不穩定與衝突的代名詞。Strom（1990）的跨國研究顯示，少數政府的存續雖不如多數聯合政府，然而其表現並未特別差。從義大利與挪威的立法記錄來觀察，少數政府的立法效能亦不亞於多數聯合政府。Paloheimo（2001）對於芬蘭的研究發現看守型的少數政府在提案數量呈現低落之情況，不過看守型政府本來就不被期望有任何積極作為。不過Strom也承認內閣制國家的立法效能較難測量，因為內閣制國家在某些提案失敗的情況下，可能面臨下台的命運，所以政府提案較為謹慎，往往會衡量政黨分配的狀態，再決定是否將法案提出，總統制國家總統提案時，則較沒有此種顧忌。

貳、權力分立下的總統與國會的關係

美國為總統制國家，採取權力分立制度。依據美國憲法第一條第八項，立法權屬於國會；而依第二條第三項，規定總統負責忠實的執行法律。為謹守權力分立之原則，總統無提案權、不能出席國會報告施政方針、不能到國會為政策辯護、更不能解散國會；國會也不能質詢總統、亦無倒閣權。同時，在總統制國家，國會議員不能擔任政府官員，若擔任政府官員必須辭去國會議員職務，不似內閣制國家的行政與立法一體。總統與國會分別由人民直接選舉，不管國會的多數是那一黨，總統既然是由人民直接選舉，就由總統組織政府，其政府成員可以來自社會各界，包括：學界、商界、黨務部門、民間團體、甚至國會議員。但是政府官員的任命必須經過參議院行使同意權。

在早期，國家事務單純、立法相對簡單，因此由國會提案、立法，然後總統執行的模式，倒也能順利進行。然而此種總統與國會的關係在羅斯福總統時期發生重大改變。羅斯福總統上台時，正值美國經濟大恐慌，為應付接踵而來的危機，遂給予總統直接影響立法的機會。羅斯福總統的作法是在國情咨文或年度經濟報告時，明確指出政府施政計畫，分析問題所在，並提出因應之道，且通常有一份起草法案送到國會。除此之外，他更派員至國會監督法案並針對法案之進行與推動進行遊說（Watson and Thomas, 1988: 239）。但是即使如此，仍無法保證像內閣制國家一

樣,在嚴明的黨紀下,順利過關。立法議程掌握在國會手中,即使是總統法案也可能被修改得面目全非。國會也可能通過總統不喜歡的法案。因此憲法也同時賦予了總統否決權。

依美國憲法規定經國會三讀通過之法案,便送交總統簽署。總統在收到法案之後,十天之內必須:(一)簽署法案,該法案便正式成為法律;或(二)將法案否決,送回國會覆議,國會兩院必須要分別以三分之二的絕對多數,方能推翻總統之否決,維持原議案,否則該法案便因此被打消;或(三)總統也可以不採取任何行動,那麼十天之後,該法案便自動成為法律。但是若正值國會休會期間,此時總統若拒不簽署,該法案便不能成為法律,此種情況便稱為口袋否決(pocket veto)。被口袋否決的法案,國會便無機會覆議。

羅斯福總統為了推行新政,領導立法,將否決權的藝術使用到最高峰。他總共動用了635次否決權,為歷屆總統之冠(Pfiffner, 1994: 139)。艾森豪總統時開始成立國會聯絡辦公室(The White House Office of Public Liaison),設專人來負責總統府與國會的溝通。自此之後,總統使用否決權的次數就沒有像羅斯福總統那麼多,不過否決權還是總統對抗國會最有力的武器。

由於總統與國會分別由人民選舉,有不同的選民基礎,再加上有期中選舉,因此總統所屬政黨與國會的多數黨常不一致。美國國會有兩院,只要總統所屬的政黨與國會任何一院的多數黨不一致,就被稱為分立政府(divided government)。由表1-1中可以發現,於二次大戰之後,府會經常是由不同政黨所控制,也就是分立政府的狀態。與內閣制相較,美國的黨紀鬆弛,若是黨紀嚴明,在分立政府時期,總統法案便不可能通過。不過若兩院皆由同一政黨的國會議員掌握多數席次時,因為相同政黨陣營在意識形態畢竟較為接近,說服與溝通也比較容易。

此種府會分立狀態對於政府施政或府會互動可能產生的後果,引起相當多學者的關懷。然而對於分立政府之府會間分別掌控於不同政黨,是否會因此而升高府會衝突,進而造成行政與立法的僵局,政策制定之滯塞(policy gridlock)、停頓與效率的缺乏 (inefficiency)(Binder, 1999; Coleman, 1999; Cox and Kernell, 1991;Cox and McCubbins, 1991; Cutler, 1988; Leonard, 1991; Sundquist, 1986, 1988, 1990),學者之間的看法相當分歧。有些學者認為議會扮演監督制衡行政部門的關鍵角色,因此,一旦行政首長與議會分屬不同政黨時,反對黨掌握之委員會或院會便會經常掣肘行政首長提出之政策,形成立法僵局。更有進者,分立政府常出現執政黨與在野黨的界線不易區分,政策混淆,爭功諉過的現象。其中最為人所詬病

的乃是政策制定和執行的疏失責任將無法釐清歸屬。再者，就國家政治經濟情況而言，若干學者相信美國經濟表現深受政府體制的影響；一致政府時期國家總體經濟表現較佳，而分立政府將會導致政策偏失與預算赤字竄升（Alesina and Rosenthal, 1995; McCubbins, 1991）。

　　儘管若干學者認為分立政府的確會造成政策僵局，然而也有學者強調分立政府符合憲政體制的制衡原則，符合多數選民的預期心理，並無損於政策制訂與執行成效（Jacobson, 1991; Jones, 1994; Krehbiel, 1996, 1998; Mayhew, 1991a, 1991b; Menefee-Libey, 1991; Petracca, 1991; Quirk and Nesmith, 1994; Mattei and Howes, 2000）。

　　為了檢證分立政府的運作是否有別於一致政府，Mayhew（1991b）分析二次大戰結束後至1990年間美國府會關係的互動。經由公眾矚目的國會調查案件、社會福利計畫與政府規範性政策，以及國會制定的重要法案等三個面向的探討，其結論指出分立政府並不必然使得立法過程產生僵局，也不至於使決策結果有顯著差別。該書曾經引起學界諸多的討論，14年之後，Mayhew（2005）再度將同樣的研究延伸至2002年間美國府會關係的互動，得到的結論並無不同。Jones（1994）也主張沒有理由認為分立政府是形成立法僵局之因；在分立政府之下，立法的產量和輸出並不亞於一致政府。Fiorina（1996）檢驗分立政府對於預算赤字、參院對官員的任命同意權、參院的條約批准權以及總統的否決等多項指標，他發現除了總統否決權受到反對黨在國會席次多寡的影響外，其他因素皆未呈現顯著之區別。

表1-1　美國總統的政黨與國會兩院政黨控制之情況，1945-2012

國會屆期	總統	總統政黨	眾院多數黨	參院多數黨	Party Control
79th	Truman	Democratic	Democratic	Democratic	Single
80th	Truman	Democratic	Republican	Republican	Split
81st	Truman	Democratic	Democratic	Democratic	Single
82nd	Truman	Democratic	Democratic	Democratic	Single
83rd	Eisenhower	Republican	Republican	Republican	Single
84th	Eisenhower	Republican	Democratic	Democratic	Split
85th	Eisenhower	Republican	Democratic	Democratic	Split
86th	Eisenhower	Republican	Democratic	Democratic	Split

表1-1　美國總統的政黨與國會兩院政黨控制之情況，1945-2012（續）

國會屆期	總統	總統政黨	眾院多數黨	參院多數黨	Party Control
87th	Kennedy	Democratic	Democratic	Democratic	Single
88th	Kennedy/Johnson	Democratic	Democratic	Democratic	Single
89th	Johnson	Democratic	Democratic	Democratic	Single
90th	Johnson	Democratic	Democratic	Democratic	Single
91st	Nixon	Republican	Democratic	Democratic	Split
92nd	Nixon	Republican	Democratic	Democratic	Split
93rd	Nixon/Ford	Republican	Democratic	Democratic	Split
94th	Ford	Republican	Democratic	Democratic	Split
95th	Carter	Democratic	Democratic	Democratic	Single
96th	Carter	Democratic	Democratic	Democratic	Single
97th	Reagan	Republican	Democratic	Republican	Split
98th	Reagan	Republican	Democratic	Republican	Split
99th	Reagan	Republican	Democratic	Republican	Split
100th	Reagan	Republican	Democratic	Democratic	Split
101st	Bush	Republican	Democratic	Democratic	Split
102nd	Bush	Republican	Democratic	Democratic	Split
103rd	Clinton	Democratic	Democratic	Democratic	Single
104th	Clinton	Democratic	Republican	Republican	Split
105th	Clinton	Democratic	Republican	Republican	Split
106th	Clinton	Democratic	Republican	Republican	Split
107th	Bush	Republican	Republican	Democratic	Split
108th	Bush	Republican	Republican	Republican	Single
109th	Bush	Republican	Republican	Republican	Single
110th	Bush	Republican	Democratic	Democratic	Split
111th	Obama	Democratic	Democratic	Democratic	Single
112nd	Obama	Democratic	Republican	Democratic	Split
113rd	Obama	Democratic	Republican	Democratic	Split

資料來源：Foley and Owens (1996) and Office of Clark: US House of Representatives (2013)。

　　Kelly（1994）、Coleman（1999）和Howell et al.（2000）認為Mayhew用回溯性方式來界定什麼是「重要法案」並不恰當，他們採取同時期評價的方式，其結果發現分立政府時代通過的重要法案顯著少於一致性政府。Edwards、Barrett和Peake（1997）以不同的角度切入，分析1947年至1992年期間美國總統支持與反對的法案，結果顯示，國會對於總統支持之「重要法案」沒有通過的情形，不同的政府型態是有顯著差異的。以上這些研究均顯示，分立政府使得立法過程產生僵局和滯塞，政府決策也因此有顯著差別。

　　Jones（2001）認為單純的分立政府假設並無法完全解釋立法遲滯或僵局，應該考慮政黨偏好極化程度（party polarization）以及政黨席次的安排。政黨極化指的是政黨的偏好與其他政黨偏好有明顯區別。當政黨偏好高度極化時，某一政黨的成員將會被動員起來一致的反對另外一政黨之偏好。低政黨極化會降低立法遲滯或僵局，但是高政黨極化，不必然會增加立法遲滯或僵局，此時必須仰賴另外一個變數，即政黨席次分配。當某一政黨的席次足以推翻否決或參院用冗長演說方式阻擾法案進行（filibuster），此時的立法遲滯或僵局反而會降低。

　　一致政府時期並不能保證總統立法在國會的順利過關。卡特總統時期由於不諳與國會的溝通，一開始就想刪減議員肉桶法案的經費，沒想到得罪了朝野政黨的國會議員，使得其在國會遭逢困難。克林頓總統時期的全民醫療保險亦在民主黨占多數的國會踢到鐵板。反過來說，若沒有國會多數支持，執政黨將會很辛苦。黃秀端（2011）一文發現政黨因素不只是以政黨在國會席次大小來呈現，如果某位總統的政黨在某一院雖然擁有多數，但在另外一院並沒有多數，法案仍會受到阻撓，因此以一致與分立政府的型態來觀察，其影響力更大。

　　尤其是1990年代以來不少學者皆認為政黨因素在國會的影響力越來越大，也使得國會內部有越來越對立之趨勢（Rohde, 1991; Owens, 1997; Smith, 1993; Taylor, 1996）。政黨的團結度越來越高，已經高達90%，此種情況將對分立政府的總統法案推動有所阻礙。與兩黨內部之意識形態越來越同質化有關。本文發現政黨因素不只是以政黨在國會席次大小來呈現，如果某位總統的政黨在某一院雖然擁有多數，但在另外一院並沒有多數，法案仍會受到阻撓。

　　歐巴馬上任的前兩年在其第一年完成了前所未有之96.7%的法案成功率，2010年雖然有些下降，但是也有85.8%的成功率。但是2010年底當共和黨掌控眾議院之後，總統法案在眾議院的成功率在2011年只有32%，2012年更降至20%而已（CQ Roll Call: The Data Mine, 2012）。

參、半總統制國家複雜之行政立法關係

半總統制一方面具有總統制雙重正當性的特色；另一方面又有向國會負責的內閣。根據Robert Elgie（2007:61）的統計，至2006年為止，全球已經有60個半總統制國家。雖然同稱為半總統制國家，但是這些國家內部運作仍有相當的差異，有些國家的總統幾近虛位，如：愛爾蘭、冰島、奧地利，因此不少學者更進一步試圖對半總統制進行次類型的分析。國內外學者針對不同的標準有不同的分類。[2] 最普遍且為人所知的分類為Shugart and Carey（1992: 18-27）的將半總統制分為總理總統制（premier-presidential regimes）與總統議會制（president-parliamentary regimes）。半總統制下的總理總統制比較向議會內閣制傾斜，因此行政與立法關係和內閣制較相似；總統議會制則總統有較大的權力，並且常會介入行政權之運作。

由於半總統制同時具有內閣制的特徵與總統制的特徵，行政與立法的互動較為複雜。總統由選民選出來的，被賦予憲法上某些權力，向人民負責，通常不直接向國會負責。內閣總理或行政院院長則一方面要向國會負責、接受國會的質詢、甚至有可能因政策問題而被倒閣；而在另一方面因其為總統所任命，在很多國家又面臨須向總統負責的情形。吳玉山（2011：2）認為半總統制中由於同時具有內閣制的特徵與總統制的特徵，所以「憲政兩軌制」與「運作不確定」是其特色。因此可以有總理領導對國會負責的內閣制軌道；但是由於總統有直選的正當性，容易居於總理與內閣之上，因此又有可能走上總統制之軌道。

在內閣制中，國家元首是虛位的，關鍵性的選舉為國會議員選舉，在國會選舉中獲得多數席次之政黨，就有權來組閣與執政。在總統制國家，總統選舉結果決定了誰來執政，而與國會選舉之結果無關。但是在半總統制國家總統選舉獲勝的政黨組織政府？還是由立委選舉中席次過半之政黨組織政府呢？若總統所屬政黨與國會多數黨一致時，形成一致政府，問題不大；但是總統選舉獲勝的政黨與國會的多數黨不一致時，由誰來組織政府呢？在法國密特朗總統於1986年面臨右派占國會多數時，任命右派的席哈克為總理，形成左右共治（cohabitation），Robert Elgie（2001: 6-7）稱此種情況為分裂的行政政府（split-executive government）。而在臺

---

[2] 蘇子喬（2011: 38-39）曾經在〈哪一種半總統制—概念界定爭議的釐清〉一文中，列出國內外學者對於半總統制次類型的各種劃分。

灣總統主導行政院院長的任命，無須立法院的通過，而立委又缺乏倒閣誘因的情況，除了唐飛在位的四個多月期間，陳總統都是任命同黨成員擔任行政院院長，形成總統、總理與主要內閣成員同屬於一個政黨，而該黨並未在國會擁有過半席次的分立政府。

在半總統制的分立政府下，由於行政部門未在國會擁有多數，可能會面臨國會嚴重的挑戰，如臺灣在陳總統執政時期。此一時期立法院內朝野政黨爭執不斷，特別是在國家通訊傳播委員會組織法、三一九槍擊事件眞相調查特別委員會條例、兩岸人民關係條例、軍公教人員18%存款利率、中選會組織法雙方之衝突最爲嚴重，甚至爆發肢體衝突。在這些重要衝突中，執政的民進黨常常無法固守戰場，行政權在國家通訊傳播委員會組織法、三一九槍擊事件眞相調查特別委員會條例、公民投票法之行政院公民投票審議委員會的產生方式和中選會組織法草案中委員之產生方式，皆受到嚴重侵蝕。因此，迫使行政院提到大法官請求解釋立法院通過的法案是否違反責任政治暨權力分立原則以及逾越立法機關對行政院人事決定權制衡之界限。

當總統與總理分屬不同陣營的共治時，兩人可能因此有所衝突。波蘭的卡辛斯基（法律與正義黨）擔任總統時，與不同黨的總理塔斯克（公民綱領黨）時有衝突。兩人也常爲了誰應代表波蘭參加國際會議而爭執（Baczynska, 2009）。在法國右派總統席哈克與左派總理喬斯班共治時，總統權力遭到架空，反而成爲扮演批評國是的角色。至於爲甚麼有些國家選擇共治，有些國家則選擇組成分立政府，在本書第七章有精彩的論述。

更糟糕的情況應該是共治的少數政府，也就是不僅總統與總理分屬不同政黨之共治，而且即使共治也無法在國會建立多數聯盟的少數政府型態。波蘭在華勒沙擔任總統時，與總理歐塞斯基以及蘇柯卡曾經歷了總統與總理不同政黨之共治少數政府。此時政府的運作當然不可能順暢。本書的第八章將會探討波蘭半總統制運作的情況。

在一致政府時期，也有可能出現內閣制軌較強的情況，這些國家基本上傾向Shugart and Carey（1992: 18-27）所謂的總理總統制；也有可能運作得像總統制一樣，又由於是一致政府，且缺乏總統制式的權力制衡，總統若過度介入行政事務，甚至可能出現超級總統制的情況。

肆、本書章節安排與內容簡介

一、臺灣部分

　　本書分為三大部分，第一部分將討論半總統制的臺灣之行政與立法之間的關係。此部分有三篇文章，盛杏湲探討法案審查過程中，行政院與立法院兩院之相對影響力。陳宏銘一文則探討總統介入立法的運作時，是否能加速法案地推動。蔡韻竹一文則將焦點放在立法院，企圖去瞭解政黨發動記名表決的動機以及是否因不同的議題而有差異。

　　政府絕大多數重要的政策都需要有法源依據，也就是必須要立法院通過，但是行政機關所提出的議案，立法院皆可以修正，或者是提出對案。另外一方面，立法委員經過三十人的連署[3]也可以提案。盛杏湲一文利用第六屆立法院所有的提案，有系統的分析法案自提出到通過之間，行政院與立法院各自有甚麼樣的影響力。

　　經過統計分析，盛杏湲一文發現即使在分立政府之下，行政院的提案相較於立法院的提案，無論是在提案內容、提案審議進程、提案通過、與意見被重視程度，都較具有優勢。行政院的提案以涉及普遍利益與不涉及利益的內容較多，且規模較大；反之，立法院以涉及特殊利益與小規模的提案為主，在提案的內容與規模上遠不及行政院。此種結果並不難瞭解，行政院做為國家最高的行政機關必須考量國家與人民整體的利益，而立委常須顧及其選區與特殊團體的利益。

　　在整個立法推動上，行政院的提案從審議進程到最後三讀通過都較立法院為順利，而立法院提案相對於行政院提案則較可能在審議過程中遭受阻絕。此外，在最後通過的法案內容上，行政院的意見仍具有較大的優勢，立法院僅有在比較小規模，且涉及特殊利益的提案上較可與行政院匹敵，在其他類提案上，則行政院的意見遠高於立法院的意見。不過，由於各自的立法委員與黨團都可能成為法案潛在的否決者，因此行政院要推動法案，仍舊需要立法院的支持，所以可以說在立法過程中，行政院與立法院有相互妥協、共同立法的狀態。

　　盛杏湲一文比較所有提案審查過程中行政院與立法院的相對影響力，而陳宏銘一文則探討馬英九總統執政時期總統的法案之推動與立法影響力。由於我國憲法

---

[3]　在第六屆時立委提案須經三十人連署，第七屆立委減半後，則改為十五人連署。

上總統與國會在立法上並沒有直接的關係，總統也沒有提案權，因此我國半總統制的研究與國會的立法研究往往是脫勾的。但是儘管總統沒有立法權，總統作為唯一的民選且具有全國選票基礎的政治領袖，若說他沒有實質的政府政策決定參與權和立法的影響力，則恐怕與目前的政治現實不符。因此陳宏銘一文有其獨創性與重要性。

　　該文透過報紙的報導（含總統府新聞稿）之資料來試圖掌握總統對法案的偏好和強度與場合。資料顯示總統確實藉由不同的場合，包括政府之官方場合、國民黨黨內會議、黨政平台的會面以及民間場合來表對較重要法案的偏好，且幾乎都明確表達態度、立場和指令，有時甚至涉及法案條文的細部內容及立法議事程序的指導。

　　但是在立法的影響力方面，該研究發現馬總統的態度和作為對法案通過的比例和速度，並沒有明顯的促進效果；在兼任黨主席之後，也看不出有正面的影響。其次，與未表態法案以及其他行政院優先法案相比，總統表達過明確態度的法案，其通過的比例僅在第五、六、七等三個會期中較高，其餘四個會期，則都低於未表態法案以及其他行政院優先法案。雖然該研究結果，發現馬總統的態度以及兼任黨主席對法案通過，並無明顯的影響；然而我們也不能反過來推論總統在法案的推動上表現不佳，也無法推論出總統兼任黨主席不利於法案的通過，或是總統沒有必要兼任黨主席。

　　若不考慮法案最終通過的情形，而是觀察立法過程中總統對行政部門或國民黨團法案內容的影響情形，該文發現總統對法案或重大政策內容的影響力是存在的，但這種影響較屬於立法過程中階段性的影響，至於此種階段性之影響力有無反映在立法三讀通過的法案內容，則因研究資料的限制，需要更多的資訊來處理，方能做出定論。而且從另外一個角度來看，如果沒有總統的介入，這些法案的命運說不定更慘。

　　接下來，本書將轉向立法院內的記名表決。在立法過程中並非每一個條文或每一個法案都要經過記名表決，根據立法院議事規則第35條之規定，經過立委15人以上連署或附議便可以要求記名表決。蔡韻竹一文分析第四屆至第七屆（1999年2月至2012年1月）共1886筆的記名表決資料，發現政黨發動了絕大多數的記名表決。政黨發動記名表決有不同的動機，也有些時候想用表決贏得政策，也有些時候只想彰顯政策的政治立場，有時則兩者兼具。

　　不同政黨所關注的議題不同，或因在朝或在野對記名表決之發動有不同的考

量。該文發現政治競爭類表決因為牽涉政黨立法的差異與彰顯，是大、小政黨皆重視且經常發動的表決。預算性的表決因涉及朝野立場的對抗，在野黨為看緊人民的荷包，較執政黨更常發動預算表決，並藉此凸顯預算編列的失衡或不合理。由於程序性表決不易為外界歸責，所以成為大黨或執政黨最喜歡發動的表決類型，小黨難以發揮。最後，利益資源分配類的表決是大黨或執政黨經常發動，而小黨選擇性運用的表決類型。另一方面，政黨的實力雖會影響其表決發動，但影響程度不若議題差異那麼清楚。

二、跨國比較的行政立法互動

　　法國的半總統制曾經是我國師法的對象，但是我們也可以發現法國第五共和之國會相對於行政權非常的弱勢。吳志中一文探討法國自1789年法國大革命以來至今的政治體系之發展與國會扮演的角色。從文中可以清楚的瞭解國會角色的發展以及與行政權之間的關係。在第三共和與第四共和時期可以說是法國國會權力的高峰，然而也因為政黨政治的利益分贓，使得行政效率不彰。到了1958年，面臨內外危機，戴高樂因此重回政壇，建立第五共和。第五共和強調行政權優越，國會的權力嚴重被限縮，因此法國的政治制度被稱為：「理性化內閣議會制度」。

　　第五共和的國會會期被縮短、常設委員會之數目被限制在6個委員會、由政府主導國會的議程且在提出法律案的過程當中，政府享有相當高程度的主導權、國會能夠提案之法律範圍受到限制、國會之運作規則必須經過憲法議會的審查、在審查政府預算案之時，也受嚴格的框架限制、行政部門可以要求強行通過不需國會審查的法律案，除非國會決定倒閣、然而倒閣案的條件也受到限制。

　　前面提到，在內閣制裡，立法與行政一體，但是若國會對行政權不滿，可以倒閣，要求行政權負起政治責任下台；在總統制國家基於權力分立原則，國會必須盡到監督之責任，不過國會不能倒閣，總統也不能解散國會，一旦行政權無法獲得國會的支持，可能形成僵局，因此總統必須妥協。但是在理性化內閣議會制度的精神裡，政府不能隨便屈服於國會意志，也不能失去其獨立性而成為單單只是執行國會政策的執行機構。所以在第五共和的半總統制下，從戴高樂以來，在大部分的時間裡，法國的總統一直享有相當的權力，且不必為其政策負責而下台，也不用到國會進行政策報告。換言之，國會對於真正掌握行政權的總統，其實是毫無制

衡之能力，只能等待任期結束，由人民決定總統的政治責任。此種由總統所代表行政權優勢有三次因為左右共治被打破，有兩次在密特朗總統時代（1986-1988與1993-1995），另外一次是在席哈克總統時代（1997-2002）。這樣的情形也讓法國的國會再度能夠介入法國政府的運作，使得國會的地位受到比較多的尊重。

　　此種行政權獨大的情況並不符合政府權力應該受到制衡與監督的原則和人民的期待。2008年7月23日在薩科吉總統主導之下的修憲，讓行政與立法權可以得到比較多的平衡。國會的權力被強化，包括完全由政府主導的國會議程改為「國會兩院之議程由各院自行排定」。不過，每四週的院會仍保留兩週討論或審議政府所提之議程。且有關財政法草案、社會福利法草案、危機處理或重大授權法案之草案等案件視為優先審議之案件。另外，國會專門委員會的數目也從6個增加至8個並強化其專業分工及審查權，所有法律草案或提案應送交國會各院常設委員會審議。每四週的院會應保留一週作為監督政府行動以及評估公共政策，並且增加保障在野黨黨團以及少數政團監督與質詢的權利。

　　不過法國總統的影響力大小仍視其政黨是否擁有國會之多數而定。當總統所屬政黨與國會多數黨一致時，由於總理為總統所任命，政黨完全聽命於總統，因此有「總統化的政黨」之稱（Elgie and Griggs, 2000; Samuels and Shugart, 2010）。此時總統的權力很大，儘管已經修憲，然而各種行政權優越之設計並未完全消除，因此國會難以監督總統與行政部門；然而在左右共治時，除了國防與外交之外，總統權力很可能被架空。

　　廖達琪、陳月卿、李承訓一文更進一步從法制層面來比較同為半總統制的臺灣與法國的國會對行政部門監督的情況。該文從國會監督的權限、運作規則、資源配置三個面向來觀察兩國在國會整體層次、在委員會的審查，以及個別的國會議員之差異。就國會整體所擁有的權限而言，在質詢權、調查權、信任案權、罷免權、釋憲權，臺灣國會的監督較強；法國只有在不信任案、糾舉權勝於臺灣。就國會運作而言，對議員的專兼職規定、議員的任期、會期長度、議程設定各方面來看，臺灣國會的監督能量評比皆較優。從國會的資源配置來看，臺灣的總人力配置、議員個人的平均分配人力皆優於法國。就委員會而言，臺灣立法院委員有較大的自主權，委員會所配置的幕僚人數也較多。就個別議員的資源配置上，臺灣在國會助理的配置上遠多於法國。整體而言，無論從那一個層次來看，臺灣國會在監督的權力、人力配置與對國會的輔助都比較接近總統制的方式；反之，法國則比較接近內閣制的方式。

　　密特朗總統兩次（1986-1988; 1993-1995）面臨國會多數為右派的反對黨時，決定左右共治，而同樣的1997年右派席哈克總統面臨左派占國會多數時，任命左派的喬斯班當總理。然而，在臺灣陳水扁總統於2000年上台時，面臨國民黨仍占立法院多數時，卻沒有選擇藍綠共治。因此黃宗昊一文企圖用賽局理論的分析方式來探討為何法國有左右共治，臺灣卻沒有藍綠共治。該文認為臺灣與法國的政黨體系類似，至少在陳總統執政時為多黨，但是藍綠兩大聯盟有如法國的左右兩大聯盟，因此可以將政黨體系視為控制變數。

　　經由賽局理論之推演顯示，不同的選舉制度和國會保障條款的配套帶給行動者不同的誘因，以致造成法國為左右共治，臺灣卻沒有。在法國採取兩輪投票制，排除小黨參與、降低選舉結果不確定性，短期內重選，形成結果之一致性很高；再加上法國有一年保障條款，[4]當新國會的多數碰上現有總統時，為避免後續倒閣，總統會選擇左右共治。

　　臺灣在複數選區單記不可讓渡投票制之下，小黨參與的門檻低，無法排除小黨參與，參選者常會面臨同黨相爭或同聯盟內或聯盟之間的多重競爭之情況，心理效果存在寬廣的空間，造成重選結果的不確定性。再加上選舉昂貴，又欠缺保障條款，立委沒有動機倒閣，以致讓少數政府得以繼續存在。換言之，臺灣與法國在不同的制度與配套之下，導致兩國政治人物的選擇不同。

　　黃秀端一文以半總統制中總統的角色為切入點，來比較臺灣與波蘭的政府型態與衝突型態，其主要見解為總統議會制的衝突主要在行政與立法部門，而總理總統制的衝突則在總統與總理之間發生。

　　臺灣自1996年開始，波蘭自1990年開始邁入所謂半總制時期。雙方除了有直選的總統外，總理或行政院院長須向國會負責，國會可以對其行使不信任投票權。但是為減少總統與總理因內閣閣員的任命產生衝突，1997年波蘭修憲削弱總統的對內閣閣員的任命權。自此之後，波蘭被視為往總理傾斜的總理總統制。

　　臺灣總統最大的權力來自人民對直選總統地期待，以及總統對於行政院院長的任命無須國會行使同意權。自從1997年行政院院長之任命無需經由立法院行使同意權，加上昂貴與不確定的選舉，使得立法委員不願意行使倒閣權，因此陳總統即使沒有國會多數的支持，也得以任命同黨黨員為行政院院長。這八年期間在重要政策上與重要人事任命都有總統的身影。另外，直選的總統有來自選民龐大的壓力，即

4　也就是解散國會改選之後，一年內不得再解散國會重新改選。

使馬總統想退居第二線，並未得到民眾之認同。學者因此多將臺灣的半總統制歸爲總統議會制。

　　由於兩國政黨體系的不同以及總統對總理的任命方式不同，波蘭的政府型態比臺灣更多元，曾經歷經總統所屬政黨與總理一致的少數政府與多數政府以及總統所屬政黨與總理不一致的共治型少數政府與多數政府，因此其互動更爲複雜與微妙。臺灣則僅經歷總統所屬政黨與行政院院長一致的少數政府與多數政府型態，其主要原因應是總統任命行政院院長無須立法院同意，而立法院又不想倒閣。因此，在實際權力的運作上，臺灣總統的權力較大。

　　該文之重要發現爲屬於總理總統制的波蘭主要衝突爲總統與總理的衝突，而其衝突的強度又因總統與總理是否屬於同一政黨以及政黨在國會的分布型態而有不同。總統與總理同屬一政黨時衝突較兩者隸屬不同政黨時小；此時執政黨若掌握有國會過半席次，政局將會最穩定，衝突最少。若總統與總理分屬不同政黨時，呈現所謂的共治現象，衝突的大小會隨著總理政黨與其聯盟是否掌握國會多數而定。共治型少數政府的衝突多於共治型多數政府，因爲總統會趁總理勢力弱時，從中干預。

　　屬於總統議會制的臺灣，行政院院長很少會挑戰總統的權威，反而看不到總統與行政院院長的衝突，至少不會在公開場合較勁。其主要的衝突在行政部門與立法部門，其衝突的強度視總統所屬政黨是否掌握國會多數而定。當總統所屬政黨無法掌握國會時，也就是少數政府時期，行政與立法的衝突大於多數政府時期。

　　總而言之，總理總統制的衝突以總統與總理的衝突爲主；總統議會制的衝突則以總統與總理在同一陣線對抗國會爲主。衝突的強度又以政府是否掌有國會多數以及政府所屬政黨及其聯盟在國會席次的多寡有關。

　　僅管目前有不少新興民主國家採取半總統制，但是德國威瑪共和與芬蘭被視爲兩個20世紀最早採用半總統制的國家，卻反而往一個穩定的議會制調整。德國在二戰之後於1949年制訂了以議會制爲基礎的基本法，而芬蘭則在2000年進一步修憲，朝向議會制轉型，但是兩國轉型的過程大相逕庭。沈有忠一文試圖了解此兩個案爲什麼轉型以及如何轉型。

　　芬蘭和德國在本質上對於總統在憲法中的定位，存在些微的差異。相對於德國是以議會制爲核心的垂直分時式雙元行政，芬蘭則是總統與國會都有政治權力，屬於一種水平分權的二元行政。分時式半總統制以議會內閣制爲憲政運作之基礎，將總統視爲最後一道防線，總統只有在特殊狀況下才會動用憲法賦予的權力；分權式

半總統制是指將國家治理的權力一部分交給向國會負責的政府，另外一部分交給向人民負責的總統來負責。換言之，德國威瑪憲法將總統定位為備而不用的仲裁者，芬蘭則是把總統視為實質的政治領袖，尤其是外交方面。

由於面臨險峻的外交處境與國內的情勢，芬蘭和威瑪共和的半總統制，一開始都朝向總統化發展，但芬蘭是透過外交權的延伸，制度上與原則上仍合乎憲法的規範和預期，威瑪則是透過變相的使用緊急命令權和解散國會權，制度上看似合憲，卻違背了條文設計的原始意涵。另外，兩國皆有分歧的政黨體系，使國會難以有效抗衡總統，相對的也提供半總統制總統化發展的空間。

但是兩個半總統制國家轉型為議會制的經驗極為不同，德國是體制的崩潰，然後汲取教訓徹底重建議會制之制度基礎，再充實其議會民主的內涵；芬蘭正好相反，在議會制內涵逐步成熟後，才逐步修改憲法來落實議會制的制度架構。

受到威瑪共和失敗的教訓，德國在基本法做了三個方向的調整。首先是健全向心式競爭的政黨體系並且壓低政黨數目（包括選舉制度的改變以及建設性不信任投票機制之設計），使得國會可以穩定運作；其次，強化政府向國會負責的關係；最後，為避免總統在轉向行政獨裁方面，扮演關鍵性的角色，移除總統的權力，使其成為象徵性的國家元首，將行政權一元化。

芬蘭是因為蘇聯的瓦解，使得芬蘭的外交壓力大為舒緩，總統在外交權的重要性也隨之下降。同時，在八〇年代，政黨的競爭逐漸趨中，彼此出現合作的可能，產生形成組織多數內閣的基礎。當國會有能力形成多數時，總統在任命總理組成政府的過程中，就必須顧及國會多數的立場，減少了總統人事權的自由意志，也因此增加政府對國會負責之可能性。換言之，芬蘭往議會制轉型的過程，是受到國內政黨政治競爭的溫和化，以及國際環境的轉變所導致。

從德國與芬蘭兩國所得到的啟示為半總統制要成功的轉型為議會制，需要一個穩定的政黨體系。其次，如何完善的設計政府向國會負責的制度，或是降低政府對總統負責的可能性，也是促使半總統制往議會制轉型的另一個思考方向。

德國目前為內閣制國家，行政與立法的關係呈現不同的態樣。劉書彬一文探討梅克爾大聯合政府時期（2005-2009年），由於聯盟黨與社民黨兩大聯盟占有聯邦議會73%的席次，其行政與立法的關係是否會因為執政黨掌握國會絕對多數的席次而缺乏監督。該文從史托姆（Strom, 1990）競爭性政黨行為理論來探討大聯合政府時期，執政黨與在野政黨之間的互動關係。史托姆認為政黨如何權衡官職之獲取和政策影響會受到政黨本身的組織與特性及制度性因素所影響。在政黨本身的組織與

特性方面該文特別強調政黨領袖強度與領袖的課責；政黨的制度性因素，包括選舉的競爭性、選舉制度的扭曲性、政黨數目、各政黨的意識形態位置，由於前三者對當時的五個政黨而言，皆處於相同情境下，因此作者將焦點放在意識形態的距離，並將兩個執政聯盟與三個在野黨的選舉政見與意識形態位置做了相當仔細的描述與分析。

在內閣制國家若執政黨在國會擁有絕對的多數，基於行政與立法一體的憲政運作原則，在野黨是毫無辦法可言，甚至會被認為缺乏監督。但是實際的運作要複雜得多。聯盟黨與社民黨的黑紅執政終究因為雙方意識形態距離過大而發生裂縫。同時，兩大黨為執政所需，各自調整其立場，而導致部分原有支持者的齟齬，使得部分支持者流失，讓小黨有機會茁壯，特別是社民黨因為政策搖擺、缺乏領導，支持者流失最多。最後，在大選前一年，兩大聯盟又各自尋求其原先的定位，以獲取傳統選民之支持。透過該文我們可以看到多黨內閣制國家中，政黨之間的合縱連橫，但政黨菁英之間的結盟亦不能完全忽視其支持者的想法。

三、臺灣民眾的態度

以上所有的章節都不是從民眾的角度來觀察，最後兩章則是從選民的角度來觀察。邱師儀一文利用TEDS多年期的資料來探討民眾對「立法院」與「行政－立法關係」之態度。民眾對於立法委員應該做甚麼工作與理解這些委員們實際上在做甚麼工作是有落差的，此種落差在政治知識越高的人越明顯。政治知識越高者越認為立委應該著重於在立法院的工作，而此亦符合憲法賦予立法委員的角色；但是他們也發現實際上立法委員花較多的精力在選區。另外，該文也發現民眾對於立法院的評價並不高，隨著政治知識的越高，對立法院的表現越不滿意。

臺灣自1997年修憲後，行政院院長由總統直接任命，不經立法院同意；在該次修憲中增加立法院對行政院的倒閣權，以及總統在倒閣通過後解散立法院之權。因此該文繼續處理民眾對於行政院院長應如何任命的看法，是由總統任命而非國會、或由立法院單方決定、還是由雙方共同決定？主張由總統與立法院共同協調決定的比例最高、其次為由總統任命，主張由立法院單獨決定的比例最低。但是作者發現影響民眾對此問題看法的因素，歷年來並不穩定，有待後續更多的研究。

最後，民眾是否支持分立政府，也就是國會的多數與總統所屬的政黨不同，民

眾對於分立政府的支持都有三到四成七之間。不過,政治知識越高者越不傾向支持分立政府。泛藍支持者在民進黨執政期間較支持分立政府,但是在國民黨執政後,此種關係立刻成為負向的關係,可見這群人對於分立政府的支持與否是基於政黨是否執政的考量,而非基於憲政的理念。

另外一篇以選民為研究對象的為吳重禮與崔曉倩對臺灣總統選民投票行為的穩定與變遷之研究。在資料上,採用TEDS2004與TEDS2008P的面訪資料。實證結果顯示,在2004年和2008年兩次總統大選中,約略七成一的臺灣選民投票行為甚為穩定,約三成為國民黨候選人的基本支持者,將近二成六持續支持民進黨候選人,約有一成五民眾對於兩次選舉皆無具體表態。不過仍有約二成九的選民改變其投票行為,將近一成由民進黨轉而支持國民黨,而亦有相當比例的民眾由未表態轉而支持國民黨,以及從支持民進黨轉而成為不願意表態的選民。

綜合前述研究結果,該文認為在沒有其他短期干擾因素影響之下,臺灣政黨體系未來將呈現相當穩定的結構,主要在於國民黨和民進黨之爭,而新黨、親民黨、臺灣團結聯盟將逐漸式微。儘管多數臺灣選民投票行為甚為穩定,然而浮動選民所造成的變動仍然值得觀察,因為在兩黨競爭激烈的局勢下,部分選民改變投票取向即可能左右選舉結果。其次,就投票變遷的選民結構而言,研究發現,即使在2004年投票支持陳水扁和呂秀蓮的選民,可能因為對於民進黨政府表現感到不滿,導致在2008年轉而支持馬英九和蕭萬長,或者採取不投票方式表達意見。此實證結果與一般社會觀點認知民進黨在2008年總統敗選的肇因,似乎甚為契合。

行政與立法的關係決定了該國政治體制的走向,為內閣制、總統制、或半總統制。內閣制強調行政與立法的融合、總統制強調權力分立、半總統制則呈現較複雜的雙軌關係。藉由臺灣個案以及他國之比較,可以讓我們更清楚的掌握行政與立法在不同國家之互動。

參考書目

英文部分

Alesina, Alberto, and Howard Rosenthal. 1995. *Partisan Politics, Divided Government, and the Economy.* New York: Cambridge University Press.

Baczynska, Gabriela. 2009. "Polish PM Says President Should Lose Veto Power." *The Star Online* 22 November 2009 in http://thestar.com.my/news/story.asp?file=/2009/11/22/worldupdates/2009-11-22T152902Z_01_NOOTR_RTRMDNC_0_-441485-1&sec=Worldupdates. Latest update 6 May 2010.

Binder, Sarah A. 1999. "The Dynamics of Legislative Gridlock, 1946-96." *American Political Science Review* 93, 3 (September): 519-533.

CQ Roll Call: The Data Mine 2012. "2012 Congressional Vote Studies: Presidential Support Vote." in http://media.cq.com/blog/2013/01/vote-studies/. Latest update 10 August 2013.

Coleman, John J. 1999. "Unified Government, Divided Government, and Party Responsiveness." *American Political Science Review* 93, 4: 821-835.

Cox, Gary W., and Samuel Kernell. 1991. "Introduction: Governing a Divided Era." in Gary W. Cox and Samuel Kernell. eds. *The Politics of Divided Government*: 1-12. Boulder, CO: Westview Press.

Cox, W. Gary & Mathew D. McCubbins. 1991. "On the Decline of Party Voting in Congress." *Legislative Studies Quarterly* 16, 4: 547-570.

Cutler, Lloyd N. 1988. "Some Reflections about Divided Government." *Presidential Studies Quarterly* 18, 3: 489-490.

Edwards, George C., III, Andrew Barrett, and Jeffrey Peake. 1997. "Legislative Impact of Divided Government." *American Journal of Political Science* 41, 2: 545-563.

Elgie, Robert. 2001. "What is Divided Government?" in Robert Elgie. ed. *Divided Government in Comparative Perspective*:1-20. Oxford: Oxford University Press.

Elgie, Robert. 2007. "Varieties of Semi-Presidential and Their Impact on Nascent Democracies." *Taiwan Journal of Democracy* 3, 2 (December): 53-72.

Elgie, Robert and Steven Griggs. 2000. *French Politics: Debates and Controversies*. London and New York: Routledge.

Fiorina, Morris, 1996. 2nd Edition. *Divided Government*. Boston: Allen and Bacon.

Foley, Michael and John E. Owens. 1996. *Congress and the Presidency: Institutional Politics in a Separated System*. New York: Manchester University Press.

Howell, William, Scott Adler, Charles Cameron and Charles Riemann. 2000. "Divided Government and the Legislative Productivity of Congress, 1945-94." *Legislative Studies Quarterly* XXV-2 (May): 285-312.

Jacobson, Gary C. 1991. "Explaining Divided Government: Why Can't the Republicans Win the House?" *PS: Political Science and Politics* 24, 4: 640-643.

Jones, Charles. 1994. *The Presidency in a Separated System.* Washington, D.C.: Brookings Institution.

Jones, David R. 2001. "Party Polarization and Legislative Gridlock." *Political Research Quarterly* 54, 1 (March): 125-141.

Kelly, Sean Q. 1994. "Punctuated Change and the Era of Divided Government." in Lawrence C. Dodd and Jillson Calvin. eds. *New Perspective on American Politics*: 162-179. Washington D.C.: CQ Press.

Krehbiel, Keith. 1996. "Institutional and Partisan Sources of Gridlock: A Theory of Divided and Unified Government." *Journal of Theoretical Politics* 8, 1: 7-40.

Krehbiel, Keith. 1998. *Pivotal Politics: A Theory of U.S. Lawmaking.* Chicago: University of Chicago Press.

Leonard, John. 1991. "Divided Government and Dysfunctional Politics." *PS: Political Science and Politics* 24, 4: 651-653.

Mattei, Franco, John S. Howes. 2000. " Competing Explanations of Split-ticket Voting in American National Elections." *American Politics Quarterly* 28, 3 (July): 379-407.

Mayhew, David R. 1991a. "Divided Party Control: Does It Make a Difference?" *PS: Political Science and Politics* 24, 4: 637-640.

Mayhew, David R. 1991b. *Divided we Govern: Party Control, Lawmaking, and Investigations, 1946-1990*. New Haven: Yale University Press.

Mayhew, David R. 2005. *Divided we Govern: Party Control, Lawmaking, and Investigations, 1946-2002*. New Haven: Yale University Press.

McCubbins, Mathew D. 1991. "Government on Lay-Away: Federal Spending and Deficits under Divided Party Control." in Gary W. Cox and Samuel Kernell. eds. *The Politics of Divided*

Government:113-154. Boulder, CO: Westview Press.

Menefee-Libey, David. 1991. "Divided Government as Scapegoat." *PS: Political Science and Politics* 24, 4: 643-646.

Paloheimo, Heikki. 2001. "Divided Government in Finland: from a Semi-presidential to a Parliament Democracy." in Robert Elgie. ed. *Divided Government in Comparative Perspective*: 86-105. Oxford: Oxford University Press.

Petracca, Mark P. 1991. "Divided Government and the Risks of Constitutional Reform." *PS: Political Science and Politics* 24, 4: 634-637.

Pfiffner, James P. 1994. *The Modern Presidency*. New York: St. Martin's Press.

Office of Clark: US House of Representatives. 2013. "Election Statistics." in http://clerk.house. gov/member_info/electioninfo/index.aspx. Latest update 10 May 2013.

Owens, John. 1997. "The Return of Party Government in the US House of Representatives: Central Leadership-Committee Relations in the 104th Congress." *British Journal of Political Science* 27 (April): 353-378.

Quirk, Paul J., and Bruce Nesmith. 1994. "Explaining Deadlock: Domestic Policymaking in the Bush Presidency," in Lawrence C. Dodd and Calvin Jillson. eds. *New Perspective on American Politics*: 191-211. Washington, DC: CQ Press.

Rohde, David. 1991. *Parties and Leaders in the Postreform House*. Chicago: University of Chicago Press.

Samuels, David and Mathew Shugart. 2010. *Presidents, Prime Ministers and Political Parties*. Cambridge: Cambridge University Press.

Shugart, Matthew S. and John M. Carey. 1992. *Presidents and Assemblies : Constitutional Design and Electoral Dynamics*. Cambridge: Cambridge University Press.

Smith, Steven S. 1993. "Forces of Change in Senate Party Leadership and Organization." in L Dodd and B. Oppenheimer. eds. *Congress Reconsidered*:237-258. 5th edition. Washington, D.C.: Congressional Quarterly Press.

Strom, Kaare 1990. *Minority Government and Majority Rule*. Cambridge : Cambridge University.

Sundquist, James L.1986. *Constitutional Reform and Effective Government*. Washington, D.C.: Brookings Institution.

Sundquist, James L. 1988. "Needed: A Political Theory for the New Era of Coalition

Government in the United States." *Political Science Quarterly* 103, 4: 613-635.

Sundquist, James L. 1990. "Response to the Petracca-Bailey-Smith Evaluation of the Committee on the Constitutional System." *Presidential Studies Quarterly* 20, 3: 533-543.

Taylor, Andrew. 1996. "The Ideological Development of Parties in Washington, 1947-1994." *Polity* 29: 257-292.

Watson, Richard A. and Norman C. Thomas. 1988. *The Politics of the Presidency.* Washington D.C.: Congressional Quarterly.

中文部分

吳玉山。2011。〈半總統制：全球發展與研究議程〉。《政治科學論叢》47：1-32。

黃秀端。2011。〈美國總統對國會立法的影響〉。黃秀端主編《黨政關係與國會運作》：279-308。台北：五南。

黃偉修。2011。〈日本民主黨的政治主導決策模式與鳩山首相的領導能力〉。《問題與研究》50，2：75-106。

蘇子喬。2011。〈哪一種半總統制─概念界定爭議的釐清〉。《東吳政治學報》29，4：1-72。

第二章 從立法提案到立法產出：比較行政院與立法院在立法過程的影響力*

盛杏湲

壹、前言

　　在1980年代中期之前，立法院在立法過程中一向扮演較為消極的角色，總是極快且無太多異議的通過行政院的提案，因此，被謔稱為「行政院的立法局」。在1980年代中期之後，隨著選舉競爭的逐漸激烈化，立法委員在立法的過程中逐漸積極自主，對於行政院的提案不見得照案通過，且更加積極自主地提出法案，企圖藉由提出法案與積極介入法案審議，以在決策過程中扮演較為重要的角色。然而在2000年政黨輪替以前，國民黨掌控行政院與立法院多數議席時，行政院在重大法案的立法過程中，仍扮演較為重要的角色（盛杏湲，2003）。在2000年至2008年民進黨掌握行政院期間，由於無法掌控立法院多數，因此被認為是分立政府－行政部門與立法部門不是由同一政黨掌控的政府型態（Elgie, 2001: 2），再加以藍綠政營嚴重對峙，有些行政院的提案在程序委員會即被阻絕，根本無法進入正式議程（吳東欽，2008；黃秀端，2003a），有些提案即便跨過程序委員會的門檻，也可能在立法過程的某一個階段被阻絕，即使有些法案最後被通過，也被大幅修正，因此有人謔稱在當時的行政院為「立法院的行政局」，筆者以為此一謔稱有違實情。

　　有關於分立政府是否會造成立法的延宕或僵局，無論國內外都有相當多的研究與討論，但得到不一致的結論，[1]本章並無意於加入這一場辯論，而在於探討當執

---

* 本研究感謝國科會經費補助，計畫名稱為「立法院中的議程設定與立法產出」（計畫編號NSC98-2410-H-004-085-My2）。作者感謝廖達琪教授於研討會時的評論與指正，以及兩位匿名評審者的指正與建議。

[1] 有關於分立政府是否會造成立法產出的延宕或僵局，學者間有不同的觀點，如Sundguist（1988）、Coleman（1999）、Binder（1999; 2001）、Howell et. al（2000）認為分立政府會造成影響；而Mayhew（1991）、Krehbiel（1996; 1998）認為不會造成影響。國內學者在這部分的討論也有不同的看法，如黃秀端（2003b）、盛杏湲（2003）認為會造成影響，但是楊婉瑩（2003）、邱訪義（2010）認為不會造成影響。

政黨無法掌控立法院多數時，行政院可能會遭到立法困境，但是行政院相對於立法院真的喪失了它的優勢嗎？本研究的主要論點在於行政院相對於立法院，在立法上仍舊具有較大的影響力，即便是在一般認為行政院較可能遭到立法困境的分立政府時亦然。理由在於：行政院與立法院各有其提案的動機，而由於行政院、立法院各自面對的代表範圍，掌握的資源與能力有異，行政院在立法提案、立法推動、與最後的立法內容享有較大的優勢。然而由於立法的審議過程是行政院提案與立法院提案併案審查，且立法院負責法案最後通過或不通過，同時個別立委與在野黨團都可能成為否決者，因此行政院雖然占有優勢，但無法主宰整個立法過程，而是行政院與立法院在立法過程中有衝突與合作，行政院固然可以提出規模較大、較完整的提案內容，但是想要通過法案，仍需要立委的幫助，而立委也有動機要搭行政院提案的便車，以方便將自己在乎的提案內容加入法案當中一併過關，因此可以說在立法過程中，行政院雖具優勢，但是與立法院呈現共同立法的狀況。

本研究以第六屆立法院為分析對象，該屆執政的民進黨僅獲得不到四成的席次，而相對的泛藍聯盟，包括國民黨、親民黨、新黨掌握過半數的議席，若再加上部分無黨籍立委的聲援，穩穩的掌握立法院的過半數議席。之所以以該屆立法院為研究對象，是因為在分立政府之下，立法院在立法上較之一致政府之下，可能有較佳的表現空間（吳東欽，2008；盛杏湲，2003；黃秀端，2003a；2003b；2004），也因此提供我們去檢視行政院相較於立法院在立法過程中是否依然具有優勢的最好機會。

本章將透過有系統的量化資料來檢視上述的論點，以下將首先針對立法部門與行政部門在立法的影響力之相關文獻加以回顧，接著提出本研究欲檢視的理論與假設，然後說明研究設計與方法、相關的變數與測量方式，接著進行資料的分析與說明本研究的發現，最後針對研究發現作結論。

貳、行政部門與立法部門互動關係的三種理論觀點

立法部門與行政部門在政策制訂上的影響力，一向是政治學研究者關心的課題，過去的文獻也提供了我們許多思考的線索。這些文獻可以簡單歸納為三種觀點：第一種觀點是行政部門主導立法，第二種觀點是行政部門與立法部門共同立法；第三種觀點是立法部門仍具有最高的立法權。

　　就第一種行政部門主導立法的觀點而言，此一觀點主張國會僅扮演橡皮圖章的角色來通過行政部門所提出的政策方案。這是因為幾個主要理由：第一，行政部門可以掌握隱藏的資訊（hidden knowledge），行政部門本就是訓練良好的菁英，同時長久習於行政事務，有較多的相關資訊，他們可以隱藏相關的資訊，使國會相對上因為缺乏資訊，而無法作有效的立法（Fiorina, 1989）其次，行政部門可以操控立法議程，由於起草重要法案需要花費資源與時間，而國會議員長久習於關注各自選區的事務，對於起草重大法案缺乏能力（Fiorina, 1980; Jacobson, 1992），因此將起草重要法案的能力委任行政部門。第三，由於社會經濟的快速變遷，以及政府管理的事務愈形複雜多元，需要快速與切實的立法，而行政部門首長制的決議方式較之國會委員制冗長的決議方式來得快速（Huntington, 1973）。第四，由於政黨政治的作用，執政黨將政策制訂的重心置於行政部門，而非立法部門，行政部門係多由國會多數黨或多黨聯盟組成，且行政官員是國會政黨領袖，因此政治決策權掌握在行政部門手中。各國國會的決策影響力或有大小之別，但行政部門是主要的提案者，國會對於行政部門所提的法案，大多扮演橡皮圖章的角色予以合法化，有時甚至連暫緩或擱置都很少（Heywood, 2002: 316-317; Mezey, 1985）。許多國家甚至在制度設計上嚴格控管國會議員的個人法案（private member's bill），以免國會議員個人法案凌駕在行政部門的法案之上，這些控管的手段，諸如：限制個別議員法案討論的時間、限制個別議員法案的數量、或者限制個別議員不得提出有關財務方面的法案。因此即便國會議員可以提案，但其通過率卻遠遠不及政府法案，平均各國的表現，政府的法案通過率有80%，但個人法案的通過率僅有大約15%（Bowler, 2002: 165-169）。

　　第二種有關行政部門與立法部門立法影響力的觀點是行政部門與立法部門共享立法權。雖然在憲政制度設計上，國會掌立法權，行政部門掌行政權，但是行政部門的首腦（總統、總理或首相）身為政治權力的中心，可以運用各種直接與間接的影響力，以及運用各種策略，扮演著不可忽視的立法角色(Smith, 2007; Wayne, 2006)，與國會共享立法權（Peterson, 1990; LeLoup and Shull, 2003）。Neustadt（1990）指出美國總統的立法權力來自於其能夠透過各種方式去說服國會議員，而技巧與精力是重要條件；Arnold（1990）指出美國總統為了通過自己希望的立法結果，通常會採用一些策略與手段去說服國會議員，譬如將國會議員想要的政策方案納入考量，或者讓選民看到國會議員的功勞；Barrett與Eshbaugh-Soha（2002）也指出總統常常接受重要的讓步以確保法案的通過；此外，Evans（2004）指出總統

會提供特殊的好處給國會議員，以換取其對政策與立法的支持。

除此之外，總統是否與國會多數黨同一政黨，以及國會中多數黨國會議員的團結度也影響到總統與國會的相對決策權力，如果總統與國會多數黨同一政黨，則多數黨國會議員在背負法案成敗與擔負選舉之共同命運的情形下，通常比較願意去配合總統立法，此時總統較易掌握主導立法的權力（Sundquist, 1988）。然而，一旦總統與國會多數黨不同政黨，亦即所謂的分立政府，此時若國會多數黨不團結，則讓總統有各個擊破的能力，總統能夠動用他的行政資源與元首魅力去說服國會議員，此時總統仍然可以扮演主導立法的角色；然而如果相反的國會多數黨足夠團結，則國會能夠扮演較重要的議程設定與主導立法的角色（Cooper, 2001; Sinclair, 1999）。

在許多拉丁美洲國家，總統多半在立法決策上扮演相當重要的角色，然而國會也透過正式與非正式的管道取得立法影響力。Cox與Morgenstern（2002）指出，大多數拉丁美洲國家的總統與國會的互動往往是總統主動出擊（proactive），而國會反應（reactive），他們指出立法過程大多是按下列順序進行：首先，總統提出政策方案；國會對總統的法案可以選擇接受、修正或拒絕；若國會修正或拒絕總統的法案，則總統會與國會議員議價、採取單邊行動（如頒布行政命令或使用行政權），或者尋求瓦解國會議員否決的意願與能力（如藉由助其贏得下次選舉、或操控國會議員往後的政治生涯）。然而由於國會可能會修正或拒絕總統的方案，因此總統會預期國會議員的偏好而將國會議員可以接受的方案提出，也因此國會通過總統的提案比例通常很高，但並非國會無能或不重要，國會即便極少在法案的議程設定階段扮演重要角色，但是卻「在檯面下」與總統議價協商，修正總統的政策方案（Cox and Morgenstern, 2002; Siavelis, 2002）。

第三種有關行政部門與立法部門立法影響力的觀點是立法部門仍舊享有立法的最高權力：Schroedel（1994）指出總統與國會對立法的權力仍必須要回歸憲法，亦即國會立法，總統執行，他認為一般而言，總統通常只對某一部分法案（大多是重大法案）有立場、會介入，而國會對於法案的重視卻是多元與全面性的；並且，總統的立法權視總統的能力而有不同，總統必須獲得國會議員（尤其是重要的國會議員，如委員會主席）的支持才能獲得法案的通過。此外，McCubbins與Noble（1995）以美國與日本為例，指出立法部門是當事人，行政部門是代理人，立法部門將立法權委任給行政部門，借用行政部門的專業來提出政策方案，而立法部門對行政部門所提出的政策方案，可以選擇接受、拒絕或修正行政部門的方案，而行政

部門爲了要使立法部門接受其所提出的政策方案，會儘量提出立法部門可以接受的方案。換句話說，雖然立法部門總是接受行政部門的立法或預算方案，但並非立法部門棄守立法權，而只是不去用立法權，他們以逸待勞，不去彰顯自己的立法權，但並非表示它沒有立法權。

另外，Cox與McCubbins（1993; 2005）透過國會政黨議程設定的角度，指出國會在立法過程上扮演強而有力的角色，雖然他們的研究重點並不在於比較行政部門與立法部門的影響力，而在於說明何以國會多數黨可以扮演立法的重要角色。他們指出國會多數黨會運用種種的議程設定之優勢，一方面可以透過負面議程設定的權力，去阻擋違反其利益的提案；另一方面亦可透過積極議程設定的權力去推動其所偏好的提案。而國會多數黨之所以能設定議程，是因爲掌握了國會的重要職位（如國會議長、委員會主席與小組委員會主席、程序委員會的職位）。

綜合上述，得知探討行政部門與立法部門的關係主要有三種理論：行政部門主導立法、行政部門與立法部門共同立法，以及立法部門仍享有最高的立法權。同時究竟是行政部門或是立法部門在立法上擁有優勢，並不必然與中央政府體制有絕對的關係，在內閣制之下，固然內閣可能因爲政黨政治的作用，掌握較大的決策與立法權，但是國會仍然可以對內閣所提出的政策方案，選擇接受、拒絕或修正內閣的方案，如McCubbins與Noble（1995）對日本所作的研究。而在總統制之下，總統對立法的影響力仍視總統的個人特質與能力、總統政黨掌握的國會議席等等因素而有異，不能一概而論。至於在半總統制之下，由於行政首長二元分立，總統、內閣與國會的三角關係，可能架構出複雜多變的互動關係，究竟是行政部門或立法部門在立法上居優勢地位，因不同國家憲法所賦予總統的權力、總統與國會議員選舉制度、總統對國會議員候選名單的影響、國會的政黨組成、社會的分歧結構、總統的社會支持基礎、以及總統與國會的態度是堅持或讓步等等因素，而展現出不同的行政與立法的互動模式（Shugart and Carey, 1992；吳玉山，2001；林繼文，2000）。

參、探討我國行政部門與立法部門關係的文獻

我國過去在國民黨一黨獨大時代，重要決策是由國民黨的中常會所決定，在確定大政方針之後，由行政院草擬法案向立法院提出，由立法院蓋章通過，因此行政院扮演較重要的影響決策與立法的角色。1980年代後期，隨著民主化而來的選舉競

爭，導致立法委員在立法過程中要求更多的積極與自主，而當時的反對黨民進黨在立法院以激烈的方式問政，以凸顯反對黨不同的政策主張。此一行政與立法互動關係的轉變，引發了許多政治研究者的關注，有相當多研究檢視：第一，在民主化前後國會立法的圖像，究竟立法院如何從合法化行政院決策的消極角色，到積極的介入立法過程（李美賢，1989；吳春來，1991；翁興利，1996）；以及第二，政黨如何在立法院動員立委支持以有效達成其政策目標（盛杏湲，2008；黃麗香，1999；鄒篤騏，1993）。基於這些研究，我們可以瞭解到在民主化以後，行政院較無法像威權時代一般掌控立法過程，而立法院在決策上扮演較過去更為積極的角色，然而，這些研究並不否認行政院仍舊扮演最重要的立法角色。

　　隨著2000年政黨輪替後分立政府的產生，究竟分立政府對於行政與立法的互動產生何種影響，吸引了許多研究者的關注（吳重禮，2000；吳重禮、林長志，2002；李誌偉，2009；邱訪義，2010；邱訪義、李誌偉，2012；盛杏湲，2003；黃秀端，2003a；2003b；2004；楊婉瑩，2003）。黃秀端（2003b）指出在分立政府時期，執政的民進黨政府面臨到執政的困境，由於泛藍與泛綠政黨的對峙逐漸分明，政黨的凝聚力提升，泛藍與泛綠政黨各自成立投票結盟，而政黨凝聚力增強的結果，導致了未能掌握立法院多數的民進黨政府面臨了執政的困境，行政院在各種投票表決獲勝的機會大為減少（僅有三分之一），同時，行政院完成立法所需要的時間拖長（盛杏湲，2003；黃秀端，2003b）。此外，在行政院所提的預算案，雖然遭刪減的幅度並未增加，但是立法院做出的主決議卻增加，以致於造成行政部門在執行預算上的困難（黃秀端，2003b，2004）。另外，也有相當多研究就分立政府對於議程設定與議程阻絕的影響加以探討，發現在分立政府時期，在野聯盟掌握立法院多數而對行政院的政策方案加以阻絕（吳東欽，2008；黃秀端，2003a；葉怡君，2009；歐陽晟，2008；賴金靈，2007）。

　　儘管上述許多經驗研究指出分立政府時期，行政部門的提案易於遭致阻絕，以致行政部門在推動法案上較一致政府時來得困難，但是也有研究指出分立政府並不會特別造成僵局發生。楊婉瑩（2003）觀察第四屆時的一致政府與分立政府，發現政黨之間的競合關係相當細膩複雜，無論在分立政府或一致政府，政黨之間雖然有衝突，但也有合作。此外，邱訪義（2010）以樞紐模型為出發點，指出立法院多數黨可以修正行政院的提案並通過自身的修正案，因此立法院多數在法案通過上扮演樞紐的角色，而此一狀況在分立政府或一致政府並無不同。在之後邱訪義與李誌偉（2012）的研究中，進一步檢視第二屆到第六屆的立法提案，指出若比較立法

院的多數黨（指一黨即構成多數）與多數聯盟（多黨組成），則多數聯盟由於內部歧異性較高，推動立法的成本較高，相較於多數黨時期較不易使法案完成三讀，同樣的，他們也指出行政部門提案在一致政府與分立政府時使立法三讀的狀況並無不同，他們認為這是因為在分立政府時期立法院多數聯盟政治操作的效果不大，以及行政院與立法院多數施政優先順序沒有太大差異。

　　以上有關分立政府的研究，分析重點大多放在比較分立政府與一致政府時的異同，而比較少著重在比較行政部門與立法部門權力的消長，盛杏湲（2003）則以第四屆為個案分析，比較第四屆前半期一致政府與後半期分立政府的差異，以試圖儘量做到控制其他條件下，行政部門與立法部門在一致與分立時的差異，研究發現指出行政院在分立政府時期立法表現的空間較一致政府時期受到限制，然而在立法過程中，行政院相較於立法院，仍有較大的優勢，行政院不僅提案規模較大，提出重大法案的比例較高，且在通過的重大法案中，行政院的意見通常扮演相當舉足輕重的影響。而李誌偉（2009）以第二屆到第六屆跨十五年的立法提案通過與否為研究焦點，研究發現行政院的提案相較於其他行動者（包括立法院多數）的提案，三讀更為容易，無論是在一致或分立政府時期皆然。

　　自1997年修憲以後，總統由人民直選產生、握有重要實權、且行政院向立法院負責，我國中央政府體制成為半總統制。[2]究竟我國半總統制對於行政與立法的互動產生何種影響，累積了相當多的研究成果（吳玉山，2001；沈有忠，2005；李鳳玉，2011；陳宏銘，2009；2012）。不過這些探討半總統制的研究，大多以總統為研究的中心，隱含著總統是最重要權力機制的可能性，筆者雖然不否認此種可能性，然而本章並不在於論述總統權力的大小、或總統相對於行政院長的權力大小，而在於比較行政部門相對於立法部門在立法上的影響力。

　　上述的文獻提醒我們，立法過程往往極其複雜，政治的運作與角力也極為細膩，因此對於行政部門與立法部門在立法上的相對影響力，並非能僅從制度設計或表面上的議程設定或立法產出，就可簡單地歸納出是哪個部門影響力是大或小。本研究將從國會立法的角度為出發點，以比較行政部門與立法部門在立法過程中的影響力。雖然在我國行政首長二元分立之下，行政部門包括總統與行政院，但是我國立法制度的設計，可以在立法院提案的是行政院而非總統，因此本章對於行政部門

---

[2] Duverger（1980）指出半總統制的三個特徵：總統由普選產生、握有實權，且內閣向國會負責。

與立法部門在立法影響力的評估，僅聚焦在行政院與立法院的比較上，當然不否認在行政院的「部分」提案中，有總統的意志展現（李鳳玉，2011；陳宏銘，2009；2012），但限於論文的篇幅與焦點，並不會論述總統與行政院在立法上的互動，而僅探討在法案提出於立法院後，行政院與立法院在立法推動與通過法案上的影響力。

在考慮行政院與立法院於立法過程的影響力時，必須考慮動態的政治過程，因此兩個因素必須加以考量：首先是考量政黨政治的運作，雖然探討的主題是行政院與立法院的影響力，但實則後面的行動者是政黨，在分立政府之下，執政黨的立委與黨團必須爲行政院的政策與立法背書，比較會節制立法提案；相反的，在野政黨的立委與黨團因爲少了行政的表現舞台，會較積極在立法上尋求表現以建立政黨的聲望（王靖興，2009；盛杏湲，2003）。其次是考量立委的行爲動機：立委爲了要當選連任，除了要依賴政黨的力量之外，也有帶好處給選區或特定選民群的動機，因此當考量立法政治時，也必須將立委的選舉計算一併考量。所以在本研究所討論的主要政治行動者包括行政院、政黨與立法委員，而政黨與立委又必須再區分爲執政黨與在野黨。

肆、理論與假設

無論是行政院、政黨與立法委員都有動機去尋求立法或政策方案通過，如此使得政策理想與競選承諾得以實踐，有利於提升其政治聲望，並增加其繼續在位的勝算。立法院環境提供了政治行動者議程設定的機會，然而，議程設定需要資源與能力，也因此會受到內、外環境的限制，從而不同的行動者的立法提案會有不同的特色，如此也影響行動者之間的互動關係，並決定了立法產出的樣貌。

一、行政院在立法上的相對優勢

（一）提案的動機與代表範圍的大小

政治行動者進行立法提案，可以達到以下目標：第一，宣揚個人、政黨或執政團隊的問政理念與特色：即便提案最終不一定通過，但至少表達自己的理念與彰顯

自己的特色，譬如民進黨立委蔡同榮從第二屆起就提出公民投票的主張，即便公民投票在當時不見得會通過，但卻達到宣揚理念表達自己特色的功能，又如台聯黨團提出「台生條款」、「反侵略和平法」，即便沒有通過，但是很清楚的表達台聯在臺灣獨立的立場。

第二，表達政策立場，爭取自己與其他政治行動者議價妥協的籌碼：這不僅傳遞給議程設定者一個訊息，同時也是對選區民眾的一種立場宣示，一旦在立法院提案，表達了自己的立場，在後續立法審議過程中，政策方案與主張才有機會被考慮，即便最後通過的政策不完全按照自己的提案版本，但取得了議價協商的機會，如此立法結果至少有機會往自己期待的方向靠近。

第三，實踐政策理想與競選承諾：如此得以吸引選民的青睞，建立其政治聲望與連任的勝算，就政黨而言，無論是執政黨或在野黨，藉由議程設定來實踐政策理想與競選承諾，以建立政黨集體的政治聲望，如此得以獲得選民的青睞與取得政治職位。就立委而言，立委選舉制度無論是過去的複數選區單記不可讓渡投票制，或新的單一選區相對多數與比例代表的混合制，都鼓勵立委建立個人選票（盛杏湲，2009），亦即使選民投立委一票是因為立委本身的個人因素（如因為立委候選人個人的表現、經歷、聲望等），而非因為他的黨籍或其他因素（Cain, Fiorina and Ferejohn, 1984; 1987; Carey and Shugart, 1995），而立委在立法院內透過立法提供特殊利益給選民，可以向選民宣稱功勞，累積其政治聲望，是立委建立個人選票的一種重要方式。

綜合而言，政治行動者的立法提案之最主要的目的是要滿足「被代表者」的利益與期待，以獲得其青睞，繼續保有其政治職位。立委之所以當選，是獲得選區或特定選民群的支持，因此立委有動機去滿足其背後支持群的利益，然而各別立委很難從一個規模龐大、授與普遍利益的政策方案當中宣稱功勞（Mayhew, 1974; Evans, 2004: 15-16），因為普遍利益是屬於公共財，只要有人提出，社會上的每一個人都可以享有，因此獲得的人通常比較不會特別記念與感激提供此一利益的人，立委不容易以此來建立與選民緊密的關係，所以立委較少提出。但是立委提供利益給特定的一群人，可以使獲得利益者特別記念與感激，因此可以建立與這群人的親密關係，容易宣稱功勞，尤其這一類提案直接受益的是一群特定的人群，而承受負擔的往往是國庫或一般大眾，因此立委有動機互相幫忙，使這類法案的通過較為容易。

相較於立委的權力來自於各自選區以及特定人群，因此可能提出以選區或特定

人群利益爲重的法案，行政院的權力來自於全體民眾，[3]因此較傾向以全體民眾的整體利益爲考量，而非僅僅是一個特定人群、地區或團體爲考量，且行政部門必須考量國家預算的平衡，因此在特殊利益的提案上，應該較立委個人來得節制。至於在授與普遍利益與或無牽涉利益的立法上，行政院因爲身繫國家政務重要地位，如果政策適當，得以解決國家面對的問題，可以宣稱功勞，增加施政績效，反而若是不提出相關政策解決國家面臨的問題，難免選民的責難，因此相較於立法委員，行政院有較高的動機提出涉及普遍利益與不涉及利益的政策方案。

相對而言，政黨的任務是集結社會上不同的利益與意見，形成政黨的政策方案，然後在選舉時供選民選擇，因此雖然政黨有動機去提出提供特殊利益的法案，不過政黨相較於立委個人，由於負責的對象是所有潛在的政黨支持者，而非僅對特定地區或人群，且由於政黨必須形塑政黨的集體形象，以提供政黨候選人選舉時的加持作用，因此，政黨相對於立委個人，其背後的代表對象較爲廣泛多元，因此，相較於立委個人，政黨有較高的動機提出普遍利益的提案，但是政黨提出普遍利益提案的動機仍然不及行政院。

（二）立法資源的優勢與劣勢

儘管行政院與立法院有動機去作立法提案，但立法提案也受到內在條件與外在環境的限制，首先，除了不分區立委屬全國的性質之外，區域立委來自選區，有追求個人選票的需求，因此有極強的動機去經營選區，會花許多時間在選區，一個立委平均僅有10個專任助理（其中4個處理立法相關事務，6個處理選區個案服務），根據統計，立委本人有57.9%的時間是花在選區，而立委的辦公室也有66.7%的時間是花在選區，此外，立委服務的個案數平均每週66.2個，立委對選區所花的時間與精力較多，相對上來說，對立法所花的時間與精力就可能不足（盛杏湲，2009）。原則上說，不分區立委的職位來自於政黨的授與，相對於區域立委，他們的選區以全國爲範圍，然而，由於有許多不分區立委本來就有區域立委的背景，或者因爲政黨對不分區立委屆期的限制，他們爲了將來的選舉，許多立委仍然經營選區，甚且政黨也鼓勵其認養選區，尤其是在該黨沒有立委的選區，因此許多不分區立委仍舊會花時間在經營選區上，相對上，花在立法上所花的時間與資源就有限。

其次，立委相較於行政院，立法的資源相對有限，相較於行政官僚因長年經

---

[3] 根據憲法相關條文規定，行政院院長是由總統任命產生，而總統是由全民直接選舉產生。

辦同樣的行政事務，久而久之成為專家，立委立法需要的相關資訊往往必須從行政部門索取（黃士豪，2007：38-39）。立委需要關注的事務較為多元廣泛，相對上可能深度不足，且立委儘管有助理協助，但仍以各自表現為主，不像行政部門有整體官僚體系可以支援，因此立委相較於行政院，比較沒有能力提出全然創新與計畫性的政策方案，而比較可能會在舊有的法律下，對不合時宜的法條加以修改，或是對行政院的提案版本，針對部分數條文作小幅度的修改，此猶如將立法權力委任行政部門，讓行政部門作周詳的立法方案，但是若對部分條文不滿意，則加以修改（McCubbins and Noble, 1995），一方面滿足自己（及選區民眾）的需求，另一方面也可使自己有立法提案的績效。

　　無論行政院與立法院都有動機去提案，以推動政策目標及累積政治聲望，然而各自不同的提案送入立法院，有時這些提案的內容相輔相成，有時卻可能因為各自代表不同的選民群而有所歧異與衝突，行政院代表全國民眾，而且立法方案比較可能已經綜合各方的利益（或者根本不涉及利益），同時行政院的提案經過行政官僚的草擬，及各部會與行政院會議的討論，爭議焦點已經有所修正，因此只要行政院的提案不涉及政黨競爭議題，通常審議進程比委員與黨團提案更容易順利推動。而立委的提案由於各自代表不同的選區（區域立委）或政黨（不分區立委），利益與意見本就多元分歧，且立委相對於行政院，立法的資源較為有限，不若行政院立法方案的周詳，因此比較可能遭到阻絕。相對而言，行政院的提案往往受到極大的關注，尤其重大法案更是如此，立法院往往會等待行政院的提案送到立法院之後，再與立委或黨團的提案併案審查，而若行政院的對案尚未送到立法院，立法院往往會暫緩審查該法案，顯見立委也認為行政院的提案較為周詳與完整。

　　綜合上述，欲說明行政院相對於立法院在立法上的優勢，本研究擬針對三個角度切入：第一是兩個部門在立法提案上的特色：本研究將說明行政院相對於立法院具有較多的立法資源與能力，且行政院以全國為範圍，因此傾向提出規模較大、較具普遍利益的立法；而立法院受限於立法的資源與能力，且除不分區立委外，立委以各自選區為範圍，相對上傾向提出規模較小、且提供給特定少數人（包括選舉區民眾、特定選民群、甚至是利益團體或財團）利益的提案。其次是針對兩個部門在立法推動上的表現：本研究將說明行政院提案相較於立法院提案，相對上在立法進程上會較為順利，且通過的比例較高；第三是針對兩個部門在通過內容上是以那個部門的意見為重：本研究將說明在最後法案通過的內容上，行政院的意見還是較立法院的意見為重。本研究欲檢視的假設如下：

假設一：行政院相較於立法院，有較高動機提出涉及普遍利益或不涉及利益的提案；而立法院相對於行政院，有較高動機提出涉及特殊利益的提案。

假設二：行政院相較於立法院，較傾向提出規模較大的立法提案；而立法院相較於行政院，較傾向提出規模較小的提案。

假設三：行政院提案相較於立法院提案，審議的進程較為順利。

假設四：行政院提案相較於立法院提案，通過的可能性較高。

假設五：在通過的立法內容中，行政院的意見較立法院的意見較為重要。

二、行政院與立法院共同立法

雖然行政院在立法資源與能力上具有優勢，而立委在立法資源與能力上相對上較為弱勢，但是行政院與立法院仍必須共同立法。這是因為幾點理由：第一，立法院仍握有最後通過法案與否的權力：立法院可以選擇接受、修改或拒絕行政院方案；第二，立法院採用併案審查機制：凡是與同一法案有關的提案，無論是行政院、立法委員或黨團提案都併案審查，因此想通過立法的立委有很強烈的動機去搭國家制訂公共政策的便車，當某一議題成為民眾關注的焦點，或者行政院有提案時，立委也一併將與之相關的選區利益提出，如此通過的可能性較高。而相對的，行政院要通過法案，還是必須要有立法院的支持，因為畢竟在制度設計上，最後決定立法通過與否的是立法院。第三，立法院的議事規則與立法院政治生態使單一立委或極小的黨團都可以成為立法過程中的否決者（黃士豪，2007：31-35），也因此要推動法案通過，就必須對其他的提案予以尊重，以避免觸動他人成為否決者，所以在立法議程中的合作，乃為通過立法不得不然。行政院的部會首長與一般官員都有主動與被動接觸立法委員的情形，且行政院的國會聯絡人日日穿梭在各個委員會，這些行政與立法的接觸，一方面建立彼此的關係，另一方面也提供相關的立法與預算的資訊，（立委提出選區民眾的心聲，而行政部門也提出法案的制訂或修改理由），進行彼此溝通與說服（黃士豪，2007）。尤其在第六屆立法院中，政黨嚴重衝突對立，然而無論立委、政黨或行政院都必須面對下一次選舉的挑戰，如果沒有足夠的質與量的立法產出，難免選民的責難，在這樣的情況下，儘管政黨有對立，但還是必須彼此合作以通過法案，誠如Mayhew（1991）研究美國分立政府所

指出的，總統與國會都必須反映選民的期待，即使原本持有不同的政治立場，但是爲了通過爭議性的法案，仍舊必須彼此妥協。也誠如楊婉瑩（2003）指出的，分立政府時期固然有政黨之間的對立衝突，但爲了通過法案，仍必須有政黨之間的合作，無論政黨或立委，也無論行政院或立法院，若要通過立法，還是必須要合作。也因此，爲了檢證上述的看法，因此推論出下列假設：

假設六：若併案審查的法案同時有行政院與立法委員提案，則法案的審議進程會比只有行政院或只有立法委員提案來得順利。

假設七：若併案審查的法案中同時有行政院與立法委員提案，則法案通過的可能性會比只有行政院或只有立法委員提案來得高。

假設八：若法案審查過程中有政黨協商（通常是執政黨與在野黨協商，反映的是後面的行政院與立法院多數政黨的協商），則審議進程較爲順利，通過的可能性也較高。

伍、研究設計與變數建構

本研究以第六屆立法院爲分析的對象，此屆立法院有如下的特徵：執政的民進黨獲得89席（39.6%）、國民黨79席（35.1%）、親民黨34席（15.1%）、新黨1席（0.4%）、台聯12席（5.3%），無黨籍10席（4.4%）。民進黨雖爲國會第一大黨，但僅有不到四成的席次，而相對的泛藍聯盟，包括國民黨、親民黨、新黨掌握114席，若再加上部分無黨籍的聲援，穩穩的掌握立法院的優勢，因此，被歸類爲分立政府。之所以以第六屆爲分析對象，是因爲在分立政府之下，行政院與立法院由不同的政黨（或政黨聯盟）掌握，因此相對上來講，立法院在立法上極可能有較高的表現動機，與較多的表現空間，也因此提供我們去檢視行政院相較於立法院在立法過程中是否依然具有優勢的機會。

本研究以立法院中的法律提案爲分析的對象，包括行政院提案、黨團提案、立委提案，以下幾種提案加以排除，以免干擾對行政院與立法院相對影響力的評估：

1. 純然由司法院、考試院的提案排除：但若司法院考試院的提案也有行政院一起提案，則不在排除之列。

2. 法律廢止案：由於廢止案通常是因爲制訂新法律而廢止舊法，爭議較少，立法院對之提案的動機較低，因此將之排除在外。

3. 有關立法院內規的提案：由於這類提案僅有立委與黨團會提案，不涉及行政與立法之間的爭議，因此將之排除在外。

4. 因爲配合刑法修改而有的一次29個相關法案的包裹提案，這些提案是行政院提出，僅作極小部分的文字修正——將原有的「共犯」字眼，改爲「其他正犯、共犯」字眼，因此毫無爭議，以逕付二讀的方式通過，若將此一包裹提案放進分析，會不當地高估行政院的影響力，因此將這29個提案排除在外。

以下說明本研究使用的變數：

一、依變數

1. **提案所牽涉的利益**：分爲普遍利益、特殊利益與無涉及利益法案三類。普遍利益的法案是指受益的對象是社會上所有人，包括Wilson（1986）所分類的多數型政治與企業型政治。多數型政治的法案指成本與利益都分散給社會上大多數人的法案，普遍大多數人因這些法案的通過而享受利益（如社會有秩序、公共安全），但同時也一起負擔代價，如果不遵守則要承受負擔（接受處罰）；至於企業型政治法案指成本負擔是集中給特定的少數人，而利益是分散給普遍的大多數人的法案（盛杏湲，2012：19-20）。

   特殊利益法案是指受益對象是特定的少數人，如特定的人群（譬如老人、勞工）、團體、企業，或選舉區內的選民等，成本可能是由社會上大多數人負擔，亦即Wilson所分類的顧客型政治；或者由與之相對利益的少數人負擔，即Wilson所分類的利益團體政治。顧客型政治類提案常是將特殊的好處或福利給予特定的人群，譬如促進產業升級條例授與合乎某個標準的特定產業享受五年的免稅優惠；敬老福利生活津貼授與65歲以上的老年人得以領取津貼。而利益團體政治型提案是成本與利益都是少數人承擔或分享的提案，譬如自由貿易港區設置管理條例，針對自由貿易港區事業業主僱用原住民的比例予以降低，這對自由貿易港區事業業主較爲有利，但是

相對而言，卻是剝奪了原住民原有的權益。另外，無涉及利益的法案指提案的內容不涉及利益，諸如：將殘障更名爲身心障礙者；將山胞更名爲原住民；將菸品健康捐的法源由菸酒稅法移至菸害防制法，但健康捐內容不變。此類提案也包含配合其他法律的修正，例如修憲後廢止國民大會，將漁會法、農會法等法中曾經出現國民大會的字樣刪除（盛杏湲，2012：21）。[4]

2. **提案的規模**：將使用兩個測量指標：其一爲提案條文數；其二爲提案是新制訂法案、大幅修正法案、或小幅修正法案。新制訂法案指的是過去未曾有過此法，而由立委或政府自行擬訂的完整法律提案；大幅修正提案指的是對現有法律作全文修正、部分條文修正，而提案條文數爲5個條文以上；小幅修正法案指的是對現有法案1至4個條文的修正，此外，若僅是配合其他法律修改而作文字修正（如山胞改爲原住民），或條次變更，即便修改條文數超過5條，仍歸爲小幅修正法案。

3. **提案的審議進程**：指提案最後進行到哪個階段，分爲一讀前的程序委員會、一讀、委員會、黨團協商、二讀、三讀通過六個階段，前面五個階段表示該項提案被阻絕在該階段，三讀通過表示提案所涉及的法案被三讀通過，提案若愈能推進到後面階段，表示該項提案的進程愈爲順利，然而提案被三讀通過僅表示完成立法程序，並不表示一定是按照該提案的版本通過。

4. **提案是否通過**：若提案獲三讀通過，且提案內容被考量在最後通過的版本當中，則設定爲1；否則設定爲0。

5. **提案通過內容是以行政院或立法院的意見爲主**：針對行政院與立法院皆有提案，且三讀通過的提案分爲三類：以立法院的意見爲主、以行政院的意見爲主，立法院與行政院不分上下。[5]

---

[4] 對於評分者信度檢定，由於提案數相當龐大，因此乃針對總提案數的百分之十進行信度檢定，評分者有4名，針對五分類（多數型、企業型、特殊利益型、利益團體型、無涉及利益）進行信度檢定，信度係數高於.85，三分類的信度應更優於.85。

[5] 以立法院的意見爲主指最後通過的法案內容大多是以立法院（包括委員或黨團）的意見通過，或立法院的意見高於行政院；反之，以行政院的意見爲主包括最後通過的法案內容是大多以行政院的意見通過，或行政院的意見高於立法院。爲進行評分者信度檢驗，這部分針對每個通過法案究竟是以行政院或立法院意見爲主，進行全部兩次的過錄，一致性比例爲.79，若對某一法案前後兩次過錄出不同的結果，則對該法案的過錄結果再進行討論，以確定最後過錄。

二、自變數

1. **提案者**：分為行政院提案、國民黨委員提案、民進黨委員提案、[6]跨政黨委員提案、[7]國民黨團提案、民進黨團提案、親民黨團提案、台聯黨團提案、無黨團結聯盟提案，國親聯合提案、跨藍綠聯合提案，總共11類。[8]

2. **法案提案組合**：由於我國立法審議的制度設計是針對同一個法案的所有提案，皆採併案審查方式，（除非少數例外，如因為提案時程太晚、或提案針對的條文不同），因此在立法過程中，可能同時會有許多不同的提案版本，而若法案在某個審議過程遭到阻絕，或法案完成三讀，所有併案審查的提案大多面臨同樣的命運。本研究對於同一法案內的所有提案，皆過錄成相同的法案提案組合，區分為八類：該法案僅有行政院提案、該法案僅有黨團提案、該法案僅有委員提案、同一法案中有行政部門與黨團提案、同一法案有行政部門與委員提案、同一法案中有黨團與委員提案、以及同一法案有行政院、黨團與委員的提案，以及其他類。

3. **提案是否經過政黨協商**：這裡的協商是廣義的，不僅指立法院職權行使法中所界定的黨團協商（指常設委員會後送院會之前的黨團協商），而是只要在任何一個立法階段有政黨之間的協商，則歸類為有協商。而此一協商雖然看似立法院內的黨團協商，實則最主要的協商乃是執政黨與在野黨的協商，亦即是行政院與立法院在野黨的協商。

三、控制變數

1. **提案是否涉及政黨競爭議題**：由於第六屆的政黨藍綠對峙，許多法案最終都演變為政黨競爭法案，因此本研究對政黨競爭議題係採較狹義的觀點，視提案的內容是否牽涉到主要政黨傳統上的政治分歧或重大爭議焦點：譬如統獨、兩岸關係、大陸政策、省籍議題、二二八事件補償條例、三一九

---

6 在提案與連署人名單中，有90%以上是國民黨委員即歸類為國民黨委員提案；有90%以上是民進黨委員即歸類為民進黨委員提案。
7 除了國民黨委員提案與民進黨委員的提案之外，其他跨不同政黨立委的委員提案。
8 在第六屆國親黨團聯合提案僅有6個，跨藍綠黨團提案僅有4個，由於數目少，會造成估計的困難，因此在之後表2-6的估計模型當中，將這10個提案去除。

　　槍擊案、選舉競爭、政黨政治、公民投票等。

2. **會期**：依提案被放入一讀的時間為判定標準，分為六個會期；對於被阻絕在程序委員會而無法被排入一讀的提案，則以其被排入程序委員會的時間為準。[9]

陸、立法院的立法提案機制

　　根據我國憲法規定與大法官會議解釋，可以提出法律案的有政府部門與立法委員，政府部門包括了行政院、考試院、監察院與司法院，[10]從過去的統計數據看來，政府提案當中，行政院是最主要的提案者，占所有政府提案的90%以上（周萬來，2000：75）。因為行政院是國家推動政務的樞紐，而提案是行政院表達施政理念與落實政策承諾的必經途徑。在1994年之前，行政院的提案有特殊優越權，亦即在程序委員會排入議程後，僅要在一讀會時朗誦標題，即可送交相關委員會審查，而相對的委員提案於朗讀標題後，提案人必須說明其旨趣，經大體討論，然後議決交付審查、逕付二讀或不予審議。因此常有委員提案本來在行政院提案之前，但卻要等到行政院提案交付審查時，才列為院會討論事項（周萬來，2008：179-180），在1994年之後，行政院提案與一般立法院提案審查程序無異，亦即都需經過程序委員會排入議程，然後進行審查。

　　自2000年政黨輪替以來，由於執政的民進黨無法掌控立法院多數，也因此在野聯盟掌控的程序委員會有時會阻擋行政院的提案，根據資料顯示，在第六屆時行政院有23個法律提案被「緩列」，其中「重大軍事採購條例」有71次被緩列，「公民投票法修正草案」有32次被緩列，最終結果有14個法律提案在第六屆會期終了以前都未被排入議程內。[11]

　　根據規定，委員提案必須達到一定的提案連署人門檻，在第六屆時門檻是30人。立委對於立委提案在一般共識是無論是否真的贊成某一立委的提案版本，大多

---

[9] 由於立法院的資訊檢索系統僅紀錄提案進入一讀的時間，而未記錄其實際的提案時間，因此僅以進入一讀的時間為準，至於對未進入一讀的法案，則係作者特請立法院議事組提供該提案進入程序委員會的時間。

[10] 行政院與考試院的法律提案係憲法第58條與第87條的明文規定，而監察院的提案權係大法官會議第3號解釋文的解釋，至於司法院的提案權係大法官會議第175號的解釋文解釋。

[11] 統計自吳東欽（2008：111-118）附錄一的資料，並查閱立法院資訊檢索系統。

願意為其背書使提案容易達到門檻，以便提案有被送進立法院討論的機會，[12]當然如此「禮尚往來」的結果也使得立委自己的提案較易提出。值得注意的是，立委提案有半數以上都僅有1到2個條文，這些提案多半是對現行法律，或是對其他提案版本的修正，有時即使立委的提案版本規模較大或條文較多，也可能只是對行政院、黨團或其他立委的提案稍作修改，通常並不需要花費很大的力氣，此外，政黨也從早期的防堵立委提案，到消極的允許立委提案，再到積極的鼓勵立委提案。總而言之，立委提案所需花費的成本並不高，寬鬆的提案條件與不高的提案成本，都提供立委很大的機會與空間去提案（盛杏湲，2003）。

表2-1顯示的是行政院與立法院在提案上的消長情況，從表2-1可以明顯的看出，立委提案在1990年是一個重要的轉捩點，在此之前，行政院是主要的提案者，高達近九成，隨著政治的民主化與政黨競爭的激烈化，立委為了當選連任，有極強的動機去凸顯自己建立個人選票，而提案是立委建立個人問政的重要指標。配合著立委動機的改變，國民黨內部立法流程也順勢改變，立委提案更為容易（盛杏湲，2003：68-74）。因此從1990年起，立委提案突然倍增，從僅占有大約一成到大幅增長到近五成，到了全面改選後的第二屆立法院，立委提案的次數更是大幅揚升，占七成以上。此後，立委的提案數持續上揚，到了選制改革以後的第七屆立法院，即便立委人數減半，立委提案高達2806個，雖然第七屆立法院任期四年，較過去多一年，但是如此大幅度的提升，顯然無法用任期延長來加以解釋，因此在新選制下立委有強烈的提案動機相當明顯。相對上而言，行政院的提案雖然也有增長，但不像立委提案數的大幅上揚。

除此之外，立法院自第四屆開始開放黨團提案，立委人數只要達到5人以上的政黨，皆可以組成黨團，此一黨團人數的下限到第五屆時提高為8人，到第七屆時又下修為3人。[13]政黨可以黨團名義提案，不受連署人數的限制，因此政黨可以利用黨團提案的方式，表達自己的政策理念，小黨因為人數較少，常常無法達到委員提案的門檻，因此更可利用黨團提案的方式來提案。那麼，在立法委員提案大幅增加的狀況下，究竟他們的提案具備哪些特徵、提案通過的命運又如何？與行政院提案是否有所不同？以下加以說明。

---

[12] 此一訊息是筆者進行立委深入訪談時所獲得的訊息，許多位立委都有同樣的表示。

[13] 立法院於1999年1月修正立法院組織法與新制訂的立法院職權行使法規定立委人數只要達到5人以上的黨團，皆可以黨團名義提案，不受連署人數的限制，到2002年1月修正相關辦法，將黨團人數提高為8人，但若得票率超過5%的政黨不在此限。

表2-1　行政院提案與立法院提案統計（1986-2012）

屆別	當選年度	任期（年/月）	行政院提案		委員提案		黨團提案		合計	
			次數	%	次數	%	次數	%	次數	%
一	1986	1987/2-1990/1	134	89.9	15	10.1			149	100
一	1989	1990/2-1993/1	169	50.1	168	49.9			337	100
二	1992	1993/2-1996/1	240	24.1	757	75.9			997	100
三	1995	1996/2-1999/1	294	23.9	935	76.1			1229	100
四	1998	1999/2-2002/1	801	35.3	1345	59.3	121	5.4	2267	100
五	2001	2002/2-2005/1	758	28.8	1714	65.1	162	6.1	2634	100
六	2004	2005/2-2008/1	363	16.3	1612	72.3	256	11.5	2231	100
七	2008	2008/2-2012/1	734	20.0	2806	76.5	127	3.5	3667	100

資料來源：整理自立法院資訊檢索系統國會圖書館法律提案系統。

說明：僅統計行政院與立法院的提案資料，若為司法院、考試院、監察院的提案則不列入統計之中。

柒、行政院與立法院在立法提案內容的比較

一、提案所涉及的利益類型

　　從表2-2可以發現，在立法院的提案中，無論黨團或委員，也無論哪一個政黨的立法院黨團與立委，都以特殊利益的提案比例最高，國民黨委員提案有高達71.1%是特殊利益，而無黨團結聯盟提案有高達66.7%是特殊利益，都相當突出，無黨籍聯盟此一高比例之特殊利益的提案，極可能是因為無黨籍聯盟的立委雖然在立法院結合成黨團共同運作，但是他們其實是各個立委的組合，強調為各自的選民負責，因此會提供利益給其選民，所以有強烈動機提出特殊利益取向的立法。比較值得注意的是民進黨立委與黨團的特殊利益提案，相對上較其他黨的立委與黨團都來得少，這可能反映了民進黨身為執政黨，在特殊利益的提案較有保留，相對上民進黨立委與黨團在無涉及利益的提案比例較其他黨立委與黨團顯著高出甚多。此外也值得注意的是國民黨團的提案相較於其他在野政黨，特殊利益的提案也較少，且普遍利益與無涉及利益的提案較多，這顯示國民黨作為最大在野政黨，也有極高的

動機去提出涉及普遍利益的法案，雖然相對上仍不及於行政院。

　　立法院提案的狀況顯示立委較傾向提供利益給特定的少數人，而較少為普遍大多數人提供利益，誠如理論所言，這是因為立委面對的是各自的選區，且較容易從特殊利益的提案宣稱功勞，但相對上較難從普遍利益提案宣稱功勞。

　　相較於委員提案與黨團提案有較濃厚的提供特殊利益的色彩，行政院提出授與特殊利益的提案之狀況就稍低一些，大約四成，誠如理論所言，行政院必須以全國民眾，而非僅僅是一個特定人群、地區或團體為考量，同時行政院身居國家政務的要衝，必須考量國家預算的平衡，因此在提供特殊利益上必須多所斟酌。

　　綜合上述研究發現，雖然民進黨委員與民進黨團提出特殊利益的提案較少，這極可能是因為民進黨身為執政黨，因此對於提出授與特定利益的提案比較有所節制，以免增加財政負擔。但若就整體立法院與行政院比較，確實證實了假設一：行

表2-2　提案者與提案類型的交叉分析

	特殊利益	普遍利益	無涉及利益	合計
委員提案				
國民黨委員	71.1	22.5	6.3	100.0 (142)
民進黨委員	38.5	35.5	26.1	100.0 (234)
跨黨委員	57.1	30.8	12.1	100.0 (1174)
黨團提案				
國民黨團	45.5	33.0	21.6	100.0 (88)
民進黨團	32.4	52.9	14.7	100.0 (34)
親民黨團	51.6	14.5	33.9	100.0 (62)
台聯黨團	53.6	30.4	16.1	100.0 (56)
無黨團結聯盟	66.7	19.0	14.3	100.0 (42)
國親黨團聯合	50.0	50.0	0.0	100.0 (6)
跨藍綠黨團	50.0	25.0	25.0	100.0 (4)
行政院提案	39.9	29.0	31.0	100.0 (348)
合計	52.3	30.3	17.4	100.0 (2190)

資料來源：本研究整理自立法院資訊檢索系統。

說明：1.表中數字為百分比，括弧中數字為次數。

　　　2.Chi-square=145.8, degree of freedom=20, p<.00。

政院相較於立法院，有較高動機提出普遍利益或不涉及利益的提案；而立法院相對於行政院，有較高動機提出特殊利益的提案。

二、提案規模

本研究觀察提案規模的方式有兩種，首先觀察提案的條文數；其次觀察提案是新制訂法案、大幅修正法案、還是小幅修正法案。從表2-3可以看出，委員提案以1到2個條文的提案占最大多數，無論是哪一政黨委員與跨黨的委員提案，都有三分之二甚至以上是僅有一到兩個條文，至於超過10個條文的提案僅有兩成上下。比較各個黨團可發現，黨團的提案也以1到2個條文為最多，但是國民黨團與台聯黨團相對上10個條文以上的提案占有四成左右，這極可能是因為國民黨失去行政權的舞台，亟欲在立法院以集體的力量來表現政策立場，因此提案規模較大；至於台聯黨團身為小黨，又欲在執政的民進黨與國親聯合之外，表現出獨特的色彩，因此有較高比例之較大規模的提案。民進黨團與親民黨團提案的規模最小，高達六成以上都是一到兩個條文，而僅有不到兩成是10個條文以上。至於行政院的提案與立法院的提案大有不同，1到2個條文的提案僅大約占有兩成（19.8%），而超過半數以上（55.7%）都是10個條文以上。

從表2-4當中可以發現委員提案以小幅度修正法案的比例最高，無論是哪一個黨的委員提案都占有提案總數的四分之三左右，而相對上，委員提案僅有極小比例是屬於新制訂法或大幅修正法案。黨團提案的規模較委員提案稍大，但仍舊以小幅修正法案為最主要，大約從五到七成五不等。國民黨團、台聯黨團、無黨籍團結聯盟有大約四分之一的提案是針對新制訂法，而民進黨團與親民黨團的新制訂法大約15%。至於行政院提案就明顯與委員及黨團提案大有不同，行政院提案當中，雖然也有大約三成是屬小幅修正法案，但其新制訂法案占有將近三成，大幅修正法案也占有四成以上。比較三者，顯然行政院提案的規模較立法院大得多，而委員的提案通常規模相當小，黨團提案稍稍大些，但是仍舊距離行政院的提案規模甚遠。

　　從上述統計數據可以看到在提案規模上，立法院提案與行政院提案極爲不同，立法院提案的規模較行政院提案小得多，而委員提案又比黨團提案爲小。同時若比較國民黨與民進黨黨團提案，會發現國民黨的提案表現較民進黨立法院的提案表現更爲積極，這應該是因國民黨失去行政院的舞台之後，必須在立法院的舞台上彰顯問政理念；反之民進黨既已有行政院可以作爲表現的舞台，反而節制其提案以免與行政院的立場對峙。綜合以上發現，證實了假設二，亦即行政院相較於立法院，較傾向提出較大規模的立法提案；而立法院相較於行政院，較傾向提出規模較小的提案。

表2-3　提案者與提案條文數的交叉分析

	1-2條	3-4條	5-9條	10條及以上	合計
委員提案					
國民黨委員	65.7	8.6	2.9	22.9	100.0 (140)
民進黨委員	72.1	7.0	5.6	15.3	100.0 (215)
跨黨委員	66.7	7.7	7.8	17.8	100.0 (1173)
黨團提案					
國民黨團	41.4	9.2	6.9	42.5	100.0 (87)
民進黨團	66.7	7.4	11.1	14.8	100.0 (27)
親民黨團	69.4	3.2	9.7	17.7	100.0 (62)
台聯黨團	42.6	9.3	11.1	37.0	100.0 (54)
無黨團結聯盟	58.5	9.8	9.8	22.0	100.0 (41)
國親黨團聯合	33.3	16.7	0.0	50.0	100.0 (6)
跨藍綠黨團	50.0	0.0	0.0	50.0	100.0 (4)
行政院提案	19.8	7.8	16.8	55.7	100.0 (334)
合計	58.0	7.7	8.8	25.5	100.0 (2143)

資料來源：本研究整理自立法院資訊檢索系統。
說明：1.表中數字爲百分比，括弧中數字爲次數。
　　　2. Chi-square= 329.3, degree of freedom=30, $p < .00$。

表2-4　提案者與提案類型的交叉分析

	新制訂法	大幅度修正	小幅度修正	合計
委員提案				
國民黨委員	15.5	9.9	74.6	100.0 (142)
民進黨委員	9.4	12.4	78.3	100.0 (234)
跨黨委員	13.6	12.1	74.3	100.0 (1174)
黨團提案				
國民黨團	26.1	23.9	50.0	100.0 (88)
民進黨團	14.7	8.8	76.5	100.0 (34)
親民黨團	14.5	12.9	72.6	100.0 (62)
台聯黨團	23.2	23.2	53.6	100.0 (56)
無黨團結聯盟	23.8	9.5	66.7	100.0 (42)
國親黨團聯合	33.3	16.7	50.0	100.0 (6)
跨藍綠黨團	25.0	25.0	50.0	100.0 (4)
行政院提案	28.4	42.0	29.6	100.0 (348)
合計	16.7	17.4	65.8	100.0 (2190)

資料來源：本研究整理自立法院資訊檢索系統。

說明：1.表中數字為百分比，括弧中數字為次數。

　　　　2.Chi-square= 301.2 , degree of freedom=20, p<.00。

捌、行政院與立法院在立法推動的比較

　　有研究指出，在分立政府期間，由於民進黨無法掌控程序委員會，因此行政院提案被在野聯盟掌控的程序委員會阻擋（吳東欽，2008；黃秀端，2003b）。在表2-5中，可以發現程序委員會阻絕的提案比例雖然不高，僅占有3.6%，然而值得注意的是阻絕的對象相當具有選擇性，民進黨團提案被阻絕在程序委員會的比例最高（23.5%），然後是民進黨委員提案（10.7%）、台聯黨團提案（9.1%），行政院提案被阻絕的比例不算高（5.5%）。這些被阻絕在程序委員會的提案統計並不包括某些先在程序委員會被緩列，但後來又排進一讀的提案，此一統計也不計算某些提案被一再的緩列的次數，也就是說，程序委員會實際阻絕的狀況，比上述的統計數字來得更為頻繁，因此可以說程序委員會確實是阻絕法案的第一個關卡。

　　其次，由表2-5的統計數據看來，提案被阻絕在一讀的並不算多，總計僅有5.8%，比較值得注意的是國民黨委員提案有14.1%、國民黨團提案有11.4%被阻絕在一讀，明顯地高於其他提案者，此中原因值得推敲，在立法院中，事實上每一個立委或黨團都可能成為潛在的否決者，因為只要在提案一讀審查階段有人提出異議，主席極可能裁定退回程序委員會，所以通常立委與黨團會尊重他人的提案以換取他人對自己提案的尊重，因此比較少在一讀會時阻絕他人的提案，然而由於第六屆時藍綠之間的對峙，在野黨團有時在程序委員會阻絕民進黨與台聯的提案，也因此，民進黨與台聯也在一讀會時杯葛國民黨的提案，即便民進黨與台聯人數較國民黨為少，推動法案也許不見得有力，但是阻絕法案卻綽綽有餘。

　　從表2-5可發現，若就提案整體被阻絕的關鍵點來看，常設委員會審議無疑是一個最重要的阻絕階段，在分析的提案中，有45.1%被阻絕在常設委員會，通常阻絕的方式有兩種：第一是召集委員遲遲不排入議程，第二是委員會審議不通過，但以前者占阻絕的絕大多數，顯然常設委員會已逐漸扮演較重要的決定法案通過與否的關鍵角色，儘管院會可以透過表決的方式要求將委員會中的提案逕付二讀，但實則院會極少如此作，所以委員會是埋葬提案的最重要所在殆無疑義，因此可以說委員會扮演重要的負面議程設定角色。

　　比較行政院與立法院提案被阻絕在常設委員會的狀況，可以發現委員提案有半數左右被阻絕在常設委員會審議階段，國民黨委員提案有56.3%，民進黨委員提案有56.4%，而跨政黨委員的提案也有48.1%被阻絕在常設委員會。黨團提案被阻絕在委員會的情況沒有像委員提案這麼嚴重，但除了民進黨團的提案之外，其他黨團都有大約三至四成五的提案被阻絕在常設委員會，相對上行政院提案被阻絕在委員會的比較少，將近三成（29.6%）。

　　在常設委員會審查之後的提案或者進入黨團協商，或者進入二讀程序，在黨團協商時被阻絕的占所有提案的將近一成（9.9%），而在二讀階段被阻絕的比例不高，大約7.1%，其中台聯黨團、無黨籍聯盟、與藍綠黨團聯合提案被阻絕在黨團協商的比例較高，有大約兩成，台聯黨團與無黨籍聯盟的提案被阻絕在二讀的比例大約一成，國親黨團聯合也有33.3%被阻絕在二讀階段。

　　比較行政院與立法院最後三讀通過的提案比例，可以發現行政院提案有相當高比例的三讀通過率（47.5%），比整體提案通過率28.5%高出甚多，而委員提案當中，通過最後三讀階段的比例不高，國民黨委員提案通過三讀的比例僅有13.4%，而民進黨委員提案通過的也僅有18.4%，跨藍綠委員提案通過三讀比例稍高，也僅

表2-5　提案者與提案審議進程的交叉分析

	程序委員會	一讀	常設委員會審議	黨團協商	二讀	三讀通過	合計
委員提案							
國民黨委員	4.9	14.1	56.3	5.6	5.6	13.4	100.0 (142)
民進黨委員	10.7	3.4	56.4	5.1	6.0	18.4	100.0 (234)
跨黨委員	0.9	5.5	48.1	11.3	7.2	27.1	100.0 (1173)
黨團提案							
國民黨團	3.4	11.4	37.5	10.2	10.2	27.3	100.0 (88)
民進黨團	23.5	8.8	11.8	11.8	5.9	38.2	100.0 (34)
親民黨團	0.0	8.1	43.5	3.2	8.1	37.1	100.0 (62)
台聯黨團	9.1	1.8	43.6	18.2	10.9	16.4	100.0 (55)
無黨團結聯盟	4.8	4.8	42.9	19.0	11.9	16.7	100.0 (42)
國親黨團聯合	0.0	0.0	16.7	16.7	33.3	33.3	100.0 (6)
跨藍綠黨團	0.0	50.0	0.0	25.0	0.0	25.0	100.0 (4)
行政院提案	5.5	3.5	29.6	8.4	5.5	47.5	100.0 (345)
合計	3.6	5.8	45.1	9.9	7.2	28.4	100.0 (2185)

資料來源：本研究整理自立法院資訊檢索系統，被阻絕在程序委員會的資料見吳東欽（2008）。

說明：1.有5個提案在立法過程被撤案，因此無法判斷被阻絕在哪一個階段，因此不列入統計。

　　　2.表中數字為百分比，括弧中數字為次數。

　　　3. Chi-square=303.3, degree of freedom=50, p<.00。

有27.1%，這可能是因為提案既有各黨立委連署背書，所以通常應該不是政黨競爭類的提案，爭議較少。黨團提案通過三讀的比例略高於委員提案，但表現仍舊大大不如行政院。

　　由於審議進程涉及到立法院政治生態以及立法審議過程中複雜的政治過程，因此必須控制其他可能影響立法院審議進程的變數，才能對提案者對提案審議進程的影響作適當評估，此外，在模型中放進了「法案提案組成」、「是否協商」、以及「政黨競爭議題與協商的交互作用項」變數，如此才能夠對於立法過程中，行政院與立法院，以及執政黨與在野黨的既有競爭，又有合作的互動過程加以說明。

　　本研究估計兩個模型，第一個模型以提案進程為依變數，此變數依提案被阻絕的階段分為程序委員會、一讀、常設委員會、黨團協商、二讀、三讀通過。由於變

數是順序尺度，其特色是類別之間只可以比較大小，但是每一個類別之間的間距並不相等，若使用多元迴歸分析的普通最小平方法（Ordinary Least Square, OLS）估計會產生問題，所以使用順序機率單元模型（Ordinal Probit Model）進行估計。第二個模型的依變數是提案內容是否被納入最後通過的版本中，此為嚴格定義的立法通過，不僅通過三讀，同時提案內容被放進最後的通過版本中，由於是二分變數，因此以二元機率單元模型（Binary Probit Model）進行估計。[14]

表2-6的統計數據顯示行政院提案被阻絕的機會較低，且被三讀通過的可能性較高，但是在野多數聯盟（國民黨團、親民黨團）的提案審議進程雖然順利程度不若行政院，但是估計值極小（分別是-.22與-.08），且並未達統計上的顯著水準，顯示在野聯盟提案審議進程的順利程度與提案通過狀況與行政院並沒有顯著的差異，這極可能是在分立政府之下，行政院並未掌握立法院的多數，而在野聯盟獲得國會過半數的支持，因此在立法過程中也有不弱的影響力，但是台聯黨團與無黨團結聯盟則在審議進程與（或）法案通過的表現，則較行政院與在野多數聯盟黨團弱勢許多，台聯黨團的提案進程是黨團當中最不順利的。台聯黨團身為立法院最小且意識型態強烈的政黨，其提案中新制訂法與大幅修正法案的比例較其他政黨為高（大約四成），可能涉及的爭議也較大，因此審議的過程較易遭受阻絕。綜合而言，雖然各自黨團提案審議的進程有所差異，在野聯盟國民黨與親民黨黨團較台聯黨團與無黨團結聯盟更之強勢，但是整體平均而言，黨團通過法案的影響力仍低於行政院。

此外，委員提案無論在審議進程或通過與否的表現上更是無法與行政院匹敵，相對上而言，國民黨的委員提案是最不容易通過的，雖然國民黨身為最大在野黨，且與親民黨等泛藍政黨結盟，可掌握國會多數。然而，由於國民黨委員提案是指90%以上的提案人與連署人都是國民黨委員，意思是連友黨親民黨都沒有積極背書，且由於國民黨委員提案中，有相當大比例（71.1%）牽涉特殊利益，與選區或特殊選民群的關連較為密切，但與政黨的立場關連較少，因此不見得獲得所有同黨或友黨委員的支持。相對上來講，跨黨的委員提案在審議進程或通過與否上都較國民黨或民進黨各自的委員提案表現來得好，主要理由是既是跨黨委員提案，則政黨彼此杯葛的程度較低，反而可能跨黨合作，因此提案較為順利。

---

[14] 由於國民黨與親民黨的聯合提案，以及跨藍綠政黨的提案個數非常有限，前者僅有6個，後者僅有4個，將可能造成估計的不穩定，因此將之排除，不列入分析。

　　綜合上述得知，提案審議進程與通過最為順利的是行政院，而委員提案是最容易被阻絕的，黨團提案介於二者之間，此研究發現證實了假設三與假設四：行政院提案相較於立法院提案，提案的進程較為順利，且通過的可能性較高。

　　接著本研究要進一步分析，若同一個法案中，同時有行政院與立委提案是否會因此使得法案的審議進程較為順利，且較易完成三讀。研究結果顯示若一個法案當中「僅有」黨團提案（注意這裡並非指黨團提案），而無行政院或委員提案，表示這種提案可能涉及的是政黨競爭色彩濃厚的議題，無太多利益的色彩（這是為什麼個別委員都沒有提案），從表2-6可以發現，其他種類的提案組合估計值都較僅有黨團提案法案的估計值來得高，表示相較於其他類型的法案提案組合，僅有黨團提案的法案，其審議進程最容易遭受阻絕。

表2-6　提案審議進程與提案通過與否的統計分析

	提案審議進程			提案通過與否		
	B	SE	P	B	SE	P
提案者（行政院=0）						
國民黨委員	-.68	.13	***	-.82	.18	***
民進黨委員	-.54	.12	***	-.69	.15	***
跨黨委員	-.33	.09	***	-.59	.11	***
國民黨團	-.22	.15		-.29	.19	
親民黨團	-.08	.17		-.09	.20	
民進黨團	-.48	.22	*	.09	.27	
台聯黨團	-.50	.17	**	-.75	.25	**
無黨團結聯盟	-.32	.19	$	-.78	.29	**
法案提案組成（僅有黨團提案=0）						
僅有行政院提案	.53	.28	$	.83	.42	*
僅有委員提案	.58	.25	*	.71	.39	$
委員與行政院皆有提案	.86	.25	***	.85	.39	*
委員與黨團皆有提案	.50	.25	*	.43	.39	
黨團與行政院皆有提案	.27	.28		.48	.43	
委員、黨團與政院皆有提案	.48	.25	*	.29	.39	
其他	.27	.30		.32	.45	

表2-6　提案審議進程與提案通過與否的統計分析（續）

	提案審議進程			提案通過與否		
	B	SE	P	B	SE	P
政黨競爭議題	-.29	.08	***	-.33	.14	*
協商	1.23	.06	***	.77	.07	***
政黨競爭議題X協商	.69	.20	***	.68	.24	**
提案類型（小幅修正＝0）						
新法案	-.32	.07	***	-.36	.09	***
大幅修正	-.03	.07		-.01	.09	
提案類別（不涉及利益＝0）						
普遍利益	-.25	.07	***	-.20	.10	*
特殊利益	-.17	.07	*	-.10	.09	
會期（第六會期＝0）						
第一會期	.45	.09	***	.59	.12	***
第二會期	.37	.09	***	.59	.12	***
第三會期	.28	.10	**	.39	.14	**
第四會期	.29	.10	**	.33	.14	*
第五會期	.08	.10		.15	.14	
常數項				-1.29	.41	**
第一個截點	-1.48	.27				
第二個截點	-.96	.27				
第三個截點	.79	.27				
第四個截點	1.13	.27				
第五個截點	1.37	.27				
N		2174			2174	
LR Chi-square		753.5	***		371.0	***
Pseudo R^2		.12			.15	

資料來源：本研究整理自立法院資訊檢索系統。

說明：1.提案審議進程採用順序機率單元模型；提案通過與否採用二元機率單元模型，依變數提案通過設定為1，不通過設定為0。

　　　2.*** P<.001; ** P<.01; * P<.05; $ p<.10。

　　相對的，若同一個法案中，僅有行政院提案，這種提案應該是比較沒有爭議，既不涉及政黨競爭，也較少涉及利益，這是何以既無黨團提案，也無委員提案，這類提案審議的進程會頗為順利，其估計值為.53，遠高於僅有黨團提案的估計值（B＝0）。同時值得注意的是若某一法案僅有委員提案，既無行政院提案，也無黨團提案，表示這類提案比較不涉及政黨競爭議題，而比較帶有分配利益的色彩，這種提案審議的進程也高於僅有黨團提案的法案組合，其估計值為.58。更進一步觀察統計結果，發現若同一個法案當中，同時有立委提案與行政院提案，則審議進程將大為順利，其估計值為.86，高於所有類型的提案組合，顯示當立委提案搭行政院提案的便車，則可以使立法進程較為順利，且較易完成三讀，或者換句話說，當一個有行政院提案的法案當中亦有委員提案，則立委會積極推動，或至少在過程上不去阻擋，如此可使立法進程較為順利。這是因為一方面當立委看到有行政院的提案，知道立法院比較可能優先審議，為了使自己的立法績效較佳，也為了帶好處到選區，而有提案的動機；另一方面法案因為有行政院提的對案而更加周詳，使得審議進程較為順利。

　　至於法案組合若有黨團加上行政院提案，而無委員提案，這一類提案通常涉及政黨競爭議題，個別立委不見得有提案與推動的動機與能力；若是一法案同時有黨團、委員與行政院提案的組合，通常涉及的議題可能既包含政黨競爭，亦包含利益的分配，涉及的層面較廣，涉及的利益也較為複雜，這類法案審議的進程也比較不容易推動。由上述研究發現可知，假設六是成立的，亦即若在同一個法案中，同時有委員提案與行政院提案，則法案的推動比僅有委員提案或僅有行政院提案的法案來得順利。

　　至於在提案通過與否的估計模型中，若同一個法案中，同時有委員提案與行政院提案，其估計值為.85，比只有為委員各自提案通過的可能性高出甚多，（僅有委員提案估計值為.71），但是與僅有行政院提案的通過情況差不多，（僅有行政院提案估計值為.83）。表示雖然若一法案同時有行政院與立法委員提案，則可以使審議進程順利，但是行政院在通過法案上仍有相當的優勢，因此僅有行政院提案的法案仍可以有不亞於行政院與立委同時提案的通過能力，此部分證實了假設七。

　　在政黨的競爭與合作方面，研究結果顯示若提案涉及政黨競爭議題，則較容易遭受阻絕，然而若提案經過協商，則非常有助於其提案進程的順利推動，同時，政黨競爭議題與協商的交互作用項亦呈現極大的正方向估計值，此顯示提案若涉及政黨協商議題，則是否有協商可以相當程度決定它的命運，有協商則能推動它的立

法，然而若無協商，則命運多舛，此一發現證實假設八，充分顯示提案通過是否順利，與立法過程中的政黨之合作與衝突有極重要的關連性，而且此一衝突看似立法院中的衝突，實則多半反映的是行政院（執政黨）與立法院（在野黨）的衝突。

此外，統計結果顯示提案類型是小幅修正與大幅修正，相對於新制訂法案，審議進程較為順利，通過三讀的可能性也較高，這是因為修正案所牽涉的層面較小，對現狀的改變也可能較小，可能爭議也較少，所以比較容易推動審議進程。反之，新制訂法案由於內容較為複雜，涉及的層面較廣，對現狀的改變較大，因此最不容易推動審議進程。同時，也值得注意的是特殊利益的提案相對於普遍利益提案，立法較易推動，這是因為特殊利益的提案是對特定人群提供利益，涉及的黨派爭議通常較少，大多數立委可能不會阻擋，反而可能會彼此互相幫助，讓各自欲推動的提供特殊利益的提案都可以過關，有若美國的滾木立法。

此外，會期的估計值顯示，若提案會期愈早，則提案的推動會愈為順利，通過三讀的可能性也較高，若提案是在第一會期，明顯的進程最為順利，若提案是在第二、三、四會期，則審議進程差不多，也都很順利；但若提案是在第五、六會期，則提案進程比較可能會不順利，這說明了何以在立法院第一、二會期是提案旺季的原因，除了因為立委要將在競選時對選民的承諾儘快放入議程，也因為在屆期初的提案較可能走完審查流程。

玖、行政院與立法院在法案通過內容上的比較

由上述分析結果得知，不同的提案者確實會影響立法進程以及提案的通過與否，行政院的提案往往較易推動，而相對的委員提案較易被阻絕，至於黨團提案介於二者之間。接著將更進一步分析，究竟在通過的法案內容當中，是行政院或立法院的意見扮演較重要的角色。這一部分的分析只針對有三讀通過，且行政院與立法院都有提案的法案。

表2-7的統計顯示的是以立法提案為分析單位所顯示的結果，由表2-7可以發現當行政院與立法院對同一法案都有提案時，在通過的法案內容當中，以行政院的意見為主的仍占有較高的比例，占有56.3%，而以立法院意見為主的僅占有31.9%，至於行政院與立法院的意見不分上下的，占有11.9%，此顯示行政院的意見仍高過立法院的意見，即便是在分立政府時亦然。

表2-7　法案通過內容是以行政院或立法院的意見為主

	次數	百分比
以立法院的意見為主	43	31.9
不分上下	16	11.9
以行政院的意見為主	76	56.3
合計	135	100.0

資料來源：本研究整理自立法院資訊檢索系統。

　　接著本研究再進一步檢視，究竟行政院的優勢是否會因為不同的提案而有異？因為對同一個法案，不同提案者涉及利益的對象有異，且提案的規模也有不同，因此這一部分的分析是以提案為分析單位。統計結果見表2-8與表2-9。從表2-8中的數據顯示就整體通過的提案而言，以行政院意見為主的比例為48.2%，高過以立法院意見為主的34.1%，而不分上下的提案占17.7%。雖然卡方檢定值未達顯著水準，但是仍可以看到跨不同類型的提案，行政院與立法院的表現仍有不同。在涉及普遍利益與無涉及利益的提案上，以行政院的意見為主的占較大多數，大約五成，而以立法院為主的提案僅不到三成。至於在涉及特殊利益的提案當中，以立法院的意見為主將近四成，占39.4%，仍遜於以行政院的意見為主的46.5%，此外行政院與立法院不分上下的也有14.1%，此顯示行政院在所有類型的提案上仍具有優勢，立法院僅在特殊利益的提案上略略可以與行政院分庭抗禮，但是在其他類提案，則仍以行政院的意見為主。由前面的分析得知，立法院對特殊利益的提案較普遍利益與不涉及利益的提案更為積極，因此影響力稍遜於行政院，但是在普遍利益與不涉及利益的提案之影響力則遠遠不及行政院。

　　接著再進一步比較行政院與立法院在不同的提案規模上的影響力，從表2-9得知，純然以立法院意見為主的，隨著提案規模的提升而減小，行政院雖然在不同規模的提案都較立法院占有優勢，但是行政院的意見在大幅度修正法案當中，最具有優勢；在大幅度修正法案上，以行政院意見為主高達56.7%，以立法院意見為主的占33.3%；在新制訂法案上，以行政院意見為主的占38.3%，以立法院意見為主的僅占16.7%，但是行政院與立法院不分上下的占45.0%，顯示立法院在新制訂法上的企圖心，欲意與行政院分庭抗禮，但整體而言，仍遜於行政院。另外，立法院在小幅度修正法案上較能與行政院抗衡，在該類法案上，以立法院意見為主的占40.4%，以行政院意見為主占有47.2%。綜合上述結果得知，在通過法案的內容

表2-8　提案通過內容是以立法院或行政院的意見為主

	以立法院意見為主	不分上下	以行政院意見為主	合計
特殊利益	39.4	14.1	46.5	100.0 (170)
普遍利益	28.2	22.3	49.5	100.0 (103)
無涉及利益	29.1	20.0	50.9	100.0 (55)
合計	34.1	17.7	48.2	100.0 (328)

資料來源：本研究整理自立法院資訊檢索系統。

說明：1.表中數字為百分比，括弧中數字為次數。

　　　2.Chi-square= 5.7, degree of freedom=4, p >.05。

表2-9　提案通過內容是以立法院或行政院的意見為主

	以立法院意見為主	不分上下	以行政院意見為主	合計
新制訂法案	16.7	45.0	38.3	100.0 (170)
大幅度修正法案	33.3	10.0	56.7	100.0 (103)
小幅度修正法案	40.4	12.4	47.2	100.0 (55)
合計	34.1	17.7	48.2	100.0 (328)

資料來源：本研究整理自立法院資訊檢索系統。

說明：1.表中數字為百分比，括弧中數字為次數。

　　　2.Chi-square= 41.2, degree of freedom=4, p<.001。

上，行政院的意見仍具有較重要的影響力，立法院只有在提供特殊利益與小幅度修正法案上影響力比較能與行政院匹敵，但是在提供普遍利益與不涉及利益的提案，以及規模較大的提案，仍然遠遜於行政院，此證實了假設五。

拾、結論

　　本研究以第六屆立法院中的法律提案作為分析的焦點，試圖探討立法院與行政院在立法過程中的相對影響力。研究結果有幾點值得注意的發現：首先值得注意的是，即便是在立法院「可能」較有可為的分立政府之下，行政院的提案相較於立法院的提案，無論是在提案內容、提案審議進程、提案通過、與意見被重視程度，行政院都較立法院具有優勢。行政院的提案以涉及普遍利益與不涉及利益的內容較

多，且規模較大，而反之，立法院以涉及特殊利益與小規模的提案為主，在提案的
內容與規模上遠不及行政院。至於在立法推動上，行政院的提案從審議進程到最後
三讀通過都較立法院為順利，而立法院提案相對於行政院提案則較可能在審議過程
中遭受阻絕。此外，在最後通過的法案內容上，行政院的意見仍具有較大的優勢，
立法院僅有在比較小規模，且涉及特殊利益的提案上較可與行政院匹敵，在其他類
提案上，則行政院的意見遠高於立法院的意見。

其次值得注意的是，即便在行政院較具優勢的情況下，立法院也並非毫無可
為，研究發現指出若同一個法案當中同時有行政院提案與委員提案，則委員提案可
以搭上行政院提案的便車，而行政院也較易獲得立委的支持，審議進程會較為順
利，且通過的可能性較高。同時，若法案經過政黨協商，則有利於審議進程的推動
與最後立法的通過，即便是在政黨爭議性的法案亦然，此一現象顯示即便在分立政
府時期，行政院與立法院雖各自由不同的政黨掌控，但為了使法案的推進較為順
利，彼此對立的政黨與意見不同的立委仍舊有合作以共同推動立法的可能性。

此外，從本章所顯示的行政與立法之互動關係可以看出，由於立法的提出與推
動需要資源，立法院在資源有限的情況下，傾向於搭行政院政策推動的便車，一旦
某一法案有立委與行政院的提案，則由於立法院與行政院都有通過立法的動機，有
利於審議進程的推動，如此一來，立法產出可能同時夾帶著行政院與立法院的提案
內容，方便了立委搭國家政策的便車，滿足各自選民群與利益團體的需求，而行政
院也達到通過立法與推動政策的目標，也就是說行政院與立法院在立法過程中有衝
突，但也有合作，呈現共同立法的狀態。

參考書目

英文部分

Arnold, R. Douglas. 1990. *The Logic of Congressional Action*. New Haven and London: Yale
    University Press.

Barret, Andrew and Matthew Eshbaugh-Sola. 2007. "Presidential Success on the Substance of
    Legislation." *Political Research Quarterly* 60, 1 (March): 100-112.

Binder, Sarah A. 1999. "The Dynamics of Legislative Gridlock, 1947-96." *American Political*

Science Review 93, 3 (September): 519-533.

Binder, Sarah A. 2001. "Congress, The Executive, and the Production of Public Policy: United We Govern?" in Lawrence C. Dodd and Bruce I. Oppenheimer. eds. *Congress Reconsidered*: 293-313. 7th ed. Washington, DC: A Division of Congressional Quarterly, Inc.

Bowler, Shaun. 2002. "Parties in Legislature: Two Competing Explanations." in Russell J. Dalton and Martin P. Wattenberg. eds. *Parties Without Partisans: Political Change in Advanced Industrial Democracies*: 157-179. Oxford: Oxford University Press.

Cain, Bruce, John Ferejohn, and Morris Fiorina. 1984. " The Constituency Service Basis of the Personal Vote for U. S. Representatives and British Members of Parliament." *The American Political Science Review* 78, 1 (March): 110-125.

Cain, Bruce, John Ferejohn, and Morris Fiorina. 1987. *The Personal Vote: Constituency Service and Electoral Independence*. Cambridge: Harvard University Press.

Carey, John, and Mathew S. Shugart. 1995. "Incentives to Cultivate a Personal Vote: A Rank Ordering of Electoral Formulas." *Electoral Studies* 14, 4 (December): 419-439.

Coleman, John J. 1999. "Unified Government, Divided Government, and Party Responsiveness." *American Political Science Review* 93, 4 (December): 821-835.

Cooper, Joseph. 2001. "The Twentieth-Century Congress." in Lawrence C. Dodd and Bruce I. Oppenheimer. eds. *Congress Reconsidered*: 335-366. Washington, D.C.: A Division of Congressional Quarterly Inc.

Cox, Gary W. and Mathew D. McCubbins. 1993. *Legislative Leviathan: Party Government in the House*. Berkeley: University of California Press.

Cox, Gary W., and Mathew D. McCubbins. 2005. *Setting the Agenda: Responsible Party Government in the U. S. House of Representatives*. Cambridge: Cambridge University Press.

Cox, Gary W., and Scott Morgenstern. 2002. "Epilogue: Latin America's Reactive Assemblies and Proactive Presidents." in Scott Morgenstern and Benito Nacif. eds. *Legislative Politics in Latin America*: 446-468. Cambridge: Cambridge University Press.

Duverger, Maurice. 1980. "A New Political System Models: Semi-Presidential Government." *European Journal of Political Research* 8, 2 (June): 165-187.

Edwards, George C. III 1976. "Presidential Influence in the House: Presidential Prestige as a

Source of Presidential Power." *The American Political Science Review* 70, 1 (March): 101-113.

Elgie, Robert. 2001. "What is Divided Government?" in Robert Elgie. ed. *Divided Government in Comparative Perspective*: 1-20. Oxford: Oxford University Press.

Evans, Diana. 2004. *Greasing the Wheels: Using Pork Barrel Projects to Build Majority Coalition in Congress*. Cambridge: Cambridge University Press.

Fiorina, Morris P. 1980. "The Decline of Collective Responsibility in American Politics." *Daedalus* 109, 1 (Winter): 25-45.

Fiorina, Morris P. 1989. *Congress: Keystone of the Washington Establishment*. 2nd ed. New Haven: Yale University Press.

Heywood, Andrew. 2002. *Politics*. 2nd ed. Hampshire and New York: Palgrave Foundation.

Howell, William, Scott Adler, Charles Cameron, and Charles Riemann. 2000. "Divided Government and the Legislative Productivity of Congress, 1945-94." *Legislative Studies Quarterly* 25, 2 (May): 285-312.

Huntington, Samuel P. 1973. "Congressional Responses to the Twentieth Century." in David Truman. ed. *The Congress and America's Future*: 306-326. Englewood Cliffs, N.Y.: Prentice-Hall.

Jacobson, Gary C. 1992. *The Politics of Congressional Elections*. 3rd edition. Boston: Little, Brown, and Company.

Krehbiel, Keith. 1996. "Institutional and Partisan Sources of Gridlock: A Theory of Divided and Unified Government." *Journal of Theoretical Politics* 8, 1 (January): 7-40.

Krehbiel, Keith. 1998. *Pivotal Politics: A Theory of U.S. Lawmaking*. Chicago: University of Chicago Press.

LeLoup, Lance T. and Steven A. Shull. 2003. *The President and Congress: Collaboration and Combat in National Policymaking*. 2nd ed. New York: Longman.

Mayhew, David 1974. *Congress: The Electoral Connection*. New Haven and London: Yale University Press.

Mayhew, David R. 1991. *Divided We Govern: Party Control, Lawmaking, and Investigations, 1946-1990*. New Haven: Yale University Press.

McCubbins, Mathew D., and Gregory W. Noble. 1995. "The Appearance of Power: Legislators, Bureaucrats, and the Budget Process in the United States and Japan." in Cowhey, Peter

F. and Mathew D. McCubbins. eds. *Structure and Policy in Japan and the United States*: 56-80. Cambridge: Cambridge University Press.

Mezey, Michael. 1985. "The Function of Legislatures in the Third World." in Gerhard Loewenberg, Samuel C. Patterson and Malcolm E. Jewell. eds. *Handbook of Legislative Research*: 733-772. Cambridge: Harvard University Press.

Neustadt, Richard E. 1990. *Presidential Power and the Modern Presidents*. N. Y.: The Free Press.

Peterson, Mark. 1990. *Legislating Together*. Cambridge: Harvard University Press.

Schroedel, Jean Reith. 1994. *Congress, the President, and Policy-Making: A Historical Analysis*. Armonk, New York: M. E. Sharpe.

Shugart, Mathew S. and John M. Carey. 1992. *Presidents and Assemblies: Constitutional Design and Electoral Dynamics*. Cambridge: Cambridge University Press.

Siavelis, Peter M. 2002. "Exaggerated Presidentialism and Moderate Presidents: Executive-Legislative Relations in Chile." in Scott Morgenstern and Benito Nacif. eds. *Legislative Politics in Latin America* : 79-113. Cambridge: Cambridge University Press.

Sinclair, Barbara. 1999. "Transformational Leader or Faithful Agent? Principal- Agent Theory and House Majority Party Leadership." *Legislative Studies Quarterly* 24, 3 (August): 421-449.

Smith, Steven S. 2007. *Party Influence in Congress*. Cambridge: Cambridge University Press.

Sundquist, James L. 1988. "Needed: A Political Theory for the New Era of Coalition Government in the United States." *Political Science Quarterly* 103, 4 (Winter): 613-635.

Wayne, Stephen J. 2006. "Presidential Leadership of Congress: Structure and Strategies." in James A. Thurber. ed. *Rivals for Power: Presidential-Congressional Relations*: 59-83. New York: Rowman & Littlefield Publishers, Inc.

Wilson, James Q. 1986. *American Government: Institutions and Policies*. 3rd ed. Lexington: D. C. Heath and Company.

中文部分

王靖興。2009。〈立法委員的立法問政與選區服務之分析〉。《臺灣政治學刊》13，2：113-169。

吳玉山。2001。〈合作還是對立？半總統制府會分立下的憲政運作〉。明居正、高朗主

編 《憲政體制新走向》：163-209。台北：新臺灣人基金會。

吳東欽。2008。〈從議事阻撓觀點探討我國中央分立政府運作之影響〉。《臺灣民主季刊》5，3：71-120。

吳春來。1991。〈行政院與立法院在政策制訂過程中互動關係之研究-- 行政院組織法修正案的分析〉。國立政治大學公共行政研究所碩士論文。

吳重禮、林長志，2002。〈我國2000年總統選舉後中央府會關係的政治影響：核四議題與府會互動的評析〉。《理論與政策》，16，1：73-98。

吳重禮。2000。〈美國「分立性政府」研究文獻之評析：兼論臺灣地區政治發展〉。《問題與研究》39，3：75-101。

李怡達。2004。〈議程拒絕與法案審議-以第四屆立法院運作為例〉。國立臺灣大學政治學研究所碩士論文。

李美賢。1988。〈中華民國增額立法委員政治角色之研究〉。國立政治大學三民主義研究所碩士論文。

李誌偉。2009。〈臺灣立法院議程設定研究：二到六屆之分析〉。東吳大學政治學研究所碩士論文。

李鳳玉。2011。〈總統與其政黨的關係：法國與臺灣的比較〉。東吳大學政治學系國會研究中心主編《政黨運作與國會政治》：199-234。台北：五南。

沈有忠。2005。〈制度制約下的行政與立法關係：以我國九七憲改後的憲政運作為例〉。《政治科學論叢》23：27-60。

周萬來。2000。《議案審議－立法院運作實況》。台北：五南。

周萬來。2008。《議案審議－立法院運作實況》。第3版。台北：五南。

林繼文。2000。〈半總統制下的三角均衡〉。林繼文主編《政治制度》：135-175。台北：中央研究院中山人文社會科學研究所。

邱訪義、李誌偉。2012。〈立法院積極議程設定之理論與經驗分析：第二至第六屆〉。《臺灣政治學刊》16，1：1-47。

邱訪義。2010。〈臺灣分立政府與立法僵局〉。《臺灣民主季刊》7，3：87-121。

翁興利。1996。〈立院新結構與議程設定〉。《中國行政評論》5，2：73-88。

盛杏湲。2003。〈立法部門與行政部門在立法過程中的影響力：一致政府與分立政府的比較〉。《臺灣政治學刊》7，2：51-105。

盛杏湲。2008。〈政黨的國會領導與凝聚力：2000年政黨輪替前後的觀察〉。《臺灣民主季刊》5，4：1-46。

盛杏湲。2009。〈選制改革前後立法委員提案的持續與變遷〉。《臺灣政治學會年會暨「動盪年代中的政治學：理論與實踐」學術研討會》。2009年11月21-22日。新竹：玄奘大學。

盛杏湲。2012。〈媒體報導對企業型政治立法成敗的影響〉。《東吳政治學報》30，1：1-42。

陳宏銘。2009。〈臺灣半總統制下的黨政關係：以民進黨執政時期爲焦點〉。《政治科學論叢》41：1-56。

陳宏銘。2012。〈半總統制下法案推動與立法影響力：馬英九總統執政時期之研究〉。《東吳政治學報》30，2：1-70。

黃士豪。2007。〈影響立法委員介入官僚行政因素之研究〉。國立政治大學政治學研究所碩士論文。

黃秀端。2003a。〈分立政府、議程設定與程序委員會〉。《臺灣政治學會暨「世局變動中的臺灣政治學術研討會」》。2003年12月13-14日。台北：東吳大學。

黃秀端。2003b。〈少數政府在國會的困境〉。《臺灣政治學刊》7，2：3-49。

黃秀端。2004。〈政黨輪替前後的立法院內投票結盟〉。《選舉研究》11，1：1-32。

黃麗香。1999。〈國會政黨的組織誘因與立法團結〉。東吳大學政治學系碩士論文。

楊婉瑩。2003。〈一致性到分立性政府的政黨合作與衝突：以第四屆立法院爲例〉。《東吳政治學報》16：49-95。

葉怡君。2009。〈法案審議與議程阻絕－立法院第三屆到第六屆的分析〉。國立中正大學政治學研究所碩士論文。

鄒篤麒。1993。〈我國黨政關係之研究：以國民黨爲例〉。國立政治大學政治學研究所博士論文。

歐陽晟。2008。〈政府型態對於議案審議的影響：臺灣一致政府與分立政府的比較〉。國立政治大學政治學研究所博士論文。

賴金靈。2007。〈分立政府與立法僵局關係之研究－以第二屆至第六屆（1993～2007年）立法院運作爲例〉。國立台北大學公共行政政策學系碩士論文。

陳宏銘

壹、前言

　　研究臺灣半總統制的文獻已累積諸多成果，但迄今為止相關研究觸角較少伸展至立法研究領域，特別是對於這個體制之下最為核心的人物——總統，有關於他在法案推動上的行為和角色，欠缺學術專文加以探究。[1]相對的，現有臺灣的立法行為研究文獻，亦甚少觸及半總統制下雙重行政領導的結構特質，使得在探討行政和立法機關的立法影響力和相關立法行為時，多未能將總統的角色獨立看待，彷彿我國是虛位元首的議會制。整體而言，我國半總統制的研究與國會的立法研究是脫勾的。而由於法案是政策的法律化，這對於我們想要了解實務上民選總統如何透過立法上的推動和影響力之發揮，以實踐其政策（或政見）的主張，構成了限制。在我國，由公民直選產生而具有實權的總統，在法案的推動上究竟扮演何種角色？又其產生的影響力又如何？這構成本章的兩個核心問題。為回答此問題，本章試圖搭起半總統制和國會立法研究的部分橋樑，並以總統為分析焦點和起點。

　　同樣屬於半總統制，我國總統並不具有相當於法國第五共和總統可以主持部長會議的權力，作為國家最高行政機關之行政院，其常態性的政策決定機制——行政院會議，係由行政院院長主持，總統並無參與機會。另根據我國憲法含增修條文以及《國家安全會議組織法》之設計，總統雖具有決定國防、外交和兩岸關係之國家

---

* 本章原刊載於2012年《東吳政治學報》，第30卷，第2期，頁1-70。

[1] 作者採Duverger（1980）之定義將臺灣界定為半總統制國家，其理由在於：首先，我國總統經由人民直接選舉產生，符合Duverger對半總統制所界定三項特徵中的第一項，總統由普選產生。其次，依憲法增修條文規定，總統至少擁有以下實權：行政院院長的任命權、解散立法院的權力、主持國家安全會議與決定國家安全大政方針等，故也大致符合Duverger所揭示的第二項特徵。最後，除了總統之外，還存在著領導國家最高行政機關的行政院院長暨行政院各部會首長，而行政院須向立法院負責，立法院得對行政院院長提出不信任案迫其去職，凡此規定亦符合半總統制的第三項界定，更進一步的討論請見陳宏銘（2009: 11-13）。

安全有關大政方針決定權，不過法案主要仍由行政院和立法委員提出。在某些情況下，司法院、考試院與監察院等三院亦可提出，但憲法並未賦予總統提出法案的權力。實務上行政院相當程度扮演承擔實踐總統政見承諾和政策目標之角色，總統所欲之法案多賴行政院或同黨立法委員提出，其個人通常未站在第一線，因而以憲政機關為分析單位的立法研究，焦點多在於行政院和立法院。

　　總統沒有提出法案的權力，這一點確實可作為理解為什麼國內立法研究甚少觸及總統角色之部分原因。但僅僅是這一點，卻不足充分說服吾人為什麼連一篇研究文獻都付之闕如。固然總統並無法案的提案權，甚至對於立法院三讀通過的法案行使覆議權尚屬於被動的狀態，憲法規定須待行政院院長提請後其方可進行核准，故憲法上總統幾無立法權可言。但總統作為中央政府中唯一民選且具有全國選票基礎的政治領袖，若說他沒有實質的政策決定權和立法的影響力，則恐怕與政治現實相去太遠。何況總統可單方面決定行政院院長人選，行政院所推動的法案很可能即是他所交待執行辦理的事項，故在法案推動上幾乎不可能置身事外。如果再將黨政層次的影響因素納入，總統由於可能同時擔任執政黨的領袖，可以透過政府體制外的政黨決策機制以及政黨與政府政策協調平台，對於立法和行政部門中的黨員幹部發揮影響力，以推動法案。尤其當總統具有正式的黨主席身分，更可直接領導政黨，在黨內的決策機制中正式的發號施令，這在國民黨和民進黨的執政時期都可看到相關的經驗。國內的研究文獻，也逐漸重視此一因素（陳宏銘，2009）。因此，由以上總統的選票基礎、對行政院院長的任命權以及總統與政黨的關係等幾方面來看，我國總統對於法案的推動可能不僅不是消極被動的角色，而是有其積極作為和施力之處。

　　然而，何以現有研究卻對總統如何推動法案以及其在立法上的影響力幾乎缺乏專論？其原因，作者以為恐怕與研究方法上難以有效處理有關。研究方法上的困難，除了總統並不具提案權，因而無法取得類似美國總統制下「總統法案」的清單，使得關於總統立法偏好資料之取得和分析有其困難外，且對於立法影響力的定義和測量亦缺乏成熟的既定方法可依循。然而作者觀察到，實權總統背負著民意付託，會利用機會來表達他的法案態度和立場，促成重要法案的通過，使其政見和政策目標得以實現，並贏得政績。從這樣的角度來理解，問題就在於研究者可以藉由什麼方法，或多或少把總統的立法推動行為加以捕捉，將可能的影響加以探測。

　　準此，本章試圖透過立法行為的實證研究，探討臺灣半總統制中最核心的人物——「總統」，就其在法案推動和立法方面展現的影響力提出觀察。本章主要的研

究問題在於，我國實權總統並無出席和主持行政院院會之權，亦無法案提案權，究竟其如何推動他所特別重視的法案？而其產生了什麼影響？具體而言，本章將以西元2008年後馬英九總統執政第一任時期的經驗爲個案，研究時程爲第七屆立法院，其中扣除馬英九總統尚未執政的第一會期，故以第二會期至第八會期的法案爲對象。由於總統並無法律案的提案權，故並無法直接掌握總統可能存在的立法議程和法案清單，而只能藉由其他方法來掌握總統對法案的態度。在本章主要藉由報紙的報導（含總統府新聞稿）之資料來試圖掌握其對法案的偏好和強度。

　　進一步來看，本章主要探討兩個相關連的問題：一是關於總統如何推動其重視的法案，此處所定義之推動，限縮在總統明確表達特定法案偏好的行爲，而爲報紙所確認報導者，包括場所（或機制）以及強度。至於非媒體報導而無法查知者，或有賴訪談或其他方法才可查知者，並不在本章探討範圍。二是關於總統立法影響力，此處所謂立法影響力之定義，主要限縮在總統表達支持的法案，特別是其偏好較強的法案之最終通過情形，亦即在本篇試探性研究中，偏向呈現總體層次的分析，而暫不從個體層次細究每位立法委員投票和總統法案偏好立場關係之分析，亦不涉及解釋影響力高低之因果分析。而除了觀察立法通過情形外，對於立法影響力，本章亦輔以若干質性的討論。

　　透過總統法案推動的行爲分析，可以跳脫靜態法制層面的討論，呈現臺灣半總統制下總統實際法案乃至政策推動的部分，而補現有文獻之不足。最後，由於馬總統執政期間，總統、行政院及立法院多數均由國民黨所掌握，是處於所謂的「一致性政府」（unified government）狀態，故基本上行政和立法關係的政黨結構條件被控制而不變；再者，馬總統於2009年10月17日兼任黨主席，故這一階段歷經總統是否同時爲執政黨黨主席的不同情形，該因素可供吾人觀察當總統兼具政黨主席身分，與僅有總統身分時，在推動國會立法以及結果方面是否有所差異，加以分析解釋。

　　最後，關於半總統制總統立法行爲的探索在理論上並無可供依循的架構，現有的理論主要係建立在總統制的研究傳統，本章試圖將我國總統的立法推動行爲放置在「總統優勢的半總統制」之憲政架構以及國民黨的黨政關係型態下來理解，而這樣的制度和結構性因素，也構成臺灣案例在理論上的特性。

貳、文獻與理論探討

　　本章以下首先就半總統制的主要研究文獻做一簡要的討論，其次再檢視美國總統制的研究文獻，而後在第三部分建立我國案例的理論意涵。

一、半總統制研究檢視

　　在包括Duverger（1980）、Shugart與Carey（1992）、Sartori（1997）以及近來Elgie（1999）等人對半總統制的幾項重要定義中，很少明確探討總統在立法權方面的內涵。其中Duverger所提的三項制度特質，並未觸及總統是否具有立法領域權力的設計，但應是可涵蓋在第二點「總統具有可觀（considerable）的權力」之中。[2]在Sartori（1997）的定義中，勾勒出雙重權威結構的核心特質，但亦缺乏對總統在立法權上角色之描述。[3]另外，Elgie（1999: 13）的定義相當精簡：「總統由普選產生，任期固定，同時存在著需要向議會負責的總理與內閣」，同樣未能得知半總統制的總統是否在定義上應具有立法領域的權限。只有在Shugart與Carey（1992）的「總統－議會制」（president-parliamentary regime）類型中，較明確提及總統擁有解散議會的權力或立法的權力，或者兩者兼俱。

　　至於Shugart and Carey（1992: 150）以及Metchlf（2000）都試圖劃分總統權力為「立法權」與「非立法權」兩大類，其中的「立法權」主要包括：否決權、總統的命令權、排他的立法提出權（exclusive introduction of legislation）[4]、預算權、公

---

[2] Duverger對「半總統制」提出三項特徵：(1)共和國的總統由普選產生；(2)總統擁有相當的（considerable）權力；(3)除總統外，存在有內閣總理和各部會首長，他們擁有行政權，且只要國會不表反對，就可以繼續做下去。

[3] Sartori（1997: 131-32）提出半總統制的以下五項特徵：(1)國家元首（總統）乃由普選產生，不論是直接或間接的，有固定的任期；(2)國家元首與總理分享行政權，因此形成一種雙重的權威結構，其三項界定判準如下（以下3至5點）：(3)總統獨立於議會之外，但並非單獨或直接的賦予治理權，因此必須透過政府來傳送及貫徹其意志；(4)相對的，總理與其內閣是獨立於總統而依賴於議會的，他們服從於議會的信任案或不信任案（或兩者兼而有之），並且在兩者的任何一種情況下需要議會多數的支持；(5)在每一個行政部門組成單位確實具有潛在自主性之條件下，半總統制下的雙重權威結構允許行政權內部的各種平衡以及權力分布的變動性。

[4] 指禁止議會對某特定政策領域加以立法，除非總統先行提出一項法案。

民投票之發動權、司法審查權，[5]但其「立法權」範圍不免相當廣泛而寬鬆，且未觸及總統立法權的實證研究。在這樣的背景下，對於半總統制下總統立法權的研究，不論是在國外或臺灣，都未為一獨立的研究課題。迄今為止，毫無疑問的，學術界關於實權總統在立法上的領導之研究，當推對美國總統制下總統的研究，其不論是量化或質化的相關文獻均相當可觀。因此，本章的研究視野需相當借助於美國的研究文獻，而後再考量臺灣案例的特性做理論上的修改，發展本章的特色。

二、美國總統制研究

美國是總統制主要代表國家，在美國憲法的設計上總統是行政部門的首腦，而非國會的領袖，至於立法權則是操之在國會，總統不得參與立法程序。但憲法的精神在經過長久的情勢變遷後，事實上美國的總統已經利用各種手段，充分擔負起領導立法的任務。現在的美國總統，事實上已具備了類似英國內閣總理所擁有提出法案的權力，但卻沒有像英國一樣所加於總理的相關責任。美國總統在現實上雖扮演領導立法的任務，歷來政治學者對於總統的立法影響力，卻存在著不同看法，有認為總統主導著國會立法，也有主張總統不見得能主導立法，更有人持總統與國會共享立法權之見解（盛杏湲，2003）。本章乃探討我國的半總統制而非美國總統制，對於這三種看法何者較接近臺灣經驗，作者不擬預設立場；對於本章而言，總統如何發揮立法影響力以及有無發揮立法影響力，乃研究所欲解答的問題，而非結論。然而，美國總統制的經驗雖然與臺灣半總統制的情形不可相提並論，但兩國總統均為民選且具實權，行政和立法關係的權力分立特質亦有其部分相似之處，如美國總統無法自行提案，必須透過國會中同黨的議員提出，我國總統則多賴行政院提案實現其政策，故對美國經驗的研究仍不排除可能對臺灣案例的探討有參考價值。

對於美國經驗的研究面向相當多元，以下僅擇要討論，先就美國總統在國會的立法領導行為來看，而後再討論立法影響力。在總統的領導立法之行為方面，依照憲法，總統主要是利用國情咨文（State of the Union address）來影響立法，國情咨文與年度的預算咨文或經濟報告，可以說是總統向國會所提出的總體立法計畫

5　至於「非立法權」包括有：組成內閣權力、解職內閣權力、不信任制度對應下的總統權力、解散國會權。

（Thomas et al, 1994: 202）。此外，憲法亦賦予總統否決權（veto power），可對抗國會的立法意見。以上是憲法的設計，但就憲法以外的層面來看，美國總統可以運用的策略或相關資源就不侷限於此，譬如總統直接爭取選民的支持，採取「訴諸民意」（going public）的手段，便是美國總統運用越來越多而重要的領導策略（Kernell, 1997）。

自從Neustadt（1960）發表經典著作*Presidential Power*一書之後，關心總統和國會關係的學者相當重視總統影響力的探討。但總統影響力是否真的重要？還是其他因素較重要？對此，學者看法仍不一致。Covington等人（1995）曾分析「國會中心」（Congress-centered）與「總統加持」（presidency-augmented）（或可謂「總統中心」）兩種模式在解釋總統在國會計名投票上的成功情況。「國會中心」模式主張，總統記名投票的成功，只是國會中政黨和意識型態組成的函數，個別總統的作為和特質對於立法結果的影響是邊緣的。他們發現，國會中政黨和意識型態組成的差異，系統性地伴隨著總統在立法上的不同表現；而總統的立法技巧卻與其成功率並無系統性的關係。Covington等人雖不否認國會中心的研究取向價值，但認為「總統加持」模式亦有其解釋力。他們觀察總統對立法過程的直接影響，認為總統的立法參與是其法案設定議程和立場的一種反映，而在這其間，國會領導人對於總統立法成功亦具有影響力。他們並主張總統對立法的影響有兩個重要變項，一是該法案是否在總統的立法議程上，二是總統是支持或反對該法案。就前者而言，總統贏得在議程上法案的投票數，會較非議程上的法案來得多；對後者而言，總統贏得其支持的法案之票數，則會較他反對的法案之票數為多。

除此之外，主張總統因素重要者，常舉出總統的立法影響與其個人聲望有關。譬如威爾遜（Woodrow Wilson）總統，他相信總統的力量根植於其向全國的訴求和演說，而許多學者也呼應這樣的想法（Collier and Sullivan, 1995: 197）。換言之，訴諸公益、提高個人聲望都有助於影響立法。但許多研究者則持保留態度，如Edwards（1989）便認為政黨因素扮演較重要角色而非總統，因為不管總統的聲望如何低，總是會有那些執政黨的死忠議員支持行政部門。同樣的，不論總統的支持度有多高，總是會有一定程度的反對者存在，他們不會支持總統的法案。Collier and Sullivan（1995）也質疑總統的聲望所扮演的角色，他們認為經驗研究提供很少的證據來支持聲望這個因素。甚且總統的聲望並非其個人可控制的因素，也不是直接影響立法成功的因素。Bond and Fleisher（1996）也認為，如果總統和國會在政策偏好上高度相似，總統的成功機會較高；換言之，不論總統是否強有力，其偏好

之所以成功，是因爲和多數的國會議員吻合。

近年來Gibbs（2009）針對柯林頓和小布希時期所採用的綜合因素分析研究顯示，總統聲望、經濟情況以及「國會中政黨邊際席次掌控」（margin of control in congress）等因素，在決定總統於國會中的成功上皆具重要性。至於議題的顯著性的因素則並不重要，而政黨的團結度在兩種分析上呈現重要性。

在上述的討論基礎上，進一步探討總統的立法影響力之測量。在美國的相關研究中，關於總統立法影響力主要環繞在「總統在國會的成功」（Presidential Success in Congress）的探討。由於美國的國會運作和議員相關資料建構完整，容易取得，故欲探討「總統在國會的成功」表現並解釋其原因，比較容易展開，相關測量也較細緻。譬如，Congressional Quarterly（CQ）年鑑裡頭呈現了「總統計分表」（Presidential box-score），它計算了一年或一屆國會（兩年期）中總統要求制定法案且實際通過的數值，並除以總統要求制定法案的數值，此一計分表提供了總體的總統法案的立法成效，而這在臺灣目前立法資料條件下就不可能做到。若再輔以其他國會議員的法案投票記錄資料，美國的研究則可以更進一步計算個別投票對於總統要求的法案之支持或反對情況。不過，學者對於如何測量並未都採取一樣的做法，並且研究者對總統的年度立法計畫是否即反映總統眞誠（sincere）的偏好，也有不同看法。譬如，這可能是總統策略性的（stragetic）行爲，是受到其與國會關係的脈絡因素所影響，總統修正了他眞實的偏好、考量了國會和民意的反映，以爭取法案通過的業績和政績。

Edwards（1985，1989）就認爲，只觀察總統要的法案有沒有「過關」（passage），係建立在總體性的資料分析上，難以滿足較堅實的立法行爲之因果分析，而個體層次的資料的分析比較容易達成，可觀察到議員立法的「支持」情況。他提出了四種觀察「支持」的類型：1.總體支持（overall support）：即針對所有總統表達了立場的法案加以觀察；2.非一致支持（nonunanimous support）：即考量爭議的法案才有進行觀察的價值；3.決定性投票支持（single-vote support）：以法案審查過程中最決定性階段的投票支持爲觀察；4.關鍵議題（key votes）：由於總統在無關緊要的法案上獲勝會掩蓋重要法案的失敗，所以挑選重要的議題研究。

以上建立在美國經驗的文獻對本研究具有啓發性，不過因爲美國的研究相當成熟，各種多元層面和因素的探討較容易進行，相對的在臺灣現有的研究條件下，限制會較多。同時，美國的政府體制與臺灣不同，故也必須考量我國半總統制的特性。

三、臺灣案例的理論意涵

　　從憲法的設計來看，我國的體制傾向半總統制類型已廣爲政治學界所認定，但半總統制包含不同的次類型或運作的型態，我國的情況如何？關於半總統制不同的類型劃分方式，一是以憲法規範（條文）設計爲主，一般稱之爲次類型，如Shugart and Carey（1992）的分類；另一係以制度實際上的運作和表現型態爲主，如吳玉山（2011: 8-13）的分類。在本章中，作者考量我國的半總統制由於總統直接任命行政院院長無需立法院同意，故其實際運作較偏向「總統優勢的半總統制」，亦即在總統和行政院院長兩者的關係中，由於行政院院長的權力來源係由總統所賦予，故此種半總統制是總統居於權力主導地位的型態。以本章馬英九總統任期的經驗來看，馬總統本人亦曾表示：「我是國家元首，行政院院長是國家最高行政首長，我會尊重行政院院長，行政院院長要負責執行我的政見，不然我選這個總統幹嘛」（李明賢等，2008），實務運作上，總統優勢的半總統制與現實運作是較接近的。但需強調的是，對於我國憲法條文設計下的半總統制定位，學者觀點不一，故所謂「總統優勢的半總統制」的定位，乃著重於「憲政現實」，不一定是憲法規範之本意。

　　臺灣屬實際憲政運作上偏向總統優勢的半總統制，但與大多數民主的半總統制國家一樣，總統並無法案的提出和發動權（見表3-1）。至於總統的覆議核可權，必須是行政院院長提請後，總統才被動的行使，故覆議主要是行政院和立法院兩造之間的關係，總統是間接而較爲被動的角色，與總統制下總統行使否決（veto）的主動性質以及其給予取予總統在立法上的影響力，不可等量齊觀，較不宜視爲立法上的權力。總統無立法的發動權，也沒有出席和主持行政院會議的權力，憲法上最高行政機關的首長是行政院院長，這與美國總統制下總統本身即聯邦政府最高行政

表3-1　憲法上總統被賦予法案提案權各國情況

類型	國家數	百分比	國家
有	5	23.8	冰島、波蘭、斯洛伐克、烏克蘭、蒙古
無	16	76.2	法國、芬蘭、葡萄牙、奧地利、愛爾蘭、羅馬尼亞、克羅埃西亞、斯洛維尼亞、保加利亞、立陶宛、維德角、馬利、納米比亞、秘魯、塞內加爾、臺灣

資料來源：參考陳宏銘（2011）修改而成。

首長有所不同。因此，我國實權總統欲推動法案和影響立法，常須仰賴憲法職權以外的機制和手段。所以，在臺灣的研究方面應予探索的一項重點是，總統究竟利用什麼場合或機制，以傳遞或指示他的政策立場和法案態度。

再者，關於政黨與總統關係對於立法推動的影響，這在美國案例中較不重要，但在臺灣經驗中則不容忽視，特別是總統是否為政黨的領袖以及兼任黨主席與否的影響。當總統即執政黨的領袖時，可以透過政黨決策機制以及黨政關係平台對立法和行政部門中的從政黨員發揮影響力，推動其所欲的法案。尤其當總統就是黨主席時，更可直接領導政黨，在黨內的決策機制中正式的發號施令。近來國外文獻逐漸強調在總統具有實權的政府體制下，政黨的性質與黨政關係型態之作用，特別是有關「總統化的政黨」（presidentialized parties）現象的討論。（Samuels, 2002; Clift, 2005; Samuels and Shugart, 2010）。所謂「總統化政黨」意指政黨相對於總統被邊緣化，政黨在包括政策與意識型態、組織以及選戰中之角色等等方面呈現自主性降低，相對的，政黨的領導人實質上即是總統，其自主性較高。在總統化政黨的研究中，立法過程中的政黨政治也是焦點。國內學者也有少數相關文獻掌握到這個研究視野，並以此探討民進黨以及國民黨執政時期的經驗（陳宏銘，2009；李鳳玉，2011）。至於政黨團結度因素，由於非總統的行為層面，不在本章探討之列。整體而言，本章在這部分的觀察取向，比較接近「總統中心取向」，其中Covington等人強調的總統之立法議程，則可以轉換成觀察總統支持的法案，並掌握其偏好強度。

再就立法的影響力來看，同樣基於我國憲政體制的特性和立法研究條件，前述以美國經驗為基礎的研究雖有啟發性，但採取個體的研究和因果推論會非常困難，恐怕也不適合用在臺灣半總統制的研究上，故宜先採取總體的層次為觀察。若總體的層次有所成果，則個體的層次亦有嘗試突破的空間。此外，由於我國總統並無類似美國總統的立法計劃可供參考，因此如何不加遺漏的掌握總統推動的法案也就會有困難，本章乃限縮在總統表達支持偏好的法案，這些法案幾乎都落在立法院各會期中行政院所提出的優先法案清單之中。透過觀察總統表達偏好態度的法案最終能三讀立法通過的情形，同時藉由與那些總統未表達關心和態度的法案之通過情形，以及總體行政院優先法案的通過情形之比較，可以相對上獲得關於總統在法案影響上的訊息。因此，若與美國的研究相較，似較具有Edwards的「總體支持」和「關鍵議題」兩項之性質，一方面觀察總統曾明確表達法案支持態度的行為歸納，而在一方面又特別重視那些總統表達更具立法急迫性的優先法案上，後者法案之所以為

總統更強力表達立法成功之目標，往往是重大的政策議題及關鍵議題。

　　綜合上述的討論，本章檢視半總統制的特性，參考美國總統制的研究經驗，並在結合總統優勢的半總統制以及國民黨的黨政關係型態之制度和結構因素後，勾勒出臺灣案例在理論上的特性：一、觀察在屬於總統優勢的半總統制憲政特質下，在法案的推動過程中，總統是否有較大的權力和動機對具體的重要法案表達態度和指示，而這些法案應不限於國防、外交或兩岸關係議題，而是會及於各個領域的政策？二、由於總統缺乏憲法下的政策決定機制，復以國民黨的黨政關係屬性，是否總統會仰賴不少黨政之間的政策溝通平台來遂行其立法的影響？三、當總統兼任黨主席時，觀察總統是否會有較多的機會在政黨內部發號施令，並指揮黨籍的立法委員，從而對法案的審查時效應較未兼任時表現爲佳？四、雖然我們預期總統有較大的權力和動機對具體的重要法案表達態度和指示，但實際上總統的法案偏好是否帶來立法通過的明顯正面效果，則因爲變數較多，可能需從多面向加以觀察，難下斷言。

參、研究方法

　　如前所述，我們有理由相信，我國總統具有實權且背負民意付託，會把握可以利用的機會來表達他的偏好和立場，以促成他支持的法案能夠順利通過，讓他的選舉政見得以實現，並贏得政績。從這樣的角度來理解，問題就在於研究者可以藉由什麼方法，將總統的立法推動行爲加以捕捉。

　　本研究涵蓋兩部分，一是關於總統法案的推動行爲，另一是總統的立法影響力。第一個部分涉及三個問題，即總統對什麼法案表達了明確的偏好（本章主要指支持的立場）？在何種場合表達？此外，偏好的強度有多強？最後一個問題是因爲總統可能對不同的法案會表達不同程度的關心和立法急迫性。上述三個問題的回答，可透過報章媒體的報導資料與「總統府新聞稿」進一步加以分析。其次，關於總統立法影響力，由於總統並無法律案的提案權，故主要採取間接的測量，在這樣的限制下，本章將其限定在前述總統表達支持偏好的法案最終通過的情況之評估，特別是總統表達較急迫性的法案之立法情形。這部分主要透過立法院「第七屆法律提案審議進度追蹤系統」，並參考行政院研究考核委員會網站上「總統政見專題」網頁之資料。此外，也輔以若干質性的分析。以下分別說明：

一、「新聞知識管理系統」

　　總統法案的推動，係以總統明確表達特定法案偏好，並希望立法院能儘速審查通過者作為觀察基礎，而報紙的報導是主要資料來源。立法院國會圖書館之「新聞知識管理系統」收錄國內主要報紙之新聞報導，可作為資料的來源。具體而言，在檢索的方法上乃透過以下方式：

1. 行政院所提優先法案（重大法案）之檢索：這是在每會期開議前行政院所提交立法院優先審查的法案，雖然並非每一項都是總統最在意的法案，但總統想要推動的法案幾乎都被納入其中，因此我們預期總統的重要法案應會被排入行政院所提優先法案中。[6]
2. 國民黨籍委員所提的法案檢索：一些沒有在會期一開始被行政院提出的優先法案，可能隱藏在國民黨立法委員的提案中，故這也是我們檢索的對象。但這類法案筆數相當多，透過檢索新聞資料庫第一至第六會期法案的新聞筆數，篩選超過一百筆以上者，屬於較重要的法案，藉此可再檢索是否總統曾表達過偏好，而補第一種方式之遺漏。
3. 總統較常發表法案偏好的場所之檢索：如「中常會」、「中山會報」、「府院黨高層會議」、「五人小組會議」等等，透過新聞資料庫加以檢索，可補前兩種之不足。

　　透過上述多重的檢索，過濾幾千筆的新聞，再透過報導中內容的質性判讀得到所需資料，雖不一定能將總統曾經表達過偏好的報導百分之百「一網打盡」，但應可獲取絕大部分較明確的報導訊息，而有相當的代表性。

---

[6] 在美國關於立法影響力的文獻中，強調必須留意法案的重要性（Kelley, 1993; Howell et.al, 2000）。重要的法案，往往受到社會更多的矚目以及不同意見者之間更多的角力，而研究者對何謂重要法案及其如何觀察雖然看法有所不同（梅休，2001；Mayhew, 1991; Edwards, 1997），但對重要法案或重大法案不能被忽略，則應是沒有爭議的。在本章中，行政院所提優先法案（重大法案）被定義為主要的重要法案。

二、總統府網站的「總統府新聞稿」檢索

此一網頁逐一記錄了馬英九總統在重要的公開場合中的談話內容，可以補前述資料之不足。

三、「第七屆法律提案審議進度追蹤系統」

藉由此一系統，可以查詢第七屆各會期的法案資料，包括由行政機關或是由立法委員提出的法案，亦可以進一步搜尋到個別法案的審議進度，包含通過與否、提案內容、提案日期、通過日期，以及通過條文之公告等等。此一系統對於本研究在整理各會期的各該法案相關資料時，有相當大的助益，藉此以掌握總統法案的推動成效。另外，行政院研究考核委員會網站上設有「總統政見專題」的專屬網頁，其中亦呈現總統政見在立法上的執行情形，也提供我們進一步比對相關的資料。

除上述關於法案的檢索、蒐集以及分析的方法外，本章關於總統立法推動行為中涉及的黨政關係和黨內機制部分，亦輔以三位國民黨籍立法委員的深度訪談資料，三位受訪者皆曾擔任國民黨立法院黨團幹部，亦有擔任黨政協調的樞紐角色者。基於尊重受訪者的隱私和學術倫理，文中以英文代號替代姓名（請參見附錄一）。

肆、研究設計

本研究主要處理兩部分，一是關於總統對法案的推動，另一是追問總統推動之後的影響情形。進一步分成以下幾方面說明研究的設計：

一、關於總統法案的推動方面

本研究試圖先釐清以下事實：

1. 偏好表達的場合：可分為：(1)政府官方場合—總統府（含元旦講詞）、中央政府機關、地方政府等；(2)國民黨黨內—中常會、中山會報；(3)黨政平台—府院黨高層會議、總統與立法委員的會面以及其他；(4)民間場合—總統下鄉參訪場合、接受電視台訪問等。藉此，可進一步歸納總統表達場合的類型。
2. 偏好表達的時間：馬總統表達的時間不一定和行政院提出法案的時間一致，可進一步就其所對應的立法院會期觀察相關模式。
3. 表達支持偏好的法案：這部分逐一將總統表達偏好的法案記錄，可以知道哪些法案是其支持和推動的。
4. 表達內容：記錄每筆新聞報導的重點，呈現總統談話和表達的內容。
5. 偏好強度：判讀表達偏好的強烈程度，分為以下三個強度：(1)「強度1」：僅表達對法案的支持偏好、關心態度或說明政府推動這項法案；(2)「強度2」：對法案內容表達具體的見解和建議、表達明確的立法議事和程序要求、或對行政和立法機關下指示；(3)「強度3」：明確下達要求法案儘快通過、這會期務必通過或以最快的速度通過。強度2與3並非可以一刀完全劃分，但基本上後者是總統較明確要求通過速度最急迫性的法案，故仍予以適度區分。

藉由上述基本資料的建構，可進一步探討以下問題：

1. 總統表達法案偏好的場合有何模式？何種場合較多？在兼任國民黨黨主席前後，是否有所不同？其意涵為何？擬特別說明的是，兼任黨主席前的時間相較兼任後短了不少（兼任前2008年5月20日～2009年10月16日；約2至3個會期；兼任後2009年10月17日後～2012年，約4至5個會期），不過，由於本章是以兼任前後各自時程內的百分比數字而非單純的次數作為解讀的基礎，所以仍可呈現比較的意涵。
2. 總統在不同的場合所表達的偏好強度是否有所差異？其意涵為何？

二、關於總統的立法影響力方面

　　對於總統立法影響力主要不脫量和質兩方面觀察，量的部分是本章資料所能提供較多訊息者，指的是總統表達態度的法案之通過情形，諸如時間和比例，而這又可進一步觀察與總統未表態的法案以及行政院整體優先法案之通過情形做比較，以深化對總統影響力的瞭解。所謂質的部分，在資料中是輔助性的，主要補前者之不足。準此，分為三個方面來觀察：

（一）立法影響力探測一：立法時效／延遲時間

　　主要篩選出總統特別重視的法案為研究對象，亦即針對「強度3」的法案為主體，這些法案多屬總統明確要求當會期通過者。至於其他法案雖然總統表達了支持偏好，但由於程度不夠強烈，在此不納入分析而留待第二部分再合併觀察。本研究試圖分析這些總統較在意的法案所通過的情形，並先釐清以下事實：法案最終是否當期三讀通過；若非，其延宕多久？由此可觀察到一部分的立法影響力。

（二）立法影響力探測之二：總統有無表達態度的法案以及與行政院整體重要法案之通過情況比較

　　相較於第一種集中在強度3法案，只觀察其立法時效/延遲時間之情形，我們可以再採取另一種方式來觀察，即進一步比較總統有表達偏好與沒有表達偏好的法案的情況、以及相對於總體行政院優先法案的通過情形，透過比較性以獲得更多的訊息。

（三）立法影響力探測之三：總統影響了什麼？

　　質性的觀察係以立法過程中總統的態度對法案內容、方向所產生的直接效果為依據，而考量其通過率或通過時效/延遲等情形。換言之，若總統表達對某項法案的態度甚或指示，而該法案在內容、方向或策略上確實受到總統態度的影響，則該法案儘管未能如期完成立法，從而在量的部分被判定總統並未發生正面的影響力，但在質的部分因為影響了行政部門或立法委員草案的設計，廣義來講亦可視為已經發生了立法的影響作用。但系統性的質性觀察較前述量化的研究困難，涉及到對法案內容主觀的判斷以及較充分的資料輔助，需要更進一步的專文討論，本章在此僅能做部分的討論，略補前述量化思維之不足。

伍、研究發現一：總統對法案的態度表達與推動

關於總統法案的推動—支持偏好的表達，本研究的發現如下：

一、總體描述

附錄二納了馬英九總統在第七屆立法院各會期法案中曾表達支持偏好，且爲報紙（含中央社）及總統府「新聞稿」所報導的情形。這些報導中總統的發言幾乎都非停留在政策的層次，而是以法案的形式呈現，其中又以行政院所提案而進入立法院審查議程爲多。在接續的分析中，將先做一簡單綜合的分析，細項的討論則在之後進行。

整體而言，總統表達法案偏好的場合包括有四大類型：第一，在政府之官方場合，以總統府（含元旦講詞）最多，總統常藉由接見國內外賓客之談話場合，順便帶出某項政府推動和重視的法案；譬如，在2009年5月10日邀請社運人士、學者、律師交換意見，表達了對「集會遊行法」的明確態度，包括應朝「寬鬆」設計，部分罰則確有重新檢討的必要之意見等等。馬總統也可能在總統府所召開的某些特別會議中討論某項法案，如2009年2月22日召集相關部會開會，指示相關單位儘速制訂「二二八紀念管理條例」。馬總統也曾在出席經濟部、青輔會以及與地方縣市首長的餐敘場合，表達特定法案的支持和推動態度。在上述政府的場合中，總統談話訴求的對象相當多元，有時是針對國內外賓客，有時是針對政治人物如立法委員和行政官員，但亦可能藉由媒體的報導而想要達到「訴求民意」（going public）的效果。

第二類的場合是在國民黨黨內，在2009年10月17日馬總統兼任國民黨主席之後，中常會以及在中常會召開前一天舉行的「中山會報」均由他主持（見圖3-1、表3-2），這是在兼黨主席之前所未有的機會。星期二舉行的中山會報，是在馬英九2005年首度擔任黨主席時所設置，由黨主席親自主持。對於爲何要有中山會報，一位黨政運作關係重要人士同時也是立法委員，有以下的描繪：

我覺得那是屬於中常會的幕僚會議，因爲中常會開會人數多，在組織上面是比較複雜的，所以總是要一個會前會先來整理整個會議的狀況。（受訪者A）

　　中山會報設置後，中常會的定位與功能明顯式微，故有黨內人士質疑，黨章明定中常會是全代會閉會期間黨內最高權力機關，但似被中山會報取代，而後者在黨章並無正式地位。在這兩個場合中，也常見他表達法案的態度以及針對法案的討論做出相關裁示和意見。譬如2010年1月13日在中常會中針對「產業創新條例」表達由於在本會期未能三讀通過，要求儘快完成立法。又如在2010年5月25日於中山會報上表達希望立法院本會期通過「災害防救法」修正案。

　　第三類場合主要是執政黨和政府之間的溝通和協調平台機制，即所謂的黨政平台。在2008年5月20日國民黨重新執政後，建構了多層次的黨政平台（見圖3-1、表3-2），其中「府院黨高層會議」（或謂「五人小組會議」）是其中最高層次的平台，成員包括正副總統、立法院長、行政院院長和國民黨主席。自馬英九兼任黨主席起，國民黨方面改由秘書長或副主席代表。對於五人小組和黨內機制的差異，受訪的黨政協調負責人提到：

　　政策的形成，應該是總統他是召集人，所以像五人小組這樣子的，那是以一個總統的高度去決定一個政策。可是到黨裡面的時候，他就檢討立法行政有沒有好好的把這個政策去做一個執行，需不需要黨出面來做協調。（受訪者A）

　　馬總統常在此場合進行政策和法案討論，如在2009年3月23日馬總統於府院黨高層會議中希望立法院儘快在四月中旬前完成「地方制度法」的修正。又如2009年5月25日於府院黨高層會議中希望在剩下會期時間內，能夠儘速通過「溫室氣體減量法」及相關法案。此外，在附錄二中也可看出，總統也會在與黨籍立法委員座談時針對特定法案加以推動。

　　從圖3-1來看，在這個法案的制定過程中，總統主要經常性參與表達態度和下達指示的機制是黨政高層會議、中山會報、中常會。在總統未兼任黨主席時，其需要仰賴黨與政的雙重代理人，黨的部分主要需要黨主席和秘書長的配合，政則需要是由行政院院長忠實貫徹其施政理念。在總統兼任黨主席時，總統則可直接掌控政黨。但不論總統有無兼任黨主席，在立法議程中總統無法直接介入，需仰賴各種黨政協調機制的協助。

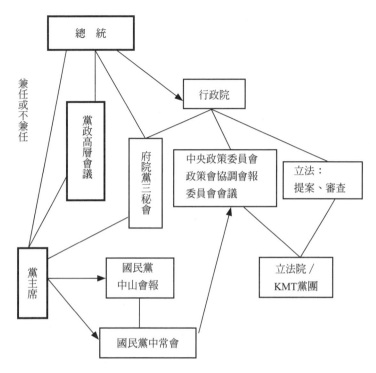

圖3-1　國民黨黨政關係與法案推動簡圖

資料來源：作者自行整理而成。

說明：1.框線中粗線條者係馬總統直接參與之會議／平台，細線條者其未參與。

　　　 2.箭頭線條係具上下指揮關係者，無箭頭者則是水平互動關係。

　　在黨政間尚有其他的溝通協調機制輔助，請見表3-2。其中府院黨三個機關的秘書長會議（府院黨「三秘會議」）是在馬總統兼任黨主席並任命金溥聰擔任秘書長後建置的。此外，金溥聰常扮演貫徹馬總統意志進行黨內和黨政的協調以及指揮角色，受訪的國民黨黨團幹部曾分析到：

　　……在我們反映給黨中央及金秘書長接任以後，他就透過黨政平台，以黨輔政。這個構想就造成我們目前在許多問題上都可以進行溝通，立法與行政，還有黨三方面緊密結合。特別是在一些敏感議題上，如果行政與立法部門間有一些問題與代溝，金秘書長就會直接強調並反映人民的感受度。像之前說抽煙的人要課徵多少稅，這類事情應該是透過宣導，而不是給人民一種把他們當作提款機的印象。（受訪者B）

表3-2　2008年後國民黨黨政溝通相關機制和平台

黨政平台名稱	時　間	性質與出席人員
府院黨高層會議	星期一	在總統府召開例行性的府院黨五人小組會議。會議重要的功能，是扮演溝通平台，包括政務、立法院的民意，及黨務資訊溝通的場所。成員爲總統、副總統、行政院院長、立法院院長、國民黨主席。總統兼黨主席後，國民黨方面改由秘書長參與或副主席代表。
中山會報	星期二	黨主席主持的中山會報。但中山會報並非正式的一個組織架構，它是臨時編組的。
中常會	星期三	黨主席主持的中常會。行政部會首長會列席參加，層級最高者爲秘書長林中森。
府院黨三秘會議	定期	由府院黨三位秘書長定期會商，作爲掌握民意、解決民怨的黨政運作平台。
委員會會議	不定期	由立法院各委員會的委員長爲主持人，遇有需要政策說明或是法案需要溝通的時候，委員長可以主動來召集這樣的會議；行政部門的首長，也可以請求委員長來幫忙邀集這樣的會議。
政策會協調會報	不定期	中央政策會執行長主持，以就重大政策或法案或預算，邀請行政院長、副院長，或秘書長，相關部會的首長、委員會的委員長、召委，或是全體的委員溝通。

說明：本表由作者自製。

　　金溥聰在傳達或貫徹馬總統的理念和態度方面扮演積極而強勢的角色，儘管也有遭致外界對於以黨秘書長身分干預政府部門政策的質疑，譬如在前述受訪者所述走路抽菸者予以課稅之例，但在我們分析馬總統推動法案和政策時，其個人扮演的重要角色是不能忽略的。

　　最後，第四類是屬於民間場合。譬如在2008年12月17日接受「客家電視台」專訪時談到《客家基本法草案》，說明推動本法案之基本精神。又如2009年4月26日訪視屏東縣高樹鄉新豐社區與地方人士座談時，針對「農村再生條例」表達希望立法院儘速通過。

　　如果再就同一法案同時在兩個以上的場合表達來看，則如表3-3所示，共有20項法案，且多屬總統曾表達偏好強度3的法案。這些法案某種程度也代表總統較重視的法案。

　　除了場合，在法案的態度內容中，有些不僅強調支持的立場，亦有屬於立法速度上的期待，諸如要求「儘速處理」、「希望本會期通過」、「務必於本會期通

過」、「希望能在臨時會通過」等等；另有要求行政和立法部門的配合「推動」、「落實」之指示，甚至對法案具體內容提出明確意見，譬如對「產業創新條例」在「產業範圍」與「創新定義」的建議，更有涉及法案的議事程序之指導，譬如對「兩岸經濟合作架構協議」主張立法院不能逐條審查。

表3-3　總統在兩個以上場合表達法案態度之次數情況

法案	總統表達法案態度場合／次數				次數合計	場合數合計
	政府	政黨	黨政平台	民間		
全民健康保險法	2	5	1	0	8	3
兩岸經濟合作架構協議	1	4	2	0	7	3
地方制度法	2	1	3	0	6	3
集會遊行法	2		3	1	6	3
農村再生條例	0	1	1	2	4	3
食品衛生管理法（美國牛）	1	1	1		3	3
食品衛生管理法（塑化劑）	1		0	1	2	2
產業創新條例	0	1	6	0	7	2
能源管理法	1	0	2	0	3	2
國土計畫法	2	1		1	4	2
文化創意產業發展法	1	0	1	0	2	2
財政收支劃分法	3	0	1	0	4	2
兩岸人民關係條例（陸生）	3	0	1	1	5	3
兩岸人民關係條例（課稅）		1	1	0	2	2
原住民族自治法	0	1	0	1	5	2
社會救助法	0	1	0	1	2	2
「居住正義」相關政策修法	1	0	0	0	2	2
貪污治罪條例	1	1	1	0	3	2
公共債務法	0	0	2	1	3	2
廉政署組織法	1	1	0	0	2	2

資料來源：中華民國總統府（2012）；立法院國會圖書館（2012a）。
說明：本表由作者自製。

二、細項分析

（一）法案偏好表達場合

　　就表3-4來看，整體而言若不考慮總統兼任黨主席前後的差異，總統偏好表達場合以政府場合最高，占32.6%。確實，總統常利用在總統府接見賓客和相關活動的場合宣揚政府的政策和法案，甚至要求相關部門推動法案的進度。次高的是黨政平台機制，占30.3%，與政府場合的差異不大，其中在府院黨高層會議者為24.2%，遠高於其他黨政平台。再者，政黨內部含中山會報與中常會共約占22.7%；最低的是民間場合約占14.4%。

　　進一步考慮就總統兼任黨主席這個變數，在兼任之前府院黨高層會議占這段期間的42%，高於政府官方場合的36%，在兼任後這段期間，前者大幅降至13.4%，後者僅微降至30.5%，這是因為總統有相當的偏好表達轉移到他可以直接掌控的政黨內部，所以黨內的中山會報（15.9%）與中常會（20.7%）兩個場合共占36.6%，高於政府官方場合的30.5%，足證兼任黨主席後總統利用政黨內部的場合更為方便。所以總統兼任黨主席與否所牽動的黨政關係，對總統的立法和政策的推動帶來了影響，符合了本章的預期。就作者訪談黨政運作關係重要人士，其也認為馬總統以黨主席身分對黨籍立法委員的法案和政策指導較為有利：

　　以那個時候大家變成說，他兼主席的意思，都是在跟立法院有一個更大的連接而已，因為主席才可以去管立法委員嘛！但是總統跟立法委員它到底整個是一個平行的，有時候要來拜託我們。但是黨主席是要order立法委員，應該去支持黨的政策。我覺得這個角色上面會有得利。（受訪者A）

　　另一位受訪的立法院黨團幹部也提到，在馬總統上任剛開始的一年多，府院黨間的協調溝通較未理想，但兼任黨主席之後有所不同。他指出：

　　那時候就顯現出府院黨間是要協調溝通的，運作模式出現了問題。總統也覺得上任一年多以後的結果跟當初差了很多，就在黨政運作上希望多有所配合，於是任命金溥聰擔任黨秘書長。現在就加強與立法院的溝通，每個會期、每個重要法案都透過黨政平台進行溝通，中常會上也會提問，在一些重大法案上也由府院黨高層進行研議溝通，才不至於造成許多下行無法上達的問題。……讓我感觸到說，在目前總統兼任黨主席以後，我們在黨政運作上真的也比較順暢。（受訪者B）

表3-4　總統法案偏好表達場合情況

是否兼任黨主席	政府官方	黨政平台／互動		政黨內部		民間／媒體	合計
		府院黨高層會議	其他	中山會報	中常會		
兼任前	18 (36%)	21 (42%)	4 (8%)	0 (0%)	0 (0%)	7 (14%)	50 (100%)
兼任後	25 (30.5%)	11 (13.4%)	4 (4.9%)	13 (15.9%)	17 (20.7%)	12 (14.6%)	82 (100%)
合計	43 (32.6%)	32 (24.2%)	8 (6.1%)	13 (9.8%)	17 (12.9%)	19 (14.4%)	132 (100%)
		40(30.3%)		30(22.7%)			

說明：本表由作者自製。
資料來源：中華民國總統府（2012）；立法院國會圖書館（2012a）。

　　馬總統兼任黨主席雖然有助於黨內的領導，但也帶來外界的不同觀感，同樣曾擔任黨團幹部的受訪者不諱言：

　　馬總統兼黨主席以後，因為他必須要兼顧黨的發言的重要性，所以，不管你今天的發言是什麼，但是你本身總是黨主席，所有的發言都代表你黨主席的意思，人家會說，這樣就是黨的貫徹，這會給外界比較負面的看法。（受訪者C）

（二）場合與強度

　　就場合與平均強度的關係來看（表3-5），總統在黨政平台的平均偏好強度最高，尤其是府院黨高層會議，達2.7；其次是政黨內部和民間場合皆為2.2；政府場合則是2.0。如果我們從另一角度來看，將焦點集中在偏好強度3之最重要法案，則同樣清楚顯示府院黨高層會議占36.7%的最高比例。

表3-5 總統偏好表達場合與強度

強度	政府	黨政		政黨		民間	合計
		府院黨高層會議	其他	中山會報	中常會		
1	15 (62.5%) 前4 後11	0 (0%) 前0 後0	0 (0%) 前0 後0	1 (4.2%) 前0 後1	4 (16.7%) 前0 後4	4 (16.7%) 前2 後2	24
2	13 (27.1%) 前4 後9	10 (20.8%) 前4 後6	3 (6.3%) 前1 後2	8 (16.7%) 前0 後8	6 (12.5%) 前0 後6	8 (16.7%) 前2 後6	48
3	15 (25%) 前8 後7	22 (36.7%) 前17 後5	5 (8.3%) 前3 後2	4 (6.7%) 前0 後4	7 (11.7%) 前0 後7	7 (11.7%) 前3 後4	60
平均（筆數）	2.0 (43)	2.7 (32)	2.6 (8)	2.2 (13)	2.2 (17)	2.2 (19)	2.3 (132)

資料來源：中華民國總統府（2012）；立法院國會圖書館（2012a）。

說明：1.本表由作者自製。

　　　2.表中「前」、「後」等字係指總統兼任黨主席之前與後。

　　　總統在黨政平台的平均偏好強度之所以最高，作者的推論是，在決策過程中其位居上游階段，特別是府院黨高層會議（五人小組）。而其雖非政府與政黨內部正式決策機制和會議，但是少數最高層人士之會談，具有勾勒政策和法案的最高原則和方向之效果，通常總統會針對重大法案下達相當明確而具體的訊息。其次，中山會報與中常會及民間場合之偏好強度相同。但值得留意的是，中山會報在黨裡頭無正式地位，其偏好強度甚至不下於中常會，而且又是在中常會之前召開，故更加凸顯其角色之重要性。此外，在民間場合，為了爭取民意，民選總統的若干發言強度有時也不低。

　　　至於在總統府，馬總統則主要以總統身分發言，許多情況下其態度表達較委婉，故強度1的表達高達62.5%，但另有些場合也不乏具有較強烈的支持偏好。

（三）表達的時間

　　從表達的時間來看，如表3-6上方所示，總統對法案表達的次數在立法院各會期來看並不平均，以第三會期筆數最多，就七個會期之總數計算，達25%。次高者是第五會期的23.5%，最低者為第八會期的6.8%，次低者為第二與第七會期的8.3%。

　　如何解釋上述現象？一般而言，總統會「出手」對法案表達支持偏好，很有可能是法案已送至立法院，但或因有急迫性或因法案延宕未能審查通過者，從這個角度來看，總統關注法案的密度不一定平均分布在各會期，可能會因前會期的審查情況而有波動。如將行政院每會期所通過的優先法案與總統表態的法案做對比，本研究假定，第一：前一會期行政院優先法案通過率低者，在下會期中總統表達態度的次數就會升高；反之，若前一會期行政院優先法案通過率相對較高者，在下會期中總統出手的次數就隨之減少。第二：總統表達態度次數升高之會期，行政院優先法案通過也較高。確實，從第二至第六會的情況，較符合此一預期。譬如，在第二會期是馬總統執政後的第一個完整的會期，當時並沒有很急迫的法案推動壓力，加上上任時黨政協調機制不順暢，故優先法案通過率僅36.9%。而緊接著在第三會期總統出手的比例就由第二會期的 8.3%增高到25%，且第三會期行政院優先法案的通過情形亦隨著總統表達法案次數的增加隨之增高為52.1%；同樣的，在第四會期，當時發生美國牛肉進口政策的重大爭議，遂使得當會期諸多法案被迫延宕，最後行政院優先法案僅通過37.5%，接著在第五會期總統出手的法案比例由第四會期的15.9%增至23.5%，而第五會期行政院優先法案隨之增高為55.65%。接著在第六會期，則因第五會期行政院優先法案的通過率較高，總統在次會期（第六會期）表態的次數則降低。

　　第七至第八會期中，總統表態次數與行政院優先法案的通過情形較無直接關係，可能的原因在於2012年1月的總統選舉將屆，總統主要的訴求集中在選舉的議題。

表3-6　總統偏好表達時間之各會期分布

總統偏好表達次數								
會期	二	三	四	五	六	七	八	合計
次數	11	33	21	31	16	11	9	132
百分比	8.3%	25%	15.9%	23.5%	12.1%	8.3%	6.8%	100%
行政院優先法案通過比例								
會期	二	三	四	五	六	七	八	
百分比	36.9%	52.05	37.5%	55.65%	26.3%	26.5%	45.2%	

資料來源：中華民國總統府（2012）；立法院國會圖書館（2012a，2012b）。
說明：本表由作者自製。

陸、研究發現二：總統的立法影響力──法案通過的表現

誠如之前所述，由於總統並無法律案的提案權，故其立法影響力之測量較爲困難，但本章透過三方面的觀察可以一定程度呈現總統的立法影響情形。

第一，我們將焦點集中在總統明確表達在立法時程上較具急迫性的法案，也就是強度3的法案，這些法案也幾乎就是行政院「優先法案中的優先者」，我們觀察七個會期立法時效的表現。當總統明確表達期待儘快通過某項法案，最後該法案確實能在立法院中如期三讀通過，則應可視爲總統在影響力上的正面表現。相對的，在行政和立法兩部門均由國民黨掌握多數，且在總統可能同時爲執政黨黨主席的有利條件下，若某會期的許多法案無法如期三讀通過，則可一定程度視爲總統較未展現立法的影響力，而且若法案延遲更久才通過，表示其影響力更弱。

第二，相較於第一種集中在強度3法案來觀察其立法時效／延遲時間之情形，我們可以再採取另一種方式，即觀察重要的法案中總統有表達偏好以及沒有表達偏好的法案之情況、以及其相對於總體行政院優先法案的通過情形。亦即透過比較的方式，更進一步呈現總統因素的影響情形。

除上述著重在立法時效和通過率來探索總統的立法影響力外，在資料允許的條件下，進一步從事第三種以質性爲主的觀察。這種方法係以立法過程中總統的態度對法案內容、方向或策略所產生的直接效果爲依據，而暫不考量其通過率或通過時

效／延遲等情形。換言之，若總統表達對某項法案的內容（暨方向）或立法策略上的態度甚或指示，而該法案在內容、方向或策略上確實受到總統態度的影響，則該法案儘管未能如期完成立法或延宕而一直未能三讀通過，從而在量的部分被判定總統並未發生正面的影響力，但在質的部分因為影響了行政部門或立法委員法案的設計或修改，從廣義的角度來看，亦可視為已經發生了立法的影響作用。但系統性的質性觀察較前述量化的研究困難，需要更進一步的專文討論，本章在此僅能做部分討論，略補前述量化思維之不足。

一、立法影響力探測一：立法時效／延遲時間

從整體立法時效來看，我們首先建立了附錄三的相關資料，其中呈現了總統表達支持偏好屬於強度3的第一次時間，以及法案最終是否當期三讀通過；由於總統表達意見的時間與行政院法案正式提案時間會有差距，所以亦一併呈現行政院提案的時間，以供後續進一步比較。基本上我們可以看到，總統表達支持偏好強度3的第一次時間，幾乎都在法案進入立法院議程之後，但不一定落後很久；當然，也有一些法案當總統表達強度3時，距離行政院法案提出已達成一個會期或更久的時間。因此在附錄三的資料基礎上，進一步整理出表3-7。在表3-7中，同時呈現總統面向和行政院面向，其中並區隔出總統兼任黨主席與否不同時期，比較其差異。

表3-7呈現了以下的研究發現：在35項法案中，總統談話時要求儘速通過法案能在當會期通過者，共有17個法案，占49%，未當會期通過者共18個法案，占51%；換言之，另有約一半的法案無法當會期完成審查。再考量行政院提案的時間，會發現這17項總統表達偏好能當會期通過者，有10個法案是行政院當會期提案，換言之，另有7項法案其實距行政院提案已延宕有一個會期了。再就兼任黨主席之後是否有助於法案的即時通過來觀察，發現兼任前當會期的通過率為50%，兼任後為47%，並無明顯差異；若再考量行政院提案時間，我們發現，兼任前總統法案通過時間是在行政院當會期內提案的，共有30%，而兼任後則是26.7%，反而略低。從這些數據看來，兼任黨主席之後總統對立法通過的時效之影響力，尚看不出

表3-7　總統法案強度3當會期通過情形

	總統面向：法案通過距總統本人偏好表達時間		行政院面向：法案通過距行政院提案時間	
	當會期	延一會期以上	當會期	延一會期以上
兼黨主席前提案數	20		20	
兼黨主席前通過數（比例）	10（50%）	10（50%）	6（30%）	14（70%）
兼黨主席後提案數	15		15	
兼黨主席後通過數（比例）	7（47%）	8（53%）	4（26.7%）	11（73.3%）
合　計	17（49%）	18（51%）	10（28.6%）	25（71.4%）
	35（100%）		35（100%）	

資料來源：中華民國總統府（2012）；立法院國會圖書館（2012a，2012b）；行政院研究考核委員會（2012）。

說明：本表由作者自製。

有明顯正面的影響。[7]確實，總體而言，迄第七屆會期止，仍有多項法案之修正或制定尚未通過，諸如《集會遊行法》、《原住民族自治法》、《行政區劃法》、《促進民間參與公共建設法》、《溫室氣體減量法》、《兩岸人民關係條例》、《關於避免雙重課稅部分》、《國土計畫法》、《公共債務法》、《財政收支劃分法》等。然而，我們也無法從表3-7推論總統的立法影響力不存在，也無法推論總統不兼任黨主席會有助於法案的通過。

---

[7] 根據李鳳玉（2011：206-207）的研究，馬英九接任國民黨黨主席前（約為第2-3會期），通過法案中政府提案的平均比例為51.91%，其實比他接任黨主席後（約為第4-5會期）通過法案中政府提案的平均比例為45.87%，要來得好。上述研究值得關注，其雖係以「政府法案」的通過情形為焦點，與本章「總統法案」的通過情形為焦點稍有不同，但兩者都共同指出，總統兼黨主席後，行政權在立法產出上看不出有明顯較佳的表現。

二、立法影響力探測之二：總統表達偏好法案、總統未表達偏好法案 以及行政院重要法案通過情況之比較

在這部分中，著重於觀察總統表達態度與否的法案在通過上有無差異，來探測總統的立法影響情形。在比較的基礎上，有兩種主要的選擇，其一是以每會期所有的法案為主體，另一則是限縮在每會期的重要法案（如行政院優先法案）為主體，本章採後者而非前者，其理由有二：首先是由於總統會特別表達關切態度的法案，可能是對於行政部門而言特別需要優先處理的法案，諸如與執政（黨）利益有關的、或者有其他修法迫切壓力、甚至是已有修法共識的法案，但整體而言偏向立法推動上較為困難的法案。因此若以總統的關切法案和所有法案的通過情形來做比較，雖然亦有其參考價值，但可能由於所有一般法案中包含了許多較不爭議或較容易被朝野政黨接受的法案，其性質與總統關切的重要法案難以相提並論，故較不易比較出總統的影響力。其次的理由是，既然以所有法案為主體並不那麼合適作為研究的基礎，那麼可將其限縮在重要的法案，而總統的重要法案幾乎都落在行政院優先法案清單中，所以只要將所有總統表達過偏好的法案中極少數不屬於行政院優先法案者扣除掉，那麼所有的比較基礎就全部一致化了，也就是皆控制在行政院的優先法案範圍內。如此一來，形成一個共同的立足點，既可讓我們比較總統的重要法案與整體行政院優先法案的通過情形之差異，同時也可以進一步比較在行政院優先法案中，相對於總統沒有表達態度的法案，那些總統有出手表達關切的法案，是否在通過上比較容易或有所不同，藉此探測總統的立法影響力。

根據上述的研究設計，整理出了表3-8的數據，呈現了第二至第八會期中「行政院優先法案」、「行政院優先法案中總統有表達偏好的法案」、「行政院優先法案中總統未表達偏好的法案」等主要三種類型的法案提案和通過情形。其中，關於「行政院優先法案中總統有表達偏好的法案」，除了呈現整體的法案（含強度1，2，3）情形外，另將總統表達較重要的法案獨立出來觀察，即剔除了強度1法案，保留強度2及3，作為另一類型。強度2在此被納入係考量其重要性往往不下於強度3，兩者的重要性不易一刀劃分，只是強度3較明確的屬於具急迫性的法案。強度2與3合併觀察，案例會略為增加，提供推估的基礎更為有利。茲將表3-8的研究發現分述如下。

表3-8　總統表達偏好法案、總統未表達偏好法案以及行政院重要法案之通過情況比較

	會期	二會期	三會期	四會期	五會期	六會期	七會期	八會期
行政院優先法案	提案數	65	49	32	18	38	49	58
	三讀通過數	24	25	12	10	10	13	24
	通過比例	36.9%	51.0%	37.5%	55.6%	26.3%	26.5%	45.2%
總統表達較重要的法案（含強度2、3）	提案數	3	16	5	4	4	8	3
	三讀通過數	0	6	2	3	2	3	1
	通過比例	0%	38%	25%	75%	50%	37.5%	33.3%
總統所有表達偏好法案	表達數	3	18	6	7	5	9	9
	三讀通過數	0	6	2	4	2	4	3
	通過比例	0%	33.3%	33.3%	57.1%	40.0%	44.4%	33.3%
總統未表達態度法案	未表達數	62	31	26	11	33	40	49
	三讀通過數	24	19	10	6	8	9	21
	通過比例	38.7%	57.5%	38.4%	54.5%	24.2%	22.5%	42.8%

資料來源：中華民國總統府（2012）；立法院國會圖書館（2012a，2012b）；行政院研究考核委員會（2012）。

說明：本表由作者自製。

（一）總體描述

　　表3-8的數字，可以先做一初步的總體描述。首先，總統所表達態度的法案（包括強度含1、2、3在內），其總數僅占行政院的優先法案的少數，這表示行政院所提的優先法案卻並非都是總統最在意的法案，顯見總統所針對者應是那些特別

重要而與其施政成敗較具相關的法案。其次，總統未表達態度的法案占行政院優先法案的絕大多數，可見在半總統制的結構下，行政院大部分的法案之推動，係由行政部門透過與立法院的黨政互動加以執行，總統較少站在第一線使力。

再者，從不同的法案來看各會期情形，其中在行政院優先法案方面，其當會期的通過率僅在第三與第五會期出現些微過半；在總統所有表達偏好法案方面，其在當會期的通過率，除第二會期通過率為零外，僅有第五會期過半，其餘大致維持在三成至四成多之間；而第五會期之後，即總統兼黨主席的會期後，其通過率較之前會期為高。

進一步的，在總統表達較重要的法案（合併強度2、3）方面，其在當會期的通過情形與所有表達偏好的法案（含強度1、2、3）之情形相仿，僅在第五會期與第六會期過半；而在第五會期之後（除第八會期外），亦即總統兼黨主席的會期之後，其通過率較之前會期為高。

（二）比較研究發現

表3-8提供四個主要的比較面向：(1)總統所有表達偏好的法案vs.總統未表達態度的法案；(2)總統所有表達偏好的法案vs.行政院所有優先法案；(3)總統表達較重要的法案（合併強度2、3）vs.總統未表達態度的法案；(4)總統表達較重要的法案（合併強度2、3）vs.行政院所有優先法案。

我們的觀察得到一項綜合性的發現，這四組比較情形呈現一致性的結果，即總統表達態度的法案，不論是所有法案或是合併強度2與3的法案，都僅在第五、六、七等三個會期的通過比例高於未表達態度的法案以及行政院所有優先法案；其餘四個會期，則都一致性的低於後者。此一結果有兩個意義：第一，是在整個觀察的七個會期中，至少有一半的會期中，那些總統沒有特別表達關心的行政院優先法案，其在當會期的通過率並不低於那些總統特別關心的法案。換言之，以行政院優先法案為基礎來看，總統有沒有表態關心或下令要求儘速通過，似乎並不是多數法案如期通過與否的關鍵因素。同樣的，行政院整體優先法案的通過情形也未低於總統表態的法案，這同樣意謂著總統在法案推動上並未構成一項明顯正面的影響力。

第二，從會期的演進來看，第五會期開始，總統表達態度的法案，不論是所有法案或是合併強度2與3的法案，當會期通過率都出現略高於未表達態度的法案以及行政院所有優先法案，似乎隨著總統的任期發展以及兼任黨主席，總統之正面的影響力逐漸顯現。但這樣的推論仍必須稍做限制，因為從表3-8中我們發現行政院

優先法案的提案數從第六會期起大幅增加，由第五會期的18增至第六會期的38，再增至第七會期49，第八會期58，似乎行政院有意在2012年總統大選前提高立法效能或讓法案大清倉，藉由衝高優先法案數以增加通過的法案數，特別是在第八會期更為明顯。確實，第六會期起行政院優先法案的通過數至少並未低於第三、四、五會期，尤其第八會期通過數達24。但由於提案數的增加，整體而言會壓低當會期優先法案通過率；相對的，第六會期之後總統表態的重要法案數並未明顯增加，從而後者的通過率高於前者，並不能表示總統的立法影響力在這階段提升。

綜上所述，以行政院優先法案為基礎來看，總統有沒有表態關心或下令要求儘速通過，似乎並不是法案如期通過與否的關鍵因素。且以建立在目前的資料來看，在當會期能通過者，有可能是法案的審查已達水到渠成的階段，也不一定和總統態度和使力有關，當然也可能真的是因為總統表達了態度而加速立法的完成，這都不一定。相對的，若法案未在當會期通過者，但總統的態度可能實質上促成國會中反對者意向的改變或其影響力是在下個會期發酵，也可視為成功的影響立法。不過，這些因素在各個會期中都存在，也就是每個會期中都會有前面會期總統的助力所帶來的開花結果，也會有這會期總統的使力但尚待發酵而無法收割的成績，因此這些因素抵消掉後，並不會影響我們的分析結果。

三、立法影響力探測之三：質性的分析

根據所蒐集的法案資料顯示，總統對法案的態度除了很大部分是表達立法時效和政策方向的關心與態度外，也常針對法案內容（暨方向）或立法策略表達相當具體的態度甚或指示。總統可能是積極性的推進法案內容，也可能消極的阻擋立法內容。在積極的部分，譬如《產業創新條例》的立法過程中，馬總統便曾具體指示希望該條例在「產業範圍」與「創新定義」的規畫中應有更涵蓋性的設計，產業範圍應該包括工業、農業（曾薏蘋，2010）。在《農村再生條例》，馬總統也具體主張編列基金推動農村再生，以帶動農村各項建設與發展，讓農村發揮健康、生態及觀光功能（郭泰淵，2010）。在《集會遊行法》，馬總統也清楚表態，該法應朝「寬鬆」設計，並指示部分罰則有重新檢討的必要，而法律已規定者不需再增加（楊舒媚、何醒邦，2009）。在《原住民族自治法》，馬總統具體主張草案規畫以「空間合一、權限分工、事務合作」為重點，先行試辦公法人自治區有必要（李佳霏，

2010）。上述法案中儘管總統在質的部分對法案內容的設計有其影響力，但法案常面臨延宕甚或遲遲未能通過的狀況，而且相關法案也不是那麼明顯涉及國民黨和民進黨之間黨派意識型態立場的差異問題，卻在一致政府下仍未能通過，例如，《原住民族自治法》草案在第五會期就被提出，但至第八會期結束，遲遲沒有通過。

　　總統也可能消極的阻擋立法內容成功，如《農田水利會組織通則》部分條文修正草案過程中，原本放寬農田水利會長及會務委員候選人參選資格，賄選及妨礙選舉等相關罪名經判刑確定，如有宣告緩刑，帶罪之身一樣可以參選。其後引起輿論質疑，馬總統強力反對，下令國民黨立院黨團凍結此案，不得完成三讀立法。事實上，在馬總統的執政時期，也出現一百八十度扭轉政策方向的重大案例，譬如2008年後國光石化的設廠案，長期主要由行政院主導，但馬英九總統在2011年4月22日突然一百八十度的轉向，在其親自舉行的記者會中否決本案。但因其不涉及立法，故在此不再多做討論。

　　相關法案中最能代表馬總統試圖阻擋他所反對的修法內容，但最終卻失敗的案例，無疑是「美牛案」中涉及的《食品衛生管理法》第十一條修正案。其源於2009年10月22日台美雙方貿易代表簽署「美國牛肉輸台議定書」（簡稱「議定書」），立法院中朝野立法委員偏向要求「議定書」應送至立法院審查，但行政部門認為其非條約無需送審。「議定書」簽訂消息公布後引起國內民眾的疑慮，面對諸多反對聲浪，行政部門雖保證美國牛肉安全無虞，但仍無法有效化解疑慮。最終，立法院另行通過「食品衛生管理法」第十一條修正案的方式，達到對牛肉把關的目的。在修法過程期間，馬總統對立法院的修法感到憂慮，雖然表示尊重立院職權，但強調總統府立場以不違反WTO、OIE精神及台美議定書的『前提』下支持修法。行政院院長吳敦義也重申總統府的說法，政府沒有打算修改議定書，總統府的底線是修法結果不能違反議定書內容（彭顯鈞等，2009）。[8]但由於當時的修法方向是要透過修法對議定書加以翻盤，所以總統府和行政部門的角色傾向是在阻擋修法。當然，行政部門也提出相對版本與在野黨和其他版本競爭角力。其後，馬總統也再次要求朝野在立法時要多考慮，研究出如何使美牛內臟既可以不在市場上出現，又不會違反我們國際義務的折衷方法。後來由於總統府方面表達相關態度，國民黨立院黨

8　另外，值得注意的是，立法院長王金平表示：「究竟台美議定書與國內法位階高低時表示，當然是國內法大於議定書。國內法訂完後，就是要大家一起遵行；不過，既然跟國外簽了議定書，國內法修完以後，難免造成一些困擾，但在位階上，當然是法律高於議定書，「何況這些議定書還沒有經過立法院同意。」蕭博樹（2009）。

團對於先前與民進黨達成之修法協商共識遭到放棄。隨後，國民黨立法院黨團修法立場發生轉變，從原先支持民進黨版與黃義交版的修正案，轉而提出支持「三管五卡」入法。但情勢後來的發展使得國民黨黨團遭受民間壓力，多位立委態度轉變。最終，立法院在2010年1月5日另行通過「食品衛生管理法」第十一條修正案。

美國牛肉輸台是當時政府既定的重大政策事項，且攸關台美關係和互信以及國人飲食健康重要權益，但行政部門這項政策之推動即使是由總統出面強力捍衛，仍遭遇重大挫折。同樣的，「二代健保」法案（「全民健康保險法」修正草案），於2010年12月8日在立法院的三讀會中未能通過，也是繼美牛案之後行政部門重大法案挫敗之一例。

透過以上質性的輔助分析，我們發現在總統優勢的半總統制特性下，馬總統在立法議程中對法案內容的影響是存在的；至於在法案的通過情形，則情形較不相同，在國民黨於立法院中居於過半席次的優勢條件下，馬總統重視甚或主導的法案仍未必能如期立法完成，表示立法院中的法案審查過程中，並不是總統可以那麼容易直接介入發揮影響力的，同時立法委員有其自主性，不一定都會聽命總統的指令。[9]

柒、結論

本研究以馬英九總統執政經驗為個案，並以第七屆立法院會期的法案為對象，探討我國總統如何推動法案以及其在立法上的影響力。本文提出一項「總統優勢的半總統制」之研究設計，一方面著眼於臺灣具有半總統制下雙重行政領導的結構特質，另一方面係考量總統可直接任命行政院院長，甚至「實務上」具罷黜行政院院

---

[9] 根據廖達琪（2010）的研究，臺灣在1997年憲法修訂傾向半總統制後，立法委員的生涯路徑較展現專業化的取向，接近總統制下國會議員的職涯圖像。與議會制下執政黨國會議員有機會進入內閣，議員較會聽從黨的指揮，難有自我發揮的空間來比較，相對的總統制下的行政和立法之分權與議會制使得國會議員有較多誘因以國會為終生志業，而問政亦較有自主性。臺灣的半總統制在這一點上，反而相對上與總統制較接近。自主性至少有二，一是立法委員與總統均由人民選舉產生，立法委員的政治生命來自選民，其不一定要全然聽命和服從於同黨的民選總統的政策指令和法案立場；除非總統掌握黨內公職選舉提名權力，但即使總統兼任黨主席，也未必都能如此。其二是，我國半總統制下，立法委員不得兼任行政官員，故行政部門法案推動的政績與立委的立法業績以及立委職位的政治生命與行政院的表現是脫勾的，其效應是有利於立法委員在立法過程中爭取相對於行政院的自主性（陳宏銘，2011）。

長的權力，故在這種半總統制下總統和行政院院長的雙重行政領導結構中，總統是居於優勢的地位。因此，雖然我國總統並無法案的提出權力，但其對法案推動的影響性不應被忽視。由於法案是政策的法律化，故透過對總統在法案推動行為和其結果之分析，可幫助我們了解實務運作中總統在政策上的主導權和立法上的影響力之情形。在總統優勢的半總統制之制度因素外，總統是否兼任國民黨黨主席所涉及的黨政關係特質，也共同架構出本研究案例的制度和結構特質，以及理論上的意涵。

　　在有關探討總統推動法案的部分，研究設計特別考量我國總統無權參與行政院會議的情況下，憲法上最高行政機關的首長是行政院院長，所以總統究竟利用什麼機制，或在何種場合表達、傳遞訊息，乃至於下令和指導法案，成為觀察之重點。在有關推動立法的影響結果部分，學界目前對半總統制下的研究並無發展出相關方法和指標，本研究設計是在修改美國總統制相關研究之後的一種嘗試，藉由若干相關量化資料的衡量，並輔以質性的部分觀察，進行初步而多面向的探索。

　　研究結果顯示，在總統推動法案表達其態度部分，馬英九總統有相當的主動作為，對較重要的法案幾乎都明確表達態度、立場和指令，甚至涉及法案條文的細部內容及立法議事程序的指導。總統所表達態度的法案面向相當廣泛，遍及行政院所轄主要政策權領域，且總統在實務上的政策權限超越憲法增修條文所規範之「國家安全有關大政方針」範圍，一定程度吻合總統優勢的半總統制特性。在推動場所上，黨政平台是總統推動、表達法案和政策偏好的重要場所，其重要性至少不亞於在總統府等政府官方場合。若考量總統兼黨主席的因素，則馬總統在兼任黨主席之後，能夠以黨主席身分對黨籍立法委員的法案和政策指導帶來較為有利的影響，其在黨內中山會報與中常會兩個場合的表達次數，高於政府官方場合，足證兼任黨主席後在黨內的機制中有更多推動法案的作為和權力，增加總統對黨政部門的掌握機會，此亦符合了本章的預期。再從偏好強度來看，總統在黨政平台的平均偏好強度最高，特別是府院黨高層會議，其次則是政黨內部的場合，這同樣證實了黨政關係因素的重要性。

　　至於表達態度的時間上，一般而言總統會「出手」對法案表達支持偏好，多數是法案已送至立法院，但或因有急迫性，或因法案審查延宕，因此總統關注的法案數目不一定平均分布在各會期，可能會因前會期的審查情況而在之後的會期產生波動的現象。基本上，前一會期行政院優先法案通過率低時，在下會期中總統表態的次數就升高；反之，若前一會期行政院優先法案通過率相對較高時，在下會期中總統發言的次數就減少。再者；總統表達關切次數升高之會期，行政院優先法案通過

也較高。

　　在立法的影響力方面，本研究透過三個層面來觀察：法案通過的時效／延遲情形；比較總統表達偏好的法案與其他種法案在通過表現上的差異；立法過程中總統態度對法案內容所產生的直接效果。前兩者係偏向量化的研究，後者偏向質性的觀察。這三項觀察的綜合研究發現有三：第一是，馬總統執政時期在一致政府的有利條件下，其重視的法案能夠在當會期通過者尚未到一半，馬總統的態度和作為對法案通過的比例和速度，並沒有明顯的促進效果；在兼任黨主席之後，總統對立法通過的時效之影響力，也看不出有正面的影響。第二是，透過總統表達偏好的法案與總統未表達態度的法案，以及其他類型法案的比較觀察，我們發現了一致性的結果，即總統表達過明確態度的法案，不論是所有法案或是合併強度2與3的法案，其通過的比例都僅在第五、六、七等三個會期中高於未表態法案以及行政院優先法案，其餘四個會期，則都低於後者。所以，研究結果同樣無法支持總統在法案推動上構成一項明顯正面的影響力。雖然由以上的兩項研究結果，我們發現馬總統的態度以及兼任黨主席對法案通過，並沒有明顯的促進效果，但這也不能反過來推論總統在法案的推動上表現不佳，也無法推論出總統兼任黨主席不利於法案的通過，或是總統沒有必要兼任黨主席。第三是，若不考慮法案最終通過的情形，而是觀察立法過程中總統對行政部門或國民黨團法案內容的影響力，我們發現總統對法案或重大政策內容的影響力是存在的，但這種影響較屬於立法過程中階段性的影響，至於此種階段性的影響力最終有沒有反映在立法三讀通過的法案內容，則因研究資料的限制，尚無法做出定論，需要更廣泛而深入的文章來處理。

　　綜合上述研究結果，可以進一步歸納本章的結論，即我國總統在法案的推動行為層面上具有相當實權和主動權，符合總統優勢的半總統制特質，而這樣的研究發現是難以從憲法的靜態制度面反映出來，也不是強調國會中的黨派結構、意識型態或其他因素可完全解釋，而必須深入到總統為主體的實務運作才可看出。換言之，從法案的推動（或促銷）層面來看，「總統中心」的視野可補現有立法行為文獻之不足。至於總統的法案推動的努力，我們看不出在法案的通過表現上有明顯的正面影響；但從廣義的立法影響力來看，考量質性的法案內容設計，則實權總統介入和主導的作用，會比單純的法案通過之量和時間方面來得顯著。整體而言，法案的審查過程中，主要涉及立法院中主要政黨以及立法委員和行政部門間的互動，無論黨派議席分布或意識型態因素，都可能扮演重要因素。就此而言，「國會中心」取向未來有其進一步延伸觀察之價值。

　　由於對臺灣總統的立法影響行為之研究，尚未發展出成熟的研究方法，所以作者不揣淺陋，嘗試進行探索。本研究所提供的乃是相對上可以進行的觀察方式，可能未盡周全，但希望所呈現的資料和結果仍可供學界有一些參考的價值。

附錄一　深度訪談受訪者清單

受訪者代號	受訪者身分簡介	訪談地點
受訪者A	國民黨籍立法委員，曾任黨團幹部	委員國會研究室
受訪者B	國民黨籍立法委員，曾任黨團幹部	委員國會研究室
受訪者C	國民黨籍立法委員，曾任黨團幹部	委員國會研究室

資料來源：由作者自行整理建立。

附錄二　馬英九總統對法案的表達情況一覽表

時間： 日期（會期）	場合	法案	偏好內容 （簡化後）	偏好強度
政府之官方場合				
2008-12-27 (2)	總統府	地方制度法	應持續推動	1
2009-01-01 (2)	總統府	行政院功能業務與組織調整暫行條例	組織再造今年非做不可	2
2009-02-11 (3)	總統府	人權兩公約	希望儘速通過	3
2009-02-22 (3)	總統府	二二八事件處理及賠償條例	指示儘速制訂	2
2009/05/01 (3)	總統府	工會法	說明法案內容和目的	1
2009-05-05 (3)	總統府	集會遊行法	表示相關個人觀點	2
2009-05-06 (3)	總統府	文化創意產業發展法	說明相關進度	1
2009-05-10 (3)	總統府	集會遊行法	表達法案具體內容方向	2
2009-09-10 (4)	總統府	地方制度法	希望儘速通過	3
2009-09-10 (4)	總統府	國土計畫法	希望儘速通過	3
2009-09-10 (4)	總統府	農村再生條例	希望儘速通過	3

時間： 日期（會期）	場合	法案	偏好內容 （簡化後）	偏好 強度
2009-09-10 (4)	總統府	集會遊行法	希望儘速通過	3
2009-10-10 (4)	總統府	國土計畫法	要求儘快通過	3
2009-11-11 (4)	總統府	食品衛生管理法	表達具體內容和態度	2
2010-01-06 (4)	總統府	公務人員基準法	考試院應加速研擬法案	2
2010-01-08 (4)	總統府	中華民國總統府組織法	說明相關進度	1
2010-01-11 (4)	總統府	兩岸經濟合作架構協議	簽署後要經立法院審議	2
2010-01-12 (4)	總統府	能源管理法	盼儘速通過	3
2010-3-18 (5)	總統府	全民健康保險法	希望儘速完成改革	3
2010-03-18 (5)	總統府	公務人員考績法	表達關心事項	1
2010-04-08 (5)	總統府	兩岸經濟合作架構協議	說明非常積極推動	2
2010-04-11 (5)	總統府	產業創新條例	發表五點聲明。	2
2010-07-01 (5)	總統府	海峽兩岸智慧產權保護合作協議	表明具體立法議事程序	2
2010-07-17 (5)	總統府	全民健康保險法修正草案	希望儘速通過	3
2010-11-09 (6)	總統府	法官法	表達支持立法	1
2010-11-09 (6)	總統府	廉政署組織法草案	表達支持立法	1
2010-11-10 (6)	總統府	專利法修正草案	說明相關進度	1
2011-01-01 (6)	總統府	國民教育法	宣示推動政策	1
2011-04-29 (7)	總統府	原住民族自治法	表達具體內容和態度	2
2011-06-08 (7)	總統府	食品衛生管理法	希望儘速完成修法	3
2011-08-24 (8)	總統府	「居住正義」相關政策修法（包含住宅法、土地徵收條例、平均地權條例、不動產經紀業管理條例、地政士法五項法案）	指示內政部進行修法	2
2011-08-24 (8)	總統府	財政收支劃分法	表達支持立法	1
2011-11-07 (8)	總統府	原住民族自治法草案	希望儘速完成修法	3
2008-10-05 (2)	青輔會	臺灣地區與大陸地區人民關係條例（陸生來台）	表達非過不可	3
2008-07-13 (2)	地方政府	財政收支劃分法	表達支持立法	1
2009-02-28 (3)	地方政府	二二八事件處理及賠償條例	促制訂法案	2

時間： 日期（會期）	場合	法案	偏好內容 （簡化後）	偏好 強度
2009-04-02 (3)	地方政府	地方制度法	希望明天可立法通過	3
2009-04-15 (3)	經濟部	再生能源發展條例草案	要求本會期要通過	3
2011-02-22 (7)	立法行政 部門議事 運作研討會	行政區劃法草案	要求本會期優先處理	3
2011-02-22 (7)	立法行政 部門議事 運作研討會	財政收支劃分法修正草案	要求本會期優先處理	3
2011-09-02 (8)	性別平等政策 新願景記者會	長期照護服務法草案	宣示推動政策	1
2011-09-02 (8)	性別平等政策 新願景記者會	性侵害犯罪防治法部分條文修正草案	宣示推動政策	1
2011-09-29 (8)	「黃金十年， 國家願景」政 策說明會	農業基本法	宣示推動政策	1
2011-07-23 (8)	總統府網頁 （治國週記）	貪污治罪條例	宣示推動政策	1
國民黨黨內場合				
2010-01-13 (4)	中常會	地方制度法	希望臨時會完成修改	3
2010-01-13 (4)	中常會	產業創新條例	希望儘速通過	3
2010-03-17 (5)	中常會	全民健康保險法	希望二年內或更早通過	2
2010-03-17 (5)	中常會	農田水利會組織通則	盼本會期通過	3
2010-05-05 (5)	中常會	地質法	希望立法院能加快審查	2
2010-05-05 (5)	中常會	國土計畫法	指出行政院已提出法案	1
2010-05-05 (5)	中常會	災害防救法	盼本會期通過	3
2010-06-31 (5)	中常會	兩岸經濟合作架構協議	表明明確立法程序立場	2
2010-07-07 (5)	中常會	兩岸經濟合作架構協議	希望儘速通過	3
2010-07-28 (5)	中常會	農村再生條例	表達具體內容	2
2010-08-18 (5)	中常會	臺灣地區與大陸地區人民關係條例	表示政策目的	1
2010-08-18 (5)	中常會	大學法	表示政策目的	1

時間： 日期（會期）	場合	法案	偏好內容 （簡化後）	偏好 強度
2010-08-18 (5)	中常會	專科學校法	表示政策目的	1
2010-12-08 (6)	中常會	全民健康保險法	表示改革急迫性	2
2011-01-19 (7)	中常會	廉政署組織法	檢討立法失敗	3
2011-02-16 (7)	中常會	貪污治罪條例部分條文修正草案	指示法務部提出修法建議	2
2009-12-22 (4)	中山會報	臺灣地區與大陸地區人民關係條例（避免雙重課稅）	解釋相關政策	1
2009-12-22 (4)	中山會報	食品衛生管理法	表達具體內容和態度	3
2010-03-9 (5)	中山會報	全民健康保險法	要求積極推動	2
2010-05-25 (5)	中山會報	災害防救法	盼本會期通過	3
2010-07-06 (5)	中山會報	兩岸經濟合作架構協議	要求行政部門立法任務	2
2010-07-13 (5)	中山會報	兩岸經濟合作架構協議	說明簽ECFA的優點。	2
2010-09-07 (6)	中山會報	刑法／性侵害犯罪防治法（幼童性侵之相關修法）	盼行政院儘速推動	2
2010-09-28 (6)	中山會報	原住民族自治法	說明草案的重點	2
2010-10-11 (6)	中山會報	全民健康保險法	肯定行政院的溝通	2
2010-11-30 (6)	中山會報	社會救助法	指示政策並討論法案	2
2010-12-07 (6)	中山會報	全民健康保險法	有信心最後完成三讀	3
2011-04-12 (7)	中山會報	行政院法人法	宣示推動政策	1
2011-12-06 (8)	中山會報	「居住正義」相關政策修法（包含住宅法、土地徵收條例、平均地權條例等五項法案）	要求立法院本會期務必通過	3
2011-12-07 (8)	中山會報	有線廣播電視法	表示改革急迫性	2
黨政平台或互動場合				
2008-11-17 (2)	府院黨高層會議	集會遊行法	請黨團行政院儘速完成	3
2008-11-23 (2)	府院黨高層會議	消費券和擴大公共建設兩項特別條例	作成兩案分割處理政策	2
2009-03-02 (3)	府院黨高層會議	產業創新條例	表達具體內容和態度	2

時間： 日期（會期）	場合	法案	偏好內容 （簡化後）	偏好 強度
2009-03-02 (3)	府院黨 高層會議	兩岸經濟合作架構協議	表達明確立法程序立場	2
2009-03-23 (3)	府院黨 高層會議	地方制度法	籲四月中旬前完成修法	3
2009-03-23 (3)	府院黨 高層會議	貪污治罪條例	希望能儘速通過。	3
2009-04-27 (3)	府院黨 高層會議	集會遊行法	對政院版表達明確支持	2
2009-05-25 (3)	府院黨 高層會議	能源管理法	希望會期內儘速通過	3
2009-05-25 (3)	府院黨 高層會議	溫室氣體減量法	希望會期內儘速通過	3
2009-05-25 (3)	府院黨 高層會議	再生能源發展條例	希望會期內儘速通過	3
2009-05-25 (3)	府院黨 高層會議	行政院組織法	希望會期內儘速通過	3
2009-05-25 (3)	府院黨 高層會議	集會遊行法	希望會期內儘速通過	3
2009-05-25 (3)	府院黨 高層會議	臺灣地區與大陸地區人民關係條例 （陸生來台）	希望會期內儘速通過	3
2009-05-25 (3)	府院黨 高層會議	臺灣地區與大陸地區人民關係條例 （避免雙重課稅）	希望會期內儘速通過	3
2009-05-25 (3)	府院黨 高層會議	臺灣地區與大陸地區人民關係條例 （陸配權益）	希望會期內儘速通過	3
2009-05-25 (3)	府院黨 高層會議	自由貿易港區設置管理條例	法案必須儘速通過	3
2009-05-25 (3)	府院黨 高層會議	文化創意產業發展法	法案必須儘速通過	3
2009-05-25 (3)	府院黨 高層會議	農村再生條例	法案必須儘速通過。	3
2009-06-08 (3)	府院黨 高層會議	能源管理法	籲休會前完成三讀	3

時間：日期（會期）	場合	法案	偏好內容（簡化後）	偏好強度
2009-06-08 (3)	府院黨高層會議	再生能源發展條例	籲休會前完成三讀	3
2009-06-08 (3)	府院黨高層會議	溫室氣體減量法	籲休會前完成三讀	3
2009-11-16 (4)	府院黨高層會議	食品衛生管理法	表達具體內容之態度	2
2010-01-13 (4)	府院黨高層會議	產業創新條例	籲儘速完成、全力通過	3
2010-01-18 (4)	府院黨高層會議	地方制度法	表示一定要儘快通過	3
2010-01-25 (4)	府院黨高層會議	產業創新條例	要求務必在新會期通過	3
2010-03-01 (5)	府院黨高層會議	產業創新條例	表達具體內容之態度	2
2010-04-13 (5)	府院黨高層會議	產業創新條例	希望儘速通過	3
2010-06-07 (5)	府院黨高層會議	公共債務法	希望能在臨時會通過	3
2010-07-05 (5)	府院黨高層會議	兩岸經濟合作架構協議	表達明確立法程序立場	2
2010-12-13 (6)	府院黨高層會議	全民健康保險法	表達具體內容之態度	2
2010-12-27 (6)	府院黨高層會議	預算法（禁止政府置入性行銷）	表達具體內容之態度	2
2011-01-11 (6)	府院黨高層會議	預算法（禁止政府置入性行銷）	表達具體內容之態度	2
2009-04-10 (3)	黨政聯合記者會	公司法	希望兩、三個月完成	3
2009-04-10 (3)	黨政聯合記者會	所得稅法	希望兩、三個月完成	3
2009-04-10 (3)	黨政聯合記者會	財政收支劃分法	希望兩、三個月完成	3

時間： 日期（會期）	場合	法案	偏好內容 （簡化後）	偏好 強度
2009-09-16 (4)	與黨籍立委會議	海岸法草案	贊成加速推動修法	2
2010-01-07 (4)	與黨團幹部會商	中央行政機關組織基準法	希望本會期完成	3
2010-01-17 (4)	約見國民黨立委	地方制度法	希望立委支持黨版	2
2010-06-09 (5)	立法院院長轉述	公共債務法	希望能儘快三讀通過	3
2010-11-20 (6)	選舉造勢場合	社會救助法	宣傳行政院版草案	2
民間場合				
2008-11-11 (2)	出席工業節大會	集會遊行法	表達具體內容之態度	2
2008-12-07 (2)	與中小企業座談	促進民間參與公共建設法	希望儘速修法通過	3
2008-12-09 (2)	《民視新聞》專訪	羈押法	談到未來修法	1
2008-12-17 (2)	《客家電視台》專訪	客家基本法	談到推動本法案精神	1
2009-01-19 (2)	二〇〇九年世界自由日慶祝大會	公民與政治權利國際公約、經濟社會文化權利國際公約	籲立法院儘快排入議程批准	3
2009-04-05 (3)	訪視義大醫院	農村再生條例	說明和推立法進度、要求落實政策	2
2009-04-26 (3)	訪視屏東縣高樹鄉新豐社區與地方人士座談	農村再生條例草案	希望立法院儘速通過	3
2009-10-30 (4)	《新新聞》專訪	政黨法	表達具體內容之態度	2
2010-01-18 (5)	出席「天下經濟論壇」開幕儀式	產業創新條例	說明政府將完成立法	2

時間： 日期（會期）	場合	法案	偏好內容 （簡化後）	偏好 強度
2010-03-18 (5)	全國農村再生培根成果發表會	農村再生條例	希望本會期務必完成	3
2010-04-29 (5)	全國原住民族行政會議	原住民族自治法	提到該法案的目的	1
2010-06-01 (5)	出席台北醫學大學50週年校慶	全民健康保險法	希望儘快通過	3
2010-06-30 (5)	「臺灣不碳氣－全民行動綠生活」活動	溫室氣體減量法草案	提到該法案的目的	1
2010-12-31 (6)	臺灣工程界協會99年年會	國土計畫法	表示會趕快完成	2
2011-01-08 (7)	新光醫院	道路交通管理處罰條例	表達具體內容之態度	2
2011-06-08 (7)	成大醫院23周年紀念活動	公共債務法修正草案	要求立法院儘速通過	3
2011-06-08 (7)	成大醫院23周年紀念活動	食品衛生管理法部分條文修正草案	要求立法院儘快修法	3
2011-12-15 (8)	「文化界提問總統候選人」活動	原住民族自治法草案	宣示政策推動	1

資料來源：中華民國總統府（2012）；立法院國會圖書館（2012a）。

說明：本表由作者自製。

附錄三　馬總統法案表達時間和通過時間vs.行政院提案時間和通過時間差距一覽表

總統談話時要求當前會期通過法案	總統面向		行政院面向	
	總統偏好表達時間（會期）	是否於當會期通過／通過時間（會期）	提案時間（會期）	法案通過時距行政院提案時間
1. 人權兩公約	2009-02-11 (3)	是2009-03-31 (3)	2008-12-26 (2)	延1會期
2. 二二八事件處理及賠償條例	2009-02-22 (3)	是2009-06-05 (3)	2009-04-24 (3)	同會期
3. 貪污治罪條例	2009-03-23 (3)	是2009-04-03 (3)	2008-10-03 (2)	延1會期
4. 地方制度法	2009-04-02 (3)	是2009-05-12 (3)	2009-03-27 (3)	同會期
5. 所得稅法	2009-04-10 (3)	是2009-05-01 (3)	2009-03-18 (3)	同會期
6. 公司法	2009-04-10 (3)	是2009-04-14 (3)	2009-02-20 (2)	同會期
7. 再生能源發展條例	2009-04-15 (3)	是2009-06-12 (3)	2008 (2)	延1會期
	2009-05-25 (3)	是2009-06-12 (3)		延1會期
8. 能源管理法	2009-05-25 (3)	是2009-06-09 (3)	2008 (2)	延1會期
9. 自由貿易港區設置管理條例	2009-05-29 (3)	是2009-06-12 (3)	2009-05-13 (3)	同會期
10. 國營國際機場園區公司設置條例	2009-05-25 (3)	是2009-06-12 (3)	2009-04-24 (3)	同會期
11. 中央行政機關組織基準法	2010-01-09 (4)	是2010-01-12 (4)	2009-05-08 (3)	延1會期
12. 災害防救法	2010/05/25 (5)	是2010-07-13（5臨）	2009-12-04 (4)	延1會期
13. 海峽兩岸智慧產權保護合作協議	2010-07-01 (5)	是2010-08-18（5臨）	2010-07-01 (5)	同會期
14. 兩岸經濟合作架構協議	2010-07-07 (5)	是2010-08-18（5臨）	2010-07-01 (5)	同會期
15. 法務部廉政署組織法	2011-01-19 (7)	是2011-04-01 (7)	2010-11-12 (6)	延1會期
16. 食品衛生管理法（塑化劑）	2011-06-09 (7)	是2011-06-22 (7)	2011-04-15 (7)	同會期

總統談話時要求當前會期通過法案	總統面向		行政院面向	
	總統偏好表達時間（會期）	是否於當會期通過／通過時間（會期）	提案時間（會期）	法案通過時距行政院提案時間
17.「居住正義」相關政策修法（包含住宅法、土地徵收條例、平均地權條例等五項法案）	2011-12-07 (8)	是2011-12-13 (8)	2011-09-16	同會期
18. 集會遊行法	2008-11-17 (2)	否尚未通過	2008-12-19 (2)	尚未通過延7會期
19. 促進民間參與公共建設法	2008-12-07 (2)	否尚未通過	2008-11-28 (2)	尚未通過延7會期
20. 溫室氣體減量法	2009-05-25 (3)	否尚未通過	2008 (2)	尚未通過延6會期
21. 行政院組織法	2009-05-25 (3)	否2010-01-12 (4)	2009-04-28 (3)	延1會期
22. 臺灣地區與大陸地區人民關係條例（陸生來台）	2009-05-25 (3)	否2010-08-19 (5)	2008-12-19 (2)	延3會期
23. 臺灣地區與大陸地區人民關係條例（陸配權益）	2009-05-25 (3)	否2010/08/19 (5)	2008/12/19 (2)	延3會期
24. 兩岸人民關係條例（避免雙重課稅）	2009-05-25 (3)	否尚未通過	2009-03-20 (3)	尚未通過延6會期
25. 文化創意產業發展法	2009-05-25 (3)	否2010-01-07 (4)	2009-04-24 (3)	延1會期
26. 國土計畫法	2009-09-10 (4)	否尚未通過	2009-10-23 (4)第2會期列優先	尚未通過延5會期
27. 農村再生條例	2009-09-10 (4)	否2010-07-14（5臨）	2008-11-07 (2)	延3會期
28. 食品衛生管理法（美牛案）	2009-11-11 (4)	通過者非行政院版本	通過者非行政院版本	通過者非行政院版本
29. 產業創新條例	2010-01-13 (4)	否2010-04-16 (5)	2009-05-01 (3)	延2會期
30. 公共債務法	2010-06-09 (5)	否 尚未通過	2010-02-23 (5)	尚未通過延4會期

總統談話時要求當前會期通過法案	總統面向		行政院面向	
	總統偏好表達時間（會期）	是否於當會期通過／通過時間（會期）	提案時間（會期）	法案通過時距行政院提案時間
31. 全民健康保險法（二代健保）	2010-07-17 (5)	否2011-01-14 (6)	2010-04-16 (5)	延1會期
32. 財政收支劃分法	2011-02-22 (7)	否 尚未通過	2010-02-23 (5)	尚未通過延4會期
33. 行政區劃法	2011-02-22 (7)	否 尚未通過	2009-10-16 (4)	尚未通過延5會期
34. 公共債務法（再次表態）	2011-06-09 (7)	否 尚未通過	2009-02-23 (5)	尚未通過延4會期
35. 原住民族自治法	2011-11-07 (8)	否 尚未通過	2010-10-18 (5)	尚未通過延4會期

資料來源：中華民國總統府（2012）；立法院國會圖書館（2012a，2012b）；行政院研究考核委員會（2012）。

說明：1.本表由作者自製。

　　　2.「再生能源發展條例」、「能源管理法」以及「溫室氣體減量法」是在政黨輪替前第一會期2008-03-28提出，輪替後國民黨執政時第二會期列為優先，故此處載明第二會期。

參考書目

英文部分

Bond, Jon R. and Richard Fleisher. 1996. "The President in a More Partisan Legislative Arena." *Political Research Quarterly* 49: 729-48.

Clift, Ben. 2005. "Dyarchic Presidentialization in a Presidentialized Polity: The French Fifth Republic." in Thomas Poguntke and Paul Webb. eds. *The Presidentialization of Politics: A Comparative Study of Modern Democracies*: 221-245. Oxford: Oxford University Press.

Collier, Kenneth and Terran Sullivan. 1995. "New Evidence Undercutting the Linkage of Approval with Presidential Support and Influence." *Journal of Politics* 57, 1: 197-209.

Covington, Cary R. et al. 1995. "A 'Presidency-Augmented' Model of Presidential Success on House Roll Call Votes." *American Journal of Political Science* 39:1001-24.

Duverger, Maurice. 1980. "A New Political System Model: Semi-Presidential Government." *European Journal of Political Research* 8, 2: 165-187.

Edwards, George C.III. 1985. "Measuring Presidential Sucess in Congress: Alternative Approaches." *Journal of Politics* 47: 667-685.

Edwards, George C.III. 1989. *At the Margins: Presidential Leadership of Congress*. New Haven: Yale University Press.

Edwards, George C.III. et al. 1997. "The Legislative Impact of Divided Government." *American Journal of Political Science* 41, 2: 545-563.

Elgie, Robert. 1999. ed. *Semi-Presidentialism in Europe*. Oxford: Oxford University Press.

Gibbs, Christine. 2009. "Presidential Success in Congress: Factors that Determine the President's Ability to Influence Congressional Voting." Honors Projects: 35 in http://digitalcommons.iwu.edu/ polisci_honproj/ 35/. Latest update 18 July 2012.

Howell, William et al. 2000. "Divided Government and the Legislative Productivity of Congress, 1945-94." *Legislative Studies Quarterly* 25, 2: 285-312.

Kelly, Sean Q. 1993. "Divided We Govern: A Reassessment." *Polity* 25, 1:475-484.

Kernell, Samuel. 1997. *Going Public: New Strategies of Presidential Leadership*. 3rd ed. Washington DC.: Congressional Quarterly Press.

Mayhew, David R. 1991. "Divided Party Control: Does It Make a Difference?" *PS: Political Science and Politics* 24, 4: 637-640.

Metcalf, Lee Kendall. 2000. "Measuring Presidential Power." *Comparative Political Studies* 33, 5: 660-685.

Neustadt, Richard E. 1960. *Presidential Power: The Politics of Leadership*. New York: Wiley.

Samuels J. David. 2002. "Presidentialized Parties: The Separation of Powers and Party Organization and Behavior." *Comparative Political Studies* 35: 461-483.

Samuels, David and Mathew Shugart. 2010. *Presidents, Prime Ministers and Political Parties*. Cambridge: Cambridge University Press.

Sartori, Giovanni. 1997. *Comparative Constitutional Engineering: An Inquiry into Structures, Incentives and Outcomes*. 2nd ed. New York: New York University Press.

Shugart, Mathew S. and John M. Carey. 1992. *Presidents and Assemblies: Constitutional Design and Electoral Dynamics*. Cambridge: Cambridge University Press.

Thomas, Norman C. et al. 1994. *The Politics of the Presidency*. Washington D.C.: Congressional Quarterly Inc.

中文部分

中華民國總統府。2012。〈總統府新聞稿〉。http://www.president. gov.tw/Default. aspx?tabid=131。2012/3/12。

立法院國會圖書館。2012a。〈新聞知識管理系統〉。http://nplnews. ly.gov.tw/ outSideLogin.jsp。2011/5/06。

立法院國會圖書館。2012b。〈第七屆法律提案審議進度追蹤系統〉。http://lis.ly.gov.tw/ lgcgi/ttsweb?@0:0:1:lgmempropg07@@0.6330974257394164。2011/5/08。

行政院研究考核委員會。2012。〈總統政見執行成果〉。http://www. rdec.gov.tw/np.asp?c tNode=12953&mp=100。2012/6/18。

李明賢等。2008。〈不兼黨主席，閣揆執行我政見〉。《聯合報》2008/3/29: A4。

李佳霏。2010。〈原住民設置自治區：總統有必要〉。http://nplnews. ly.gov.tw/index. jsp。2012/7/16。

李鳳玉。2011。〈總統與其政黨的關係：法國與臺灣的比較〉。黃秀端編《黨政關係與國會運作》：199-234。台北：五南。

吳玉山。2011。〈半總統制：全球發展與研究議程〉。《政治科學論叢》47：1-32。

梅休 （David R. Mayhew）。2001。吳重禮、陳慧玟譯《分立政府：1946-1990年期間之政黨控制、立法與調查》。台北：五南。

盛杏湲。2003。〈立法機關與行政機關在立法過程中的影響力：一致政府與分立政府的比較〉。《臺灣政治學刊》7，2：51-105。

陳宏銘。2009。〈臺灣半總統制下的黨政關係：以民進黨執政時期為焦點〉。《政治科學論叢》41：1-56。

陳宏銘。2011。〈總統的政策權限與決策機關：比較半總統制憲法的設計與臺灣經驗〉。《「歐美憲政制度與變革」學術研討會》。2011年11月25日。台北：中央研究院歐美研究所。

廖達琪。2010。〈國會議員生涯類型變遷與民主體制的取向分析──以臺灣第二到第七屆立法院為例〉。《東吳政治學報》28，2：49-96。

楊舒媚、何醒邦。2009。〈馬英九：集遊法應限縮警權而非人權〉。《中國時報》2009/5/16：A12。

曾薏蘋。2010。〈馬：產創條例應涵蓋工農業〉。《中國時報》2010/5/16: A5。

彭顯鈞等。2009。〈修法禁美牛不違反議定書府劃設紅線〉。《自由時報》2009/11/05: A03。

郭泰淵。2010。〈農村社區千人大會師「農村再生」快立法〉。《自立晚報》2010/3/18：政治特區版。

蕭博樹。2009。〈美牛案恐生變？王金平：國內法高於「議定書」〉。《自立晚報》2009/11/04：政治特區版。

蔡韻竹

壹、前言

　　國會中的政黨與議事過程中的記名表決，皆為國會研究者們長期分析關注的焦點。不論是由理論層次的論證或是經驗資料上的分析，都肯定政黨是國會表決中最具影響力、最關鍵的行動者，其影響力遠遠超乎個別的議員或其他的次級團體（Ansolabehere et al, 2001; Carrubba et al, 2006; Carrubba et al, 2008; Smith, 2007; 盛杏湲，2008）。

　　然而，影響政黨發動表決的因素值得進一步深入探究。Hurley和Wilson（1989: 247）在分析長達百年的美國參、眾兩院表決記錄後（1877-1986），對於國會表決分析的下一步研究展望就認為，表決研究的未來應該從議程設定（agenda setting）角度切入，以期對於記名表決的發動，及其在政治運作或決策上的意義有更深入的解釋。此後的相關研究雖然多少觸及政黨發動表決的動機，卻鮮少有專文進行深入探究分析記名表決的「起點」：政黨為何發動這些表決？哪些因素會影響政黨的表決發動？這也是本研究利用跨屆期的記名表決資料欲尋求解答的研究問題。

　　首先回顧國會制度和記名表決在代議制度中的意義性質。國會中的立法議事是利用代議手段取代直接民主的替代性措施，因此在議事制度的設計上需兼顧平等與尊重少數等民主原則。當這些理念落實到各式審議過程時，則可見諸於利用三讀程序來追求立法審議的謹慎周延，以共識決為院會和委員會階段的主要決策方式等等。然而完全仰賴共識決的決策方式其實並不容易，諸如政黨因意識型態與價值觀的衝突、各選區之間的資源分配競爭，乃至於討論議程順序的先後，都可能成為議事衝突或僵局的原因。此時，訴諸多數支持的表決，便成為國會議事過程中無法達成共識時的主要解套方案。換言之多數決原則是共識決的替代手段，應非代議制度的原意或常態，在代議與政黨政治上的意涵也與共識決有所不同。每一個國會議員在記名表決的立場更容易被選民看見，要向選民負責（Carey, 2009）。另一方面國

會議員在表決階段也更容易受到政黨（黨團）的引導，依黨鞭的指示投票並受黨紀拘束（Carrubba et al., 2006; Carrubba et al., 2008）。在集體層次，由於記名表決的透明與勝敗立見等特性，政黨必須就該黨在記名表決中的立場，參與動員狀況向政黨支持者和全體選民說明並承擔政治和政策成敗的責任。因此，本章以爲政黨在表決的發動是其深思熟慮後的決定，有進一步分析的價值。

　　在臺灣，立法院的記名表決在立法過程的重要性伴隨著民主化與政黨競爭的激烈程度而增長，也因記名表決的結果兼具有政治競爭和彰顯政治立場等多重政治意義因而常被學界引用分析。多數研究的分析重點主要在各立委、各政黨在記名表決中的參與情況，對立程度與勝負結果。本章雖亦以記名表決爲資料分析和解釋的依據，但觀察的重點是放在探討表決發動者的動機與表決設定。本章研究分析的期間爲第四到七屆立法院（1999年2月起至2012年1月），分析單元爲研究期間內的全部記名表決。

貳、相關文獻

一、記名表決在立法審議中的性質

　　代議民主的運作原則是賦予每位國會代表相等法定權力，以共識決爲主要決策模式；只有在無法達成共識，且經特定的發動程序後，才能改用多數決方式決定。換言之，國會運作制度的原始設計意涵是國會應優先以溝通協調來達成共識。表決投票則屬非常態，需經一定發動程序，針對少部分內容（例如單獨或特定的法律條文）的決策方式，只處理無法達成共識的爭議事項，避免因追求集體共識而陷入僵局、一事無成，並且要在表決後隨即再回到共識決的決策常態。

　　記名表決在立法審議過程中上更重要的政治特徵是「透明性」（transparency）（Carey, 2009: 83-84）。每位國會議員、每個政黨的每一次表決行動都會公開詳載於立法院公報與網站上，公眾與研究者因此可據此追究責任以及探尋推論國會議員的行動動機。諸如政黨或個別立委的表決行爲，背後多可追溯其基於政策影響力（policy influence）、選擇政治立場（position taking）、廣告（advertisement）、釐清政治責任（accountability）或貫徹黨紀（party discipline）

等行為動機。這些動機研究也成為解釋國會議員表決行為特徵的推論基礎（Carrubba and Gabel, 1999; Carey, 2009; Hurley and Wilson, 1989; Roberts and Smith, 2003; Smith, 2007; Snyder and Groseclose, 2000; 蔡韻竹，2013）。表決分析也常由政黨、個人與選區的三角關係角度，來解釋國會議員在記名表決中的行為如何受到來自政黨或所屬選區的多重影響（Ansolabehere et al., 2001; BullockⅢ and Brady, 1983; LeBlanc, 1969; 盛杏湲，2008）。此外，立法表決也常作為分析國會委員或政黨如何選擇合作或競爭夥伴的依據，解讀政黨會利用哪些策略手段組成立法聯盟（legislative coalition），追求過半多數的立法勝利（盛杏湲、蔡韻竹，2012）。研究結論共同指向政黨（更精確的說法是政黨的國會黨團）在表決過程中實際居於主導角色。然而相關研究多將焦點放在政黨贏了哪些表決或輸了哪些法案，至於政黨為何發動表決、發動哪些表決等問題的解釋則相對有限，少見更進一步的剖析。

二、政黨在記名表決中的影響力

　　政黨在記名表決中占有關鍵性的地位，不論是表決的發動、表決中的動員、以及利用表決結果造成的政策影響力，都可追溯政黨在其中的角色作用。回顧相關研究，多著重於分析記名表決的動員或結果，認定政黨是記名表決的主要發動者，是政黨競爭的核心。政黨也會利用集體的表決行動來表達政黨立場、追求政黨聲望或政策影響力。相關研究論述的主要分歧反而是在於部分學者認為政黨在記名表決中是一單一的行動者，有政黨自己一致且明確的利益或目標。但另有些學者則是把政黨看成是各方利益代理者，受各種力量因素的觸動而發動表決。基於不同的推論假定，而後對於政黨究竟受單一或多重因素影響其表決發動的行徑有不同推論。

　　Morgenstern（2002）將政黨視為是各種利益匯集的代理系統（agent system）。他認為國會內的政黨數目、政黨體系類型、黨內派系或聯盟結構、黨紀與黨內領導情勢、選區利益、選舉制度類型等因素等，都是左右政黨立法行為的影響因素（Morgenstern, 2002）。他舉例，當政黨領導效能不彰時，政黨的立法行動上容易受到選區利益的牽制（包括發動表決），但在政黨領導效能較高時則能有較高的政黨自主性。即便是在相同的選區壓力下，不同的政黨領導可能利用不同的策略手段回應選區利益的需求、壓力，因此政黨在立法與表決行動上將「因時」、「因（領導）人」、「因議題的性質」而異。另外，Sinclair利用「當事—

代理」（principal-agent）的關係比喻國會內政黨與黨內成員的互動情況（Sinclair, 1999）。個別的國會議員往往難以全面性地關注國會內的所有議事，需要仰賴政黨在立法過程、表決立場上的協助指引。國會政黨也亟需動員說服所屬成員在行動上支持政黨立場，以便對外展現政黨力量。因此政黨與黨籍成員形成「當事-代理」的關係：黨籍成員將包含發動表決在內的各種國會議事發動權力交託給所屬政黨，再配合政黨的行動指示參與立法。更重要的是政黨要在此委託關係中，同時兼顧政黨集體及個別議員的名聲或利益，達成多贏結果。

也有些學者將政黨視為是有共同目標的單一行動者。例如Cox和McCubbins從政黨設定議程（agenda-setting）的觀點，認定政黨是國會中最主要的議程設定者（特別是國會多數黨）。政黨在集體行動的運作邏輯之下，還會交叉運用各種消極（negative）或積極（positive）的議程設定手段，為政黨及所屬成員謀得最大的政治效益。從議程設定的角度來看，積極的議程包括經由表決來通過提案、終結懸而不決的分歧意見。消極的議程設定則例如政黨可利用發動復議、退回程序委員會等程序性表決，阻攔法案的審議進度。政黨操縱立法議程，同時也是其何以在記名表決中扮演重要角色的原因（Cox and McCubbins, 2005: 17-19；邱訪義、李誌偉，2012）。政黨雖可有自己操縱議程的邏輯和策略，但其發動的每一次的表決仍應符合政黨的利益或黨籍議員的各種期待，或利於政黨名聲、或利於選區利益，以及擴大連任機會、尋求更多的政治資源、更高的政黨職位（Cox and McCubbins, 2005）。最重要的是，政黨不僅不能在記名表決中缺席，還需更進一步去發動表決，捍衛政黨的政策立場或議程主導權。

Carey（2009）認為政黨領袖隨時有強烈的動機要涉入記名表決，不論行動表決的結果是成功或失敗。因為政黨除要在表決中監督黨內成員的表決行動，對外也要向選民或相關利益團體有所「交代」（Carey, 2009: 75-76）。筆者認為Carey（2009）指出了記名表決在政黨心中的地位，表決也因此可作為評估政黨影響力的重要參考指標。

相關文獻多由黨內和黨外兩方面解釋政黨為何發動表決。對內，政黨可藉表決來評估黨內成員對政黨向心力，黨內成員是否服從政黨領導或政黨的投票指示，並作為政黨領袖進行檢討獎懲的客觀依據。對外，政黨的表決發動則常是為要彰顯政黨的政策立場（signaling policy position），凸顯與敵對政黨的立場分歧，以及黨籍議員利用無記名表決混水摸魚、規避支持政黨立場的可能性等（Carrubba et al., 2006; Carey, 2009）。不過，既有的文獻也指出相關研究的困境和盲點，追溯政黨

的表決動機雖深具研究價值，但在研究上有實際的困難。替代性的作法多是先從理論上先提出推論假定，再利用表決記錄驗證研究論點（Carrubba and Gabel, 1999; Carrubba et al., 2008）。本章也將先就政黨發動表決的行為，從理論層次進行推論假定，再利用政黨表決發動的特徵差異及立委訪談記錄來佐證研究推論。

三、臺灣在記名表決分析的研究成果

臺灣政治學界至今已有多篇利用立法的記名表決資料進行單屆或跨屆的分析（吳宜蓁，2001；黃秀端，2004；黃秀端、陳鴻鈞，2006；盛杏湲，2008；蔡韻竹，2009；盛杏湲、蔡韻竹，2012）。研究的重點分別在於解釋立法院記名表決中的政黨聯合形式、政黨領導與凝聚力的轉變過程、政黨席次、議題競爭的差異對於政黨聯合或表決結果所造成的影響，相關的文獻體現了各政黨在國會表決中靈活多變的行動特徵。綜合上述文章對於政黨在立法表決角色上的重要觀察是：議題性質或政府狀態乃左右表決競爭的主要因素，但政黨在記名表決上沒有永遠的敵人或朋友，也是記名表決值得一再研究探討的主要原因。此外，邱訪義與楊婉瑩也曾於2008年針對第二、三屆立法院政黨的表決設定進行分析（Chiou and Yang, 2008），記名表決發動與否將受到政黨政治實力、因議題、因審議時間點（如，是否將近會期終了階段）、法案本身的爭議性或政黨對於該法的偏好排序等因素與上述因素交互作用後的結果所決定，並且，記名表決儘管體現了政黨競爭的面目，但也絕對不可據此解釋為該時期政黨競爭的全貌，否則研究解釋將陷入選擇性偏誤（selection bias）的陷阱。該文強調政黨在不同的時期會有不同的表決動機，例如執政黨經常在會期即將結束之際發動較多的表決，以多數決的方式迅速在會期結束前三讀完成更多的法案，但少數黨則無此表決特徵。由於該文的研究範圍設定在國民黨執政且單獨過半的第二到第三屆立法院，與本章所分析的第四至七屆立法院，在議事規則和政治生態都有許多不同：包含政黨體系、國會黨團的職權、表決發動要件、立法議事規則、國會多數的以及政黨朝野地位的更迭等。筆者預期經由國會各黨在經歷更長期的議事運作後，我們應可對於政黨的記名表決上行動找出更清楚穩定地類型特徵，並與該文的研究發現做對話比較。

綜合國內外相關記名表決的研究文獻，可歸納得知國會內之政黨的表決發動，除了是對於政黨和所屬成員集體名聲、立法成果的追求外，同時也是政黨在進行政

策影響力、表達政策立場、議程控制和黨內動員的競爭過程。

參、政黨爲何發動表決

　　記名表決是政黨參與國會運作的關鍵性立法階段（盛杏湲，2008）。政黨不但積極參與表決，還會主動發動記名表決來創造表演舞台。然而，政黨如何發動記名表決，一則與政黨本身的席次勢力有關，二則與表決內容的類型性質有關。第三，政黨的表決發動，也因其在朝或在野的地位而有不同的算計思維。筆者分述於下。

一、政黨表決發動影響因素之一：政黨的席次實力

　　政黨在表決發動的行徑上因政黨的席次規模有別。過半或接近過半大黨發動表決的目的多想達到「要贏」和「要表態」的雙贏結果，但國會中的中小型政黨則常出自於「要表態」而發動記名投票。

　　首先，國會大黨多爲贏得表決結果而發動表決。任何政黨都想影響政治或政策，用表決來左右政策法案或利益分配的結果。然而，記名表決的勝負結果實則取決於政黨的席次規模、政黨內部的同質性、動員能力、團結凝聚力（本章通稱政黨實力），以及黨際之間的競爭或聯合程度。各黨通常在正式進行表決以前，就會針對特定法案議題的自身與競爭對手的實力進行評估，掌握自己與對抗勢力在表決中的動員實力與黨內成員意向，預估當次表決的勝負結果。政黨實力占上風的大黨一旦發動表決，除是藉由表決來彰顯政黨立場外，更重要的就是要用表決贏得的政策結果。因此大黨還會利用各種手段來增加表決結果的勝算，例如向黨內成員祭出黨紀處分。

　　通常，政黨既想用表決贏得政策，也想利用有公開記錄可循的記名表決來告訴選民他爲選民爭取到什麼。政黨發動記名表決通常有「想贏」與「想表態」的雙重目的；但有時大黨也可能只想贏得表決結果，卻不想讓政黨的法案立場被彰顯。例如政黨意圖給予特定族群特殊的利益，擔心遭遇多數民意批評，或者是政黨內部對於該項法案的主張分歧，難以形成一致共識。此時大黨在記名表決上就可能利用包

裏或程序性的表決提案來隱蔽民意對於表決內容的監督，另方面也可讓黨內成員不至於因民意壓力而在當次表決背棄政黨指示。

　　未占有過半席次的政黨或國會小黨也會發動表決，甚至積極發動表決。在席次實力的限制下，少數黨發動表決多是著眼於「參與表決」，而不見得是要經由表決來贏得政策結果。政黨發動表決、利用表決的公開性讓各黨、各委員的立場一一現形。政黨一方面可藉此自我表態，另方面也是逼迫其他政黨對於政策立場進行公開表態。此時，記名表決的勝負結果則非政黨發動表決的首要考量。

二、政黨表決發動影響因素之二：表決的議題類型

　　本章認為議題性質的差異是左右政黨表決發動的第二項因素。大小政黨基於本身的實力以及彼此所在的政治位置，對於不同議題的表決發動行徑也將有所不同。

　　許多國會研究者都指出政黨對於所屬議員的控制程度因議題的不同而有差異。Froman和Ripley（1965，轉引自Robert and Smith, 2003: 309）的歸納，政黨在議題性質不顯著、能見度低（選民或媒體較不關心）以及選區壓力小的議題上享有較大的主導力量。Snyder和Groseclose（2000）、Smith（2007）等人更具體認為政黨在預算、稅制、社會福利與社會安全等議題的表決上，對黨內國會議員有較強的指導控制力；在國防、外援、民權表決議題上對於成員的影響力次之；至於涉及道德與宗教議題時，國會議員們則多數選擇自行其是，較少聽從政黨的指示投票（Snyder and Groseclose, 2000: 203）。本章認為政黨在發動表決時也會考量自己在不同議題上的動員能量，集中在對黨籍議員有影響力的議題發動表決。

三、政黨表決發動影響因素之三：政黨的朝野地位

　　最後，政黨的表決發動也會因其在朝或在野的位置而有不同。執政的政黨有義務協助行政部門推展立法、政策和預算；在野政黨的主要職責則在於監督指正政策法案的各種缺失不足。因此，在朝或在野政黨發動表決的目的往往不同，在野黨可能發動表決來凸顯法律政策的唐突、配套缺失以及本黨對於特定立法政策的不同主張；在朝小野大的情況下，發動記名表決更是在野黨否決政策法案的主要方式和關

鍵手段。執政黨的表決發動則多基於配合行政部門，利用記名表決，盡可能維持或接近行政部門在法案、政策、預算上的基本方向，避免因法案或預算遭致在野政黨的大幅度修改後，致使行政部門難以執行或與執政黨的施政初衷背道而馳。

本章假定，上述影響政黨發動記名表決的不同因素，將使得不同的政黨有不同的表決發動偏好，並可由長時期的表決記錄得到印證。按照政黨的重視程度和內容性質，立院常見的表決可分為人事提名同意權、政治競爭或意識型態性表決，程序性、預算性表決，以及利益分配或經濟民生類表決。其中，人事同意權是各黨最重視、最積極動員，且對於所屬成員最有影響力的表決議題。但因人事同意權為非記名表決，也沒有表決發動的問題，所以不在本章分析範圍內。

政黨對於其他表決可能會有如下的特徵：

（一）政治競爭性表決

不論是受訪的立委或立委助理，對於「政治競爭」或意識型態表決的內容範圍都有相當一致的認知，本章以政治競爭性表決稱之。此類表決的內容涉及各種政治時事性議題、規範政黨組織和競爭規則的政黨法、公民投票法，規範選舉規則的公職人員選舉罷免法、中選會組織法，或是處理兩岸事務政策是開放或緊縮的兩岸人民關係條例等，以及各種相關或類似的政策法規（例如對於開放大陸學生來台就學的政策，除兩岸人民關係條例相關條文外，另涉及大學法、專科學校法等法規），都可視為是政治競爭類議題。[1]

各政黨都會積極發動政治競爭性表決。首要原因是此類政治競爭性議題的爭論點經常就是沿著政黨間既有的政治社會分歧線而生，也是媒體及社會輿論注目的焦點。例如兩岸政策是朝向積極開放或是積極管理方向，長久以來即是藍綠政黨延續過去威權民主、統獨競爭以降的主要政治分歧。因此，在政治競爭性議題上，不論大、小政黨都會想發動表決，既想要贏得表決結果，更重要的是要藉由參與表決，向外界彰顯政黨立場、區隔自己與他黨的不同之處。對於席次少、規模小的在野政黨來說，由於其於國會殿堂內終究不可能單憑一己意見決定法案實質內容，利用發

---

[1] 事實上相同的法案在不同的政治氣氛下，可能被視為是不同性質的議題。例如，在第七屆的美牛案（食品衛生管理法）審查時（修法重點為：是否放寬美國牛肉內臟進口），被立委及助理們認定為是政黨分歧程度較低的民生經濟類的法案（依本研究標準歸為利益分配類）。但同法至第八屆的美牛案攻防時（修法重點為：是否開放瘦肉精的牛肉進口），就被認定為是「政治競爭類法案」，最終也是以發動政治競爭性表決的方式來解決朝野立場分歧。

動表決、設定議題、對決競爭，更是爭取政治舞台和外界注目的有效方式。特別是在國會舞台上剛嶄露頭角的新生政黨，更有可能想藉由發動此類表決，加速對外建立鮮明的政黨形象，鞏固政治和政策立場與選民支持（蔡韻竹，2009：146）。

（二）預算性表決

中央政府、國營及附屬事業單位的年度預算審查過程中，包含對於各單位預算金額的刪減、回復[2]預算或附帶決議的記名表決，都屬於預算表決。

大、小政黨都有可能發動預算表決，然而大、小政黨發動記名表決的出發點有所不同；朝、野政黨也都會發動預算表決，但各黨的盤算也有差異。

出於立法監督的立場，在野的政黨經常可能針對行政部門預算分配事項發動表決、讓外界得以窺見政府各部門龐大預算內的特定預算名目，凸顯特定預算項目的不合理性，或趁機暴露執政黨的執政爭議、守舊或顢頇無能，但通常憑一己之力難以扭轉整體的預算結構。

執政黨在立法階段，通常不會用發動表決的方式來表示對於政府預算編列的「意見」。執政黨立委對於預算的影響方式，多是在行政部門編列相關預算前，透過黨政平台或其他方式，將特別關心的經費項目夾帶在各部門的預算編制內。因此執政黨委員本身也不太可能主動挑出預算編列、配置的各種問題。然而，執政的大黨仍可能發動預算性表決，用表決來維護或回復在預算審查階段，被立委提案削減或凍結的政府預算，為行政部門護航。除此以外，預算表決還受到朝野間政黨對峙程度影響，是朝野競爭關係的鏡射。在朝野政黨競爭激烈時，在野政黨偏好發動預算表決來刪減特定部門、計畫項目的預算安排，或利用預算審查過程加上各種附帶性決議及主決議，要求行政部門遵守採納。執政黨則會積極發動表決來對上述內容進行反制或復議。

例如在陳水扁執政的分立政府時期，在野聯盟等政黨曾利用發動表決為手段，刪減多項年度預算（包含國務機要費、首長特別費等高度政治性預算）。而後於2001年底的立委選舉中被民進黨以「『在』怎麼『野』蠻」的政治競選廣告直接訴求民意為反制。此後，儘管在野黨在預算審查過程中，對於預算的大幅刪減稍有收斂，改用為數眾多的附帶決議，限制規範行政部門執行相關預算時的經費使用方

---

[2] 部分預算可能於委員會審查時遭到刪除凍結，因此會有「回復」原預算編列金額（或預算項目）的表決提案。

式。例如在臺灣高鐵興建時的第五屆立法院，在野黨就曾在審查92年度中央政府總預算案時，用發動記名表決的方式通過附帶決議，要求「政府不得再投資高鐵興建」[3]；或於審查國營事業單位年度預算時，以記名表決方式要求「政府應立即暫停中華電信公司任何釋股案」[4]。

除了朝野立場差異外，從政黨的規模實力來看，席次多寡是另一項左右政黨是否發動預算表決的影響因素。席次實力較大的政黨往往伴隨著較大的黨內分歧，必須回應滿足更多元性的選區或利益需求；小黨則往往只需照料回應特定支持族群的需求即可。

（三）程序性表決

程序性表決指議事程序、議程安排等事項，針對討論的議程，是否停止討論、是否同意復議或散會動議等事項的表決。各政黨經常利用議事程序作法案攻防，決定立法審查步驟、是否復議，進行各種積極或消極性的議程設定。主要的原因是程序性表決具備兩項特性，讓發動程序性表決成為政黨偏好、特別是執政黨或大黨樂於倚重利用的重要工具。

第一個原因是外界較難由程序性投票的表決內容或勝負結果，評估各黨的立場表現，亦難加以歸責，追究政黨在特定法案議題上的政治責任。例如，在第五、六屆期間國民黨曾多次在院會階段發動程序表決，將民進黨政府主導的軍購特別預算案退回程序委員會再議；民進黨也經常用相同的手法阻擋泛藍陣營力主推動的兩岸三通條款。包含台聯等小黨在內的各黨，也曾多次將已經完成三讀程序的法案再提請院會復議處理，讓各自不樂見、不贊同的法案遲遲無法送出立法院，達到實質拖延的結果。然而，政黨這些拖延議事效率的行徑，卻較難為外界所窺見或歸責。原因是程序性表決經常是某政黨針對「第二會期第十五次會議的第三案提請復議，是否可行，敬請公決」之類的案由發動記名表決。單由單次公報的文字內容，一般公眾實難清楚理解該次復議的要旨或背後的政黨算計。

第二，政黨在程序性表決上通常更容易進行黨內動員，政黨也因此更偏好利用發動程序性表決（特別是對經常面臨動員不力的政黨而言），來遂行政黨的各種政治目的。這是由於在一般情況下，個別立委難以程序表決的記錄表現，向選民宣稱

---

[3]　可參見立法院公報第92卷第33期，頁136-175。
[4]　可參見立法院公報第93卷第34期，頁96-191。

個人功績（credit claim）。況且程序表決也不是針對法案的具體內容表示贊成或反對立場，立委通常無需考量選區民意的壓力，委員們可以安心地順從政黨的表決指示，不用顧忌選區選民立場，或擔心事後遭受選區選民的責難。因此政黨在程序性表決中對所屬成員的控制力較其他類型的表決更高。

本章據此進一步推論：政黨發動程序性表決多著眼於「想贏」，具席次優勢的大黨會比小黨更喜歡發動程序性投票，執政黨也比在野黨更喜歡發動程序性投票。類似觀點也曾被其他學者提及，例如Snyder和 Groseclose （2000）認為，由於程序性表決通常不涉及實質的法案或政策立場，政黨成員較可能完全服從政黨在程序性表決上的指示。Smith（2007）則認為大黨除可利用程序性表決克服個別立委因選區立場分歧而增加的動員難度外，因程序表決較難釐清政黨在政策成敗上的責任，政黨不需要擔負「否決者」或「阻擾者」的負面標籤，就可以否決掉特定政策則是更關鍵的原因（蔡韻竹，2009）。

（四）資源／利益分配性表決

本章在此所界定的資源／利益分配性表決，常被立法實務工作者稱為「民生經濟」議題。舉凡無關於政治、政黨立場競爭的財金、產業、交通等各行業的管制或開放措施，特殊區域或特定族群的資源授予、社會福利補助分配等內容皆屬之。也包括立委為了把政策牛肉帶回選區、回應利益團體的要求或是照顧特定選民族群利益等內容的表決都可歸屬於此（羅清俊，2009）。各黨表面上的說法是出於「照顧民眾」而發動此類表決，但進一步思考後之後可想見，真正具高度正當性或照顧普遍利益的立法或政策，大可經由一般的立法審議程序即可達成共識，應無需表決即可順利三讀。反而只有爭議性、授與特定群體或地區利益，或是涉及利益資源分配的法案，才可能因立場爭議、遲遲懸而未決，需以表決終結僵局。

面對資源/利益分配性議題，不論是政黨大小，也不論在朝在野，各黨都會基於「要贏」或「要參與表決」的想法來發動表決。政黨發動此類表決的差異將顯示在表決發動數量的多寡。一般來說，政黨多是出於回應選區選民的期待或彰顯政黨的政策立場而發動表決。但席次較多或過半的大黨（不論執政在野）往往更加積極，除是出於可贏得表決結果的席次優勢外，也是由於大黨時常伴隨著較大的黨內分歧，更需要關照各地、各階層選民的不同需要。因此大黨較小黨更可能發動資源/利益分配性表決，更想利用表決來解決國家資源利益的結果。

另一方面，席次規模較小的政黨通常會把問政心力聚焦在特定的議題上。對

於其他各式各樣資源分配性議題，則不一定「無役不與」，可能是選擇性地、依照法案性質是否涉及主要支持群的利益得失來決定是否參與。例如在第三、四屆的新黨，經常會比國民黨的立委更積極地在法律、政策或預算上爲軍公教（特別是軍人和軍人眷屬）族群爭取利益，但對於其他熱門的利益分配議題，諸如老人年金或老農津貼、離島、原住民補助等，因無特定立場、不一定會有積極的參與表現（不論贊成或反對）（蔡韻竹，2009）。因此小黨對於此類表決的分歧性較大：在某些時候，針對某些議題有非常積極的參與（包括發動表決），但在其他時候則可能是少有發言參與、更少發動表決。

肆、研究資料與方法變數

一、資料分析範圍

本章以立法院的記名表決爲分析對象，研究期間是從第四屆立法院起至第七屆立法院止（1999年2月起至2012年1月底止），這段期間立法院院會共有1886次記名表決。立委與各政黨表決立場的資料是來自於立法院國會圖書館的議事系統，另有部分變數是作者自行依立法院公報的表決記錄所建立。此外筆者也引用部分立法工作者的深入訪談記錄（含立委與立委助理），作爲經驗資料的佐證。立法工作者主要訪問時間分爲幾段，一是於2008年至2009年間，第二波主要是在2010年1月至4月進行（都在第七屆任期內）；期間另有部分零星訪談記錄。受訪者爲經分層抽樣法抽出後邀請受訪的各黨跨屆連任立委及少數資深立委助理，本章將引用與本章相關的部分訪談結果。

二、分析變數

黨團從第四屆開始成爲立法提案的正式單位，各黨團可以直接利用黨團的名義參與提案、發動表決，不再受提案連署人數的限制。政黨自此在議事運作上扮演更重要的角色，也就是說政黨可自主性地、不需事先取得黨內成員的連署支持即可發

動表決。總的來說，從第四屆以來政黨已經成為國會中記名表決的主導者，發動了絕大多數記名表決。

　　立法院院會採取記名表決的狀況通常有以下三種：第一是在處理表決案時，應政黨要求由非記名表決改為記名表決處理。第二種是針對院會中修正動議的表決，包括「散會動議」或是對於法案內容的異議表示。第三種是依黨團協商結論直接送交院會記名表決的議案，由於這種表決是按照黨團協商的結論進行，在院會上不需討論直接進入表決，公報記錄上也不會刊載是哪個政黨要求表決，無法進一步分析。因第三類表決無法分辨表決發動者，本章之後的討論分析都只針對前兩類記名表決。

　　本章的分析單位是記名表決，分析的應變數為是否發動記名表決。自變數為記名表決的內容：包括政治競爭、預算性表決、程序性表決、資源／利益分配性表決等，也將政黨席次實力和朝野地位、屆期納入分析控制。以下是本章重要變數的建構說明。

（一）記名表決設定者

　　立法院記名表決的發動者可分為政黨和立委個人。所謂的政黨表決即為以黨團名義的記名表決提案，立委個人包括同黨或跨黨立委參與連署的表決提案。「其他」類包含依朝野協商、委員會審查結論，不需提案即可直接進行記名表決的情況。有時在院會討論階段的異議動議（未記名），也會利用記名表決方式作最後決定。此外還有黨團聯合表決，常見如國民黨和親民黨團的表決提案，或者是民進黨和台聯黨團的聯合提案，跨藍綠陣營的政黨聯合提案在五、六屆期間亦不少見。由於任何黨團無需他黨連署奧援即可自行發動表決，因此將這些原可自行發動，最終卻以跨黨聯合方式的表決，計算為兩個政黨各有一次記名表決行動。[5]

（二）政黨角色與定位

　　本章認為政黨對於記名表決的發動受到政黨席次規模的影響，政黨的表決發動將因其大、小或執政、在野的地位而有不同的表決特徵。辨別政黨執政、在野的地位相對容易，但對於大、小政黨的定義，則相對缺乏較為嚴謹的判斷依據。本章以政黨的國會席次比例作為大、小政黨的判斷根據，以三成的席次為界，國會席次達

---

[5] 例如，本文將民進黨團和台聯黨團共同發動的表決，計算為民進黨、台聯各發動一次表決。

三成以上的政黨是大黨，而國會席次未滿三成的政黨歸為小黨。以此標準區分大小政黨的結果，大致上與一般公眾對於國會大、小政黨的認知一致。從第四至第六屆為止，國會內的大黨都是國民黨與民進黨。第四屆的小黨包括新黨及總統大選後成立的親民黨；第五、六屆的小黨是親民黨和臺灣團結聯盟。較值得留意的是，本章認定在第七屆的大黨是國民黨，但席次未達三成的民進黨則屬於小黨。至於這段期間的無黨團結聯盟或其他無黨籍立委，因與正式的政黨組織運作有所不同，因此不列入分析。

（三）不同屆期的政黨關係與席次勢力

本章假定政黨對於記名表決的發動，主要因其政黨規模與地位角色（在朝或在野）的不同，會針對不同的議題發動記名表決。屆期在本研究的意義主要是作為控制變數所發動的表決。

（四）表決內容

本章按照表決性質區分成預算、程序、政治競爭性與利益資源分配性表決等類。有關於議題分類的理由和說明可參見前文有關「記名表決的議題類型」和文後附錄說明。

（五）主要論點

本章的基本論點是政黨表決發動將有以下幾項特徵，涉及政黨動機性的特徵也許不易獲得直接證據，卻可由政黨行為特徵來佐證。

1. 不論政黨大小，都想利用政治競爭性表決來爭取表現。
   不論是小黨基於澄清政黨立場，或者是大黨想要利用發動表決達到兼顧彰顯政黨立場並贏得政策影響力，都會使得政黨同時重視、同時積極地發動各種政治競爭性或富意識型態的表決。
2. 大黨將善用程序性表決來贏得政策上的影響力。
   基於贏得表決的動機，大黨比小黨更可能發動程序性表決。一是利用程序表決來左右政策或法案結果。二是程序性表決較其他表決易於動員，大黨黨鞭在此類表決上通常更容易說服並動員黨內支持政黨立場。在此並非否定少數黨發動此類表決的可能性，只是主張想要贏得表決的大黨會比小黨

更可能頻繁發動此類表決。

3. 大黨偏好發動資源分配性表決，小黨的分歧性較大。

國會席次較多的大黨，通常會有較大的黨內分歧程度。通常大黨較小黨更有回應不同群體階層政策要求的壓力，因此更可能發動資源／利益分配性表決。

4. 大、小政黨，朝、野政黨都會發動預算性表決。但在野黨或小黨常是突擊式、主動性出擊，執政黨（通常也是大黨）才於其後以統整性預算回復表決作為被動反擊的回應方式。因此，由表決發動的數量來看，執政黨或大黨發動預算性表決的行動、表決數量都將低於在野等其他政黨的表決行動。

另一方面，小黨在利益分配性表決上的行動通常是「『要參與』大於『要贏』」，針對有爭議的分配性法案發動表決，利用公開的表決記錄讓媒體、民眾清楚了解各政黨在此爭議性法案的立場行動。然而，小黨有時為了回應主要支持者的需求，也可能在特定的資源分配性政策審議階段積極參與、發動表決。例如，新黨在老舊眷村改建條例的討論過程中，是最主要的表決發動者。但在同性質的其他議題上則較少發動表決，或是僅點綴性的發動一、兩次表決，藉此聲明政黨對於該法案的反對態度，例如新黨在第四屆國、民兩黨合作促成的農發條例中的表現即是。

綜上基於政黨的相對大小以及表決的議題類型的關係，提出兩個主要的研究假設：

假設1：以執政在野區分，執政黨比其他政黨更少發動預算性表決。在野黨（包括小黨）較可能發動預算性表決。

假設2：不論是執政黨或在野的大黨，都會比單純在野的小黨更可能發動程序性與利益分配性表決。

伍、第四至七屆立法院的政黨席次勢力背景

政黨的表決發動因其於立法院內的地位角色而有異。這裡所指的地位角色包括了政黨在院內的席次、政黨對所屬黨員的動員能力以及當時期的黨際關係而異，也是筆者想利用表4-1和表4-2說明的重點。

　　表4-1為臺灣自1999年至2013年初立委選舉主要政黨的議席分布概況。國民黨通常是大黨，但其絕對多數的地位在第五、六屆期間曾經中斷，至第七屆再次成為過半大黨。但在過去複數選區單記不可讓渡的選舉制度之下，國民黨席次越多、黨內分歧程度越大，也使得黨內立委出現各行其是，政黨動員無力的窘況，黨內凝聚力也呈現逐屆下滑的趨勢（盛杏湲，2008）。[6]民進黨在第五、六屆曾躍居為國會第一大黨，但始終不曾取得過半多數的席次。

　　第七屆立法院因立委選制與名額減半的雙重變革，親民黨與台聯等小黨被摒除在立法院外。第七屆剛開始是由一個議席數超過七成、占據絕對多數優勢的國民黨，面對一個議席數僅兩成出頭的民進黨，以及一個立委人數3席剛好符合黨團成立門檻的無黨團結聯盟。其後隨著立委出缺補選，國民黨議席率下滑到七成以下，民進黨的議席率稍有提升，但仍未達三成。

表4-1　第四至七屆各政黨在立法院的議席統計

屆別	選舉年度	總議席數	國民黨	民進黨	新黨	親民黨	台聯	無黨籍及其他政黨
四	1998	225	123 (54.7)	70 (31.1)	11 (4.9)			21 (9.3)
四	2000.4	225	114 (50.6)	70 (31.1)	9 (4.0)	18 (8.0)		18 (8.0)
五	2001	225	68 (30.2)	87 (38.7)	1 (0.4)	46 (20.4)	13 (5.7)	10 (4.4)
五	2003.10	217	66 (30.4)	80 (36.9)	1 (0.4)	44 (20.3)	12 (4.8)	14 (6.7)
六	2004	225	79 (35.1)	89 (39.6)	1 (0.4)	34 (15.1)	12 (5.3)	10 (4.4)
六	2007.10	205	90 (43.9)	88 (42.9)		11 (5.4)	7 (3.4)	10 (4.8)
七	2008	113	81 (71.7)	27 (23.9)		1 (0.9)		4 (3.5)
七	2011.10	108	72 (66.7)	32 (29.6)				4 (3.7)

資料來源：中央選舉委員會有關選舉結果的統計資料。

說明：1.表中數字為議席數，括弧中數字為議席率。

　　　2.表中主要的統計數字是選舉結果，但隨著立委的出缺、從政黨轉出與轉入，或因補選等因素而政黨議席率產生極大的變化，因此也將政治重要時點的政黨議席加以統計。

---

[6] 有關於第四至七屆政黨席次與政黨關係的詳細情況，可以參見蔡韻竹（2009），盛杏湲和蔡韻竹（2012）的說明。

　　各政黨在立法院的真正實力除受到席次數量的影響外，也受個別政黨團結度所影響。本章用「政黨席次」乘以「該黨在記名表決時的立場一致性」計算出各政黨實力（參見表4-2）。值得強調的是，政黨實力所呈現的只是當時期政黨實力的平均狀態，不可直接類推預測爲是政黨在當時期記名表決時的勝負結果。「政黨實力小」的大黨指的是，席位多但表決一致性卻低的大黨領袖（特別是國民黨），得動用更多個別性的誘因手段、說服黨籍成員出席支持政黨立場才能在表決中獲勝（蔡韻竹，2009；盛杏湲、蔡韻竹，2011）。政黨實力也是大黨是否發動表決的重要依據。若政黨實力越強，大黨越可能發動表決。但在政黨實力低落時，大黨在發動表決時則會相對節制，更傾向以協商或採用表決以外的議事手段解決爭議。小黨在多數時候皆高度團結一致，以免在數人頭的國會議事中一事無成（蔡韻竹，2009）。因此小黨的政黨實力與國會席次的關係更爲密切，鮮少有黨內表決立場不一的情況。

　　從表4-2可知，在第四屆國民黨雖擁有過半席次，但加計表決一致性後的政黨實力卻落後給席次較少的民進黨，給予在野黨發動表決挑戰國民黨的誘因。以單一政黨的實力來看，民進黨在第五、六屆的立法院占有優勢，但是當國民黨、親民黨以及無黨籍的立委相互聯合時的政黨實力，則是民進黨執政時期的巨大威脅。此時，因政黨實力接近、政治競爭程度激烈，各陣營所發動的記名表決多數兼具「要贏」與「要參與」的雙重用意（黃秀端、陳鴻鈞，2006；盛杏湲、蔡韻竹，2012）。各政黨常傾向於發動許多政治競爭性議題的記名表決，既企圖影響政策結果，也是想強化本黨在民眾心目中的立場形象（蔡韻竹，2009）。

　　第七屆立法院的政黨數量單純且國、民兩黨勢力懸殊，國民黨只要發動表決就必然獲勝；民進黨即使得到無黨籍立委支持，在絕大多數的情況下也難以贏得表決結果，因此推論民進黨發動表決的主要是爲參與表決，藉由表決彰顯政黨立場，而非著眼於利用表決影響政策結果。

表4-2　第四至七屆立法院各政黨實力（1999.2-2012.1）[a]

屆期	國民黨	民進黨	新黨	親民黨	台聯
四 （1999.2）	16.17	20.37	2.08		
四 （2000.4）	15.08	23.63	1.74	4.28	
五	18.89	31.31		16.58	3.67
六	33.60	35.02		8.18	4.49
七	30.09	20.30			

資料來源：中央選舉委員會與立法院國會圖書館，筆者自行整理。
說明：[a]政黨實力計算方式：政黨席次×政黨表決一致性。

陸、記名表決發動者的分析

一、概況：政黨在記名表決上的實際角色

　　表4-3是研究期間各個表決發動者之發動表決的情況，[7]筆者想表達兩個重點，一是各屆表決次數，二是不同行爲者發動記名表決的情況。

　　在表決次數的部分。在黨團及黨團協商尚未制度化的第三屆期間，當法案政策面臨不同立場的爭論時僅能以「送院會表決」作爲最終決策的依據，因此記名表決次數達575次，是研究期間記名決數量較多的一屆。黨團協商自第四屆起成爲制度化的立法程序之一，儘管外界對於黨團協商程序、透明性、大幅修改委員會審查版本的作法時有批評（楊婉瑩，2003）。但從提高立法審查的流暢性這個角度而言，協商制度確實在二讀會之前充分扮演協調各方歧見的功能，讓多數法案在黨團協商階段達成共識妥協，減少院會二讀審查時的負擔。從表4-3的結果來看，在第四到六屆，記名表決的頻率確實稍低於第三屆。第七屆是研究期間記名表決次數最多的

7　爲呈現政黨在表決角色上的轉變，在此將第三屆的資料納入比較。第三屆期間政黨表決的計算標準爲：提案者爲黨團幹部且連署人皆爲同黨立委。立委個人提案的範圍，包括提案者當時非黨團幹部、或有跨黨立委參與連署的表決提案。

一屆，高達943次。除由於立委任期由三年延長為四年外，在議事上，政黨協商的等待期從過去的四個月縮減為一個月，政黨間意見分歧的法案可能無法在一個月內完成整合，都可能是造成記名表決次數再度暴增的制度性因素。

　　接著檢視歷屆表決的發動者。整體來看，由政黨發動的記名表決占了全部表決的84.3%，由立委個人邀集同黨或跨黨委員共同連署發動表決的比例僅7.9%並且由政黨發動表決所占的比例越來越高，在第三屆僅59%的表決是由政黨發動，第四屆政黨輪替前上升至73.7%，第四屆政黨輪替後政黨表決的比例增加到75.5%。第五屆表決有83.7%的表決是由政黨發動，到了第六屆時政黨表決的比例已高達93.4%。另一方面個別立委在發動表決上的角色則是逐屆下降，至第六屆個別委員所發動記名表決次數僅占全部表決的3.9%。從表4-3的跨屆變化數據再次確認了政黨在立法過程中的主導地位（蔡韻竹，2009），立法議事攻防的主角是政黨，個別立委需另謀個人表現空間。從連任多屆立委的訪談記錄中，也得到因政黨主導表決，導致個別立委表現空間被壓縮的觀察。

　　「因為朝野對立的關係。所以幾乎都是大家表決、都是祭出黨紀，大家都一致這樣子。那個人的問政表現，變得說被壓縮了、壓縮了這樣子」（第二至六屆區域立委，第五、六屆為民進黨籍）。

　　在第七屆政黨主導表決發動的趨勢雖未改變，但是由個別立委所發動的記名表決又再次微幅提升（8%）。細查這些由立委所發動的表決部分多是出於民進黨立委的議事策略，委由兩、三個民進黨不分區立委（如田秋堇）輪流留守議場、發動表決，拉住至少二、三十位國民黨立委陪著唯一或唯二的民進黨立委一起表決，防止法案被突襲翻盤。另外也有部分表決是國民黨立委，在少數非政黨關注的立法政策上所發動的個別表決。在「朝極大、野極小」的第七屆政黨環境中，這些都是與過去數屆不同的議事特徵。是否因此導致新一波議事規則的再修改（如提案連署表決的立委必須全部到場始能成案），或成為政黨常態性的策略手法，值得另文追蹤分析。

表4-3　第三至七屆記名表決發動者

屆期	政黨	立委	其他	當屆總計
三	59.0	24.2	16.9	100.0 (575)
四輪替前	73.7	6.3	20.1	100.0 (224)
四輪替後	75.5	7.4	17.0	100.0 (94)
五	83.7	3.0	13.3	100.0 (368)
六	93.4	3.9	2.7	100.0 (256)
七	83.6	8.0	8.5	100.0 (943)
全部	84.3	7.5	8.3	100.0 (2460)

資料來源：立法院國會圖書館的「立法院議事系統」，作者自行整理。
說明：1.表中數字為百分比。
　　　2.為呈現政黨在表決角色上的轉變，在此納入第三屆資料。

二、政黨發動表決的跨屆期比較

　　表4-4是1999年至2012年立法院主要政黨發動表決的議題分布，藉此可了解各政黨發動表決的議題類型。由表4-4可看出國會主要政黨在各時期的政黨於表決上的行動特徵，並呼應理論上對於政黨發動表決動機的相關論點。

　　由發動表決的數量來看，國民黨和民進黨是在各時期發動記名表決數量最多的政黨，主要是由於大黨通常既要參與表決，也想贏得表決，以下將按不同的政治時期，解釋各政黨在當時期的發動表決特徵。

（一）第一次政黨輪替前

　　在第四屆期間（至2000年政黨輪替前），國民黨是席次過半的執政黨，但政黨實力卻略遜於民進黨（參見表4-1、4-2）。國、民兩黨在記名表決中都有「贏」的機會，特別是當其得到新黨的合作時更是如此，因此我們可預期國、民兩黨經常都是基於「想贏」發動表決。

　　另一方面，新黨雖為小黨，但在當時的立法院位居左右勝負的關鍵性地位，成為兩大黨爭取合作的對象，取得與各黨談判議價的機會（黃秀端、陳鴻鈞，2006；盛杏湲，2008；蔡韻竹，2009；盛杏湲、蔡韻竹，2012）。基本上，小黨經常只在

特定議題採取立場（take position）並積極參與，對於其他的法案立場則常是「觀民意風向而後行」（蔡韻竹，2009）。關於這點，我們可以新黨的表決發動爲例來佐證上述論點。新黨在第四屆發動的表決數極少且高度集中在與國軍老舊眷村拆遷補償有關的預算、法規議題。我們可將「眷村改建」視爲該黨少數有鮮明立場且積極表態的議題。該黨推動眷村改建的策略是與當時國民黨內非主流的立委密切合作（特別是軍系背景立委），在相關預算立法上取得較大的影響力，好讓新黨立委得以在爭取連任時，得以在選民面前宣稱他們對於支持選民的用心盡力。除此以外，新黨對於其他的「非特定議題」，則是視當時的民意趨向，以及國、民兩黨所展現的合作誠意，彈性地在民進黨或國民黨間選擇表決聯合的合作對象。一位第四屆新黨立委在訪談中曾提及當時與國、民兩黨既合作又競爭的政黨互動過程：

「（民進黨跟新黨的合作）一百個法案裡頭，大概六十個合作，四十個沒有合作，那個比例超過二分之一。跟國民黨的合作大概百分之五十，所以跟民進黨的合作超過跟國民黨的合作」。

「在立院的關係就非常有意思了，軍系或外省背景的國民黨立委，跟我們的關係是又聯合又鬥爭的關係……」。

「新黨跟民進黨在（立法表決）這一方面扮演的角色非常不一樣，民進黨有比較大的選民壓力，所以他在利益法案上會採取支持國民黨的立場（照顧選區利益的法案）。新黨基本上是比較簡單，除了一個眷村改建，其他基本上都是採取一個刪減預算的角色」（第四屆新黨立委）。

（二）第一次政黨輪替後，朝野政黨地位的互換

第四屆政黨輪替後，民進黨取代國民黨成爲執政黨，且平均的政黨實力優於國民黨，國民黨通常需要有其他政黨的奧援才能與民進黨抗衡。不過因政黨地位與政治勢力的重組，各黨在表決行動上既可以窺見政黨發動表決偏好既有因政黨身分轉變而轉折的徵兆，也受前一段時期政黨表決行爲的慣性所影響。例如，國民黨在第四屆政權輪替之後，仍慣於利用資源分配性表決滿足黨內的利益需求，但在政治競爭性表決的著力有限。本章認爲「贏得政策利益」是國民黨在這段期間發動表決的主要考量。直到核四停建後，國民黨才開始發動較多的政治競爭性表決，展現其挑戰執政黨、意圖與社會多數民意站在一起的立場。同時期，掌握行政權後的民進黨，不僅用政治競爭性的表決來贏得政策影響力，也開始發動更多的程序性表決來左右議事、護航行政部門的法案或預算。

在第五、六屆立法院，政治競爭性記名表決成為最重要的表決核心，各黨都熱衷於發動許多政治競爭性表決。在野的國民黨和其他小黨更是如此，不只是要贏得表決，還希望藉此凸顯民進黨行政團隊的困境和無能。[8]國、親兩黨在這段期間都想再次贏回政權，因此經常以兩黨名義發動了非常多次的政治競爭性表決。

席次最多但未過半的民進黨在第五屆共發動81次表決。除政治競爭性表決（58%）外，發動利益資源分配性表決（40.7%）的比例也高於該黨過往的歷屆平均值。主要是因身為執政黨的民進黨為協調多方利益，回應更多的分配需求所致。特別的是民進黨在第六屆發動的資源分配性表決比例又再次下降，筆者認為部分原因與相關政策遊說業者的轉向有關。由於民進黨遲遲未取得國會過半優勢，使得相關政策遊說業者的遊說策略從第五屆的藍、綠均分壓寶又回復為以行政部門、泛藍立委為遊說對象。此外在第六屆面臨政黨聲望下滑的民進黨也開始利用程序性表決來解決黨內動員能力因政黨領袖聲望低落、黨內成員立場分歧而低迷不振的窘境，使其表決時的政黨凝聚力仍然能夠持續維繫，這樣的說法也曾在相關訪談中得到受訪者的間接支持。

「我們（政治遊說者）在第五屆的時候都還會去找民進黨的立委講，國民黨也還是會找啦……但到了第六屆，大家還是覺得藍的比較夠力，（有案子）就直接去跟藍的說比較快……」（第五至七屆期間的公關業者，受訪問時的身分為國民黨連任立委助理）。

「我們那個時候大概有七、八十席的立委，那個時候反而不團結，派系最分裂的時候。從開始執政以後，民進黨的派系反而非常非常的明顯，我想那是民進黨最腐爛的時候。……我們執政的時候我們也知道我們有一些政策不當，但是我們也不能罵，我們（立法部門）就要挨罵、替他們（行政部門）作一些辯解、作一些說明，大概就是用這種方式。」（民進黨籍不分區連任立委，耕耘南部）。

台聯也將表決發動的重心放在政治性議題。在第五屆，台聯所發動的政治性表決達其全部表決比例的71.6%、第六屆為63.6%，台聯所發動的政治競爭性表決多著眼於「要參與」，超乎政治現況的表決內容經常無法得到其他政黨的奧援，包括立場相近的民進黨在內（盛杏湲、蔡韻竹，2012、蔡韻竹，2013）。該黨的主要策

---

[8] 我們可由這段期間不涉及法案、預算主體的「附帶決議」數有大量增加的趨勢來呼應這項觀點。例如在審查預算時通過附帶決議：要求將決定購買高鐵特別股的財政部、台銀官員移送監察院接受調查，且投資高鐵金額超過一定比例之公營單位和公股行庫必須撤資等（立法院公報：92年5月30日）。

略就是藉由發動相關的表決來突出自己的政黨立場，引發社會討論，強化外界對其政黨形象。諸如兩岸人民關係條例的大陸配偶身分證取得年限、總統副總統選舉罷免法中的台生條款以及限制高科技業者登陸投資的敏感科技保護法等都是由台聯提案、發動記名表決，就是要彰顯該黨強調臺灣優先、積極台獨的政治立場，且令人印象深刻的具體案例。

例如，曾經在第五、六屆擔任臺灣團結聯盟不分區立委助理的受訪者，曾經對於台聯在這段期間對於主要議題的立場，及該黨記名表決發動的主要動機做了這樣的描述。另一段針對台聯黨黨部幹部的訪談記錄，也指出當時外界看台聯與民進黨雖然看似亦步亦趨、密切合作，但實際上對於許多議題仍有立場不同的情況。

「我們台聯在第五屆做了很多事，提了很多的案子現在來看都是對的，也是到目前一直在作的。例如禁止八吋晶圓廠登陸、禁止農業技術輸出到大陸等，還有OBU案、金融重建基金、促產條例跟促參條例。像不動產證券化條例也是台聯的吳東昇委員首先提出來的。第五屆有很多案子都是我們台聯先提出來的，民進黨本來都沒有提，在我們提出之後民進黨把我們的版本抄一抄改一改之後提出，然後就變成他們的版本，最後常常是用他們的版本過關，其實那都是我們台聯最先提出來的。我們的基本立場很簡單就是台獨，其他相關的經濟發展或者是福利議題都是以台獨爲出發點發展出來，要以臺灣爲主體」「（在表決發動或議程設定上）我們就每一案都提復議，來表達我們台聯在那個案子上沒有獲得尊重的立場。」（第五、六屆台聯不分區立委助理，第七、八屆轉任爲民進黨區域立委助理）。

「民進黨就是……我不知道，其實我們那個時候提出台生條款的時候，我們也提出一個不當黨產處理條例，他們（民進黨）兩個都不支持」（台聯黨部幹部，曾擔任區域立委）。[9]

（三）選制變革與第二次政黨輪替後

選制改革後的第七屆立法院是一個全新的政治局勢，政黨發動表決的動機也一目了然、涇渭分明。在席次上享有壓倒性優勢的國民黨發動表決的動機是「贏」，席次約僅四分之一的民進黨難以在立法過程中發揮任何影響力，席次懸殊的結果使得國民黨也少有動機要與民進黨進行議價妥協或表決合作（盛杏湲、蔡韻竹，

---

[9] 本題詢問第五、六屆期間台聯黨和民進黨的關係。完整問題爲：「當台聯很想要的提案，民進黨會不會支持你們？」

2012）。民進黨想要在立法過程中參與，只能發動大量的記名表決，留下對於法案的立場記錄。基於這樣的動機，民進黨在政治競爭、預算及資源分配性議題中積極地發動表決，且整體的表決發動數量遠高於國民黨總數甚多。另一佐證是民進黨在第七屆不再發動不易被外界窺視、判別立場的程序性表決，藉由發動表決來表態、表現的意圖十分明顯。

「記名表決大部分都是民進黨提出來的，[10]我們認爲説你這個案子對社會中有一些不公平的地方，政黨你要負責，誰投票誰要負責，所以我們會用提名表決（此有口誤，應爲記名表決），以後要來作一個政治攻防的資料。像這次美牛案，就是有人提說要記名，連署就被人家公布出來，發動電話再給他作一個批評，那就是可能我們的目的是這樣子。」（第七屆民進黨籍連任不分區立委，耕耘南部）。

「就是想給他們壓力，[11]逼他們表態啊，以後要算帳，就是冤有頭債有主了……也算是我們對於選民的一些責任啊，也代表說我們盡力了。

只要表決民進黨一定輸啊，但是我們還是要表決，因爲表決是民進黨一個很重要的工具，我們怎麼可能不表決就讓你過。所以我們有政黨協商，協商的話只要你們願意修正，我們也就放了，我們不能影響你，但我們也不能沒有意見的就讓你過。我們還會故意寫很多決議案去表決，讓你們來反對，就是讓政黨和立委來表態就是了」（第七屆民進黨籍連任區域立委，南部選區）。

國民黨在第七屆期間對於表決發動的認知有別於民進黨。占盡人數優勢的國民黨雖不畏懼表決，但也不樂見他黨發動突襲表決。在人數的絕對優勢下，該黨除了利用程序表決來迴避外界公眾對於政黨立場的監督之外，還可針對特定議題在歷經首次表決後，再次發動「反表決」（否決掉前次表決結論效力的表決提案），也是國民黨在第七屆期間於表決議事上經常運用的策略。

「朝野協商不成的、要表決的，他們都會安排什麼時候，朝野都同意『好吧那下星期二來表決』，那下星期二不是一早就來表決，可能那天早上某個政黨有什麼事情，那大家喬（問：協調一個大家都還可以的時間？）對呀，不然等會你要偷襲呀？這不行，這要有誠信。既然要表決大家要講好呀，不然你可以偷襲一次，那下一次我也可以偷襲你，那每個委員就天天坐在那裡怕人家偷襲，那選民服務都不必

---

[10] 本題是針對民進黨在第七屆的運作情況。完整問題爲：「第七屆的第一個會期，我發現都沒有投票，都沒有記名表決的紀錄。可是到了後來第二、第三會期之後就很多，我好奇的就是說、究竟是誰去提說要不要記名表決？」

[11] 完整問題同註解10。

了，不必回選區了」。

「復議那就表決呀，看是不是獲得通過，大家來表決看看能不能復議。或者你表決完了，大不了我們說「反表決」，或者「重新表決」，也可以呀，但是就那麼一次，重新表決只有再多一次機會。不然他永遠說要表決到我贏，那要表決到什麼時候？」（第六、七屆國民黨區域立委，受訪時正擔任黨團幹部）。

表4-4　立法院主要政黨發動表決的議題類型（第四至七屆）

屆期	黨籍	政治競爭	預算	程序	資源分配	發動表決數
四	國民黨	15.2	1.0	---	83.8	100.0 (105)
輪替前[a]	民進黨	38.1	16.7	11.9	33.3	100.0 (42)
	新黨	15.8	5.3	---	78.9	100.0 (19)
四	國民黨	69.6	2.2	---	28.3	100.0 (46)
輪替後	民進黨	54.2	4.2	29.2	12.5	100.0 (24)
	新黨	27.3	54.5	---	18.2	100.0 (11)
	親民黨	---	100.0	---	---	100.0 (5)
五	國民黨	53.7	17.1	3.7	25.5	100.0 (54)
	民進黨	58.0	6.9	1.2	33.8	100.0 (81)
	親民黨	80.8	19.2	---	---	100.0 (26)
	台聯	71.6	3.8	1.2	23.4	100.0 (84)
六	國民黨	41.4	18.4	34.5	5.7	100.0 (87)
	民進黨	41.9	17.2	24.7	16.1	100.0 (93)
	親民黨	66.7	16.7	---	16.7	100.0 (12)
	台聯	63.6	17.6	6.3	12.5	100.0 (32)
七	國民黨	31.5	11.8	3.5	53.1	100.0 (254)
	民進黨	32.7	34.9	.5	31.8	100.0 (553)

資料來源：立法院國會圖書館「立法院議事系統」。

說明：[a] 以2000年5月20日為政黨輪替前後的分界。

　　1.表中數字為同類表決中，該政黨所發動的百分比。

　　2.只計算單一政黨所發動的表決，不記入多黨聯合所發動的表決

三、政黨的表決發動

以下進一步針對席次多寡與政黨地位兩面向，比較各政黨在表決發動上的行動特徵。在席次方面，比較大、小政黨的表決發動情況。在政黨地位上，比較執政黨與非執政黨表決發動的差異。

（一）政黨的表決發動：政黨規模的影響

表4-5的Logit估計模型中放入的自變數和控制變數包括國民黨與民進黨的政黨實力，記名表決的議題類型：政治競爭、預算、程序與資源分配，以及屆期。模型應變數為「是否發動記名表決」，是0與1的二分變數。在第一個模型中，1為該次表決由大黨發動，0表示該次表決由其他行動者所發動（小黨、個別立委或其他）。在模型2中，1為該次表決由小黨發動，0表該次表決尤其他行動者所發動（大黨、個別立委或其他）。

在大黨發動表決的特徵部分。在表決議題的發動上，表4-5中未放入模型的對照組是政治競爭類表決。相較於政治競爭類表決，大黨發動程序性表決所得的估計值達1.756。統計結果顯示與發動政治競爭類表決相較，大黨的確更偏好發動程序性表決。或者由從機率比可解釋為：大黨發動程序性表決的機率，是發動政治性表決機率的5.78倍，與本章推論假設相符。

大黨在發動預算表決的行動上，與政治競爭性表決相比，所得的估計值為負。用機率比可解釋為相較於政治競爭性表決，大黨發動預算性表決的相對機率為0.541倍，換言之可認知為大黨較少積極發動預算性表決。模型估計的結果與理論假定相符，主要是由於大黨經常就是執政黨，執政黨對於預算議題的角色通常在於協助行政部門維護預算，在預算性表決的行動經常是被動性利用表決發動來反制其他政黨對於預算項目或數目的刪減，較少主動提出預算表決所致。最後，相較於政治競爭性表決，大黨更可能發動資源分配性表決，相對機率為1.233倍（但未達顯著水準），顯示大黨對於資源分配性議題的表決發動確實更為積極。

其次是大黨的表決發動與當時期各政黨實力的關係，統計結果顯示，大黨發動表決的估計值與國民黨實力呈負向關係，估計值為-.024，意味當國民黨的政黨實力越大時，大黨就越少發動記名表決。大黨發動表決的估計值則與民進黨的實力呈正向關係，估計值為.022。意指當民進黨的政黨實力越大時，大黨越會發動記名投票。筆者對於這兩個估計值的詮釋是，當國民黨實力越強，表示國民黨在席次、

實力上皆占優勢，與民進黨或其他政黨實力有較明顯的差距。一方面，因為國、民兩黨實力相對懸殊，勝負已定的結果可能讓大黨發動表決的積極程度稍微下降。另一項原因則可能是國民黨的黨內分歧通常高於其他政黨，發動記名表決所需的黨內動員成本經常高於直接與他黨合作或以政黨協商方式達成政策共識（蔡韻竹，2009），因此當國民黨的實力與大黨的表決發動呈現負向趨勢是相當合理的。相反的，當民進黨實力越強時，則可推論當時國民黨的席次實力較小，與民進黨或其他政治聯盟的實力差距有限，因兩大黨在表決上皆有獲勝的可能性，大黨都會更積極地發動表決，意圖利用表決來影響政策。上述的統計結果與黃秀端、陳鴻鈞（2006）的發現不謀而合：兩位作者在2006年即曾指出，政黨席次的差距左右了國會內的政黨競爭程度，當政黨席次差距越小時，則政黨競爭越激烈。

　　模型二是小黨對於記名表決的發動。本章的小黨是指立委人數已達當屆籌組黨團門檻，但議席率未達三成的政黨。每個時期的小黨都不一樣，在第三到第四屆政黨輪替前的小黨是新黨，第四屆政黨輪替後是新黨與親民黨，在第五到六屆的小黨是親民黨與台聯，第七屆小黨是民進黨。在模型二（參見表4-5），1表該次表決是由小黨所發動，0表示表決由其他行動者所發動（大黨、個別立委或其他）。小黨在本研究中有較大的變異性，除了是立法院各屆期所指的小黨各有不同外，更重要的是各時期所指的「小黨」，在表決中所占的關鍵性角色也有不同（Tsai, 2009）。

　　從表4-5的模型二觀察小黨發動表決的幾項特徵。同樣以政治競爭類作為對照組，相關的估計值都是與政治競爭性表決相比。程序性表決的估計值為-2.165，意指相較於政治競爭性表決，小黨的確較少發動無益於表態的程序性表決，支持了本章對於小黨表決發動的假設：基於藉由發動表決來彰顯政黨立場的動機，在行動上小黨的確較偏好發動政治競爭性表決，較少發動不易被外界覺察行動的程序性表決。若用機率比做解釋，則可說明為相較於政治競爭性表決，小黨發動程序性表決機率僅為發動政治性表決的0.115倍。

　　在預算和資源分配性的表決部分，小黨發動預算性表決所得的估計值為.992，也可詮釋為小黨發動預算性表決相對於政治競爭性表決的相對機率是2.698倍。小黨在資源分配性表決上所得的估計值為-.464，意味相較於政治競爭性表決，不論是哪一個小黨，都比較不會發動資源分配性表決，與本章假設相符。

　　至於兩大黨的實力變化會如何影響小黨的表決發動？表4-5發現兩大黨的實力雖會對於小黨的表決行徑造成影響，但估計值都不大。與國民黨實力呈正向關係，

估計值為0.025，相對機率比為1.025。相反地，小黨的表決發動與民進黨的實力為負向關係，所得的估計值為-0.020，相對機率比0.980。亦即由表4-5的統計分析可知，小黨是否發動表決，雖受兩大黨實力的影響，但由於小黨是否發動表決另有政治表態的考量，因此大黨實力並非小黨是否發動記名表決的唯一因素。至於屆期因素的影響，表4-5的模型一和模型二都是以第七屆作為對照組。在模型一的大黨部分，我們發現相較於第七屆，大黨在多數時期對於記名表決的發動都較第七屆更積極（估計值為正），除了第五屆之外。相反的，在模型二的小黨部分，我們發現相

表4-5　第四至七屆大、小政黨記名表決發動的Logit分析

	模型一 大黨／其他表決		模型二 小黨／其他表決	
	B（SE）	EXP（B）	B（SE）	EXP（B）
表決議題 政治競爭（＝0）				
程序性	1.756（.246）***	5.780	-2.165（.396）***	.115
預算性	-.904（.133）***	.405	.992（.136）***	2.698
資源分配	.209（.109）	1.233	-.464（.124）***	.629
國民黨實力	-.024（.003）***	.976	.025（.004）***	1.025
民進黨實力	.022（.007）**	1.022	-.020（.010）	.980
屆期（第七屆=0）				
第四屆輪替前	.417（.158）*	1.518	-1.782（.240）***	.336
第四屆輪替後	.663（.249）*	1.940	-.326（.293）	.722
第五屆	-1.120（.151）***	.326	.773（.164）***	2.166
第六屆	.482（.181）*	1.620	-.375（.213）	.687
常數	.341（.173）	1.406	-1.086（.196）***	.337
-2 Log likelihood	2223.79		2064.95	
分析個案數	1886			

說明：1.應變數為二分變數：模型一的1表由大黨發動的表決，0表非大黨所發動的表決。模型二的1表由小黨所發動的表決

　　　2.***表P < .001，**表P < .005，*表P < .01

較於第七屆，小黨在多數時期對於發動記名表決的積極程度，都不若第七屆（估計值爲負），除了第五屆以外。我們已由訪談資料了解，在國、民兩黨實力懸殊的第七屆期間，是一民進黨積極發動表決、國民黨利用席次優勢消極迎戰的階段。兩大黨在第四至六屆的實力差距較小、甚至勢均力敵，自然都較第七屆更有發動表決、以投票決勝負的動機。至於小黨原本就是按照自己關心的議題，選擇性參與發動表決；與民進黨在第七屆積極發動表決，要藉此在每個法案上都留下表決記錄的考量不同。值得注意的是第五屆期間，當時親民黨與臺灣團結聯盟兩個小黨政治聲勢正旺，兩個小黨（特別是台聯）主導了許多政治議題的討論，也發動了非常多的記名表決。因此與第七屆相較的估計值爲正。同時期的國、民兩大黨，反而經常是被動性的以表決來否決兩個小黨在兩岸等各式議題的積極立場，甚且出現國、民兩黨聯合否決台聯或親民黨提案的情況（盛杏湲、蔡韻竹，2012；蔡韻竹，2013），也可理解爲何與第七屆相比，大黨在表決發動上顯得相對的不積極。

（二）政黨的表決發動：政黨地位的差異

表4-6可解釋政黨執政或在野的地位對其表決發動的影響。本研究期間國民黨和民進黨曾輪流執政，歷經過多數政府和少數政府的不同階段。但從表4-6的估計模型來看，執政黨發動表決仍有部分共通脈絡，特別是在議題類型的部分。

表4-6議題類型的對照組也是政治競爭類表決。程序表決的估計值爲.48，也就是相較於政治競爭性表決，執政黨更喜歡利用程序性投票來達成目的。其次，基於爲行政部門護航預算，執政黨在預算上多處於被動地位，表決的發動經常是出於維護預算的立場，而非刪除行政部門原有的預算配置。表4-6的結果也顯示執政黨的確較少發動預算性表決，相較於政治競爭性表決，執政黨發動預算性表決的估計值爲-.644，若用機率比解釋爲執政黨發動預算性表決的相對機率是政治競爭性表決的0.525倍。以下執政黨立委的訪談資料，能夠更生動的呈現出執政黨對於「審查預算」的心態角色：

「現在變成執政黨之後，監督還是要監督，不然民眾會覺得你政府沒弄好，立委怎麼反而跟你歌功頌德，這怎麼可能？這種以後不必選了，所以當然一定還是要監督，還是一定要。但是除了監督以外，另外還是要想，你還是要去配合整體的政策，行政院的政策你要在立法院裡頭落實，要通過法案，錢跟政策都要在立法院。所以預算，一方面要爲選民的荷包把關，第二也要想說要多少錢，你行政院才有辦法推動，所以要去拿捏」（第六、七屆國民黨區域立委，受訪時正擔任黨團幹

部）。

　　值得注意的是執政黨在資源分配性表決上的表現。根據表4-6，相較於政治競爭性表決，執政黨發動資源分配性表決的相對機率比為1.517倍（估計值為0.417）。也就是說，不論是在多數政府或少數政府階段，不論是國民黨或民進黨執政，只要成為執政黨，就比其他在野黨更有發動資源分配性表決的動機或壓力。用表決將選舉承諾或各式資源利益帶給選民，如果無法以協商方式取得他黨的支持或共識，就用表決來完成。至於兩大黨的政黨實力對於執政黨是否發動表決的影響較小，估計值僅分別為-.019和.005。顯示兩大黨的政黨實力，對於執政黨是否發動記名投票有影響，但影響有限。

表4-6　第四至七屆執政黨發動記名表決的Logit分析

	執政黨發動表決	
	B（SE）	EXP（B）
表決議題 政治競爭（＝0）		
程序性	.480（.235）	1.616
預算性	-.644（.184）***	.525
資源分配	.661（.116）***	1.937
國民黨實力	-.019（.003）**	.987
民進黨實力	.005（.006）***	1.005
屆期（第四屆輪替前＝0）		
第四屆輪替後	-.773（.283）	.461
第五屆	-.910（.256）***	1.809
第六屆	.191（.240）	1.211
第七屆	-.481（.165）*	.618
常數	.126（.238）	1.134
-2 Log likelihood	2139.88	
分析個案數	1886	

說明：1.應變數為二分變數：1表決由執政黨發動，0表非執政黨所發動的表決。

　　　2.***表$P < .001$，**表$P < .005$，*表$P < .01$

從表4-6來看屆期的影響，未放入模型內的對照組是第四屆政黨輪替前（執政黨為國民黨）。執政黨在各屆的表決發動非單純的政黨輪替、不同執政黨執政可涵蓋解釋。統計結果顯示，與第四屆政黨輪替前相比，第四屆政黨輪替後至第七屆為止，除了第六屆執政黨的估計值為正向外（但未達顯著水準），其餘皆為負向，但尚難看出執政黨在不同屆期的表決發動行動規則。

柒、結論

記名表決是立法院內、外，包括國會內的立委、政黨，國會外的公眾、媒體輿論和國會研究者最關心注重的立法審議階段，也是研究立法行為、政黨運作的重要分析資料。本章認為，要理解政黨在記名表決中的運作，不應只看記名表決的政黨立場或勝負結果，而是進行一體三面的全面性觀察。除了表決的案由、過程和表決勝負結果的分析外，還應再進一步追溯理解政黨發動表決行動特徵和影響因素。臺灣目前的國會研究文獻對於記名表決的表決過程（如，分析政黨的表決立場、政黨的表決對立或政黨聯合）和表決勝負（如，分析執政在野的政策影響力）都已有一定的成果基礎，本章希望對於政黨在記名表決中的角色作用，有更深一層的理解。

本章嘗試以表決發動者和表決案由類型為焦點，探討國會內各政黨發動表決的共同和不同特徵，分析第四至七屆共1886筆的記名表決資料。研究結果肯定政黨記名表決中的關鍵角色，政黨發動了絕大多數的記名表決，個別立委在記名表決中的運作空間越來越小。但政黨的表決發動有大（黨）小（黨）之別，也依執政或在野的地位，在關注和發動表決議題上有所不同。

本章以發動表決的政黨作為應變數，分別檢視大黨、小黨和執政黨在表決發動上的特徵。政治競爭類表決是大、小政黨皆重視且經常發動的表決。預算性的表決因涉及朝野立場的對抗，而與藍、綠政黨（陣營）的勢力版圖較無密切關係，在野黨較執政黨更常發動預算表決，藉此凸顯預算編列的失衡或不合理。由於程序性表決不易為外界歸責，所以成為大黨或執政黨最喜歡發動表決的議題類型，但完全不是小黨可以揮灑的舞台。最後，利益資源分配類的表決是大黨或執政黨經常發動，而小黨選擇性運用的表決類型。另一方面，政黨的實力雖會影響其表決發動行為，但影響程度不若議題差異那麼清楚。

本章對於民主化後國會政黨的表決發動特徵進行初步的觀察剖析，但仍有進

一步值得繼續深究的地方。一如立法院的提案研究，有關於政黨在記名表決中的表決發動仍有各種細節值得觀察解釋，例如提出散會動議和修正動議、包裹復議與單一法案復議的區別，乃至於會議主席對於記名表決或另定期再做處理的定奪等。各種細微差異的背後都涉及政黨的操作和策略算計，需有進一步、做全面性的分析詮釋，才能對於政黨在國會中的運作手段以及表決效益有更深入完整的理解。其次，「屆期」在本章原為控制變數，但實際的統計分析後發現，不同的執政黨在不同屆期內的表決發動情況確實有所差異，部分甚且達到統計上的顯著水準。針對國、民兩黨在執政階段，表決發動的特徵或思維，是否深受外在選舉時程或政黨、領袖聲望高低所左右等，應是可進一步深入探討的有趣問題。

附錄　記名表決的議題內容分類表

議題類別	議題次分類	進階說明舉例
政治競爭	兩岸關係、國家認同	如：兩岸人民關係條例
	反貪腐與陽光政治	如：政治獻金法
	政黨／政治競爭	如：副總統兼任行政院長、核四
	政治時事與立法監督	如：要求李登輝以國家安全會議主席身分到立法院報告
	修憲案及凍省案	
	國家安全及外交	
	政府組織	如：海巡署組織設置條例
	法制	如：中華民國民、刑法修正
預算	中央政府預算	
	國營事業預算	如：台電預算收支
	地方性預算	如：地區性建設經費
	臺灣高鐵預算	
程序	審查議程	
	議事錄確認	
	臨時動議	
資源分配	特定族群的利益	如：老年津貼、老農津貼
	財經	如：所得稅法、銀行法等
	交通	如：道路交通處罰管理條例
	教育	如：私立學校法相關
	環保、勞工	如：勞基法相關
	衛生保健	如：全民健保相關
	農林漁牧業發展	如：農發條例相關
	軍公教補助或津貼	如：國軍眷村改建條例

參考書目

英文部分

Ansolabehere, Stephen, James M. Snyder Jr. and Charles StewartⅢ. 2001. "The Effects of Party and Preferences on Congressional Roll-Call Voting." *Legislative Studies Quarterly* 26, 4: 533-571.

Bullock Ⅲ, Charles S. and David W. Brady. 1983. "Party, Constituency, And Roll-Call Voting In the U.S. Senate." *Legislative Studies Quarterly* 8, 1: 29-42.

Carey, John M. 2009. *Legislative Voting and Accountability*. New York: Cambridge University Press.

Carrubba, Clifford and Matthew Gabel. 1999. "Roll-Call Votes and Party Discipline in the European Parliament: Reconsidering MEP Voting Behavior." *Proceeding of a Conference on the Annual Meeting of the Midwest Political Science Association*. 27-30 April 1999. Chicago: MPSA.

Carrubba, Clifford J., Matthew Gabel, Lacey Murrah, Ryan Clough, Elizabeth Montgomery and Rebecca Schambach. 2006. "Off the Record: Unrecorded Legislative Votes, Selection Bias and Roll-Call Vote Analysis." *British Journal of Political Science* 36: 691-704.

Carrubba, Clifford J., Matthew Gabel and Simon Hug. 2008. "Legislative Voting Behavior, Seen and Unseen: A Theory of Roll-Call Vote Selection." *Legislative Studies Quarterly* 33, 4: 543-572.

Chiou, Fang-Yi, and Wanying Yang. 2008. "Strategic Choices of Roll Call Requests." *Proceeding of a Conference on the 2008 Annual Meeting of Midwest Political Science Association*. 12-15 April 2008. Chicago: MPSA.

Corbett, Richard, Francis Jacobs, and Michael Shackleton. 1995. *The European Parliament*. London: Catermill.

Cox, Gary W. and Mathew, D. McCunbbins. 2005. *Setting the Agenda: Responsible Party Government in the U.S. House of Representatives*. New York: Cambridge University Press.

Hurley, Patricia A. and Rick K. Wilson. 1989. "Partisan Voting Patterns in the U. S. Senate, 1877-1986." *Legislative Studies Quarterly* 14, 2: 225-250.

Le Blanc, Hugh L. 1969. "Voting in State Senates: Party and Constituency Influences." *Midwest Journal of Political Science* 13, 1: 33-57.

Mayhew, David R. 1974. *Congress: The Electoral Connection*. New Haven: Yale University Press.

Morgenstern, Scott. 2002. ed. *Legislative Politics in Latin America*. North Carolina: Duke University.

Roberts, Jason M., and Steven S. Smith. 2003. "Procedural Contexts, Party Strategy, and Conditional Party Voting in the U.S. House of Representatives, 1971-2000." *American Journal of Political Science* 47, 2: 305-317.

Sinclair, Barbara. 1999. "Transformational Leader or Faithful Agent? Pricipal-Agent Theory and House Majority Party Leadership." *Legislative Studies Quarterly* 24, 3: 421-449.

Smith, Steven S. 2007. *Party Influence in Congress*. New York: Cambridge University Press.

Snyder, James M., Jr., and Tim Groseclose. 2000. "Estimating Party Influence in Congressional Roll-Call Voting." *American Journal of Political Science* 44, 2: 193-211.

Tsai, Yun-chu. 2009. "Chances and Limits of the Small Parties in the Legislative Yuan." *The 2009 Annual Meeting of the America Political Science Association*. 3-6 September 2009. Toronto, Canada: America Political Science Association.

中文部分

吳宜蓁。2001。〈國會中政黨的立法聯合-第三屆立法院的探討〉。國立政治大學政治系碩士學位論文。

邱訪義、李誌偉。2012。〈立法院積極議程設定之理論與經驗分析：第二至第六屆〉。《臺灣政治學刊》16，1：1-58。

盛杏湲。2008。〈政黨的國會領導與凝聚力：政黨輪替前後的觀察〉。《臺灣民主季刊》5，4：1-46。

盛杏湲、蔡韻竹。2011。〈政黨在國會的動員策略：集體性與選擇性誘因的運用〉。載於東吳大學政治學系國會研究中心編《政黨運作與國會政治》：19-58。台北：五南。

盛杏湲、蔡韻竹。2012。〈政黨在立法院的合作與對立：1996至2012年的觀察〉。《2012年臺灣政治學會年會暨「重新定位的年代：伸張正義、能源發展、與國際趨勢」學術研討會》。2012年12月8-9日。台北市：臺灣政治學會、國立臺灣師範大學政治學研究所。

黃秀端。2004。〈政黨輪替前後的立法院內投票結盟〉。《選舉研究》11，1：1-32。

黃秀端、陳鴻鈞。2006。〈國會中政黨席次大小對互動之影響-第三屆到第五屆的立法院記名表決探析〉。《人文及社會科學集刊》18，3：385-415。

楊婉瑩。2003。〈一致性到分立性政府的政黨合作與衝突：以第四屆立法院為例〉。《東吳政治學報》16：49-95。

蔡韻竹。2009。〈國會小黨的行動策略與運作〉。國立政治大學政治學系博士學位論文。

蔡韻竹。2013。〈「同中求異」行政黨競爭與趨同政治〉。《國會與政府體制學術研討會》。2013年5月17-18日。台北市：東吳大學政治學系。

羅清俊。2009。《重新檢視臺灣分配政策與政治》。台北：揚智出版社。

第五章 法國現代政治體系裡國會角色之轉變

吳志中

Le parlement est le plus grand organisme qu'on ait inventé pour commettre des erreurs politiques, mais elles ont l'avantage supérieur d'être réparables, et ce, dès que le pays en a la volonté.

國會是人類所創造，能夠做出錯誤政治決策之最龐大機構，但是國會的優勢也在於這些錯誤是能夠被修復的，只要國家有這個政治意願。

Georges Clémenceau   法國前總理克里蒙梭
Discours au Sénat   對參議院演講
15 juillet 1914   1914年7月15日

壹、前言

國會在現代民主政治體系裡的角色扮演，有三個國家最具代表性，分別為英國、美國與法國。以政治制度而論，內閣制的國會角色以英國為代表；總統制的國會角色以美國為代表；而半總統制的國會角色則以法國為代表。在法國第五共和的憲法裡，國會更是法國主權的象徵與執行者。[1]從歷史的演化角度而言，英國的內閣制是英國歷史長期演化的成果。英國的民主從西元1215年當時的約翰國王（*John*

---

[1] 根據法國第五共和憲法第三條：「國家主權屬於人民，並且透過人民代表及公民投票的方式執行（*La souveraineté nationale appartient au peuple qui l'exerce par ses représentants et par la voie du referendum*）」。在法國政府有關憲法的官方網站裡，並且解釋法國總統與法國國會為法國主權的委託擁有者（*Le président de la République et l'Assemblée nationale apparaissent comme les dépositaires de cette souveraineté nationale, puisqu'ils sont tous deux élus au suffrage universel direct*）。請參看法國政府解釋憲法之網站http://www.vie-publique.fr/decouverte-institutions/institutions/veme-republique/heritages/qui-appartient-souverainete-france-selon-constitution.html. Latest update 30 August 2013.

of England）被迫接受大憲章（*Magna Carta*）開始，至今已經有近八百年的歷史了（Reinhard, 2007: 11）。美國的總統制則是自1776年獨立革命之後所產生一個逐漸穩定的政治制度。而法國的半總統制是自1789年法國大革命之後，一連串隨之而起政治革命與改革發展的結果。英國的君主內閣制度，在八百年內從來沒有變化至總統制或者是半總統制。美國獨立革命之後所建立的總統制，也沒有改變過。唯有法國半總統制之政治制度是經過1789年大革命之後的君主立憲、集體統治的第一共和制度、拿破崙共和制型態的君主政體（monarchie républicaine）、[2]第二共和的總統制、第三與第四共和的內閣制度，最後才產生出現代半總統制的第五共和。在這兩百年不斷革命與改革的政治制度變遷裡，法國至少具有曾經產生十五部憲法的憲政經驗（De Guillenchmidt, 2000: 4）。相對於英國的民主制度，連一部成文憲法都不需要，法國的政治發展有著較多的尖銳衝突以及暴力對抗。而在這些不斷改變的政治制度當中，法國國會角色的扮演與改變更是整個歷史發展的主角。從歷史的角度檢驗，法國大革命之所以爆發，正是當時的法國國王路易十六想要解散有著類似國會角色的三級會議（*les États généraux*）的結果。在革命剛爆發的時候，法國的國會並未立即想要摧毀王室，而只是要如同當年的英國一樣，限制國王的權力。因此，法國政治學家杜維傑（Maurice Duverger）就說，在1789年7月14日革命之時，法國是由兩個權力所統治，一個是王權，另外一個是制憲國會（*Assemblée nationale constituante*）（Duverger, 1996: 38）。法國國會的權力誕生於法國大革命，以制衡象徵極權政治的法國王室，[3]並在政治制度演化過程裡，成為法國永久的制度性機關。然而，法國國會的權力與行政權之間的關係卻不斷在變化。在第一共和的時代，國會曾經是法國的權力中心，不過，隨後拿破崙王朝的帝制以及王室的復辟，卻讓國會的權力受到相當程度的壓制。因此，法國的國會也開始學習如何與行政權分享治國的權力。在第二共和時代，法國學習美國的總統制，讓三權分立的制度確實執行，使得國會也扮演相當程度的角色。第三共和與第四共和則成為法國國會的黃金時代，然而卻因為政黨政治的利益分贓，使得法國政府的行政效率一直不彰。到了1958年，內有政治問題，外有阿爾及利亞追求獨立問題，厭惡政黨政

2　這是法國教授杜維傑Maurice Duverger對拿破崙所創立之政治制度所給予的說法。
3　法國王室的極權以太陽王路易十四世最具代表。在路易十四76年的生命裡，在位72年，是法國王室在位最久的國王。路易十四最經典的一句名言來說明法國當時之政治制度即為：「*l' État, c'est moi* 國家即朕」。

治的戴高樂決定重回政壇，[4]積極建立第五共和，並且隨後限縮國會的權力，使得法國的政治制度成為：「理性化內閣議會制度（*Parlementarisme rationalisé*）」。這項政治制度的轉變，讓法國總統享有行政的權力，但是不需要對國會負責。另外一方面，由國會多數所組成的政府，即便在總理的領導之下，也只能聽從總統的指揮，除非是在左右共治的情形時，才能建立屬於內閣政府之獨立政策。事實上，法國的政治制度似乎仍然維持著過去王室時代行政權強勢的傳統。本文將從歷史的脈絡，討論法國國會在兩百年的民主發展過程當中其角色的變化，並且更加強討論第五共和裡國會角色的轉型，以分析法國國會在未來政治體系裡的角色扮演。

貳、獨裁體系之後議會制衡力量的興起：革命的時代

現代法國政治體系的形成，是一段法國人民追求自由、平等與博愛等價值的兩百年故事。而這一段漫長的歷史，其主角之一就是代表人民的法國國會。在1789年之前的法國曾經是歐洲第一大強權，1648年所簽署的威斯伐利亞條約在法國的勝利之下，奠定了現代國際關係的基礎，產生了主權國家的概念。而法國大革命的爆發也促成了當時歐洲大陸上第一個以議會政治為權力中心的法蘭西共和國，並且帶動了隨後在歐洲大陸一連串的民主政治改革。在法國大革命爆發之後，全歐洲大約有三十個被稱為法國共和國之姊妹國（*Les Républiques Sœurs*）隨後被建立。[5]因此，歐洲其他王室也開始瞭解到法國大革命的精神將會威脅到自己本身帝制王朝的統治合法性。在這樣的國際關係背景之下，法國在革命之後，除了國內社會秩序

---

[4] 戴高樂一向不喜歡政黨政治。在第二次世界大戰結束後，戴高樂擔任法國臨時政府的總統。但是他無法忍受法國各政黨的爭權奪利，因此決定於1946年1月20日辭職，並且發表著名的演說：「由政黨主導的政治制度再度出現。我拒絕並且譴責這樣的政黨政治。除非建立極權政治才能避免，但是我不願意，也認為會造成更壞的結果。我無力改變這樣的發展，因此只好辭職。（Le régime exclusif des partis a reparu. Je le reprouve. Mais à moins d'établir par la force une dictature dont je ne veux pas et qui, sans doute, tournerait mal, je n'ai pas les moyens d'empêcher cette expérience. Il me faut donc me retirer）。」請參看戴高樂在1959年所著戰爭回憶錄第三冊Charles De Gaulle，Mémoires de Guerre, Le Salut, 1944-1946（tome III）。

[5] 關於這些姊妹共和國的資料，可以參考法國學者Jean-Louis Harouel在1997年所著之「姊妹共和國Les Républiques Sœurs」。這些姊妹共和國意圖從各歐洲王室分離，都是響應法國大革命精神的結果，但是都沒有持續很長的時間。比較有名，並且持續下去的有瑞士的前身赫爾蒂亞共和國République Helvétique（1798-1803），或者是義大利共和國République Italienne（1802-1805）。

受到嚴重考驗之外，還必須面臨外國強權勢力爲求鞏固王室統治基礎之挑戰。其結果是在1793年的時候，基於反對法國革命以及其他地緣政治的因素，法國遭受到來自英國、奧地利、荷蘭、普魯士、西班牙，以及薩丁尼亞（目前的義大利地區）軍隊的包圍威脅（Rivière, 1995: 224）。年輕的法國議會共和政府爲了因應這樣的情勢，便要求全國成年男子加入軍隊以捍衛年輕的共和國，在當時，法國國會曾經號召百萬法國公民從軍對抗外來的侵略。這樣的政策被稱爲國民皆兵（*Levée en masse*），也是後來各國採取徵兵制度所效法的政策對象。而法國的議會政治便是在這樣極爲艱困的國內與國際環境夾擊中逐漸成長。

由於革命後與行政權之法國王室有著極爲不和諧之關係，以及隨後君主立憲制度的挫敗，法國的國民大會（*La Convention Nationale*）於是在1792年宣布廢除千年的法國王室制度，建立第一共和，並且組成六位成員的執政團以取代國王。在1793年時，國會並且轉成審判路易十六的法庭，以三百八十七票對三百三十四票的多數決定將路易十六送上斷頭臺。隨後，法國第一共和時期持續大約七年，直到1799年被拿破崙率兵所支持的執政官謝葉仕（*Sieyès*）發動政變而結束。基本上，法國大革命之後三年的君主立憲制度（1789-1792）加上七年的第一共和，被稱爲十年的革命時代（Duverger, 1996: 23-102）。在第一個君主立憲年代，執政權力基礎皆很脆弱的國會與王室共同治理百病叢生的法蘭西王朝。

到了第一共和的時代的前半段（1792-1795），新的政治制度仍然無法解決法國的問題，整個行政權終於被剛成立的政黨國會所掌握。他們分別被稱爲吉倫特國民大會政府（*La Convention girondine*）、雅各賓國民大會政府（*La Convention jacobine*），以及熱月國民大會政府（*La Convention thermidorienne*）。第一共和的後半段，則被稱爲執政團政府共和國（*La République du Directoire*）的時代（1795-1799）。在執政團政府共和國的政治體系裡，法國第一次建立了國會雙院制，將法國國會分爲兩個機關：它們分別爲具有二百五十個議員的元老院（*Le Conseil des Anciens*）以及五百人議會（*Le Conseil des Cinq-Cents*）。兩個議會的議員每一任三年，並且爲了避免過於劇烈的人員變動，制度特別安排每一年只改選三分之一的成員。五百人議會的議員年紀比較輕，也被稱爲：「共和國的想像力（*L'imagination de la République*）」，而元老院的議員年齡最少須滿四十歲，所以被稱爲：「共和國的理性（*La raison de la République*）」（Duverger, 1996: 50）。執政政府的組成由五位執政官形成的執政團。每一位執政官的產生，是由五百人議會提名十位候選人，再由元老院從這十位候選人選出該名執政官。在初形成的政治

體系裡，執政之政府與立法之國會間的權力分割非常清楚：執政官沒有權力要求召集國會開會，也不能解散國會；而國會也不能質詢執政團隊，更不能要求執政團隊負起政治責任辭去職位。然而，當時的法國離大革命才六年，主張君主立憲的國會議員與主張共和國的國會議員在國會都沒有形成明顯的多數，因此必須依靠中間派的議員支持，才能獲得多數進而組成政府掌權（Garrigues, 2007: 90）。事實上，當時的法國是一個明顯分裂的國家，再加上民主的經驗不足，每一年改選的結果都會影響執政官的當選與否。因此，真實的狀況是政變頻繁，共和國的軍隊不斷介入選舉以維持共和國的命脈。終於，在1799年11月時，軍方最後一次介入第一共和的選舉。拿破崙率兵進入巴黎，並且任命自己與謝葉仕（Sieyès）及杜果（Ducos）為三位新執政官，同時宣布革命結束，重新建立社會新秩序，第一共和正式瓦解。

　　拿破崙隨後透過設立新憲法，建立第一帝國（1799-1814）。拿破崙並且為了增強行政權力，再度將國會的雙院制進行功能性的重新分配，進而建立四院制的國會。這四個議會分別是，中央行政法院（Le Conseil d'État），法案評議委員會（Le Tribunat），立法議會（Le Corp Législatif）以及參議院（Le Sénat），以分散國會的權力。行政法院的成員由拿破崙任命。參議院的議員是終身職，其組成是由法案評議委員會、立法議會及參議院共同提議決定。法案評議委員會及立法議會則是由人民選出一系列候選人，最後由參議院做最後的決定。在運作的方式上，行政法院準備法案，法案評議委員會討論法案但是不能投票，立法議會則投票不能討論。法國國會體系變得非常有效率，但是完全被弱化，無法有效制衡拿破崙日漸擴張的行政權。

　　拿破崙被歐洲聯軍擊敗之後，法國的王室復辟，路易十六的弟弟路易十八（1814-1824）與查理十世（1824-1830）分別登上王位成為法國的新國王。新的王室公布新憲法，採取接近內閣議會的制度。國會由下議院（Chambre des députés）與貴族院（Chambre des pairs）所組成。下議院由各縣市所選出，一任五年；採終身職的貴族院則由國王所任命。國王有權否決國會所通過的法律案，也可以任意召喚及解散下議院。法國國會在此時，恢復了部分權力與地位，但是還是不如第一共和的時代。1830年7月，查理十世企圖解散同年七月剛選上的新國會。[6]這樣的命令立刻引起中產階級與工人階級的不滿，法國人民因此再度走上街頭發動革命，推

---

[6]　在新成立的國會裡，在政治立場主張反對國王，隸屬自由派議員的數目，由原來的221位，增加到274位。這讓查理十世非常憤怒，因此企圖再度解散國會。

翻了查理十世，迎接其表親路易菲力普爲新國王。路易菲力普隨即建立七月王朝（因爲是1830年7月爆發革命所成立的王朝），也成爲法國最後一個國王（1830～1848）。在新的政治制度裡，君主立憲的內閣制大架構沒有變動，但是國會的力量變強了（Garrigues, 2007: 167）。根據新憲法，國王的位階不再高於國會，而是與國會平等。其象徵意義乃是國會的立法權可以與國王的行政權抗衡，並且有著平等的地位。政府在總理的領導之下，由國會的多數政黨所產生，不管國王喜不喜歡。此時的政治制度，與法國現在的第五共和有一些類似，只不過第五共和的總統取代了當時的國王。

　　經過路易菲力普十八年的統治，法國面臨了重大的經濟危機，街頭上充滿示威的不滿以及失業的人民。在1848年時，面對示威群衆的軍隊突然向人民開火，造成大量的死傷。這樣的結果立即引來新的革命，結束了法國王室的政治制度，第二共和也因此成立（1848-1851）。新的總統是路易拿破崙，是拿破崙一世的姪子。路易拿破崙是法國歷史第一位使用法蘭西共和國總統（*Président de la République française*）做爲頭銜的國家元首，但同時也是最後一位法國皇帝。拿破崙總統在1848年12月10日以近75%的支持度選上新的共和國總統，[7]這也是法國第一次透過普選，選出法國總統（Folch and Perrault, 2011: 46）。[8]法國在過去的政治制度學習

---

[7] 請參看法國總統府官方網站有關於歷任總統之介紹。http://www.elysee.fr/la-presidence/louis-napoleon-bonaparte/. Latest update 30 August 2013.

[8] 根據法國在1848年11月4日公布之憲法，在1848年12月選舉法國總統的選民資格是：憲法第25條，所有法國公民滿21歲，享有公民權利與政治權利，也不限其最低繳稅金額，都擁有選舉權（*Sont électeurs, sans condition de cens, tous les Français âgés de vingt et un ans, et jouissant de leurs droits civils et politiques*）。憲法第46條，法國總統透過由法國及阿爾及利亞各省之選民，以秘密投票，過絕對半數之票數產生（*Le président est nommé, au scrutin secret et à la majorité absolue des votants, par le suffrage direct de tous les électeurs des départements français et de l'Algérie*）。憲法第47條，總統的選舉過程與結果必須立即轉交國會，並且由國會正式宣布總統當選人。如果沒有任何總統候選人獲得投票人數過半數的選票，或者至少兩百萬之選票，或者憲法第44條之條件沒有滿足，國會將針對得到普選最多票之前五名候選人，以絕對多數之方式選出法國總統（*Les procès-verbaux des opérations électorales sont transmis immédiatement à l'Assemblée nationale, qui statue sans délai sur la validité de l'élection et proclame le président de la République. - Si aucun candidat n'a obtenu plus de la moitié des suffrages exprimés, et au moins deux millions de voix, ou si les conditions exigées par l'article 44 ne sont pas remplies, l'Assemblée nationale élit le président de la République, à la majorité absolue et au scrutin secret, parmi les cinq candidats éligibles qui ont obtenu le plus de voix*）。也就是說，在1848年12月時，法國成年男性都幾乎擁有投票權。以那時候的法國成年男子人口而言，大約是八百萬人。這是第一次，因爲在此之前，法國的投票權還有最低之賦稅限制，投票人口大約是25萬人。路易拿破崙最後得到7327345投票人口中的5587759票接近75%而當選法國總統。法國女性是在第二次世界大戰之後，於1944年在戴高樂主政之下才獲得投票權。

英國君主立憲制度失敗後，這一次決定向美國學習，建立總統制。這一次建立的共和國制度，是根據法國政治思想家孟德斯鳩（*Montesquieu*）所描述的三權分立制度。總統的行政權與國會的立法權是採取互相制衡的體制。新的法國國會與美國國會的雙院制不同，因為法國不是聯邦制，所以沒有代表各州的參議院，而只是由一個立法國民議會（*Assemblée Nationale Législative*）所組成的單一國會制度。法國的總統一任四年，不得連任。國會在第二共和的總統制之下，權力大增，總統完全不能否決國會所通過的法案。然而，權力使人腐化，路易拿破崙當上總統之後，便不想放棄權力。在憲法規定總統不能連任的條文之下，他自己在1851年卸任前夕發動政變，摧毀第二共和的制度，自己任命為法國新的元首，任期十年。第二共和的壽命連短短四年都不到。

　　路易拿破崙在發動政變之後，立即透過人民的公投頒布新憲法成立第二帝國（1852-1870）。國會再度從單一的議會被分割為三院制。中央行政法院（*Le Conseil d'État*）由公務員所組成，其職責在準備法案。立法議會（*Le Corp Législatif*）由人民直接選舉，一任六年，其職責是討論並且投票決定法案。參議院（*Le Sénat*）由國家元首直接任命，為終身職。面對新的政治制度，法國國會喪失與執政權平等的地位，其權力再度被削弱。路易拿破崙的稱帝，讓當時的大文豪也是政治家雨果（*Victor Hugo*）非常不滿，直接撰文寫書稱呼路易拿破崙為：「拿破崙小帝（*Napoléon le Petit*）」諷刺路易拿破崙想當拿破崙一世大帝，卻沒有能力。[9]1870年7月，普法戰爭爆發。9月3日，法皇路易拿破崙在法國與比利時邊境之色當（*Sedan*）兵敗，被當時的普魯士帝國首相俾斯麥（*Otto Von Bismarck*）俘虜簽訂投降條約。9月4日，部分國會反對黨議員在坎貝大（*Leon Gambetta*）的領導之下，緊急組成捍衛國家的國家防衛政府（*Gouvernement de la Défense nationale*）以因應國家所遭遇到的軍事侵略。法國第二帝國因此垮台，進入第三共和。這也是法國國會自法國大革命以來最有影響力的時代。

　　資料來源請參看法國總統府官方網站有關於法國憲法之說明:http://www.elysee.fr/la-presidence/la-constitution-du-4-novembre-1848/. Latest update 30 August 2013.
[9]　這是雨果所撰寫，後來於1882年正式出版之書籍，專門用來諷刺路易拿破崙稱帝之作為。這一本書的書名就是拿破崙小帝（Napoléon Le Petit）。

參、法國國會的全盛時期：第三共和

　　法國第三共和的建立，是因為皇帝打了敗仗被敵人俘虜，法國國會趁機成立臨時國防政府，企圖建立新的政治制度。由於這一次的政治革命，是由國會所發動，可以想像新的政治體系必然給予法國國會相當大的權力。事實上，法國國會也必須快速組成新的政府以對抗來犯的普魯士軍隊。普軍在色當擊敗法軍之後，立即調兵遣將包圍巴黎，最後，法國新成立的政府也不得不在1871年1月投降，並且割讓阿爾薩斯及洛林兩省給普魯士。這場戰爭的結果摧毀了法國第二帝國，但是讓新的德意志帝國（Deutsches Reich）在俾斯麥（Otto Von Bismarck）的主導之下誕生，[10]從此，法國在歐洲大陸稱霸的時代結束，德國開始興起。

　　新成立的第三共和國在投降之後，所組成的內閣政府最初急於處理戰後問題，因此沒有積極去思考新的政治制度。當時法國人民親身體會國力衰退的不堪：德軍在法國政府投降後，直接先進入巴黎，並且於3月1日在香榭里榭大道舉行閱兵。而國會及政府則於3月10日由波爾多遷去由德軍所控制的凡爾賽。這些舉動引起一直被圍困的巴黎市民極大不滿，隨後引發形同內戰的巴黎公社衝突。[11]

　　事實上，第三共和的政治制度自始便極度不穩定，從國會組成議員的政治立場傾向來分析，由六百個議員所組成的新國會裡，有四百位是主張恢復法國王室的政治人物。更深入而言，在這四百位保皇派議員裡，有一半是當年查理十世的支持者，被稱為正統派（Légitimistes）；另外一半是路易菲力普的支持者，被稱為奧爾良派（Orléanistes）。[12]此外，尚有一部分是支持拿破崙帝制的波拿邦派（Bonapartistes）。幸好這些反對共和制度的勢力因為歷史恩怨，彼此之間都不團結，使得恢復王室制度的勢力一直無法團結聚集，王室的政治制度也因此沒有重建。最後，奧爾良派選擇與共和派結盟，讓第三共和得以維持下去。

---

[10] 普法戰爭事實上是日耳曼民族所組成的北德意志聯邦對法國的戰爭。當初的這些日耳曼人所組成的國家並非是統一的狀態。法國皇帝拿破崙三世戰敗，巴黎被圍，這些邦國因此在凡爾賽聚會，包含巴伐利亞、普魯士等邦國決定合併成立德意志帝國，公推普魯士國王威廉一世為新的皇帝。

[11] 巴黎公社是法國大革命之後，最後一次的大規模流血衝突式的革命手段。巴黎公社不僅是法國愛國主義對抗德國的表現，也是反抗威權追求自由平等的革命。馬克斯則將巴黎公社推崇為第一次的工人革命。

[12] 所謂正統派，是支持法國波旁王室黨派，而奧爾良派則是源自於七月王朝的支持者。正統派的政治主張，是恢復法國波旁王朝的政治制度，而奧爾良派比較是效法英國的君主內閣制。

　　在1875年，國會終於通過建立第三共和的相關法律。[13]根據這些法律案，法國國會採取兩院制，一個爲衆議院（*La Chambre des députés*），另外一個爲參議院（*Le Sénat*）。參議院的設立，是奧爾良派與共和派結盟的代價。參議院是由全國所有具有民意基礎的民意代表所選舉出來，由全國間接選舉所產生，也因此相對是代表整個法國鄉間以及傳統的力量。參議員一任九年，每三年改選參議院三分之一的成員。衆議院由全民直接選舉，採取二輪多數決，並且一任四年。原則上，參議院與衆議院擁有相同的投票權力來審查法案。最特別的是，參議院與衆議院一樣都可以對政府提出不信任案，來推翻執政的內閣政府。不過，參議院比衆議院多了二項權力，其一就是可以轉換爲最高法院來審判共和國總統以及各部會首長背叛國家的罪刑。其二則是共和國的總統在參議院的同意之下，得以解散衆議院重新進行選舉。[14]

　　在第三共和的制度裡，共和國的總統由參議院及衆議院在凡爾賽宮集會選出，一任七年。但是共和國總統並未享有權力，其任何政策都必須由內閣政府之部長簽署背書。內閣政府由衆議院之多數政黨組閣產生，並且由類似總理職位的內閣議會主席（*Le Président du Conseil*）所領導。在共和國的初期，由於第三共和的建立是主張王室制度的奧爾良派與主張共和議會制度議員合作的產物，因此，兩派陣營對共和國的制度還是有些歧見。奧爾良派希望總統扮演相對重要的角色，就如同當年路易菲力普時代運行的制度，以現代觀點而言則是有一些類似半總統制。而共和派則希望是內閣議會制的走向。在1877年的時候，奧爾良派的共和國總統馬洪（*Mac-Mahon*）元帥企圖任命衆議院所反對的波爾吉利爾（*Albert de Broglie*）組閣。衆議院因此在參議院的同意之下被解散，然而，重新選舉的結果仍然維持原來反對馬洪（*Mac-Mahon*）總統的多數黨。從此之後，共和國的總統放棄奧爾良派所主張的半總統制，而回歸傳統的內閣議會政治制度。整體而言，法國的共和國總統因爲是參衆兩院所選出之重量級政治人物，所以還是比傳統內閣制的英國王室具有影響力。因此，法國第三共和產生了一個擁有強大力量之國會，影響力不小的共和國總統。相對而言，內閣政府就衰弱許多。第三共和的內閣政府，在國會的運作之

---

[13] 第三共和的建立並不是像法國的傳統一樣，建立一部憲法。因此，沒有第三共和憲法。反而是一系列的法律建構了第三共和的制度性運作。這些法律分別是1875年2月24日有關參議院之法律案La loi du 24 février relative au Sénat，1875年2月25日有關於公權力之組織法la loi du 25 février relative à l'organisation des pouvoirs publics，1875年7月16日有關於公權力機關彼此之間的關係la loi du 16 juillet relative sur les rapports des pouvoirs publics。

[14] 1875年2月25日有關於公權力之組織法第5條。

下，平均組閣的壽命只有八個月。在第一次世界大戰之前，壽命是九個月，戰後則是半年。

內閣政府的組成雖然不穩定，但是其影響力在第一次世界大戰之後開始增加。由於法國在戰後面臨相當嚴重的經濟危機，國會完全無法透過有效率的法案解決重要的民生問題。因此，國會開始同意內閣政府率先實施一些緊急法案，事後再徵求國會的補同意，以增加行政效率。這些法令，後來被稱為政令法（Décrets-lois）。然而在實際政治的運作下，這些先行通過的法案，通常在實施後便形成一個政治事實，進而產生無法進行改變之後果，也就是實施後的政策通常很難再有所變動。在無力改變，又不願意背書的情況之下，政令法的行政體系逐漸被接受。最重要的是，在國會不願意負責沒有經過它們本身之討論監督的狀況之下，可以理解的是這些政令法實施後的政治責任，便很邏輯的被劃分為政府必須負起的責任範圍。這些來自於法國第三共和時代，因為政府無力解決第一次世界大戰之後的經濟危機情勢而形成的政令法體系，在後來逐漸成為現代法國強大行政權的來源之一與象徵。

此外，在第三共和內閣政治制度的運作之下，法國的政黨政治也逐漸成熟。在民主政治體系上，政黨之所以能夠生存，是因為政黨能捍衛其支持者心中最主要的關懷、價值或者利益。法國大革命之後，社會價值最大的衝突一直是保皇派與共和派的對抗。到了第三共和，共和國的政治制度逐漸穩定，社會開始因為工業革命而劇烈變遷，社會價值的衝突也開始轉變為社會主義與資本主義之間的對立。法國現代政治裡代表左派的社會主義，與代表右派的資本主義政黨也在第三共和的時代逐漸產生成形。然而，也因為法國大革命以來各種不同階段的政治衝突不斷，多黨政治也成為法國國會政治的重要特色之一。

截至目前為止，第三共和是法國所實施所有不同政治制度裡，歷史最長久的憲法政體，總共七十年（1870-1940）。但是，如同第二帝國毀於普法戰爭戰敗投降，第三共和也毀於第二次世界大戰初期法國戰敗投降。第一次世界大戰之時，法國也捲入與德國的戰爭，但是由於政府沒有戰敗投降，因此第三共和整個政治制度得以持續。第二次世界大戰初期，法國軍隊無法抵擋希特勒大軍的閃電攻擊，巴黎隨即淪陷，第三共和政府的最後一任共和國總統是勒布爾（Albert Lebrun），他與當時的政府內閣議會主席雷諾（Paul Reynaud）一樣拒絕投降，並且主張將政府遷往北非。然而卻無法抵抗整個情勢的轉變，最後只得任命高齡八十四歲貝當元帥（Maréchal Petain）為新任內閣總理。然而貝當將軍卻決定向希特勒投降，也因此結束了法國第三共和的運作。由於德國占領法國，隨後的五年法國形式上已經沒有

國會在運作了。要一直等到德國戰敗，戴高樂回到法國成立臨時政府之後，才有新的空間讓新的國會運作。

肆、戰後無力的民主：第四共和

第二次世界大戰結束之後，法國成爲戰勝國。第一次的全國性選舉於1945年10月21日舉行，選出新的制憲議會。法國女性也在這一場選舉中，第一次獲得投票權。選舉結果出爐，在國會586席中，法國共產黨（*Parti Communiste Français/PCF*）以159席成爲第一大黨，中間派的人民共和運動黨（*Mouvement Républicain Populaire/MRP*）得到150席而成爲是第二大黨。左派的社會黨也稱爲國際工人法國支部（*Section française de l'Internationale ouvrière/SFIO*）以146席占居第三大黨。右派的共和聯盟（*Rassemblement des gauches républicaines/RGR*）則因爲在戰前支持貝當將軍，成了最大的輸家，在國會的席次比第三共和的時候減少了169席，只剩下53席。左派的共產黨加上社會黨席次已超過半數，但由於戴高樂在第二次大戰時所奠基的功勞與威望，因此國會一致同意戴高樂爲法國臨時新政府的元首（Becker, 2000: 31）。左派的多數加上右派的戴高樂使得法國首次以遠超過半數的三大政黨組成三黨聯盟體系（*Tripartisme*）（Néant, 2000: 152）。在三黨聯盟體系的運作之下，合理的作法是讓各黨按比例進入政府。然而，戴高樂對於共產黨是有所疑慮的。在新政府22個部會首長裡，只任命了5個來自共產黨的部長。這使得共產黨與戴高樂的關係呈現相當程度的緊張狀態。同時，戴高樂與中間派*MRP*所共同主張之政治體系，乃是一個具有實權，並超越各政黨鬥爭的共和國總統，並同時配合雙院制國會的運作。然而，共產黨與社會黨所主張的卻是單一國會制度與虛位總統。最後，社會黨又要求削減20%的國防軍費，戴高樂因此在1946年1月憤而辭職。社會黨的關英（*Félix Gouin*）繼任戴高樂內閣議會主席的職位。不過，左派聯盟所提出的新憲法政治制度也在1946年的5月遭到全民公投的否決。

在6月，法國只好重新選出制憲議會。這一次，中間派成爲最大黨，共產黨次之，社會黨第三。內閣議會主席因此由中間派的畢杜（*Georges Bidault*）當選，整個政府仍然是三黨聯盟政府架構。這一次所提出的新政府架構則是三派互相妥協的版本，大致上也與第三共和有相當程度的類似性，因爲第四共和是雙國會的內閣政治制度。此版本的第四共和憲法在1946年10月獲得法國人民以公投的方式通過，

有53.5%的人投下贊成票。在新的第四共和政治架構裡，共和國總統由國民議會（*Assemblée Nationale*）及共和國議會（*Conseil de la République*）所選出，一任七年。[15]總統是虛位元首，但是擁有任命內閣議會主席及解散國民議會的權力。總統同時也是三軍統帥，擁有任命法國駐各國大使，以及特赦的權力，並主持法國最高司法委員會（*Conseil Supérieur de la Magistrature*）。[16]此外，總統不對國會負責，只有在總統以叛國罪起訴時，國會才有權得審判總統。

　　國會與第三共和時期一樣採雙院的制度。國會的下議院改名為國民議會，上議院則改名為共和國議會。但是，第四共和的兩個國會地位並不平等，有別於第三共和兩院的權力與地位是平等的狀況。國民議會由人民直接選舉，一任五年。共和國議會由各地方民意代表選舉，一任九年，每三年改選三分之一的席次。政府只對國民議會負責，而這一層負責的關係是雙向的。政府可以向國民議會提出要求對政策信任（*Question de Confiance*），如果投票沒有通過，政府就倒台。國民議會也可以向政府提出不信任投票（*Motion de Censure*），如果通過，政府同樣倒台。政府可以不需要上議院的同意權解散國民議會，但是解散權在同時也被嚴格限制。第一點，新的國民議會當選後前十八個月不得以任何理由被解散。第二點，隨後必須在連續十八個月內，有兩次政府倒台的紀錄才能宣布解散國會。第三點，宣布解散國會所依據政府倒台的紀錄必須是政策信任投票或者不信任投票的結果，因此，自動請辭的政府或者新任命政府的同意權投票（*Investiture*）都不算。在整個第四共和的歷史當中，這些嚴格的規定讓法國國會只在1955年被政府解散過一次。然而相反的，政府卻時常被倒台。第四共和政府的平均壽命只有六個月，與第三共和差不多。在第四共和期間，有22次被任命的內閣議會主席無法成立政府，有兩任政府壽命僅僅只有一天，兩任政府壽命二天，一任政府壽命六天（Cauchy, 2004）。壽命最長的是1956年莫類（*Guy Mollet*）的政府，總共存活了十六個月，一年半都不到。第四共和政府的不穩定與衰弱由此可見。

　　而衰弱的政府，是否起因於運作不良的國會政黨政治呢？第四共和的主要政黨事實上與第三共和有很大的差別。第三共和時代左派最大的政黨是社會黨，也有明顯的右派政黨。到了第四共和時期，共產黨在第一次制憲議會獲得26%的選票成

---

[15] 第四共和憲法第29條。
[16] 法國最高司法委員會在第四共和成為獨立的憲政機關，是保障司法獨立的機構。其主席是共和國總統，副主席是司法部長。

為法國第一大政黨；新憲法之後於1946年11月第一次國會大選中再度獲得超過28%的選票，不僅確認了法國共產黨第一大黨的地位，並且在整個第四共和時代維持第一大黨的身分。法國共產黨之所以能夠如此活躍，是因為在第二次世界大戰期間，法共在法國的地下抗德活動中扮演了非常重要的角色，在打贏德軍後成為名符其實的愛國份子。再加上，法國過去發動革命並強調改革的傳統，使得法共在第二次世界大戰結束之後獲得人民支持的高人氣，並在第四共和政治制度下屹立不搖。而傳統的右派則因為在第二次世界大戰時，曾經支持投降的貝當政府，使得其支持度在戰後一落千丈。這使得中間偏右的勢力暫時取代了右派政黨，但是又不能滿足原來右派的意識型態。而原來強大的社會黨，反而在第四共和時代選民都被共產黨所吸收，而無法成為左派的代表性政黨。

在第四共和建立之初，法國共產黨、社會黨與中間派共同形成三黨體系共同執政，也算有效率地重建戰後的法國。然而，從1947年以後，世界進入冷戰的狀態，國際社會裡與共產黨的衝突事端不斷。在歐洲，1948年發生布拉格春天抗暴事件，1956年匈牙利發生布達佩斯革命。因此，在整個第四共和時代，西方資本主義世界都忙著對抗共產世界，造成共產黨在各西方國家的國會裡完全被孤立，沒有任何政黨願意與共產黨組成聯盟政府。差不多在同一時期，義大利與比利時國會裡的共產黨也紛紛離開政府。法國第四共和最大的政黨因此一直處在被孤立的狀態。其後果就是，各政黨每一次在組成新政府的時候，永遠別期望共產黨的合作以投出信任投票。但是，每一次要對現任政府倒閣的時候，所有在野黨都可以，也會獲得共產黨的奧援，讓現任政府倒台。這樣的國會與行政權關係之運作，造成了第四共和政府更多的不穩定。

1957年9月30日，撐了三個半月的莫努李（Maurice Bougnès-Maunoury）政府倒台，緊接下來的莫類（Mollet）與普雷文（Pleven）都找不到可以組成多數的聯合政府。畢內（Pinay）政府在10月17日組成的第二天就倒閣了，僅僅只維持了一天。莫類（Mollet）再度授命組閣，這一次撐了六天。隨後的蓋亞（Gaillard）政府總算維持了五個月。倒台之後，畢杜（Bidault）與普雷文（Pleven）再度面臨無法組閣的窘境。最後芬林（Pierre Pflimlin）才勉強在1958年5月14日凌晨2點得到國會通過，組成一個十六天的政府，但是整個第四共和事實上已經陷入無法挽救的政治僵局。

1958年5月13日芬林（Pflimlin）組成政府的時候，法國正陷於阿爾及利亞追求獨立的戰爭當中。阿爾及利亞的法國軍隊因為懼怕新的政府妥協放棄阿爾及利

亞，因此隨即占領阿爾及利亞的法國總督政府，組成阿爾及利亞公共安全委員會（*Comité du Salut Public*），要求戴高樂重新掌權帶領法國走出危機。5月15日，戴高樂發表公開談話，表示：「我已經準備好接受共和國所賦予的權力。」[17]（Ratte, 2000: 157）5月27日，戴高樂再度宣布：「我已經在昨日啓動所有正常及必要程序，以便建立一個共和政權，來保證國家的團結與獨立」[18]（Ratte, 2000: 158）。戴高樂同時並要求法國的軍隊不要輕舉妄動。在第二天，現任內閣會議主席芬林（*Pflimlin*）不得已只好辭職。共和國總統戈棣（*René Coty*）隨即任命戴高樂爲新主席，並且要求國會通過新的任命案。第四共和最後一任政府，戴高樂政府於是在6月1日以329票贊成224票反對37票棄權之票數，通過國會的信任案。6月3日，國會也迅速通過戴高樂政府的提議，將進行第四共和憲法的修正。經過幾個月的討論，在當年的9月28日法國人民以全民公投通過新憲法。法國第四共和第二任總統也是最後一任總統戈棣（*René Coty*）則在同年10月4日宣布新第五共和憲法生效。法國第四共和只存活了十二年，法國第五共和正式成立。

伍、理性化內閣議會制度：第五共和

　　退出政壇之後復出的戴高樂已經高齡六十八歲，然而仍舊精力充沛。這一次重回政壇的方式，似乎有一些像政變，但是終究是遵循第四共和的體制，先擔任內閣議會主席，再尋求國會的信任投票，然後要求國會同意進行憲政修改，最後通過新的憲法版本，建立第五共和。[19]不過也有人認爲這是一個：「民主方式的政變（*Un Coup d'État Démocratique*）」（Nick, 1998）。

　　最初第五共和的憲政制度（1958-1962）是一個介於內閣制共和國與半總統制共和國之間的制度。就法律層面來解釋，根據新憲法所設計出來的政治制度運作方式，事實上讓第五共和比較像是內閣議會制。但是，由於戴高樂總統的身分地位與

---

[17] *Je me tiens prêt à assurer les pouvoirs de la République.*

[18] *J'ai entamé hier le processus régulier nécessaire à l'établissement d'un pouvoir républicain capable d'assurer l'unité et l'indépendance du pays*

[19] 戴高樂重回政壇的方式是有讓人質疑要透過軍隊發動政變。因此，如同本文在前面所述，戴高樂才公開說明啓動了所有「正常及必要程序」，以便建立一個共和政權，來保證國家的團結與獨立，以消滅大眾的疑慮，並且要求軍隊不要輕舉妄動。請參看 Serge Berstein, Michel Winock 在 *La République recommencée* 第336頁裡對戴高樂重掌政權方式的討論。

政治影響力，使得內閣制的政治制度運作起來就已經很像在1962年之後才建立的半總統制憲政制度。事實上，當初在1958年9月所通過的第五共和新憲法，在戴高樂的號召之下，得到接近80%的同意票（Becker, 2000: 75）。[20]這樣的勝利，只有當年拿破崙王朝爭取民眾的認同，以建立新的政治制度時可以相比。與當年拿破崙企圖取得政權的情勢相比較之下，1958年的法國民意同樣把戴高樂作爲當時可以解除法國所面臨危機的唯一人選，因此在公民投票時，都給予極高比例的認同。然而，戴高樂與拿破崙王朝的皇帝們一樣，都不樂見國會擁有太大的權力。法國第五共和的起草人之一德布雷（*Michel Debré*）曾經於1957年這樣說[21]：

「國會不應該執政。一個偉大的國家是建立在一個負責任的政府爲基礎。也就是說，其所負擔之政治責任必須有任期保障而不至於每日都被質疑。」（*Le Parlement ne doit pas gouverner. Une grande nation suppose un gouvernement qui ait sa responsabilité, c'est-à-dire dont la responsabilité ne soit pas chaque jour mise en cause, et qui ait sa durée...*）.

因此，在戴高樂主導之下所設計之第五共和政治制度裡，總統不再只是由國會的兩院所選出，以免受制於國會。爲了擺脫國會過度強勢指定總統的印象，共和國總統將由全國所有的民意代表所組成的選舉人團（*Collège electoral*）所選出。[22]此外，政府仍然必須對國會負責，也因此所謂內閣制的精神仍然存在於第

---

[20] 投票同意新憲法的不僅僅是在法國本土，由於戴高樂的魅力，連法國海外殖民地都以極高比例的同意票支持新的第五共和憲法。戴高樂的群眾魅力，在1958年6月前往阿爾及利亞訪問的時候，展露無疑。戴高樂面對阿爾及利亞群眾，只說一句：「我完全理解你們，這是爲什麼我來到這裡（*Je vous ai compris! Et c'est pourquoi me voilà*）」然而，戴高樂沒有說明他到底是理解了什麼，也沒有說明他對阿爾及利亞是否要獨立的政治立場。支持獨立的群眾認爲戴高樂支持阿爾及利亞獨立，反對獨立的群眾也認爲戴高樂站在他們的那一邊。大家都爲戴高樂的支持而瘋狂。唯一沒有支持第五共和憲法的是當時仍然是法國殖民地的非洲幾內亞共和國。法國於是立即在第二個月讓幾內亞宣布獨立，並且撤出所有軍隊與維持原來政府運作的公務人員，也斷絕一切經濟援助。

[21] Michel Debré 是戴高樂重要的政治盟友，也是法國第五共和憲重要的推手。他從1946年之後，就積極推動要求戴高樂重返政壇之政治活動，並且嚴厲攻擊第四共和之憲政體系。在他所著之：「這些統治我們的貴族/*Ces princes qui nous gouvernent,1957*」就嚴厲批評第四共和之議會政治。第五共和建立之後，他擔任第五共和憲政第一任司法部長，隨後擔任總理、經濟部長、外交部長、國防部長等第五共和政府之重要職位。

[22] 所謂選舉人團（*Collège électoral*），是指法國國會的國民議會、參議院，加上全國所有經過選舉程序的地方民意代表、政治人物，總共加起來約80000人。這使得總統成爲民意代表中

五共和的政治制度當中。最後一點是，國會閣員不得兼任中央政權的行政職，以確保三權分立之精神。此外，戴高樂也非常堅持總統在國家陷入危機時，必須擁有特別權力以帶領國家面對挑戰，以免重蹈1940年第四共和崩解的覆轍。事實上，第五共和是建立在五個重要的權力機構基礎之上：第一共和國總統（Le Président de la République），第二是政府（Le Gouvernement），第三是國民議會（l'Assemblée Nationale），第四是參議院（Le Sénat），第五是憲法委員會（Le Conseil Constitutionnel）（Duverger, 1996: 178）。在這五個權力機構裡，「國民議會」是由人民直接選舉所產生；「總統」與「參議院」是由同樣的選舉人團所產生；「政府」根據一般內閣議會的政治制度運作方法，由國會的多數黨所產生，並且由總統任命多數黨領袖為總理治理國家；憲法委員會由九位憲法委員所組成，任期九年，其中三個由總統任命，另外三位由國民議會議長任命，最後三個由參議院議長任命。此外，卸任共和國總統則是保障成員，沒有任期限制。因此，現在法國憲法委員會加上三位前任的總統季斯卡、席哈克與薩克齊，總共有十二位成員。[23] 根據法國國會自己對第五共和的介紹與評估，這些措施都是要避免國會主權的過度擴張（Excès de la souveraineté parlementaire），避免第三共和與第四共和所形成的內閣政府不穩定的歷史再度發生。[24]

在新的第五共和制度裡，法國採用的是所謂理性化內閣議會制度（Parlementarisme rationalisé）（Duverger, 1996: 175）。理性化內閣議會制度常常是指被特別設計來避免經常性倒閣，並且可以讓政府機制順利運作的內閣議會制度。在政治技術的層面上，這些理性化內閣制會設法建立一個強勢政府，讓政府不易被國會推翻。第二點則是透過選舉機制，讓明確的國會多數能夠輕易的被建立。

在第五共和的憲法層次，理性化內閣議會制度的精神非常清晰可見。首先，在立法的層次方面，國會不再獨享過去制定法律的權力。根據第五共和憲法第39條之規定，一開始就明確指出雖然立法權共同屬於總理與國會議員，但是總理的位階

最具代表性的民意l'élu des élus。

[23] 其中季斯卡在1981年輸掉總統大選後，繼續參與政治，擔任國會議員、歐洲議會議員、地方縣市首長等職務直到2004年不再參與選舉後，才開始出席憲法委員會。席哈克則因為牽涉到貪汙的官司案件調查起訴，因此決定於2011年之後不再參與憲法委員會。

[24] 根據法國國會在2009年所出的報告，法國也同意第三與第四共和的主要問題，就是國會主權的過度擴張。因此，法國第五共和的設計者在當初的主要目標，就是要改善這項問題。（Assemblée Nationale, 2009: 40）

還是放在國會議員的前面。[25]在憲法第28條也規定，國會臨時會之召開，是由總理在諮詢過議會議長或者議會過半數之議員後決定之。[26]也就是國會臨時會的召開與否之最後決定權是在政府行政單位而非立法單位。在憲法第48條也規定，政府對於審查案件議程的優先順序有決定權。[27]這使得國會想要優先通過的法案，如果沒有政府的支持，是很難見到天日的。在憲法第34條裡，則剝奪了國會對法律案件的自主權。國會可以通過的法律範圍被憲法以條列式限縮，根據法國政府的解釋，所有沒有被憲法第34條列舉的範圍都屬於政府的行政權範圍。[28]但是在憲法第37條的內容又對政府權限之決策性質之行政命令（*Décrets*）做了比較寬鬆的規定。[29]而且，對於國會所通過之法律，如果涉及政府權限之行政命令，政府甚至可以在中央行政法院（*Conseil d'État*）的建議下，進行修改。在憲法第38條裡再規定：政府可以視政策的需要，在屬於國會審查之法律案件之權限裡，要求先行通過一些條例（*Ordonnances*），之後再由國會進行審查通過。[30]在憲法第41條則設立規定，給予政府權力介入國會之討論，干涉任何牽涉到行政權行政命令範圍之法律案件。[31]在憲法第44條則規定，政府不僅可以反對國會審查任何沒有經過專門委員會討論之法律修正案，而且在政府的要求之下，國會必須對於政府所提之法律案進行包裹

[25] 法國憲法Article 39：「*L'initiative des lois appartient concurremment au Premier ministre et aux membres du Parlement...*」

[26] Article 28：「*...Le Premier ministre, après consultation du président de l'assemblée concernée, ou la majorité des membres de chaque assemblée peut décider la tenue de jours supplémentaires de séance...*」

[27] Article 48：「*... Deux semaines de séance sur quatre sont réservées par priorité, et dans l'ordre que le Gouvernement a fixé, à l'examen des textes et aux débats dont il demande l'inscription à l'ordre du jour...*」

[28] 法國政府有關法國憲法之解釋：「*Tous les domaines non évoqués dans cet article 34 relèvent du pouvoir réglementaire*」http://www.vie-publique.fr/decouverte-institutions/institutions/approfondissements/pouvoir-legislatif-pouvoir-reglementaire.html. Latest update 30 August 2013.

[29] Article 37：「*Les matières autres que celles qui sont du domaine de la loi ont un caractère réglementaire. Les textes de forme législative intervenus en ces matières peuvent être modifiés par décrets pris après avis du Conseil d'État. Ceux de ces textes qui interviendraient après l'entrée en vigueur de la présente Constitution ne pourront être modifiés par décret que si le Conseil constitutionnel a déclaré qu'ils ont un caractère réglementaire en vertu de l'alinéa précédent.*」

[30] Article 38：「*Le Gouvernement peut, pour l'exécution de son programme, demander au Parlement l'autorisation de prendre par ordonnances, pendant un délai limité, des mesures qui sont normalement du domaine de la loi.*」

[31] Article 41：「*S'il apparaît au cours de la procédure législative qu'une proposition ou un amendement n'est pas du domaine de la loi ou est contraire à une délégation accordée en vertu de l'article 38, le Gouvernement ou le président de l'assemblée saisie peut opposer l'irrecevabilité.*」

表決。[32]然而，強勢的行政權應該在憲法第49條第3項最能表現出來。根據該項條文，對於政府不希望國會討論的法律案件，政府可以逕行公布實施。如果國會反對，必須在24小時內提出對政府不信任案，否則這項法律案件視同通過。[33]這些憲法上的規定，都不斷顯示出法國第五共和所強調強勢行政權的精神。

在理性化內閣議會制度的精神裡，政府不再是隨便屈服於國會意志（*volonté parlementaire*）的機關，也不能失去其獨立性而成為單單只是執行國會政策的執行機構。政府不能只是一個「行政（*exécutif*）」的單位，而必須真正的「執政（*gouvernant*）」。政府必須負責任，也正確的制訂國家的政策方針（Garrigues, 2007: 430）。根據法國第五共和之國會，自己本身定義理性化內閣議會制的運作，其主要的運作包含下列幾點（Assemblée Nationale, 2009: 40-41）：

1. 一年兩個會期，每一個會期大約三個月。[34]
2. 由政府主導國會的議程。
3. 限制國會能夠提案之法律範圍。
4. 國會之運作規則必須經過憲法議會的審查。
5. 國會的常設委員會之數目被限制在八個委員會。
6. 政府在提出法律案的過程當中，享有相當高程度的主導權。
7. 在審查政府預算案之時，有嚴格的框架規定。
8. 政府根據憲法第49條第3款，可以要求強行通過不需國會審查的法律案，除非國會決定推翻內閣政府。
9. 國會提出推翻政府的要求與條件，被嚴格規定與定義之。

---

[32] Article 44：「... *Après l'ouverture du débat, le Gouvernement peut s'opposer à l'examen de tout amendement qui n'a pas été antérieurement soumis à la commission. Si le Gouvernement le demande, l'assemblée saisie se prononce par un seul vote sur tout ou partie du texte en discussion en ne retenant que les amendements proposés ou acceptés par le Gouvernement.*」

[33] Article 49：「...*Le Premier ministre peut, après délibération du conseil des ministres, engager la responsabilité du Gouvernement devant l'Assemblée nationale sur le vote d'un projet de loi de finances ou de financement de la sécurité sociale. Dans ce cas, ce projet est considéré comme adopté, sauf si une motion de censure, déposée dans les vingt-quatre heures qui suivent, est votée dans les conditions prévues à l'alinéa précédent. Le Premier ministre peut, en outre, recourir à cette procédure pour un autre projet ou une proposition de loi par session...*」。

[34] 自1995年之後，改為一年一個會期，每一個會期9個月。

1960年時，戴高樂提出讓阿爾及利亞獨立的提議。這樣的政策，讓法國軍方非常不滿，也認為戴高樂背叛了他們。1961年因此發生了法國高級將領在阿爾及利亞企圖叛變奪取政權的事件（*Le Putsch des Généraux*）。由於沒有事先準備好，參與的法國軍方人數並不多，所以這一項政變很快就宣告失敗。然而，在1962年8月，戴高樂總統又險些遭到反對阿爾及利亞獨立份子的暗殺。為了強化總統的影響力與執行政策的威望，戴高樂決定修改法國的政治制度，讓總統經過全民選舉的考驗。第五共和決定讓總統直接民選之後，法國政治學家認為第五共和從此擺脫了1875年正式建立的內閣制共和國的架構，成為真正半總統制的政治架構民主共和國（Duverger, 1996: 179）。

總統民選之後，其個人統治之正當性大大的增加。在法國第五共和的架構裡，就是以國民議會之制度與共和國總統之職位為基礎，不僅僅為國家象徵也代表人民行使國家主權與國家權力，其他共和國組織都不能與之相比較。共和國總統代表行政權的合法性因此遠遠超越共和國的總理，以及組成政府的各部會首長。就共和國裡的立法與行政關係而言，總統很清楚是由人民直接選出的行政權代表。國會的立法權當然也是由人民直接選出，但是也可以透過政府需要國會的同意通過才能正常運作，而間接表現出國會對行政權的影響力。而這樣的影響力，在第五共和三次的左右共治時代，可以清楚的觀察到。

陸、國會與總統之角力：左右共治

在第五共和的半總統制裡，從戴高樂以來，在大部分的時間裡，法國的總統一直相當有權力。除了1958與1962年之間，因為共和國總統的產生是透過間接選舉，使得制度向內閣制傾斜之外，法國總統之所以有權力，一部分可以歸因於戴高樂將軍極為特殊的身分，另一部分是共和國的政治制度採半總統制，讓法國國會完全臣服於行政權。在一般內閣制裡，立法與行政成為一體，但是如果國會對行政權不滿，是可以要求行政權負起政治責任下台（尤其在聯合政府的模式裡，只要聯合政府裡的某一政黨離開，讓執政的政黨成為國會少數，該執政政府大概就免不了垮台的命運）。在總統制裡，如果總統在參眾兩院或者在國會裡沒有擁有多數政黨的架構，總統也不能解散國會，一旦行政權無法獲得國會的支持，整個政府也會癱瘓無法運作。但是，半總統制的制度完全不會有這些情形的發生。在大部分的預設狀況

之下，共和國總統的七年任期都可以順利執政（2002年以後改爲五年一任）。所以戴高樂、龐必度與季斯卡都成爲極有權勢的共和國總統。第五共和的總統永遠不必爲其政策負責而下台，也不用到國會進行政策報告。所以，國會對於掌握行政權的總統在其任期內，完全無制衡的能力，只能等待任期結束，由人民決定總統的政治責任。因此，第五共和的總統戴高樂是自動辭職，龐必度是在任內病死，密特朗與席哈克是做完兩任年紀過大而自動退休，唯有季斯卡與薩科吉沒有連任。

共和國總統所代表行政權優勢在第五共和時代有三次被打破，分別在密特朗時代有兩次（1986-1988與1993-1995），另外一次則是在席哈克時代（1997-2002）。這些特殊的情形被稱爲左右共治（*Cohabitation*）。密特朗所領導的社會黨在1981年首次爲左派贏得法國第五共和的執政權，然而在五年後國民議會的大選裡卻讓右派取得國會多數。密特朗只好任命右派的領導席哈克擔任總理組成政府，形成左派的總統與國會支持的右派政府共同分享執政權治理法國。這樣的情形也讓法國的國會再度能夠介入法國政府的運作，使得國會的地位受到比較多的尊重。雖然國民議會的任期五年，但是這樣的情形在二年後的1988年結束，因爲密特朗連任總統成功，隨即解散國會，並且獲得勝利。有趣的是，五年後，國會的任期結束後，密特朗再度失去國會的多數支持，只得任命右派的巴拉杜（*Édouard Balladur*）爲總理，讓法國進入第二次的左右共治時代。同樣的這一次的左右共治歷時二年，到密特朗的第二任期結束。右派的席哈克在1995年贏得大選，然而在兩年後，其政績卻受到越來越多的批判，法國更遭受到1968年以來最嚴重的罷工事件。席哈克本來想趁聲望還有一定支撐度時解散國會以重新獲得國會多數，以便能夠無顧慮的結束總統任期。沒有想到，席哈克在任期兩年之後，已經無法獲得法國民眾的信任。左派在1997年席哈克擔任總統兩年之後，送給共和國總統一個反對他的國會，法國因此進入第三次的左右共治時代。這一次由左派的喬治班（*Lionel Jospin*）組閣，並且一直持續到席哈克任期結束，總共五年，成爲歷史最長的一次左右共治時代。

戴高樂總統在最初設計第五共和政治制度理念之時，並未去設想發生左右共治的政治狀況。戴高樂對政黨著名的評語是這樣的：「*我不喜歡共產黨，因爲他們是共產黨。我不喜歡社會黨，因爲他們不是眞正的社會黨。我不喜歡我的政黨，因爲他們太愛錢*」（Je n'aime pas les communistes parce qu'ils sont communistes, je n'aime pas les socialistes parce qu'ils ne sont pas socialistes, et je n'aime pas les miens parce qu'ils aiment trop l'argent）。[35]戴高樂認為政黨只能在選舉過程扮演應有的角色，而不應該在政府裡有任何影響力。戴高樂之所以在1946年戰後辭職，就是厭惡政府的運作必須侷限於不同政黨之運作。如果人民選出反對總統的國會，這代表人民對總統不再信任，因此總統應該就辭職以表示對政策負責。戴高樂在1969年要求人民以公民投票支持其政治改革計畫被否決之時，就認為法國人民不再信任他身為總統所實施的國家政策，因此選擇辭職。然而，密特朗與席哈克在面對一個反對的國會並沒有如此做，席哈克在推動歐盟憲法的馬斯垂克條約失敗後，也沒有辭職。第五共和的運作在面對國會勢力的挑戰之下，只好開始進行改革，推動第五共和憲法的修正。其目的其實就是讓國會更能與行政權配合，讓理性化內閣議會制能夠更正確的運作。

柒、21世紀轉變中的法國國會與行政權之關係

嚴格說起來，現代化的法國民主政治制度是從1870年第三共和開始。第三共和雖然問題很多，可是到現在為止，仍然是持續最長的法國民主政體，隨後的第四共和之大架構也與第三共和類似。兩個政治制度所持續的年份加起來（1870-1940與1946-1958），總共達八十二年之久。第五共和到目前為止已經持續了五十五年，但是也有許多人討論是否要建立法國第六共和，以處理第五共和所面臨的許多問題。[36]這些問題的處理，其實都與國會的角色扮演有關。

從另外一個角度而言，為了面對21世紀的許多新挑戰，法國第五共和的修憲頻率也愈來愈頻繁。從1958年到1992年共35年，第五共和總共修憲了6次。但是從1992到2000年8年間，第五共和已經加速修憲了9次。從2003年到2008年5年內，該部憲法又修改了9次。尤其是2008年7月23日在薩科吉總統主導之下針對第五共和各

[35] 請參考下列關於戴高樂言論之網站http://www.politique-actu.com/actualite/politique-degaulle/99598/. Latest update 30 August 2013.
[36] 法國政府官方網站有討論建立法國第六共和的討論。請參考：http://www.vie-publique.fr/decouverte-institutions/institutions/veme-republique/transformations/evolution-institutions-vers-vie-republique.html. Latest update 30 August 2013.
法國現任的工業部長蒙特布爾Arnaud Montebourg也曾經在2001年成立『建立第六共和會議（Convention pour la sixième République）』，簡稱為C6R。目前也有官方網站，討論法國成立第六共和的可能性與具體建議。請參考 http://www.c6r.org/. Latest update 30 August 2013.

制度之修憲計畫案更是對第五共和理性化內閣議會制度有深遠的影響。就國會在法國政治體系裡的角色這一部分而言，在第五共和被弱化的國會一直想要就政府主導國會議程、政府享有法律案件的優先提案，以及可以強行繞過國會就憲法第49-3條通過法律案之三大權力進行制度的改造，讓行政與立法權可以得到比較多的平衡。在2007年，當時的法國總統委託法國前總理巴拉杜（*Édouard Balladur*）組成「第五共和制度再均衡與現代化反省與建議委員會（*Comité de réflexion et de proposition sur la modernisation et le rééquilibrage des institutions de la Ve République*）」以便提出修憲的計畫案。該項委員會的修憲計畫案於2008年通過後，首先，法國國會從此將可以主導國會半數以上之議程。國會專門委員會的數目也從6個增加至8個。此外，除了財政案件、社會安全法律案以及修憲案，以後國會討論之法律案件將是國會各委員會討論出來之內容，而不是政府所要求之條文。最後一個最重要之改革，就是憲法第49-3條，政府可以忽略國會強行通過法律案件的權力而言：從此以後，政府只能每一個會期一次，而且侷限在一般財政法案與社會安全之財政法案在國會闖關。這個憲法第49-3條，行政權在理性化內閣議會制度裡最重要的優勢，就在這一次的憲改裡被去掉大半的利器。

　　整體而言，為了要面對一個越來越民主化的國際社會，以及處理第五共和所遭遇到的問題，法國國會也努力在追求現代化，處理其與行政權之間的關係。在法國國會追求現代化的同時，其與行政權之間的關係也在改變，也因此獲得比較多的影響力。這些國會的改革，根據法國國會自己本身的報告與評估分述如下：[37]

・國會持續對政府監督行動的增加，包含越來越多的調查委員會、常設委員會所成立之調查資訊小組，以及許多國會辦公室的建立。[38]
・從1995年開始，國會的會期從每一年兩個會期，每一個會期三個月，改成每一年一個會期，每一個會期九個月。這樣的體系改革，大大增加了國會工作的時間，也強化了國會監督政府的能力。
・透過法律的修改，從2005年開始，國會監督政府預算的能力與權力也大幅增加。

---

[37] 請參看法國國會網站資料：www.assemblee-nationale.fr. Latest update 30 August 2013.
[38] 請參看法國國會網站資料：http://www.assemblee-nationale.fr/commissions/opecst-index.asp. Latest update 30 August 2013.

- 本來是政府可以主導國會討論的議程,但是自1995年以來,每一個月已經開始讓國民議會與參議院有訂定議程的專屬會議。在2008年7月23日修憲之後,憲法已經規定國會議程的訂定由政府與國會分享優先權。從此之後,每四個星期中有兩個星期是由政府主導,其他的兩個星期則由國會主導。不過,政府仍然有權利在特定議題上,如同財政領域的法律案以及社會安全議題的法律案上,主導國會討論的議程。
- 政府透過憲法第49條第3款(也就是說可以要求通過不需國會討論審查與投票的法律案)之能力開始受到限制。除了財政與社會安全領域方面的法律案,政府在每一個會期,只能提出一個不受國會監督的法律案。
- 國會所設的常設委員會,由原來的六個(以國民議會為例,原來的六個分別為文化、家庭與社會委員會,外交委員會,財政、經濟與預算委員會,國防委員會,生產與交換委員會,共和國憲法、法律與行政委員會)增加到八個(國民議會目前的八個委員會分別為文化委員會、經濟委員會、外交委員會、社會事務委員會、國防委員會、永續發展委員會、財政委員會、法律委員會),以強化國會對政府政策的瞭解與監督能力。
- 總統對一些重要政府官員的任命案,必須諮詢國會常設委員會的意見。
- 政府決定派兵干預外國事務時,並需通知國會,並且持續與國會溝通及報告進度。這一項派兵干預政策,只能持續四個月,如果需要延長,必須得到國會的許可。

捌、結論

　　美國民主政治制度的產生是因為美國居民抗拒當時大英帝國在殖民地的賦稅政策。也隨即形成了以三權分立為基礎,國會立法權與行政權平行的總統制度。在歐洲大陸,民主政治的形成則與國會有絕對的關係。根據法國政治制度學者杜維傑教授的分析,歐洲國會的前身「三級議會」都是為了因應當時歐洲各王朝向各地方徵稅以維持國家財政以及對抗外來侵略有關。早期的歐洲,各國都是專權的王室制度,但是並沒有現代國家的財政制度與科學設備向民眾定期徵稅。因此,各王室唯有召集由地方有錢人士所組成的三級議會來解決國家的財政問題。而地方諸侯在貢獻金銀財寶協助國王的財政之時,也會要求國王通過符合他們自身利益的政策,形

成了最初的議會與執政權之關係。然而，當時的國際政治文化也是以戰爭為合法手段來解決國與國之間的利益衝突。各國王室為了捍衛國土不被他國所侵略，所以會跟三級議會要求預算以維持常備軍隊。然而，一支忠於國王的常備軍隊雖然可以用來抵抗侵略，反過來也可以用來壓制諸侯與議會的勢力。在英國，由於地緣政治上身處於島國的原因，比較沒有經常性來自於歐洲大陸的軍隊侵略，結果使得王室向議會提出財政預算建立強大常備軍隊的要求變得沒有其合理性。結果，英國的島國地位使得王室沒有力量壓制議會的發展，英國的民主議會政治因此得以比較健全的發展。在歐洲大陸上，各王室之間戰爭頻繁，使得國王向議會提出預算政策建立強大軍隊的要求得以合理化。然而各國王也可以藉由強大的王室力量壓制地方諸侯與議會的發展。所以法國為歐洲大陸最強大的國家，同時也成為歐洲最專制的國家。

1789年的大革命摧毀了歐洲大陸最強大也最專制的王室之一的法國波旁王朝（Les Bourbons），建立了永久的議會制度，並且也啟動了整個歐洲，甚至全世界的政治制度改革。如今，有著國會良好運作的民主政治制度已經成為人類世界的發展方向與主流趨勢。一些現存的威權國家，如同中國、越南或者是古巴，也都或多或少存在著國會體系的運作，並且期盼在理想的狀態之下發揮其監督的功能。

在革命的起源地法國，其國會的運作雖然在1789年之後就不曾消失過，但是其與行政權之間的關係也是起起落落，在過去的兩百多年間經歷了許多衝突與妥協之後才發展出今日所謂理性化內閣議會制度的運作，但是如同本章所述，也不代表國會與行政權之間的關係從此大致底定。在本章中，用來檢視法國國會力量的大小及其與行政權的關係之大架構上的分別是：第一點，面對單一行政權的國會是單院制、雙院制或者是多院制？單院制國會的權力在其他因素不變的情況之下，一定是比較具有影響力。因為單一國會聚集了提案、討論、審查與通過的所有權力，也不需要另外一個議會的背書與溝通。要減少國會的力量，最好的方法之一就是將其權力分散，或者建立另外一個具有相同權力的議會。拿破崙一世在這一方面最有政治手腕，在建立第一帝國之時，直接將國會劃分成四個具有不同權力的議會，建立史無前例的四院制國會政治體系。第二點，本章檢視了法國所經歷的不同政治制度，從法國大革命之後的君主立憲制度到第一共和不成熟的內閣議會制度，第一帝國與第二帝國的帝國共和制度，王室復辟學習英國的君主內閣制與奧爾良內閣議會制度，第二共和的總統制，第三共和與第四共和的傳統內閣制，以及最後第五共和的半總統制。在這些不同的政治制度當中，國會分別擔任了極為不同之角色以監督行政權的運作。第三點，本章則檢視了各不同時代，代表民意的國會制衡行政權的能

力，也就是透過投票要求政府負起政治責任的能力。基本上，如同本章所論述的，這兩百年來，國會所具有制衡行政權的能力一直是在不斷改變與檢討當中。在未來的國會與行政權關係的探討裡，有人主張將共和國總統權力全數轉給總理，回歸許多國家傳統內閣制的精神，但是也有人主張走向總統制。無論如何，第五共和中的立法與行政權之間的關係仍然在持續調整當中。法國第五共和的憲法自1958年建立以來，已經歷經二十四次的修憲。[39]未來的改變，勢必會因為國際社會的變化而不會減少。法國在現今國際社會體系裡能夠以有限的人口及領土，站在歐盟的基礎上與德國合作，也大致得以與美國、俄國等國際強權平起平坐，一個有效率的政治制度必然有其貢獻。因此，能夠從旁觀察其政治制度裡之立法與行政關係之互動，是有助於政治學者尋求人類社會比較理想之國家行政體系。

---

[39] 根據法國政府官方網站公布之資料：http://www.conseil-constitutionnel.fr/conseil-constitutionnel/francais/la-constitution/la-constitution-du-4-octobre-1958/les-revisions-constitutionnelles.5075.html. Latest update 30 August 2013.

附錄　法國國會的演化與發展

1789年之前：三級議會（Le Tiers État）

1789：國會（L'Assemblée Nationale）

1789：制憲國會（L'Assemblée Constituante）

1791：立法議會（L'Assemblée Législative）

1793：制憲議會（La Convention Nationale）

1795～1799：五百人議會（Le Conseil des Cinq-Cents）與參議院（Le Sénat）

1799～1802：保守參議院（Sénat conservateur），立法院（Corps legislative），法案評議委員會（Tribunat）

1804：保守參議院（Sénat conservateur），立法院（Corps legislative）

1814：貴族院（Chambre des pairs），眾議院（Chambre des deputes）

1815：貴族院（Chambre des pairs），人民代表院（Chambre des représentants）

1830：貴族院（Chambre des pairs），眾議院（Chambre des deputes）

1848：立法國民議會（Assemblée Nationale Législative）

1852：參議院（Sénat），立法院（Corps Législatif），中央行政法院（Conseil d'État）

1871：國民議會（Assemblée Nationale）

1875：參議院（Sénat），人民代表院（Chambre de deputes）

1944：制憲議會（Assemblée Constituante）

1946：共和國議會（Conseil de la République），國民議會（Assemblée Nationale）

1958：參議院（Sénat），國民議會（Assemblée Nationale）

參考書目

Assemblée Nationale. 2009. *L'Assemblée Nationale dans les Institutions Française 3ème édition.* Paris: Secrétaire général de l'Assemblée Nationale.

Becker, Jean-Jacques. 2000. *Histoire Politique de la France depuis 1945.* Paris: Armand Colin.

Berstein, Serge and Winock, Michel. 2008. *La République recommencée de 1914 à nos jours.* Paris: Éditions du Seuil.

Cauchy, Pascal. 2004. *La IVe République.* Paris: Presses Universitaires de France, coll. Que-sais-je.

De Gaulle, Charles. 1959. *Mémoires de Guerre, Le Salut, 1944~1946 (tome III).* Paris: Plon.

De Guillenchmidt, Michel. 2000. *Histoire Constitutionnelle de la France depuis 1789.* Paris: Economica.

Debré, Michel. 1957. *Ces Princes qui nous gouvernent.* Paris. Plon.

Duverger, Maurice. 1996. *Le système politique français, 21e édition.* Paris. Presses Universitaires de France.

Folch, Arnaud and Perrault, Guillaume. 2011. *Les Présidents de la République.* Paris: First Editions.

Garrigues, Jean. 2007. *Histoire du Parlement de 1789 à nos jours.* Paris: Armand Colin.

Harouel, Jean-Louis. 1997. *Les républiques sœurs.* Paris: Presses Universitaires de France, coll. Que-sais-je.

Hugo, Victor. 1882. Napoléon Le Petit. Paris: A Public Domain Book.

Lavaux, Philippe. 1988. *Parlementarisme rationalisé et stabilité du pouvoir exécutif.* Bruxelles: Bruylant.

Néant, Hubert. 2000. *La politique en France XIXe-XXe siècle Régimes Institutions Élections Courants Partis Groupes de Pression Médias.* Paris: Hachette Supérieure.

Nick, Christophe. 1998. *Résurrection Naissance de la Ve République un Coup d'État Démocratique.* Paris: Fayard.

Reinhard, Philippe. 2007. *La Politique.* Paris: First Editions.

Ratte, Philippe. 2000. *La vie la légende De Gaulle.* Paris: Larousse.

Rivière, Daniel. 1995. *Histoire de la France.* Paris: Hachette Éduc.

廖達琪、陳月卿、李承訓

壹、前言

　　現代民主國家中的國會角色，姑不論憲政設計的初衷爲何，多以監督政府爲主要職權；[1]也就是對行政部門的所作所爲，能有所了解、控制或影響，以防止行政的專斷、背離多數民意，或壓制少數空間。[2]但有關這種國會監督職權的憲政設計及發展，在不同類型的民主政體中，理應有相當分歧的設計原理及相應的制度建置，但就現代民主國家的發展趨勢而言，國會的重要職能包括法案與預算的審查、增刪修訂等，都可算是監督的一環。即使像美國這種強調三權分立的國家，國會的原始設計功能爲立法，而近期學者的研究，則認爲國會的主要職能，包括聽證、審議法案、預算等均可視爲是監督的一環（施能傑，1987：80）。就如美國國會的委員會，長久以來一直是審查法案的重心，但近期Epstein & O'Halloran（2001）的研究，則是以「監督」爲面向，探討美國在分權系統下，國會中的委員會如何藉其職權監督行政權。

　　以本章所關切的「半總統制」而言，通常其設計包含直接民選的總統及民選的國會。在此體制中，由於總統與國會經由雙重民主選舉過程而產生，國會理論上比

---

* 本章原刊載於2013年《問題與研究》，第52卷，第2期，頁51-97。

1 按「總統制」的設計，其國會的角色，原主職爲立法（故稱爲Legislature），而內閣制中的國會（Parliament），則是議事，所以國會研究中以Legislature & Parliament 並稱；但總統制下的國會是在20世紀中葉行政權擴大後，也赫然發現其主職在議事「監督」，而不是立法。見施能傑（1987：80）與Rockman（1985）。

2 這裡採取的是對「監督」較寬鬆的定義，也就是將立法者及其助理幕僚（集體或個別）對行政體系或官僚能造成施政或行動上的壓力，甚或改變的任何活動，都視爲監督的內涵；較窄化的定義則是從制度上界定對行政部門的質詢權及審議法案等，是爲正式的監督。但這樣的監督定義通常是在「內閣制」的憲政體制中才有意義，「總統制」沒有「質詢權」之設計；「半總統制」則無一定之規範準則，故本章採寬鬆之界定，以符合目前對國會監督功能之理解及期待。詳細的各種定義，可參見Rockman（1985）。

內閣制體系下依單元選舉所產生的議會，要有更強的監督行政權之制度安排。因為內閣制體系的運作邏輯，是行政立法權的合一行使，經由一次選舉，以議會中占多數的一大黨（或聯合他黨）組閣，所以議會多數會配合執政內閣的施政，監督力道則主要來自議會中的反對陣營，監督的能量及動力則多仰仗反對陣營過去執政的經驗及對未來贏得執政權的企圖心；議會本身各方面的制度設計及組織安排等，大體不會特別強調要與行政權等量齊觀，以與之分庭抗禮；例如議會的常設委員會，並不需要與行政的各部門成某種平行對等關係，議員也不以專業專職為要求，而多兼行政職（雷飛龍，2010；楊婉瑩，2002a；廖達琪，2010）；另在協助議事的資源配備及助理質量上，亦不會以制衡行政權為目標而要求增生等等（廖達琪，1997：82-98；2008：140-157），英國就是很典型的案例（Norton, 2000: 1-14）。

　　相對的，以權力分立為體制設計原則的總統制，國會所掌的立法權，與總統所握的行政權，不僅是各自獨立選舉產生，形成所謂雙元民主正當性（dual democratic legitimacy）（Linz, 1994:6-8）；在「監督」的功能上，國會也是以一整體的制度建置，來檢核制衡（checks & balances）行政權的作為；執政與反對政黨的分野對立，在權力分立系統中的國會，在制度設計上原不是最主要的監督軸線，[3]所以在體制發展的過程中，為了強化國會制衡行政權的能力，會有相應的制度配套或資源配置不斷增生的要求出現（廖達琪，1997：82-98；2008：140-157）。比如美國國會歷次重大改革案，都是朝強化國會對等制衡、監督行政權的方向努力，而目前美國國會幕僚群的龐大及專業，也為世所矚目（廖達琪，2007：9；2008：140-157）。

　　但在「半總統制」下，國會究竟如何監督行政權呢？姑且先不論實際運作之狀況，純就制度設計面而言，國會監督的職能及角色設定，是如何鑲嵌在所謂「半總統制」中－行政、立法權力可融合又可分立的模糊混雜、甚至矛盾的系絡裡？如果依前述雙元選舉分別產生總統及國會的邏輯，「半總統制」中賦予國會監督能量的各種制度安排或資源配置，應至少比內閣制的體制好一些，但實際上是否如此？目前較少文獻探討。不僅如此，如果進一步追問同屬半總統制類型的國家，國會監督又有什麼差異？目前相關文獻亦較少探究。因此，本章擬對此，做拋磚引玉之

---

[3] 但美國國會在後來動態面的發展上，政黨的形成、競爭及監督仍非常重要，故著名美國學者Schattschneider曾說：「政黨的興起，是現代政府主要的特色之一。有了政黨，現代民主政治就有了穩妥的保障，如果沒有政黨，民主政治便是一件不可思議的事」。請參見（Schattschneider, 1942）。

嘗試，並以臺灣及法國這兩個「半總統制」國家為對象做比較，先不涉及「半總統制」與「內閣制」，或與「總統制」體制下國會監督之比較；但這兩個規範性體制下的「監督」制度設計，如「理想型總統制」中的國會裝備，是監督力道最強的標準，而「理想型內閣制」下的國會配備，則是監督力道較弱的示範；這兩個標竿，會引用在文中評比「半總統制」下的國會監督相關制度設計所彰顯監督能量的強弱。

　　本章選擇臺、法做比較，主要為中華民國憲法之所以被定位為「半總統制」，以第四次修憲最為關鍵，而這次修憲所參照的藍本，最主要的就是法國的《第五共和憲法》（朱雲漢，1993：3-9；蘇子喬，2000：　）。[4]是故，本著Lijphart（1988: 54-70）之比較方法建議，先從最可比較之案例做起；而因本章採傳統制度主義為研究，最主要的比較內容，即為憲政法制，臺灣修憲向法國取經的背景，成為本章選擇臺、法做為比較的關鍵因素。

　　同時，因為臺灣的憲法經過七次修憲，已經成為以立法院為單院的國會系統，為求對等比較，法國國會雖分成參議院與國民議會兩院，但本章僅以國民議會作為比較標的，因為國民議會已足以做為法國立法機構的代表，而且是兩院的國會系統中較有實權的一院（有類於英國之下院），因此與臺灣立法院的職能也較為接近。[5]

　　本章採取的比較途徑是較傳統的制度主義，也就是從成文的憲政法規制度面來理解國會監督職能的制度設計。選擇這一較傳統的制度途徑來進行臺、法兩國國會

4　其他半總統制國家如俄國與波蘭等，因他們也都不是我國修憲參考的對象，故就制度面來說，本章未將之納入比較。

5　法國國民議會可做為立法機構代表的原因有五：首先，法國第五共和憲法明文規定，國民議會擁有一些參議院所沒有的權力，如倒閣權（憲法第四十九條）；其次，在相同權力的範疇上，例如財政法草案與社會福利財政法草案，需優先送交國民議會審議（憲法第三十九條第二項）；第三，在立法過程中，兩院中僅有國民議會有權請求召開臨時會議（憲法第二十九條之一）；第四，當兩院對法案的意見不一致時，最終需以國民議會的決議為依歸（憲法第四十五條第四項），意味著參議院的實質權力遠不如國民議會；第五，參議員的選舉方式為間接選舉產生（憲法第二十四條第三項），讓參議院較不具備民意基礎，監督力道更難發揮。此外，關於參議院之職能，廖達琪於2006年11月赴法訪問參議員Jean-Jacques Hyest（為當時參議院憲法委員會主席），其亦表示參議院的主要職能為緩和（say "no" or "stop"）太快或者過急的法案。或可說，法國的參議院有類於英國的上院，都是對下院具有踩煞點車的功能，但影響不了大局；對行政權尤其不似監督角色，反似協助行政權平衡下院衝撞的角色。難怪，法國與英國內部都有廢除參院或上院的論調（Norton, 2000:1-14；呂炳寬、徐正戎，2005b）。基於上述理由，本章乃對法國參議院的監督能量抱持存而不論的態度，僅討論國民議會與臺灣立法院監督能量之比較。

的比較，主要理由有三：第一是靜態的憲政法制規章，不僅是規範國會監督力量動態發展的依據，也是最足以反映體制設計初衷的面向；從其中或可初步了解行政、立法權力分立或融合的設計傾向。第二是國會監督從法制面來探討，是 1960年代以降，學者受行為主義影響，多從行為動態面研究國會監督後的心得建議。因動態面本就滑溜不易掌握，各個學者也因而對「監督」的行為面有不同的定義及切入點，探討起來就易淪於各說各話，或限於僅觀察少數立法者的行動；故主張還不如回歸制度面，才能較清晰的掌握制度上讓國會可以監督（理解為控制、影響均可）行政權的能量有多少（Rosenthal, 1981; Rockman, 1985）。第三是從制度面入手比較，才能為日後瞭解分析行為動態面國會監督的實際狀況打好基礎，避免過去研究國會時常見的缺失，亦即行為面與制度面的混淆（盛杏湲，1997）；俗謂本立而道生，本章認為沒有對此制度之「本」有所理解，日後要探究行動者之「道」，將很難深入溯源。

　　本章選定在法制途徑的基礎上，欲比較可以產生國會監督能量的制度設計面向，主要涉及「國會整體」、「委員會」及「個別議員」三個層次；在國會及委員會的層次，又再分成權限、運作規則及資源配置三大項。在個別議員層次，則僅討論資源配置情形，因有關「個別議員」權限的規定會在「國會整體」這一層次提及，而與參與委員會等有關的運作規定，則會在「委員會」這第二層次論述。表6-1即先呈現這三大層次欲比較的面向。

　　表6-1中特別需進一步說明的是國會整體「權限」這一項，因為一般國會在憲政規範上擁有的權限還可包括：議決法律案、預算案、戒嚴案、大赦案、宣戰、媾和及條約案、言論免責權與會期中不被逮捕特權等等；本章認為這些權限是保障國會審議法案職能之根本權限，雖有監督行政之效力，但在不同民主體制國家的憲政規範中，差異並不顯著。重點差異反而是在「委員會」的審議角色，所以在「委員會」這個層級，會依國會內規，有一針對審議職權的綜合討論，而不列入國會整體這一層面比較。表中所列的各項權限，在不同體制中或有不同的規範，但就「監督」行政這一職能而言，質詢、調查、信任或不信任、彈劾、罷免、釋憲、公民投票提案、糾舉，都能形成較直接壓迫或控管行政作為的力量，這應是跨國比較最重要的部分。至於委員會與個別議員的部分，相關規範在法國經常有些變動，制度法令似不如憲政層次穩固，但就制度發展變遷的軌跡而言，又以漸進變革為主，所以

表6-1　國會監督能量的相關制度面向

	權限	運作規則	資源配置
國會整體	質詢權	議員專、兼職規定	國會組織架構及人力配置
	調查權	任期	國會輔助單位－研究單位及圖書館
	信任（不信任）權	會期長度	
	彈劾權	議程設定	
	罷免權		
	釋憲權		
	公投提案權		
	糾舉權		
委員會	審議法案權限	組成人數	幕僚人數
		組織方法	幕僚專業程度
		領導系統	
		參與規則	
		資深制	
個別議員	×	×	薪資
			津貼
			助理配置

資料來源：作者自製。

即使本章選定比較的法國國會內規，限於一定時期，但仍應具有相當的代表性。[6]

至於本章所有引用的相關規定，在憲政層次，都是以最新的憲法規範爲依據，臺灣是2005年第七次修憲後的版本，法國則是2008年修憲後的版本。在委員會及個別議員的層次，則是以臺灣第七屆（2008-2012），法國第十三屆（2007-2012）的各種內規爲依據；但在引述說明比較時，難免會涉及法規發展的歷史背景，故以註

---

[6] 法國國內一直有著反國會（antiparlementarism）的傳統，這些反對者認爲，現有的規範讓國會難以有所作爲，改革的幅度也不足，因此經常提出一些批評，例如學者Jean-Marie Pontier甚至在雨果的名言：「國會議員的職責就是在議事（les parlementaires parlementent.）」後面加註：「所謂議事，就是國會議員在聊天跟撒謊（les parlementaires parlementent; ils parlent et mentent.）」，來嘲諷國會議員的無所作爲。有興趣者可參閱（Pontier, 2000）法國國會爲此也經常進行一些關於國會內規改革的討論，不時也有所辯論，使得國會內規經常有漸進性的變動，但要達到大幅改革的程度，目前看來還不是那麼容易。

解說明之。

　　總計，本章共分成前言、文獻回顧、國會整體層次的制度監督能量、委員會層次的制度監督能量、個別議員資源配置展現的監督能量及結論等六大部分。

貳、文獻回顧

　　本章就定義、研究途徑與主題、研究時序及國會監督等四個面向來回顧半總統制的相關文獻；聚焦的範圍則主要以臺灣學者的研究為對象。[7]最後，在論及國會監督相關研究的探討，則特別會針對文獻中涉及臺、法兩國的部分。

　　首先，就定義使用上來說，臺灣學者於半總統制的論述上，以引用Duverger（1980）之定義為主，其著重於「民選總統有相當權力」，與「總理向國會負責」這兩個面向。較早期的國外論述多認為半總統制為介於總統制與內閣制之間，或在這兩者之間可形成換軌運作機制，是憲法學上新類型的政府體制（Cheibub, 2002; Duverger, 1980; Sartori, 1994）。

　　不過，Duverger（1980）的定義，也引發不少爭議，不僅是「內閣」與「總統」可否換軌，及所謂「換軌」之內涵問題（Lijphart, 2004）；更根本的是所謂「總統有相當權力」的實際意義，研究者常自由心證的詮釋應用（沈有忠，2004；陳宏銘，2004；蘇偉業，2005；蔡榮祥，2008；呂炳寬，2009；黃秀端，2010）。後來雖有Linz、Sartori及Elgie等陸續都提出對半總統制的定義，但在國內的使用情形並不多，可能由於這一體制概念的原創者畢竟還是Duverger的緣故（Linz, 1994; Sartori, 1994; Elgie, 1999）。所以，有國內學者認為Duverger（1980）之定義仍不失作為一個公分母的角色（林繼文，2000）。故本章仍引用Duverger（1980）之概念做為比較分析的出發點。

　　其次，從研究途徑與主題的角度來看臺灣的相關研究，傳統制度主義對於半總統制的論述多著重於：憲政結構、政體分類、府會關係類型與大法官釋憲上（黃德福、蘇子喬，2007）；新制度主義途徑則有較為豐富的題材，探討層面包含政黨體系、社會文化、歷史脈絡，或應用賽局理論來檢視半總統制下的各種可能分類與

---

[7] 臺灣因為近年才被歸類為「半總統制」（主要是1997年第四次修憲，拿掉立院的閣揆同意權之後），相關研究如雨後春筍，且亦牽涉與法國或其他半總統制國家之比較，值得做一與本章核心關切可以對話的文獻回顧。

政治景況（林繼文，2000），不過大多皆與政治現實有所連結。而在研究行政立法關係上，傳統制度主義與新制度主義又有不同的出發點，傳統制度主義途徑研究者多從憲法層次出發，著重於探討行政與立法的法制關係（沈有忠，2005）、內閣之定位（張峻豪、徐正戎，2007），或行政權與立法權在相互制衡上所遭遇的問題等（潘彥豪，2007）；而新制度主義研究者則從政治現實出發，多以探討臺灣半總統制實際運作所遇到的問題為主，包含：少數政府的困境（吳玉山，2001；周陽山，2001；徐正戎、呂炳寬，2002）、換軌與共治的可能性（周育仁，2001；林繼文，2009），或以新制度主義的角度重新解釋憲法上的行政與立法之關係（徐正戎、張峻豪，2004）。

綜合而言，在研究主題方面，目前半總統制的相關文獻，較少有與國會監督直接對話之討論；而在研究途徑方面，憲政體制的探討，傳統制度主義是基本的切入點，新制度主義的研究途徑雖將行動者的反應與選擇帶入考量，但仍難脫離制度框架的操作。所以本章在針對「國會監督」這一尚未發展為半總統制下主要關切之研究議題時，仍先從傳統制度途徑著手。

第三，從研究時序來看，臺灣1997年第四次憲改前的半總統制之研究，主要著重於憲法層次上的探討（郭正亮，1996；張壯熙，1996；吳東野，1996），憲改後的研究則論及憲改對憲政運作及政治的影響，或政黨輪替後產生之問題（黃德福，2000；盛杏湲，2003），例如論述少數政府與政治穩定的關係（吳玉山，2001；黃秀端，2003）。民進黨2004年第二次執政之後，學者多討論共治、制度落差、制度配套與政治效能、內閣之困境，或借用他國之經驗，來探討臺灣之問題，以獲得啟發（呂炳寬、徐正戎，2005a；王業立、羅偉元，2006；林繼文，2006；沈有忠，2006）。至於少數政府的討論，則延續到2008年國民黨再次取得政權後，有學者從總統權力來解釋少數政府的問題（陳宏銘，2007）。爾後，學者則開始反省半總統制上的諸多質疑，如共治是否能成為憲政慣例（林繼文，2009）？臺灣的學者對法國的注意，也是隨著少數政府的出現而強化，並論及對法國2008年修憲的分析及對我國的影響等等（郝培芝，2010；張台麟，2010；鍾國允，2011）。近年來，則有重新解釋或區別「雙首長」與「半總統制」之文章出現（蘇子喬，2010；潘彥豪，2007；林超駿，2009），以及提倡較全觀性（holistic）的角度來探究半總統制（Wu, 2008）。

整體看來，臺灣對半總統制之探討，相當受政治實際的牽引，也或因臺灣2000年及2008年政黨輪替所形成少數與多數政府交替的現象，學者多聚焦於體制中

兩位行政首長之互動及關係之釐清，甚少關注到國會如何在分立及一致政府中，扮演監督角色。

第四，論及國會監督，文獻較常討論的是在總統制下的國會監督，且多集中在對美國國會或州議會的研究（Rockman, 1985）。如前已提及，國會監督研究最盛行時，是行為主義學派最當令時，但在動態過程中，探索了半天，學者仍不免主張回歸制度面；且強調對國會資源及人力配置的了解，是探索國會監督能力的關鍵要素（Rosenthal, 1981; Rockman, 1985; 施能傑，1987）。至於「內閣制」下的國會監督，很少文獻直接觸及，或許是由於「內閣制」的設計原理中，「國會」就是扮演監督政府的角色，並不特別強調其「立法」之功能。所以國會的經常作為，如預算審查、質詢官員等，就是在履行「監督」的工作，不需特別冠以「監督」之名做探討（Coombes, 1975; Beith, 1981）。不過，近幾年來，內閣制的國家多少受美國「總統制」民主體制的擠壓及啟發，有增加助理人員及資源配備等以強化國會議事功能之傾向（廖達琪，1997；廖達琪，2008）；即使內閣制中的典範－英國，在政黨競爭的壓力下所推出的國會改革方案中，為增加議會的監督力量，或為更直接服務選民及反映民意需求，要求增加助理等資源配備，也成為主要的項目（Norton, 2000；廖達琪，2008）。

臺灣學術研究或由於長期受美國之影響，有關臺灣國會監督能量的探討，較傾向以美國總統制下的國會做為分析標的（施能傑，1987），或聚焦於委員會運作與功能上的探討（楊婉瑩，2002a；2002b；2003）；另較常見的是對行政機關的監督之研究，但多聚焦於某一制度面向，如國會如何監督行政部門的非正式立法或政策（例如行政命令）（許禎元、單文婷，2009；陳清雲，2009）。

其中，最直接相關的為2009年後，兩次江陳會所引發的國會如何監督兩岸協商機制的爭論（林正義，2009；黃偉峰，2009）；及2010年後，對「兩岸經濟合作架構協議」（Economic Cooperation Framework Agreement, ECFA）要簽約這一行政作為，國會如何監督做探討（黃秀端，2010；廖達琪、李承訓，2010；顧忠華，2010）。

最後，國內外對法國國會監督的研究則又更少，主要為國會對行政機關監督之概略介紹（張台麟，1992），或特別關注當法國處於左右共治期間，行政權所可能受到的各種監督之面向，例如行政權如何受到行政權外部機關（國會與司法機構）的監督，或者行政內部機關之間所可能產生的相互監督情形之討論（陳淳文、Delvolvé，2001），以及針對歐盟擴權對會員國的衝擊而做的國會反應研究（黃

英哲，2001）。而法國2008 年修憲之前，也吸引學者探討第五共和國會偏弱的問題，左派各政黨甚且提出「第六共和」之名稱，希冀推向「內閣制」來強化國會對總理的課責，而弱化總統角色（Lenglart, 2007; Montebourg, 2005; Montebourg and Francois, 2005; Ponceyri, 2007a; Poceryri, 2007b）；而右派陣營則向來以強調總統為憲政基石（cle de voute）的大總統主義（presidentialism）為其憲政主張，由於修憲正值右派贏得總統與國會多數的時期，故此次修憲基本上仍舊呈現出大總統主義的色彩，右派學者對此次修憲多表贊同，左派學者則大部分甚至全盤予以否定。[8]

　　由上述可知，從半總統的制度設計，來探討法國國會監督的應然或實然面運作情形，文獻上可說仍是著墨不多。換句話說，文獻上甚少從「半總統制」的制度規範角度，探討國會應是如何監督行政權。而就實際面向上來說，政黨輪替後，臺灣並未產生換軌的慣例，而形成分立政府，因此，有學者建議從美國的運作經驗借鏡，來研究臺灣行政與立法間的關係（盛杏湲，2003）。也有學者參考美國議員任期制度的發展，來比較針砭臺灣立法院的監督力量（陳敦源、楊婉瑩，2005）。[9]但文獻上跨國比較，尤其是臺、法之間，能從「半總統制」的制度框架切入，並聚焦於國會監督，則仍是待拓荒的領域。

　　本章乃試著比較兩個半總統制的國家－臺灣與法國，並從較傳統的制度面切入，來探究兩國在制度設計安排上，賦予國會的監督潛能為何。這樣的比較，一方面是對「半總統制」從規範到可能運作狀況的另一層面瞭解；再來則是進一步分辨出同被歸類為「半總統制」的國家，在國會監督這一面向制度安排上的可能傾向；最後希望對「半總統制」下國會監督的制度安排及選擇能有理論的反思。

---

[8] 薩科奇所帶領的右派政府所提出的法國2008年之修憲方向是：提升國會的監督能量、修憲的主要動機是要朝向更均衡的分立與制衡的行政立法關係、修憲強調行政與立法的權力平衡，以及分立與制衡的機制設計，以追求行政立法兩權平衡為最高指導為原則。期能在強調強化行政權之餘，也需強化負責監督的立法權。因此，就法國本身憲政體制發展的歷史脈絡來看，是往更「總統化」的方向演化。對此次修憲抱持此種看法的學者如（Foillard, 2008; Colillard, 2007; Roux, 2007; Zorgbibe, 2007; Duhamel, 2008）。
[9] 學者陳敦源、楊婉瑩（2005）就發現我國的立法院並不具備建設性的監督力量。

參、國會整體層次的制度監督能量

一、國會所擁有的權限

　　臺灣與法國兩國的憲法中賦予國會及國會議員的權限大抵類同之處，如議決與提出法律案、行使國際條約與協定的同意權、言論免責權，與會期間不被逮捕之特權等均頗類似，就不予比較論述；但就能形成直接監督力量的權限而言，臺、法確實在制度規範上有所出入，本章選用質詢、調查、信任與不信任、彈劾、罷免、釋憲、公投提案權、糾舉等面向比較分析，再接續評量哪一國制度授予的權限，可釋放較多的監督能量。雖然臺、法兩國的國會都擁有修憲權，但因修憲主要牽涉政體或人民權益的改變，本章認為與國會監督行政權較無直接關聯，因此不列為監督政府能量的一環，故亦不予以比較。[10]

（一）質詢權

　　通常在內閣制體系下，才有國會「質詢」政府的權限，[11]做為監督政府的主要利器，而《中華民國憲法》與法國《第五共和憲法》對此均有規範，但仍有些許差異，分述如下：

　　《中華民國憲法》增修條文第3條第2項第1款，係立法院質詢權之法源依據：「行政院有向立法院提出施政方針及施政報告之責。立法委員在開會時，有向行政院院長及行政院各部會首長質詢之權。」《中華民國憲法》第67條第2項：「各種委員會得邀請政府人員及社會上有關係人員到會備詢。」臺灣除憲法之規範外，尚有《立法院職權行使法》第17條之規定：「行政院遇有重要事項發生，或施政方針變更時，行政院院長或有關部會首長應向立法院院會提出報告，並備質詢。」及第16條第2項：「立法院依前項規定向行政院院長及行政院各部會首長提出口頭質詢之會議次數，由程序委員會定之。」所謂「前項」規定包括所有例行施政總質詢及

---

[10] 就修憲案的條件來看，法國修憲案的草案或提案須以同一內容並經由國會兩院表決通過，且修憲案須經公民複決同意後始告確定。若想繞過公投，則須總統將修憲案提交國會兩院聯席大會議決，修憲案須獲得聯席大會3/5有效票數始得通過（《第五共和憲法》第89條）。我國則依憲法增修條文第十二條，修憲案須有1/4的立法委員提案、3/4出席、出席委員3/4決議始能提出修憲案。

[11] 「總統制」下的國家，以美國國會為例，國會有公聽（public hearing）或聽證會中可以要求政府官員出席作證，但沒有「質詢」這一權限。

行政院長新任時的總質詢；[12]而由「程序委員會定之」則顯示立法院於質詢上具有議程掌控權。

　　法國則規定於《第五共和憲法》第31條第1項：「政府閣員得列席國會兩院，並得要求發言」；及第48條第6項：「每週應至少保留一次會議，以供國會議員質詢及政府答詢之用。」

　　總結來看，臺灣憲法上對於質詢權之規範較爲明確，明定對行政首長進行質詢之權，委員會之相關規範也明文規定於憲法中；且質詢之安排，依憲法本章之意，是由立法院主導排定，較有「國會自主」之意涵；而法國憲法雖明文規定每週至少有一次質詢的會議時間，但依憲法之規範，可說並未授予國會排定質詢議程之自主權，尤其內容上較以保障行政權之說明機會而爲之，所以憲法中是以「閣員……並得要求發言」爲優先情況，且質詢時保障「政府答詢」之權力。以控制影響行政的監督能量而言，國會有自主性的安排質詢議程，及明定政府有「備詢」之義務，與沒有此自主性，而由憲法來規定質詢權之行使議程，並明定政府「答詢」及「發言」之權益相較，應是前者較有對立、制衡的壓迫感。所以，就臺灣對國會「質詢權」的制度安排及權限授予所可能產生的監督能量而言，應是勝過法國一籌的。

（二）調查權

　　調查權通常是總統制國會特別強調的權力，亦爲監督行政所作所爲的重要工具之一；而臺、法兩國均未明文規定於憲法本章中，但經過憲政的長期演化發展，也有近似的法規出現在各自體制中，現說明如後：

　　我國的憲法雖未明文規定立法院擁有調查權，然而憲法第67條第1項規定：「立法院得設各種委員會。」《立法院組織法》第10條第2項規定：「立法院於必要時，得增設特種委員會。」此亦爲後來所設立的「三一九槍擊案眞相調查委員會」之法源。我國立法院較明確擁有調查權之法源，主要來自2004年12月15日的大法官解釋釋字第585號。[13]在此之前，立法院只擁有不完整的調查權（文件調閱

---

[12] 《立法院職權行使法》第16條第1項：「行政院依憲法增修條文第三條第二項第一款向立法院提出施政方針及施政報告，依下列之規定：一、行政院應於每年二月一日以前，將該年施政方針及上年七月至十二月之施政報告印送全體立法委員，並由行政院院長於二月底前提出報告；二、行政院應於每年九月一日以前，將該年一月至六月之施政報告印送全體立法委員，並由行政院院長於九月底前提出報告；三、新任行政院院長應於就職後兩週內，向立法院提出施政方針之報告，並於報告日前三日將書面報告印送全體立法委員。」
[13] 其主要目的爲解釋「三一九槍擊案眞相調查委員會」是否違憲。「三一九眞相調查委員會

權）。[14]釋字585號解釋文中陳述：「立法院為有效行使憲法所賦予之立法職權，本其固有之權能自得享有一定之調查權，主動獲取行使職權所需之相關資訊……發揮權力分立與制衡之機能。」這一解釋文等於確立了立法院調查權的完整性，對不配合國會調查聽證之相關人員，得課以罰鍰，並讓立法權與行政權有較明確的分立制衡之關係，可說將臺灣的體制法制上更推向總統制。

法國第五共和的憲法於1957年初制定時，並未明文規定國會的調查權或相關權限，稍後於1958年確立了國會的某種調查權，讓國會有權針對特殊問題組成委員會調查。[15]國會成立調查委員會的目的是為了收集特定事實、或公共服務事業（services publiques），或國營事業之經營管理的相關資訊，以作為向所屬國會提出報告之基礎。[16]關於國會調查權的規定在法國已歷經多次修法，權責更加完備與清晰，例如委員會的存在期限不得超過六個月、組成調查委員會的人數不得超過30名國會議員、其所欲調查之相關事實已進入司法程序者，則不能再組調查委員會等等，故委員會僅能算是暫時性的組織。

根據統計，自2002年到2007年，法國所成立的調查委員會數量不多，例如「狼在法國山區出沒對畜牧業的影響之調查委員會（2002年）」、「熱浪對健康的影響調查委員會（2003年）」、或「釋放羈押在利比亞的保加利亞醫護人員的可能性評估之調查委員會（2007年）」等等。[17]從名稱上來看，不難明白調查委員會設立的主要目的是在瞭解行政政策的適當性，與提供政策可能性的評估，或者為提供政策的建議，故發展出後續追蹤的制度設計，立法權與行政權之間的關係比較像是相互協助而非分立制衡。

條例」，在大法官作成解釋前，行政部門即宣布其違憲，拒不執行，且使用所謂的「抵抗權」，在不給經費、不給人力支援，並通令全國各機關不得提交文件，使真調會實際上處於癱瘓狀態（見楊日青，2005）。
[14] 詳情請參閱1993年7月23日大法官釋字第325號解釋文。
[15] 依據1958年11月17日的第58-1100號行政法令（Ordonnance）。「Ordonnance」此譯為「行政法令」，原意為「行政權頒布暫代法律之命令」，與「Décret」、「Arrêté」不同，後者相對近似我國憲法體系下之行政命令。但或許不宜與行政命令混淆（呂炳寬、徐正戎，2005b）。
[16] 法國所謂「公共服務」（services publiques）包山包海，定義與我國頗有出入，涉及範圍廣及於與公權力負有直接責任或間接監督責任之「服務」。有關調查權涉及之範圍的更詳細論述，請參閱陳淳文關於公共服務與行政契約系列研究。
[17] 2002-2007年法國國民議會共組成過9個調查委員會，相關資訊請參考Commissions d'enquête parlementaires sous la XIIIe législature（2002-2007），網址：http://fr.wikipedia.org/wiki/Commission_d%27enqu%C3%AAte_parlementaire_en_France。Latest update 15 October 2012。

　　不過，法國雖然經過多次修法，逐步擴充國會組成調查委員會的相關規範，但國會的調查權仍未受到憲法規範而有所確立，故法國於2008年7月23日的修憲案中，新增關於國會調查權的內容，分別在憲法第24條之1：「國會議決法律案、監督政府施政與評估公共政策。」及憲法第51條之2：「議會兩院為執行憲法第24條之1之監督與評估任務，有權於各自院內成立調查委員會，以便依法收集資訊。」[18]除了修憲之外，亦於2011年再次新增聽證制度的相關規範，以增加國會監督的客觀與公正性。[19]

　　總結來說，法國在法規中授予國會某種調查權比我國早，但一直限於是行政法令。兩國近年才將國會調查權的賦予提升至憲法位階（我國2004年，法國2008年），但我國賦予的理由是「發揮權力分立與制衡之機能」，而法國則是「監督與評估」行政作為。在精神意涵上，前者有類總統制之行政立法權力分立制衡之邏輯，後者則近似內閣制行政立法權力融合，但為求兼顧國會的監督審議之職能，故發展出「後續追蹤」的制度設計。另就實例運作上來看，我國確實也較偏向展現出行政與立法分立制衡的理想，特別是大法官的釋憲文明確指出，立法院的調查權是制衡行政權的一種方式，法國則較偏向處理內政事務的問題。因此，在未來監督能量之發揮而言，仍是以近似總統制權力對等制衡下的國會調查權屬性為強。所以，純就憲法制度規範面賦予的調查權而言，臺灣國會可蘊藉的監督能量是強過法國的。

（三）信任與不信任案之提出權

　　國會對內閣可以提出不信任案，或表決內閣所提出的信任案，主要是內閣制的特質；但一般來說「不信任案」的設置較為普通，且可視為是國會監督行政的終極武器。因為「不信任案」的通過即是倒閣，內閣被迫要做相應的改變，或選擇解散國會，透過重新改選訴諸民意之裁決。但「信任案」則另透玄機，如果總理提出，內閣獲得「信任」支持，則表示國會掣肘的力道要弱，而以配合行政推動政策為主軸；這個權限就不是為國會「監督」而設計，反而是為鞏固內閣在國會中的穩定多數地位而安排（陳淳文、Delvolvé，2001）。實際上，臺、法兩國憲法對這兩權的

---

[18] 法國憲法如標示為「Article 37-1」者，本章譯為「第37之1條」，以別於「第37條第1項」。

[19] 2011年2月3日再次修正1958年的第58-1100號行政法令第6條，成為第2011-140號法第2條，此法案關乎國會監督功能之加強。請參閱共和國公報：http://www.ccomptes.fr/fr/CC/documents/divers/Loi_2011_140_03022011.pdf。Latest update 15 October 2012。

有無安排，就有明顯的差異。簡言之，我國憲法僅授予立法院得提出不信任案，法國憲法則不僅有國會不信任案提出之規範，亦有「信任案」之設計。

關於立法院得提出不信任案之規定，可見於《中華民國憲法》增修條文第3條第2項第3款：「立法院得經全體立法委員三分之一以上連署，對行政院院長提出不信任案。不信任案提出72小時後，應於48小時內以記名投票表決之。如經全體立法委員二分之一以上贊成，行政院院長應於10日內提出辭職，並得同時呈請總統解散立法院；不信任案如未獲通過，一年內不得對同一行政院院長再提不信任案。」

相較於臺灣，法國則有信任案與不信案兩種制度設計；而在信任案方面，又可分為兩個部分，分別規定於《第五共和憲法》第49條第1項，以及第49條第3項。前者規定：「總理得就其施政計畫，或於必要時，就整體施政報告，經部長會議審議後，向國民議會提出對政府的信任案（la responsabilité du Gouvernment）。」單就憲法中的文字意涵來看，政府應有完全的信心來爭取國會的同意，例如龐畢度總理即是如此認為（Duverger, 1996；張台麟，2007）；就政治運作上來看，歷任總理在上任之初多會向國會提出施政計畫，以尋求國會的支持，但不一定會要求國民議會予以投票。但在「左右共治」時期，信任案卻會被提出以獲得通過，例如1986年第一次左右共治時的席哈克總理，於上任之初立即向國民議會提出施政報告，並要求國會對其信任投票，結果是以292票支持、245票反對，通過信任案。因此可說是藉此信任案投票，讓總統任命的總理可以展示國會多數支持的力量，而較有效地推動政府的施政。這樣的信任投票使得即使在左右共治時，法國體制仍擁有行政與立法權力融合的機制存在。這或是法國一直以「理性化國會」的理念來「抑立法揚行政」的相關作為之一。[20]

信任案的第二部分，憲法第49條第3項規定：「總理經部長會議審議後，得於國民議會針對財政法草案或社會安全財政法草案投票質押政府責任。在此情形下，此草案視為通過，除非在24小時內有不信任案之動議提出，並依本條前項之規定進行表決。此外，總理可在每一會期適用此一程序於其他的一個法律草案或提案。」由於第49條第3項是一種附帶信任案的強迫法案表決之制度設計，在實際運作上也確實造成法國國會必須配合政府作為之影響，而降低監督甚或控制改變政府之力量；因此2008年的修憲才將該項限定為僅適用「財政法草案或社會安全財政法草

---

[20] 由於第四共和中，國會經常倒閣，導致政潮頻仍，因此第五共和的憲政制度設計以「理性化國會」為基礎，希望國會能盡量減少對行政權的干預。

案」，政府得將其質押政府責任。至於其他性質的法案，每會期僅適用一個法律草案或提案，如此以降低質押政府責任以求法案通過的可能性。這樣的規定，表面上雖給予國會表決表意的機會，但實質上是近乎強迫國會多數表態同意的作為，可說仍是在維持行政立法權力融合的思維邏輯上，並非強化國會平行監督力道的設計。甚且有學者將第49條第3項解讀為政府規避國會監督的利器，國會監督在此完全使不上力（張台麟，2007）。[21]

　　法國在「不信任案」方面，則規定於第49條第2項：「國民議會得依不信任案（motion de censure）之表決以決定政府之去留。此項不信任案需經國民議會至少十分之一議員之連署，始得提出。動議提出48小時後，始得舉行表決。不信任案僅就贊成票核計，並須獲得國民議會總席次之半數以上支持始能通過。除本條第三項所規定之情形外，個別國民議會議員在同一常會會期中簽署不信任案不得超過三次，在臨時會期中則不得超過一次。」

　　由於第49條第2項關於不信任案提出的規範是較嚴格的，因此法國史上也唯有一次倒閣成功的經驗，那就是1962年11月間，龐畢度總理因國民議會提出不信任案而政府總辭。

　　由上述可知，法國信任案的發動可以有兩個時機，一是在新總理上任之初，另一則是在任期中，希望國會一定要通過政府所提出的法案。但上任之初的信任案至今沒有失敗的紀錄；在任期內，信任案失敗的機率也很低。至於不信任案，則需考量有效票的計算規則與提出的時間及次數限制等多重條件限制，顯示此一雙重制度規範，表面上看起來是給予國會更多的監督機會，實際上卻隱藏對行政權的保障，依然展現其「理性化國會」制度設計之精神。

　　總結來看，法國的信任案，必須由政府發動，請求國民議會對政府信任，意在獲取國會的支持，其本質上是較推向「內閣制」運作方式的規定；而信任與不信任案並行的制度設計，其實並非強化國會監督的依據；臺灣雖然沒有信任案的相關規定，但就國會監督而言，反而是表示國會和內閣沒有融合的制度設計，國會站在內閣對立面，衝突力強，而不易產生融合一體的信任支持關係。再就「不信任案」而言，臺灣提出的連署門檻較高（臺1/3、法1/10），且提出次數受較嚴格的限制，

---

[21] 1965年至1987年間，左派和右派皆曾針對20個法案使用了36次憲法第四十九條第三項來通過法案。1988年亦有2次。1989年秋季的院會會期中（10到12月），當時的羅卡政府針對4個法案就連續使用了13次該憲法第四十九條第三項來通過法案，造成國會議員極大的不滿與批評。

能產生的監督能量，反而較法國又弱了一些。[22]

所以，就「信任案（la responsabilité du Gouvernment）」的規範而言，臺灣並無此制度設計，反而表示監督力道可以較法國爲強；但就「不信任案」的規範比較，臺灣限制較法國爲嚴，能釋放的監督能量，可能較法國就差些。

（四）彈劾權

臺灣與法國兩國國會皆得對總統提出彈劾案，可以說是對行政權的另一種強力監督的武器，但兩國規定不太一致。我國的彈劾權原先屬於監察院，修憲後則屬於立法院，但須由立法院決議後送請大法官審理才能生效，法國的彈劾案則是由國民議會議長主持最高彈劾法庭（La Haute Cour）予以宣告。兩國憲法關於彈劾權的規範詳列如下。

臺灣部分可見諸於《中華民國憲法》增修條文第4條第7項：「立法院對於總統、副總統之彈劾案，須經全體立法委員二分之一以上之提議，全體立法委員三分之二以上之決議，聲請司法院大法官審理……。」

法國則詳細規範於《第五共和憲法》第68條第1項：「總統未履行其該盡之義務，並且明顯違反總統職務之事項時，始得被免除職務（déstitution）。總統被免除職務由國會組成之最高彈劾法庭予以宣告。」[23]最高彈劾法庭之籌組提案經國會兩院之一通過後，須立即送交國會另一院，並於15日內予以議決（第68條第2項）。該法庭由國民議會議長主持。法庭應於一個月內以秘密投票方式予以表決。各項議決若經國會各院或最高彈劾法庭所有成員三分之二多數通過，表決結果立即生效（第68條第3項與第4項）。[24]

若從「發動彈劾」的門檻上來看，依據憲法增修條文，我國的彈劾程序爲立

---

[22] 有研究指出，臺灣過去的立委選舉制度使倒閣權形同虛設（請參見蘇子喬，2000），而2008年採用新的選舉制度所產生的第七屆立法委員，在實際面向上，至今也未有欲使用此職權的任何跡象。故本章認爲，就規範面來看，臺灣在此面向上所能產生的監督能量，較法國弱一些。

[23] 本譯文爲參考吳志中之翻譯，詳見吳志中（2007）。本條另有學者譯作：「共和國總統僅於明顯違背其職務而未盡其應盡義務時始得被免除職務。」請參見張台麟（2007）。

[24] 第六十八條之規定是否就是一般認知中的「彈劾」（impeachment），其實學界尚有爭議。認爲此條並非等同於彈劾權的原因是，就嚴格的公法程序而言，法國總統解職的程序因爲沒有司法權力的介入，因此並不符合公法的規定，是故法國第五共和並沒有英美的元首或政府首長「彈劾」制，抱持此種看法的學者如Michel Verpeaux、Olivier Beaud等。故本章僅能以第五共和總統「撤職」（déstitution）程序對照之。有興趣者可自行參閱（Beaud, 2001）及（Verpeaux, 2007）。

法委員二分之一提案、三分之二決議後送請大法官審理。門檻之高不在話下，對於彈劾的事由，憲法雖無明文限制，但門檻高、程序多，皆是導致彈劾難以發動的重要原因。然而，大法官會議比較接近法國憲法委員會的性質（亦即訴請常規司法裁判），與法國的最高彈劾法庭性質上不太相同。法國的最高彈劾法庭是一種國會自組的特別法庭，其中並無司法權介入，審理彈劾案的過程比較近似於「政治審判」，因此以較高的表決門檻作為限制，避免動輒撤換總統。但從另一個角度來看，我國的做法或許也可以說是司法權的伸張。

在彈劾權的使用上，法國是由國民議會議長主持最高彈劾法庭，較具審理上的主導權，此為與我國有明顯差異之處。但就憲法條文的規範上來看，法國對彈劾權的行使條件及程序顯然較我國更為嚴苛及複雜一些。所以就彈劾權的制度規範所能放射的監督能量而言，本章認為臺、法各有千秋，是難以判斷高下的。

（五）罷免權

罷免權是我國憲法中較獨有的制度，兩國中僅我國有對總統之罷免權，法國《第五共和憲法》中則無罷免權的相關規定。

我國關於罷免權之規定可見於《中華民國憲法》增修條文第2條第9項：「總統、副總統之罷免案，須經全體立法委員四分之一之提議，全體立法委員三分之二之同意後提出，並經中華民國自由地區選舉人總額過半數之投票，有效票過半數同意罷免時，即為通過。」

罷免權雖常是備文，不見得實際會使用；但明文規範於憲法中，成為國會可以發動制衡總統的權力之一，應可視為是監督能量的強化；而法國沒有此設置，臺灣相對在此制度面向上的監督能量，可算勝出。

（六）釋憲權

我國申請大法官釋憲的門檻為現有立法委員的三分之一，單就提請的人數門檻來看，我國確實高很多。雖然大法官的候選人名單需要立法院同意，與法國的指定人選的權力相比，仍舊略遜一籌，但這也強化了行政、立法、司法分立制衡的基礎，使我國立法院一旦決議提請大法官釋憲，則立法借助司法之力對行政權的制衡

力道是不可小覷的。[25]

　　依據《第五共和憲法》第61條之規定，「共和國總統、總理、國民議會議長、參議院院長、60名國會議員或60名參議院議員，可提請憲法委員會申請釋憲。」由條文中可知，法國申請釋憲的門檻是相對寬鬆的，總統、總理、國會兩院的議長都可以提請釋憲，而60名議員之人數規定，以法國共有577位國民議會議員來看，其實也算是只要少數議員即可對國會三讀通過法律提請憲法委員會釋憲（1/10左右）。此外，憲法委員會由9名委員組成，總統、國民議會議長、參議院議長各可任命三名委員，就行政權與立法權競逐的面向上來看，由於憲法委員會的委員通常與任命者有著志同道合的法律觀點，國會似乎擁有較高的潛在監督能量。但憲法委員會依憲法之規定，在法律尚未公布前，需主動審理法律的合憲性，基於志同道合的法律觀點，議會很少通過可能違憲的法律；再基於國會議長有任命憲法委員會委員的權限，故憲法委員會在法律經國會三讀通過後，再宣告法律違憲的機率，權力邏輯上是不大的。再者，由於議員提請釋憲的門檻不高，較可能的情形，反而成為擺平議會內部政治角力的制度設計，而非為了監督行政部門的作為。

　　綜合而言，法國國民會議議員申請釋憲的門檻雖遠較我國立院為低（1/10 vs.1/3），但就釋憲案提出所可能產生的監督行政效果而言，臺灣立法院協同司法權的力量是高於法國的。

（七）公民投票提案權

　　我國立法院擁有公投提案權始於公投法的規定，後經大法官釋憲獲得確認。公投法第16條第1項規定：「立法院……認有進行公民投票之必要者，得附具主文、理由書，經立法院院會通過後，交由中央選舉委員會辦理公民投票……。」大法官釋字第645號的解釋文亦肯定立法院有此權力。[26]依此項規定，立法院的公投提案

---

[25] 例如民國1996年5月，立委丁守中為了加強國會對國防部的監督，減少軍中層出不窮的採購弊案，寫了六千多字的釋憲申請文理由，並獲得跨黨派的124位委員連署支持，提請大法官會議釋憲。大法官會議在該年7月24日做成釋字第461號決議文，文中認為參謀總長應到立法院備詢。

[26] 大法官釋字第645號解釋文：一、公民投票法第十六條第一項規定：「立法院對於第二條第二項第三款之事項，認有進行公民投票之必要者，得附具主文、理由書，經立法院院會通過後，交由中央選舉委員會辦理公民投票。」旨在使立法院就重大政策之爭議，而有由人民直接決定之必要者，得交付公民投票，由人民直接決定之，並不違反我國政體制為代議民主之原則，亦符合憲法主權在民與人民有創制、複決權之意旨；此一規定於立法院行使憲法所賦予之權限範圍內，且不違反憲法權力分立之基本原則下，與憲法尚無牴觸。

在院會通過後，即可交付公投，不需經公民連署，是實質的提案權，法國則仍須經公民連署，監督力道似弱些。

法國憲法中對於公投的規定有兩種，分別在第11條的一般法律公投（le référendum législatif），以及第89條的修憲公投（le référendum constituant）。以本章所關心的一般法律公投案，2008年的修憲新增第11條第3項規範：「國會五分之一的議員提案以及十分之一公民的連署即可依法律提案進行公民複決。」[27]顯示國會與總統皆有公民投票的提案權，但國會須搭配公民連署，較之於總統可主動提交的權力仍是有所落差。

但就法理上來說，公投雖然是直接民主的展現與實踐，但就國會監督權的完整性來看，其實是對國會權力的一種斲傷。因為公投是國會將其監督權讓渡給全民的一種方式，而全民是否能有效監督行政權，無論在法理上或在實踐上其實都有一定的難度，所以公投最後反而經常成為總統對抗國會監督的手段，在法國更是屢見不鮮，例如戴高樂總統就是將總統改為直接民選交付公投成功而聞名於世，自此也開始其不斷動用公投以達到政治目的的執政過程。

因此，總結來看，公投提案權在我國立院雖是實質的，但因公投也是對國會權力的剝奪，因此是否就是對行政監督較佳的力量，則尚難定論。所以臺、法就此公投提案權上，監督力道強弱難論。

（八）糾舉權

法國憲法對政府閣員之刑責有所規範，故有共和國司法院（la Cour de justice de la République）之設置，審理政府閣員的刑責。[28]該法庭由3名最高法院法官、6名參議員、6名國民議會議員組成（第68條之2）。這是法國獨特的制度設計，我國並無由立法委員組成可審理政府閣員刑責的法院，僅有國會調查權的行使，政府閣員的彈劾與糾舉都須交由監察院行使，故在糾舉權上，法國的制度賦予國會的監督能量可說是大於我國的。

---

[27] 依據《第五共和憲法》第11條：「共和國總統須依政府在國會期間所提之建議，或國會兩院之聯合建議（並於政府公報刊載），將有關公權組織、有關國家經濟或社會政策及公共事務之改革，或有關國際條約之批准，雖未牴觸憲法，但足以影響現行制度之運作者，提交公民複決。如公民複決案係由政府提議，政府應至國會兩院提出報告，並予以討論。」

[28] 《第五共和憲法》第68條之1的「la Cour de justice de la République」，另有學者譯為「共和彈劾法庭」，詳見張台麟（2007: 368）。

表6-2　臺灣與法國國會憲政法制面的監督能量評量表

憲政法制制度面向	臺灣	法國	監督能量評量
質詢權	有（規定較有國會自主意涵）	有	臺優
調查權	有（援引權力分立制衡而設）	有	臺優
信任案	無	有	臺優
不信任案之提出	有（限制多些）	有	法優
彈劾權	有	有	難以判斷
罷免權	有	無	臺優
釋憲權	有	有	臺優
公投提案權	有	有	難以判斷
糾舉權	無	有	法優

資料來源：作者自製。

　　經由前文所述，臺灣與法國憲法中所賦予國會的各項監督權力之比較，本章整理出兩國在這些制度規範面向上，可能具備監督能量的強弱對比，呈現在表6-2中。

　　表6-2中顯示，在放射監督能量的各項憲政制度面向上，以數量計，臺灣在所列出的9項中，有5項評比為較強（質詢權、調查權、信任案權、罷免權及釋憲權），法國則只有「不信任案」及「糾舉權」提出之規範，在監督能量釋放上，優於臺灣。在「彈劾權」方面及「公投提案權」，本章未敢妄下定論。

　　再就「質」的方面而言，這些制度規範背後展現的精神，臺灣在質詢權方面賦予國會自主安排議程之權力，且明示政府「備詢」之責任；在調查權上，更援引「權力分立制衡」為賦權之依據，再加上沒有「信任案」之設置，整體呈現的是較總統制傾向的行政立法權力分立制衡的設計，所以也可能因此不太鼓勵倒閣之發生（不信任案），傾向定期交由選民做仲裁。最後，在「釋憲權」的表現上，臺灣顯然是相對審慎許多，且大法官能獨立提出解釋文，某種程度能強化監督的力道；而法國的憲政規範，質詢權是「監督行政」，但保障政府「答詢」的權力，「調查權」的設置未呈現分立制衡之論述，加以「信任案」的安排，而對「不信任案之提出」採取較寬鬆之做法，多少呈現的是傾內閣制的精神；也就是不以權力分立制衡為監督力道來源，而以議會中的反對黨做為監督軸線，故「不信任案」提出門檻實不需太嚴，因為執政黨通常為議會多數，如果推行的政策未太乖離，應不致讓反對

黨得以策反執政黨同志，而通過「不信任案」。所以，綜合比較起來，臺灣立法院在憲政規範上涉及監督的制度面向，不論質與量，所能釋放的監督能量，還是強過法國的國民議會。

二、國會的運作規則

國會監督整體制度面向比較的第二部分爲國會的實際操作規範。本章比較臺灣立法院與法國國民議會運作規則之差異，比較項目包括：國會議員是否爲專職？或可兼任其他職位之相關規定、議員任期的規範、國會每年的會期長度，以及國會議程設定之相關規定等四個項目。在比較的基礎上，臺灣以2008年選出的第七屆113位立法委員之立法院，與法國以2007年選出的第十三屆577位議員的國民議會爲對象。

（一）議員專／兼職規定

國會議員可否兼任其他行政職位，通常是區分一國的憲政體制屬於總統制還是內閣制的重要判準之一；如就國會的監督能量來看，專職的議員比兼職的更能聚焦關注國會事務，也因而能釋放更大的監督能量。下文即分述臺灣與法國在此方面的規範。

我國關於立委不得兼職的規定可見於《中華民國憲法》第7條，該條規定：「立法委員不得兼任官吏。」憲法中雖僅規定不得兼任官吏，但這也適用於不得兼任其他地方行政公職，以及其他國營事業董事等職（《立法委員行爲法》第11條）。

法國《第五共和憲法》中並未明確規範議員不得兼任其他職位，僅於憲法第23條政府篇章中規定：「政府閣員不得同時兼任國會議員、全國性之職業團體代表及其他公職或專門職業。」故憲法的規範中僅確立議員不得兼任閣員。不過，依據2000年所修訂的《國民議會組織法備忘錄》，國會議員不得同時身爲參議院、國民議會議員與歐洲議會議員，僅能就三者選取其一；但對其他由選舉而產生的職位，則能於五種職位（大區議員、省議員、巴黎市議員、科西嘉議員、市鎮議員）中

選擇其一兼任,[29]且某些地方行政職責不在此限。[30]雖然議員不得兼任政府其他公職、司法機構之成員、國營企業以及其他與國家直接相關之私人企業之職位,但可兼任政府委任為期不超過六個月的暫時性委員會之成員。根據統計,以目前577位議員而言,具有地方行政兼職者,比例高達84%。[31]

　　總結來看,我國憲法明定立委不得兼任官吏,也意含不得兼任地方行政職,顯示憲法期許立委能專注於其職務上。就國會監督的角度來說,這種較要求議員專職的制度設計,是較能含蘊監督能量的。而法國則允許議員可以兼任部分地方行政職,在實務上確實也令法國議員必須分散部分精力關注於地方事務。因此,法國《第五共和憲法》的制度設計,似乎並未期許議員需絕對專注於其議會事務中;在監督能量的蘊藉及釋放上,較臺灣的「專職」導向,就明顯的弱一些。

(二)議員任期

　　對於議員任期的規定,臺灣與法國議員的規定有所不同,臺灣於2005年的修憲案中確立第七屆立委的人數及任期,法國《第五共和憲法》其實並未明確規定議員任期的長短,僅於第25條規定:「國會兩院之任期、議員名額、議員薪俸、候選資格、無候選資格,及不得兼任之規定,由組織法明定之。」以下分述《中華民國憲法》增修條文與法國《選舉法典》對議員任期之規定。

　　我國第七屆立委任期之相關規定可見於《中華民國憲法》增修條文第4條第1項:「立法院立法委員自第七屆起113人,任期四年,連選得連任……。」對於立法院被解散後的補選規定,則於第四次修憲的憲法增修條文中有所規範。[32]

　　法國《選舉法典》對議員任期之規定為:「國民議會共有577位議員,由全民

---

[29] 2000年4月5日修訂《國民議會組織法備忘錄》第16條。五種職位原文為大區議員(conseiller régional)、省議員(conseiller général)、巴黎市議員(conseiller de Paris)、科西嘉議會議員(conseiller à l'Assemblée de Corse),以及居民超過3,500人的市鎮議員(conseiller municipal d'une commune d'au moins de 3 500 habitants)。「conseiller」此詞泛用於許多職位,例如外交官職銜中,法國的「conseiller」我國稱為「秘書」,此處譯為「法式地方自治」之議會議員。

[30] 例如:區議會議長(Président de conseil régional)、省議會議長(Président de conseil général),或市長(Maire)等等。

[31] 統計自法國國會官方網站所發布之577位議員資料,網址:http://www.assemblee-nationale.fr/qui/xml/liste_alpha.asp?legislature=13。Latest update 15 December 2011。

[32] 內容為:「總統於立法院通過對行政院院長之不信任案後十日內,經諮詢立法院院長後,得宣告解散立法院。但總統於戒嚴或緊急命令生效期間,不得解散立法院。立法院解散後,應於六十日內舉行立法委員選舉,並於選舉結果確認後十日內自行集會,其任期重新起算。」

直選產生,任期5年,如遇總統發動解散國會,則得因應改選。」[33]

　　總結來說,從臺、法憲法位階對議員的任期規範而言,臺灣是直接明言「任期四年」,雖然因倒閣而解散國會的補選規定也同時訂於憲法增修條文中,但目前似仍是備位性質。[34]而將國會議員任期入憲,並不符合一般內閣制的慣例,如法國憲法中即未規定任期,而是透過組織法規定於《選舉法典》內,且保留「因應解散而改選」的但書,從中可嗅出倒閣與改選似非少見的情況,故於憲法中不硬性規定任期,由授權組織法規範的方式來保留制度的彈性。因此,雖然臺、法於制度規範上對議員任期,都留有任期變動的空間,但從法律的位階性來看,臺灣已將任期明文規定於憲法中,法國則仍是規定於組織法中,多少可看出兩者對議員任期的彈性程度或有不自覺的差異認知及相應規範。基此,本章認為這多少也顯示我國憲政設計背後權力分立制衡思考的強勢地位,所以議員的固定任期亦入憲呈現;而法國則仍是有內閣制下,以行政立法權力融合為前提的思考;如有不合,就是倒閣及可能改選,國會任期自無須硬性規定於憲法中。

　　就國會監督能量而言,議員任期寫入憲法的制度設計,展現的是較傾總統制下國會平行制衡行政權的強勢監督力道;反之,議員任期較不明確保障,就比較傾內閣制,而以配合行政為優先,視行政作為所反映的民心向背,才能展現監督力道。相較之下,臺還是略優於法。

(三)會期長度

　　國會的會期長度可以視為國會放射其監督能量的時間面向,比如開會時間長,監督能量也大一些;反之,則小一些。同時,如果召開的難度高一些,也意味著對國會權力的某種節制,較不利監督能量的釋出。臺灣與法國憲法中對國會會期的長度皆有規定,但對於召開臨時會的條件則有比較大的差異,分述如下。

　　我國對於立法院會期的規定可見於《中華民國憲法》第68條:「立法院會

---

[33] 見《選舉法典》第LO119條et seq.(LO為組織法之縮寫,詳見:http://www.legifrance.gouv.fr/affich Code.do;jsessionid=1E0E8A3D8493781F4C4843EF903F9FD0.tpdjo12v_2?cidTexte=LEGITEXT000006070239&dateTexte=20110709). Latest update 10 October 2012。改選之規定可見於《第五共和憲法》第12條第1項及第2項:「若國民議會為總統諮詢總理及兩國會議長後宣布解散,需於宣告後的二十至四十天內重新選舉。」

[34] 從1997年第4次修憲以降,在2000年至2008年的少數政府期間,確有醞釀倒閣之聲,但中途倒閣從未真正發生,因此實際面向上使用到此條文的機率目前為零,故本章認為此條文仍為備位性質。

期，每年兩次，自行集會，第一次自2月至5月底，第二次自9月至12月底，必要時得延長之。」此外，若依總統之咨請，或立法委員四分之一以上請求，則可召開臨時會（《中華民國憲法》第69條）。

　　法國對於國會會期之相關規定可見於《第五共和憲法》第28條至第30條。內容包括：國會自行召開常會，日期自10月第一個工作日至六月最後一個工作日止（第28條第1項）、國會兩院自行召開常會之日數不得超過120日，國會兩院可自行訂定議會之週數（第28條第2項）、會議之日期及時間，由兩院議事規則定之（第28條第4項）等等。此外，總理得決定召開追加會議日。[35]對於召開臨時會的規定，則規定於憲法第29條與第30條。第29條第1項規定：「國會得應總理或國民議會全體過半數議員之請求，就某一特定議案，召開臨時會。」臨時會的會期至多不得超過12日（第29條第2項）。惟總理得於休會後一個月內，得要求再次召開臨時會（第29條第3項）。以及：「國會除自行集會者外，其臨時會之召開與休會，均依共和國總統命令（decret）為之（第30條）。」[36]

　　總結而言，從憲法規範上來看，我國立法院的總計會期較法國短1個月；但我國並未規定常會集會日數之上限，如果以常會開會8個月240天計（2月至5月，9月至12月），扣除70天左右週末假期，工作天少算也有170日。法國則於憲法中特別規定不得超過120日，顯示法國憲法對國會集會的規範較為嚴格。就臨時會的召開條件來看，我國憲法僅規定可以總統咨請，或者立法委員四分之一以上之請求，便可召開臨時會；法國憲法卻詳細規定需總理或國民議會全體過半數議員之請求，且須為討論某一特定議案，才能召開。尤有甚者，若臨時會應為國民議會之請求而召開，則會期不得超過12日。「第五共和《憲法》第29條第3項與第30條」，更賦予總理及總統召開臨時會的權限。由上可知，法國憲法對國會會期的規範較之臺灣而言，其實有較多的限制。換句話說，其監督能量的釋放也因此受較大的節制。

（四）議程設定之相關規定

　　臺灣與法國對國會議程設置有明顯不同的規範，臺灣立法院對其議程享有法定的自主權，政府無從干涉，[37]且憲法中並未有議程設定之相關規範，有關規定出現

---

[35] 《第五共和憲法》第28條第3項：「總理於諮詢當事議院議長後，或該院半數議員，得決定召開追加會議日。」

[36] 「décret」指中央行政權發布之行政命令，僅共和國總統與總理得發布之。

[37] 政府在此指的是法規上的行政部門，但政府會透過政黨運作安排議程，是不成文規範，非法

於《立法院職權行使法》中；法國則基於過去第三、第四共和的歷史發展經驗，於憲法中規範國會議程設定之原則，分述如下。

根據《立法院職權行使法》第二章第8條有關議案審查之規定為：「政府機關提出之議案或立法委員提出之法律案，應先送程序委員會，提報院會朗讀標題後，即應交付有關委員會審查。」其他有關總統赴立法院做國情報告，或行政院院長的施政報告，均由程序委員會排定相關議程。[38]

法國對於國會議程設置，主要規範於《第五共和憲法》第48條，2008年修憲後的重要內容詳述如下。

在議程安排方面，《第五共和憲法》規定，國會可自訂議程，但在每四週的議會會期中，有兩週的議程需由政府決定，審議程序需照政府所訂次序為之（第二項）、議程中至少應有一週優先用於監督政府施政和評估公共政策（第四項），[39]以及每週應至少保留一次會議，以供國會議員質詢及政府答詢之用（第六項）等等。2008年的新版憲法，之所以會這樣明定每四週中，有兩週由國會安排議程，就是基於過去政府強勢主導議程設定，[40]而國會各方面均太弱，2008年的修憲委員會乃決定要強化國會各方面的能力，包括此議程設定之規範。[41]

總結而言，在議程設置的規範上，我國立法院擁有完全的自主權，而法國2008年最近一次的修憲雖將國會對議事自主的權力有所擴充，但較之於臺灣的議事完全自主仍舊有落差。而議程的自主性安排，也是國會能強力監督的制度象徵之一，臺灣在這方面，至少制度上擺出了「自主」的架勢。

經由前述有關臺灣與法國國會當今相關的運作規則，本章將兩國的制度設計對國會監督能量影響的評量，整理如表6-3。

制規定。
[38] 參見《立法院職權行使法》第二章之一的第15條之2及第三章第16條。
[39] 2008年修憲後，《第五共和憲法》第24條新增第1項：「國會議決法律案、監督政府施政，與評估公共政策」。故於第48條新增國會議程設置之相關規範。
[40] 2008年修憲前的《第五共和憲法》第48條第1項規定：「國會兩院之議程應優先審議政府所提草案，及為政府所接受之議員提案。」但從最後通過的法律案來看，大半都是原先政府的提案（估計近九成）。
[41] 廖達琪於2008年9月赴法訪談兩位修憲委員會委員，一位是Guy Carcassonne（巴黎十大的公法教授：Professeur des universités en droit public à l'université Paris-X Nanterre），另一位是Olivier Duhamel（巴黎政治學院的公法教授：Professeur des universités en droit pubic à l'Institut d'études politiques de Paris），均強調這一強化國會之修憲動機。

表6-3　國會的運作規則監督能量評量表

比較項目	臺灣	法國	評量
議員專／兼職規定	專職	可兼任部分地方行政職（目前84%兼職）	臺優（較專職）
任期	4年（憲法明列）	5年（但得隨時改選）	臺優
會期長度	共8個月（每年2次，第一次自2～5月底，第二次自9～12月底，工作約170日）	9個月（每年的10月1日～次年6月30日，但兩院自行召開常會之日數不得超過120日）	臺優
議程設定	立法院程序委員會排定之	國會可決定一半	臺優

資料來源：作者自製。

　　從表6-3整體看來，臺、法兩國國會現今運作規則的各方面，都顯現臺灣立法院蘊含的監督能量要優於法國；尤其議員的專兼職方面，臺灣較明確的規範為專職；而法國的寬鬆規定，讓議員兼地方行政職成為長久以來的普遍現象，在國會能用心監督的力道自然大受影響。

三、國會的資源配置

　　國會的資源配置是了解裝備國會監督能量的重要面向。本章將國會資源配置分為國會組織架構及人力資源配置，與國會輔助單位兩個類目；其中，國會輔助單位所討論的是具有研究潛力的機構，因為這些機構能夠成為議員諮詢的對象，對國會的監督能量有所助益。臺灣與法國在國會的資源配置上呈現諸多差異，分述如下。

（一）國會組織架構與人力資源配置

　　我國的立法院下設有秘書處、議事處、預算中心、法制局、國會圖書館、議政博物館、人事室、中南部服務中心、公報處、總務處、會計處、與資訊處，共有12個部門（相關資料請參閱附錄1）。其中，會計處、人事處、秘書處、議事處、公報處、與總務處是僅具行政功能；預算中心、法制局、國會圖書館、與資訊處較具有提供諮詢意見或服務之能力；中南部服務中心與議政博物館則具有服務功能。

　　以人力配置而言，雖有些單位，並無明確法律規定之人力，但依《立法院組織法》對各職級人員之編制規定，統合起來計算，屬於議事性質的人力員額可在717

人到784人之間，行政性質的爲374人到381人，研究性質則爲1,097人到1,849人，其他安全警衛爲142人到174人，總計是2,330人到3,188人之間。研究性質的人力資源配置，可說占最大宗（47%-58%之間）（廖達琪，2007）。如果再以立委113人帶入計算，平均下來每人可分9人到16人的研究人力（不包括委員個人助理）。

　　法國國民議會之下則有5個一般部門（占80%員額）與21個專門部門（占20%員額），根據國民議會《辦公室內規（Règlement intérieur）》第5條規定，公務員法定員額上限爲1,349人，不含約聘人員。[42]除國民議會辦公室外，尚有總秘書處、總務主事秘書處、國會計算機中心、多媒體資訊與溝通服務處、公報處、圖書檔案處、人事處等等。[43]國民議會下的21個部門又可分爲立法類部門（services législatifs）、行政類部門（services administratifs）與共同類部門（services communs）三大類。其中，共同類部門的事務由國會總秘書處與會計主任秘書處共同決定。同樣根據所呈現的統計資料，立法類部門目前占國會組織架構的45%、行政類占50%，行政與立法聯合類占5%；國會公務員目前人力配置的狀況爲：有80%的公務員爲一般行政公務員，例如秘書、主任等等，約1,080人；有20%的公務員屬特殊行政公務員，例如警衛、工友、技工、駕駛等等，約280人，另有約聘人員近百人。合計總數約爲1,450人。[44]

　　如將立法類視爲研究人力，目前人數約爲507人（見附錄2），再除以577位議員人數，每人可分配研究人力僅約1人左右；如果以聘滿的1,349人計算，乘以45%

---

[42] 《Règlement intérieur》爲經《國民議會議事規則》授權（主要爲第17條），由國民議會辦公室自行訂立行政人員組織方式。

[43] 國民議會辦公室（Bureau de l'Assemblée nationale）等於是國民議會做爲一個機構的「理事會」或「董事會」，亦即最高內部行政決議單位，由議員自行互選組成，三位總務主事questeurs（議員互選產生）亦然。

[44] 引自國民議會官方網站所附之便於查詢國會相關資訊的出版品之連結，網址：http://www.assembleenationale.fr/connaissance/fiches_synthese。Latest update 15 October 2012。但《國民議會組織法規備忘錄》本身並非法典，只是國會出版品的一項，所謂「fiche」亦非法規條文，只是類似「主題單元」的單位。此外，這些組織內部的人員數量經常變動，本章在這部分的資料上無法做到立即反應現狀，僅能以最近期發布的資料統計做爲比較分析的標的，但國會下的組織架構在法國算是相對較穩定的，因此資料的精確性會較高。此外，關於兩議會辦公室就內部規範的改變，法國常年都有「反國會」（antiparlementarisme）的聲浪，希望國會能有所改革，例如常年擔任國會文官之Georges Bergougnous 教授經常對此發表一些看法。近期（2011年）其受國民議會之邀，發表一篇關於議員利益衝突迴避的文章，若有興趣者可參見其歷年來的諸多著作。另由於國會近年通過大量無法落實之法律，因此反國會的聲浪在第五共和一直甚囂塵上，例如學者Jean-Marie Pontier 對第五共和國會到底在做什麼有許多批判，有興趣者亦可自行參考其文章。

立法類，所得為607人，除以577位議員，仍是1人左右的輔助研究人力。

（二）國會輔助機構—研究單位

臺灣立法院的國會輔助機構中具有研究能力者主要有四個，分別是預算中心、法制局、國會圖書館以及資訊處；前三者於《立法院組織法》有明列其職掌為研究與分析等事項，資訊處則為立法院主要的資訊處理單位，並負責建置各類資料庫與系統，具有輔助研究之功能。[45]

法國的國會組織架構中並未有國會層級的研究單位，因為法國的國會僅在每個常設委員會下設置專屬的秘書室與其他服務部門（例如立法評估部門與數據評估部門等等），以求盡力提供委員會所需要的協助。但由於2008年的修憲將國民議會常設委員會的數量由6個提升至8個，目前國會尚未調整其編制，故於國會網站上所呈現的專屬秘書室之名稱與數量仍為2008年修憲前的編制（相關資料請參閱附錄2）。

就國會的資源配置來評量臺、法國會的監督能量，綜合整理如表6-4。

總結來說，臺灣與法國的國會對輔助機構的設計有所不同，臺灣有法律明文規定預算中心、國會圖書館、法制局以及資訊處為具有研究潛力，並有提供議員諮詢服務的功能；法國則無此類獨立的國會研究機關，僅將具有立法評估、數據分析等專業之公務員配置於常設委員會下。比較起來，臺灣的做法比較近似美國國會的設計，而法國以委員會為中心，配置研究人力的設計，對委員的專業服務效能上，可能不見得差；但以人力資源的配置而言，法國實遠遜於臺灣，尤其是屬立法研究性

表6-4　國會的資源配置監督能量評量表

比較項目	臺灣	法國	評量
國會組織架構（部門數）	12個	21個	難以判斷
總人力配置	2,330～3,188人	約1,450人	臺優
議員平均分配研究人力	9～16人	約1人	臺優
國會輔助單位—研究單位	4個，獨立於委員會之外	無特別規定，但原則上於每個常設委員會下皆配置研究單位	難以判斷

資料來源：作者自製。

---

[45] 各部門詳細執掌，請參考《立法院組織法》第19之1條、第20條、第21條及第22條。

質的人力，臺灣每位立委平均有9到16人，法國僅有約1人之服務，能產生的監督力量，高下立判。

肆、委員會層次的制度監督能量

委員會是國會中審議法案的必要組織，因此，委員會所擁有的權力與相關的組織運作規則及資源配置，是國會監督能量來源討論的重點。以下乃針對臺、法委員會的權限、運作規則及資源配置做比較。

一、委員會所擁有的權限

委員會所擁有的權限是委員會是否具有影響力的基礎。臺灣立法院委員會權限的法源基礎有三個來源，分別是《中華民國憲法》第67條第1項與第2項：「立法院得設各種委員會，各種委員會得邀請政府人員及社會上有關係人員到會備詢。」《立法院各委員會組織法》第2條：「各委員會審查本院會議交付審查之議案及人民請願書，並得於每會期開始時，邀請相關部會作業務報告，並備質詢。」以及《立法院職權行使法》第8條第2項：「政府機關提出之議案或立法委員提出之法律案，應先送程序委員會，提報院會朗讀標題後，即應交付有關委員會審查。但有出席委員提議，20人以上連署或附議，經表決通過，得逕付二讀。」

這些規定顯示立院設委員會有自主性，且對於要審議的法案，一定是院會交付；而院會的議程安排則是程序委員會訂定。可說法制上，政府無權要求議案得排入委員會議程。

法國對國會委員會的權限之相關規定則可見於法國《第五共和憲法》第43條、以及《國民議會議事規則》第45條，但憲法所賦予常設委員會的權力在2008年的修憲案中有所更動，而議事規則中關於委員會的權限也於2009年有所增修。

修正後的憲法第43條第1項為：「法律草案及提案應交由議會兩院常設委員會審議，國會常設委員會不得超過八個。」第43條第2項修正為，「若政府或受理提案的議院要求提交特別委員會審議者除外。」留給政府介入的彈性空間。而法國《國民議會議事規則》於1994年時，才明文規定：「若委員會要求，部長需到委員

會備詢。」[46]2009年才新增：「每個委員會辦公室可舉辦聽證會，並可要求一位政府成員到場。」[47]

　　總結來說，就常設委員會的權限來看，臺灣的委員會設置數量由國會自主，法國則是憲法規定最多8個；而在委員會審查議案方面，臺灣亦是展現國會自主精神，而法國則是留給政府介入空間。在要求政府官員出席委員會備詢（或聽證），臺灣在憲法上一開始就賦權，法國是1990年代以後才以國會內規規範。如前所述，有自主性的國會是較傾總統制之設計，正常狀況下，能釋放監督制衡的能量比傾內閣制的國會要大一些；而由臺、法對國會委員會賦權的情形看來，臺灣常設委員會的監督能量應略勝一籌。

二、委員會的運作規則

　　我國立法院委員會的編制皆屬常設委員會，目前的數量是8個。委員會的性質如為常設，並力求與行政機關對等平行（見表6-5），就多少有推動國會審查專業化的企圖，也是較傾總統制的設計。就實際運作上的意涵來看，臺灣的第七屆立委因人數的減少，常設委員會從過去的12個（4th-6th屆）減少為8個。《立法院各委員會組織法》中詳細規範各委員會的各項運作規則，例如各委員會法定的參與人數為13至15人、各黨團在各委員會席次，依政黨比例分配之、每個委員僅能參加一個委員會，各委員會於每年首次會期重新組成等等。[48]其他較細緻的操作規定，如委員會的領導體系，於前述組織法中也有詳細規定，例如第3條之4規定：「立法院各委員會置召集委員二人，由各委員會委員於每會期互選產生。」第4條：「各委員會會議，以召集委員一人為主席，由各召集委員輪流擔任。但同一議案，得由一人連續擔任主席。」第4條之一：「各委員會之議程，應由輪值召集委員決定之。」與第5條：「各委員會會議，於院會日期之外，由召集委員隨時召集之。」而依據立法院國會圖書館所發布的資料，目前每個委員會的平均參與人數為14.125人。

　　法國則是鑒於第三、第四共和時期國會兩院中之委員會過多，嚴重影響立法

---

[46] 1994年1月26日，依照第151號決議文修改之。
[47] 2009年5月27日，依據第292號決議文增設第45條第2項。
[48] 相關法規請參閱《立法院各委員會組織法》第3條、第3條之1第1項、第3條之1第2項及第3條之3。

程序與政府施政及穩定，因此，法國《第五共和憲法》第43條特別規定了國會常設委員會不得超過6個。不過，為了因應時勢變遷，2008年最新一次的修憲案中，如前文所提及，已再度將常設委員會的數量由6個提高為8個。法國《國民議會議事規則》對每個常設委員會的參與人數並無規定，只對特別委員會人數有所規定。議事規則中對常設委員會內部組織架構之規範，亦有清楚的規定，諸如《國民議會議事規則》第39條第2項：「各常設委員會皆設辦公室，內有主席一人、副主席與秘書各四人，由議員互選之。財政、總體經濟與預算控制委員會任命一位總報告員（rapporteur général）。」[49]第38條第1項：「每個議員僅能參加一個常設委員會，但可以參加非其所屬之常設委員會之集會。」以及第37條第1項：「委員會每年於開議前依黨團比例重新組成。」

表6-5　臺灣與法國常設委員會名稱與參與人數

臺灣[50]		法國[51]	
內政委員會	15人	外交委員會	73人
外交及國防委員會	13人	軍事國防委員會	69人
經濟委員會	15人	經濟事務委員會（2008新增）	73人
財政委員會	15人	財政、總經及預算控制委員會	73人
教育及文化委員會	13人	文化及教育委員會	71人
交通委員會	15人	領土修正與發展委員會（2008新增）	72人
司法及法制委員會	13人	國家憲法、立法及一般行政委員會	73人
社會福利及衛生環境委員會	14人	社會事務委員會	73人
總計113人		總計577人	

資料來源：作者自製。

---

[49] 財政、總體經濟與預算控制委員會為單一委員會，也是法國傳統上最重要的常設委員會。
[50] 《立法院組織法》第10條：「立法院依憲法第六十七條之規定，設下列委員會：一、內政委員會。二、外交及國防委員會。三、經濟委員會。四、財政委員會。五、教育及文化委員會。六、交通委員會。七、司法及法制委員會。八、社會福利及衛生環境委員會。」
[51] 資料來源為法國國民議會官方網站所發布之各常設委員會名單統計而成，但對於特別委員會的人數則另有規定，網址：http://www.assemblee-nationale.fr/13/commissions/commissions-index.asp.Latest update 15 October 2012。

　　法國對委員會的集會有比較特別的規定，可見於議事規則第41條第1項：「院會進行時，除為完成排入議程之文案審查，常設委員會不得集會。」及第40條第3項：「於各委員會會期外，國會議長或該委員會主席經該委員會辦公室同意後，得請求集會。但於通告集會時間48小時前，經當事委員會半數以上委員請求，則取消或延後集會。」此為法國特殊的國會運作規範。依據國會官方網站所發布的8個委員會成員之名單，目前每個委員會的平均參與人數為72.125人。

　　總結來看，臺灣與法國國民議會的委員會皆為常設委員會，且數量皆是8個；而從命名上，也可看出與行政機關有某種對等平行的意味，這些均展現了傾總統制的風格。但由於法國有577位國民議會議員，故每個委員會的參與人數較我國高出許多（72 vs. 14），在議事效率上，頗啓疑義。不過，臺、法國會委員會的組成方式皆依黨團比例分配席次，每位議員也都僅能參加一個常設委員會；此外，由於兩國議員對委員會的參與，皆是每年重新選擇一次，顯示兩國的制度設計並未給予資深委員得以優先選擇參與委員會的權力，也並不鼓勵議員常待在一個委員會，以培養其專業性。臺、法這些運作規定，又較疏離於總統制中培養委員會的委員專業審議的發展傾向。

　　最後，臺灣與法國委員會的運作規則有一顯著差異，即委員會是否對其集會時間享有主導權。臺灣立法院的各委員會於院會期間（每週二、五）不開會，於院會日期之外的集會，得由召集委員隨時召集之，顯示委員會對其開會時間享有絕對自主權；法國的常設委員會則不能私自集會，且會期中的集會時間需由國民議會指定，會期外的集會限制也多。因此，就此面向上來說，臺灣的委員會享有較大的自主權；就監督能量的放射而言，應是較優的。

　　綜合起來，臺、法國會委員會運作規則監督能量的評量整理如表6-6。

　　以上，就整體委員會的運作規則所顯示的體制特質，臺、法均是形似總統制常設委員會的安排，但實質精神卻頗有差距；或者說，兩國在這方面均展現了「半總統制」的混雜特質。

表6-6　委員會的運作規則監督能量評量表

比較項目	臺灣[52]	法國	評量
委員會數目	8個常設委員會。	8個常設委員會。	臺、法平手
法定組成人數 實際組成人數	13～15人 平均14.125人	沒有法定人數 平均72.125人	臺可能較優；因70多人議事，難以有效。
組織方法	依黨團比率分配[53]	依黨團比率分配[54]	臺、法平手
領導系統	1. 設召集委員2人 2. 召委一人為主席，輪流擔任 3. 議程由輪值召集委員決定	1. 各委員會皆設辦公室，內有主席1人、副主席與秘書各4人，由議員互選之 2. 財政委員會、總體經濟與預算控制委員會可任命一位共同報告員	難以判斷
委員會召開主導權	委員會	國會	臺優
參與規則	1. 每一委員以參加一委員會為限 2. 各委員會於每年首次會期重新組成	1. 每一委員以參加一委員會為限 2. 委員會每年於開議前新組成	臺、法平手
資深制	否	否	臺、法平手

資料來源：作者自製。

三、委員會的資源配置

　　常設委員會審議法案的最大資源就是國會公務員的挹注，因此，公務員的專業程度及數量對委員會審查法案及執行監督工作有深遠影響。

---

[52] 相關法規請參閱《立法院各委員會組織法》第3條之4、第4條、第4條之1，以及第5條。

[53] 依我國立法院全球資訊網之資訊，第七屆立法院共有3個黨團，分別為：國民黨、民進黨與無黨團結聯盟。

[54] 依法國國民議會網站之資訊，目前國民議會共有4個黨團。分別為：UMP（Union pour un Mouvement Populaire）、SRC（Socialiste, radical, citoyen et divers gauche）、GDR（Gauche démocrate et républicaine）與NC（Nouveau Centre）。資料來源：法國國民議會官方網站，網址：http://www.assembleenationale.fr/13/tribun/xml/effectifs_groupes.asp. Latest update 15 October 2012。

　　由於臺灣是五權分立的國家，設有考試院專門負責公務員的甄補，故立法院院內的國會公務員亦直接由國家考試任用，並依公務員專長與職等進行職務分配。立法院的各委員會，依《立法院各委員會組織法》，可以配置的幕僚員額在90人至96人間，均為公務人員，即經國家考試晉用；具有一定之專業背景，這一部分的員額，8個委員會總計為720人至768人。

　　由於法國並未有考試院之制度設計，故國會公務員任用的相關施行細則與公務員培訓機制皆授權由國會自訂，包括公務員的地位與聘用相關事宜，不歸「公職」（fonction publique）管轄。因此國民議會中，國家公務人員（fonctionnaires de l'État）之聘用是以國民議會辦公室決議之《內部規範》（Règlement intérieur）為依據。[55]國會公務員的招考可簡單分為兩類，分別是「一般行政人員」與「特殊行政人員」。其中，一般行政人員又可分為5類，專業行政人員則可又可分為21類。可以提供議員諮詢服務的公務員，主要是一般行政公務員中的「行政部門主管」，以及特殊行政人員中的「報告分析師」。行政部門主管的主要工作內容是立法相關業務，或是提供議員法律或技術援助，也可協助議員對政府作為的監督，報告分析師的工作內容為國會內所有的書面報告之分析（相關資料請參閱附錄2）。由於前文已經提及，法國的國會人力資源之分配，為將公務員配置在與國會常設委員會同名的秘書處，及其他相關服務部門中，故委員會的幕僚就是該委員會底下的相關部門，根據國會組織圖中所呈現的，這些部門皆屬於「立法類部門」（相關資訊請參閱附錄2：法國國會組織圖），依據國會官方網站所發布人員資料統計，這些部門目前共有507位公務員。

　　總結，就幕僚人數來看，臺灣的委員會可設置的幕僚人數之法定員額高於法國，但兩國的幕僚人員均算專業。綜合就幕僚人數及專業而言，臺灣的還是勝過法國的。

---

[55] 其法源依據為Loi 2003-710 2003-08-01 art. 60 3, 4, 5 et 6 JORF 2 août 2003。

表6-7　委員會的資源配置監督能量評量表

比較項目	臺灣[56]	法國	評量
幕僚人數	法定員額爲各委員會可設置90～96人，總計720～768人	法定員額上限爲607人（1,349×45%），目前爲507人	臺優
幕僚專業程度	由國家招考，爲公務人員	由國會招考，爲公務人員	臺、法平手

資料來源：作者自製。

　　綜合委員會的權限、運作規則及資源配置的情形，進行臺、法監督能量的比較，在權限方面，臺灣以「國會自主」較能貫徹地展現在對委員會的設置及議程安排上，因而勝出；在運作規則方面，臺灣也以委員會自身具議事召開的主導權，因而較能含蘊監督能量；在資源配置方面，臺灣的幕僚人數略勝法國一籌，故也是較優的力量。

伍、個別議員資源配置展現的監督能量

　　個別國會議員的資源配置包括議員的薪資或津貼，以及助理制度等。在議員個人可用的資源對監督的影響上，有學者認爲，幕僚人數的提升被視爲是議會能力提升的象徵，同時也提高監督活動的頻率（Aberbach, 1979; Rosenthal, 1981；施能傑，1987）；雖然也有學者認爲，國會幕僚功能的發揮不如預期（Loch, 1980；施能傑，1987），但純從資源配置的角度觀之，較多的人力投入，總是意味監督能量放射的可能性更大一些。臺、法兩國議員的薪資、津貼及助理人數現列表6-8如下。

---

[56] 相關法規請參閱《立法院各委員會組織法》第18條、19條，及第20條。

表6-8　臺灣立法院與法國國民議會議員薪資、津貼與助理人數比較表

類別	臺灣[57]	法國[58]
議員薪資（每月） 議員津貼（每月）	約186,307.52元（5,755.56美元） 23,289.09元（719.47美元）	無 基本、居住與職務津貼加總： 7,064.84歐元（9,113.64美元）[59]
年收入（美元）	77,700.32美元（含議員津貼）	109,363.72美元（未扣稅）
GDP比值／每人[60]	GDP：16,423美元／每人 比值：4.731（含議員津貼）	GDP：43,910美元／每人 比值：2.491（未扣稅）
助理薪資／ 助理津貼	薪資413,274.34元[61]（12,767.2美元）	津貼6,380～9,093歐元 （8,230.2-11,729.7美元） （未用完的金額可以用來聘用該議員所 參與的黨團之秘書）[62]
助理人數限制	立法委員每人得置公費助理8人至 14人，由委員聘用	原則上3人， 但可依委員之意調整至1～5人

資料來源：作者自製。

　　由上表可知，我國的議員與助理皆是薪資制度。我國議員薪水相對於法國的津貼，算是接近，但如以兩國的個人平均GDP作對比，我國議員是平均的近5倍，法國為2.5倍左右（見表6-8）。所以我國還是較高，可以說較鼓勵議員專職投入。至於助理部分，我國配置的人數遠高於法國；雖然目前助理的甄補尚未法制化，個別立委聘用情形差異很大，可說還沒有對助理「專業」的要求，但以「薪資」給付，

[57] 所有立法院數據為依據99年度立法院單位預算案。資料來源為行政院主計處，採用2009年之平均每人GDP值。臺灣立法委員的補助津貼以99年度立法院單位預算案為準，其中未對職務、居住與辦公室有詳細條列。

[58] 譯自《國民議會組織法備忘錄》第17條。內文包含1958年設立的補助津貼制度、1975年設立的助理津貼制度（1997年更名為「辦公費補助」），與1992年設立的地方辦公室支出補助制度。

[59] 補助津貼（每月）包含：基本津貼5,487.25歐元（7,078.55美元）、居住津貼164.62歐元（212.36美元）、職務津貼（基本津貼＋居住津貼的25%）1,412.97歐元（1,822.73美元），及地方辦公室支出補助2,742.62歐元（3,537.98美元）。

[60] 表中的GDP比值為將薪資轉換為美金後，乘以12個月，再除以GDP後所得之值。台幣匯兌美金為32.37:1，歐元匯兌美金為1:1.29。法國GDP資料來源為經濟學人網站，採用2009年之平均每人GDP值（GDP per head）。

[61] 依據99年度立法院單位預算案。公費助理：413,274.34元、獎金：51,659.29元、加班值班費：82,654.87元、業務費3,603.19元。

[62] 2009年10月1日開始實施；2009年7月1日時還是6,361-9,066歐元。

可說有「專職」之要求。

　　而法國不論議員或助理均為津貼制度，原因之一是由於「薪資」一詞為全職的國會公務員體系所用，故所有的議員及其助理的薪水名目皆以「津貼」為名；另一個原因是，法國認為這些經由選舉而產生的代議士，他們本身應是本著為民服務的志願精神，因此不應領有「薪資」，而只有「津貼」。[63]直至今天，法國許多公民參政的行動，例如參加公聽會、成為法院的陪審團團員等等，皆是無薪資的，而僅有交通費的補助。

　　此外，法國國會議員助理職位於1975年產生，工作內容可依議員要求而有許多種形式，但是制度的建立有幾個階段。首先是1953年國會給予議員秘書費的補助（此補助於1958年廢除）。1970年開始有打字費的補助，直到1979年才終被定名為「辦公費」，算是一種特別費，不列入國會議員基本的津貼中。[64]因此可以說，國會議員助理制度的設立，並非為了協助國會議員在議事監督上的表現，只是協助處理一些辦公室的行政事宜。國會目前會補助議員選區辦公室的花費，議員所聘用的私人助理多半就用來協助其處理選區事務，而非其在國會中的事務。根據國民議會的調查統計，法國議員所聘用的「國會助理」，兼職的情況十分普遍，到選區的「地方助理」則多半是全職（Le Lidec, 2009）。

　　以下整理出臺、法在個別議員資源配置的監督能量之評量表6-9。

　　在此面向上，臺灣給國會議員的薪給津貼，總數或不如法國，但已如前述，帶入兩國的平均每人GDP做對比，臺灣不見得遜色；在薪資結構的面向上來看，臺灣

表6-9　個別議員資源配置監督能量評量表

個別議員監督能量面向	臺灣	法國	評量
薪資（美元）	約5,755.5／月	無	臺優
津貼（美元）	約719.47／月	約9,113.64／月	法優
助理配置	8～14人	1～5人	臺優
助理薪資／津貼（美元）	12,767.2	8,230.2～11,729.7	臺優

資料來源：作者自製。

---

[63] 譯自法國國民議會官方網站《國民議會組織法備忘錄》第十七單元之部分內容。
[64] 譯自《國民議會組織法備忘錄》第83條。

在制度上是給予「薪資」，比較是認定議員專職的做法，也是較接近「總統制」；
而法國則仍是以「兼職」或「志工」的概念給予議員「津貼」，制度上就未展現鼓
勵議員專職監督的企圖。再就助理的配置而言，臺灣的數量遠超過法國，專業上則
兩國都未講求，但以可放射的監督能量而言，助理人多，總是強一些。

陸、結論

　　本章試圖探討比較臺灣與法國兩個被歸類為「半總統制」國家體制的國會監督
能量。本章的理論預設是從「半總統制」的雙元選舉特性出發，國會具有與行政體
系某種對立檢核的制度架式，相較於「內閣制」的單元選舉產生以融合行政立法為
前提的國會，「半總統制」下的國會在憲政制度設計及安排上，理論上會較純內閣
制體系，要強調對行政部門平行制衡的力量，但距離「總統制」下國會在憲政原理
上就已確立分權原則的設計，或會有所遜色。也正因「半總統制」體制的混淆，或
謂至少雙重性格的存在，所謂「半總統制」國家內部對國會扮演監督角色的看法及
相應的制度設計，也很難是一致的。本章從憲政法規制度面比較臺、法兩國國會監
督能量的制度安排，就顯現出某種在傾總統制與內閣制之間的拉鋸。

　　整體而言，臺灣與法國兩個半總統制國家，透過對制度設計所呈現的應然面來
看，從國會監督能量的單一面向比較而言，臺灣比較接近總統制的國會監督，而法
國則比較接近內閣制的國會監督。在兩國立法機構對行政機構的監督能量上，相對
來說，臺灣呈現向總統制傾斜的態勢，法國則呈現向內閣制傾斜的樣貌。而經由本
章的歸納整理後發現，臺灣對國會監督力量的制度安排，較依「總統制」權力分立
的思維在發展，而法國國會似較受「內閣制」權力融合思考之牽制。其中之區分，
以本章聚焦的國會整體、委員會及個別議員三大層次，綜合述之如下。

　　首先，憲政上臺灣賦予國會的權限，包括質詢權、調查權、不信任案之提出
權、彈劾權、罷免權及釋憲權等，均展現強化「國會自主」的精神，尤其明文援引
「權力分立制衡」來確立國會的調查權；相對的，法國則以獨有的「信任案」來融
合行政與立法權力。其次，國會運作的相關規則中，國會開會會期的總長度，臺灣
實質上較法國為長；而臺灣立委不得兼其他公職及固定任期的明確入憲，都蘊含權
力分立的基調，而賦予了國會議員較專職監督的任務。其三，以國會研究部門的設
置及人力配備而言，臺灣也是遠優於法國，且組織設計上頗有美國國會的影子，這

也象徵著對國會監督能量提升的安排，法國則較無類似之設計。

　　再就委員會層次而言，臺灣的國會對委員會設置的數量，或委員會對自身會議的召集，及審議法案的議程安排，都有法規上的完全自主性；法國相對較沒有，尤其議程安排明文規定，政府方仍可主導一半。如果就委員會的資源配置比較，臺灣委員會的幕僚人數是較優於法國的。最後，就個別議員的資源配置相較，臺灣立委的薪資與法國議員的津貼，雖然總量近似，但以兩國的個人平均GDP計算對比，臺灣仍是較好，可算對議員專職的鼓勵。尤其在聘僱個人助理方面，臺灣可聘人數遠高於法國；這些也意寓可釋放的監督能量應會強一些。

　　綜合而論，臺灣的國會監督，從憲政規範、運作規則，再到國會、委員會及個別議員的資源配置等，均較傾向是權力分立視角下的制度安排；相對的，法國則較沒有這樣的思考及制度發展軌跡，而仍是以「行政」較為尊。這不同的思考視角及制度安排，也形塑了臺、法兩國國會的監督潛能，前者就制度配備上展現的架勢，無論如何是優於後者的。

　　不過，臺、法國會監督的相關制度安排，雖有以上所綜合歸納的相異之處，但在委員會的運作規則方面，兩國是難分優劣的。因為臺灣的常設委員會雖約15人左右，法國則高達70人，開會時臺灣委員會看似較有效能；但在委員的參與規則及委員會領導系統的建置方面，都沒有資深制的要求；或可說臺、法國會在制度上，目前均未強化委員會專業及自主的審議監督功能。這多少也顯示「半總統制」下的國會，在與行政平行對立、分權制衡的監督角色，與以配合行政優先，必要時才以「倒閣」為殺手的監督角色間，難以落實在任一處的尷尬。或者說，「半總統制」下的國會，難以避免的共同挑戰就是如何界定自己的監督角色，以及發展相應的制度配套，以放射出成就健康民主的監督能量。

　　最後，半總統制下的國會監督，純就理論制度面向而言，實有進一步歸類探討的必要，如臺灣與法國的國會，在監督的制度規範上，各自展現不同的風貌，那麼在其他所謂的「半總統制」體系下，如果從國會監督切入，又有哪些不同類型的設計與安排？這些不同制度設計的成因為何？與實際運作的關聯是什麼？對政體穩定的效果為何？對民主品質的影響又是什麼？這些重要議題非本章能答覆，僅提供讀者玩味思索，也期待本章的拋磚終能「引玉」。

附錄一　立法院組織圖

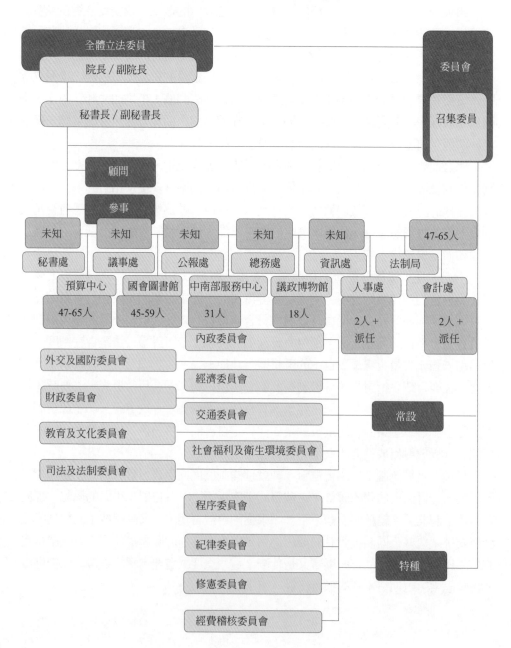

附錄二　法國國會組織圖

（http://www.assemblee-nationale.fr/infos/organigramme/. Latest update 27 August 2012）

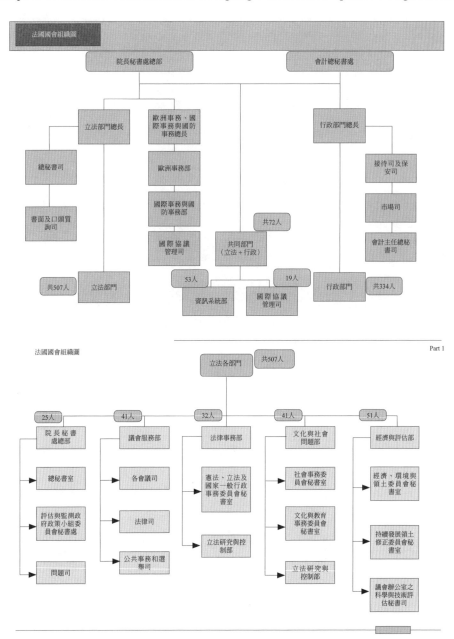

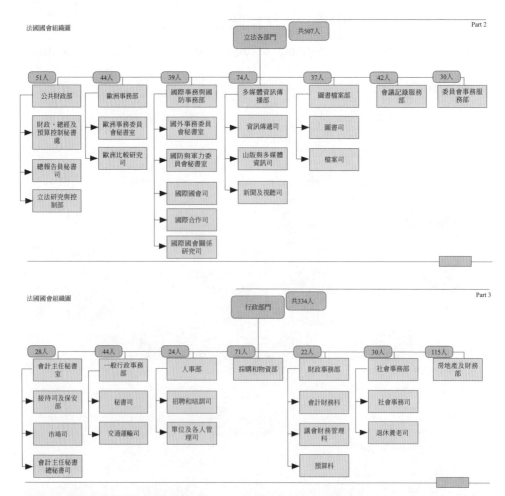

資料來源：譯自法國國民議會官方網站。

參考書目

外文部分

Constitution de la République française du 4 octobre 1958 （法國第五共和憲法）

Les fiches de synthèse de l'Assemblée nationale （國民議會組織法規備忘錄）

Règlement de l'Assemblée nationale （國民議會議事規則）

Aberbach, Joel D. 1979. "Changes in Congressional Oversight." *American Behavioral Scientist* 22, 5 (May): 493-515.

Beaud, Olivier. 2001. "La controverse doctriale autour de la responsabilité pénale du Président de la Rébupique Pour une autre interprétation de l'article 68 de la Constitution." *Revue Française de Droit Administratif* 6 (December): 1187-1211.

Beith, Alan.1981. "Prayers Unanswered: A Jaundiced View of the Parliamentary Scrutiny of Statutory Instruments." *Parliamentary Affairs* 34, 2 (April): 165-173.

Bergougnous, Georges. 2011. "La prévention des conflits d'intérêts au sein des assemblées: soft law et droit parlementaire." *Constitution*s 2 (May): 188-190.

Cheibub, Jose Antonio. 2002. "Minority Governments, Deadlock Situations and the Survival of Presidential Democracies." *Comparative Political Studies* 35, 3 (April）: 284-312.

Colillard, Jean-Claude. 2007. "Une confirmation de l'évolution présidentialist de l'Exécutif." *Revue politique et parlementaire* 110e année, 1045 (Octobre/Décembre): 7-11.

Coombes, David.1975. *The Power of the Purse: A Symposium on the Role of European Parliaments in Budgetary Decisions.* New York: Praeger.

Duverger, Maurice. 1980. "A New Political System Model: Semi-Presidential Government." *European Journal of Political Science* 8, 2: 87-165.

Duverger, Maurice. 1996. *Le Système Politique Français.* Paris: PUF.

Duhamel, Olivier. 2008."Une Démocratie à Part." *Pouvoirs* 126 (Septembre): 17-26.

Elgie, Robert. 1999. *Semi-Presidentialism in Europe.* New York: Oxford University.

Epstein, David and Sharyn O'Halloran. 2001. "LegislativeOrganization under Separate Powers." *Journal of Law Economics & Organizations* 17, 2: 373-396.

Foillard, Philippe. 2008. *Droit constitutionnel et institutions politique.*14e editions. Paris: Paradigme.

Le Lidec, Patrick. 2009. "French Deputies, Their Assistants and The Uses of Staff Appropriations: A Sociology of Political Work." *Sociologie du travail.* 51, 2 (November): 117-135.

Lenglart, Fabrice. 2007."La réforme des institutions dans le programme présidentiel des Verts." in"la Convention pour la VIe Republique"，http://lesverts.fr. Latest update 17 October 2011.

Lijphart, Arend.1988. "The Comparative Method: The Comparable-Cases Strategy in Comparative Research." in Louis J. Cantori and Andrew H. Ziegler, Jr. eds. *Comparative Politics in the Post-Behavioral Era* : 54-70. London: Lynne Rienner.

Lijphart, Arend. 2004. "Constitutional Design for Divided Societies." *Journal of Democracy* 15, 2: 96-109.

Linz, Juan J. 1994. "Presidential or Parliamentary Democracy: Does it Make A Difference?" in Juan J. Linz and Arturo Valenzuela eds. *The Failure of Presidential Democracy, vol. 2 the Case of Latin America*: 3-87. Baltimore: The Johns Hopkins University Press.

Loch, Johnson.1980. "The U. S. Congress and the C. I. A.: Monitoring the Dark Side of Government." *Legislative Studies Quarterly* 5, 4 (November): 477-499.

Montebourg, Arnaud and Bastien François. 2005. *La Constitution de la 6e République: Réconcilier les Français avec la démocracie.*Paris: Odile Jacob.

Montebourg, Arnaud. 2005. "Ce que sera la VIe République en 2007." *Revue politique et parlementaire*, 107e année, N. 1034 (Janvier/Février/Mars): 123-128.

Norton, Philip. 2000. "Reforming Parliament in the United Kingdom: The Report of the Commission to Strengthen Parliament." *The Journal of Legislative Studies* 6, 3: 1-14.

Pontier, Jean-Marie. 2000."A quoi servent les lois ?"*Recueil Dalloz*4 (January): 57-63.

Ponceyri, Robert. 2007a. "La Cinquième République au risque de l'hyperprésidentialisme." *Revue politique et parlementaire*, 109e année, N. 1044 (Juillet/Aout/Septembre): 212-225.

Poceryri, Robert. 2007b. "L'encadrement duprésidentialisme, mission impossible?" *Revue politique et parlementaire*, 110e année, N. 1045 (Octobre/Décembre): 33-41.

Rockman, Bert A. 1985. "Legislative-Executive Relations and Legislative Oversight." in Gerhard Loewenberg, Samuel C. Patterson, and Malcolm E. Jewell eds. *Handbook of Legislative Research*: 519-572. MA: Harvard University Press.

Rosenthal, Alan.1981. "Legislative Behavior and Legislative Oversight." *Legislative Studies*

Quarterly 6, 1: 115-131.

Roux, André. 2007. "La clarification des pouvoire au sein de l'exécutif." *Revue politique et parlementaire*, 110e année, N. 1045 (Octobre/Décembre): 20-32.

Sartori, Giovanni. 1994. *Comparative Constitutional Engineering: An Inquiry into Structures, Incentives and Outcomes*. New York: New York University Press.

Schattschneider, Elmer, E. 1942. *Party Government*. New York: Rinehart.

Verpeaux, Michel. 2007. "Le faux impeachment à la française, ou la nouvelle combinaison du pénal et du politique." *La Semaine Juridique Edition Générale,* No.15 (11, April): 141.

Wu, Yu-Shan. 2008. "Study of Semi-Presidentialism: A Holistic Approach." Proceeding of a Conference on Semi-Presidentialism and Democracy: Institutional Choice, Performance and Evolution, Institute of Political Science, Academia Sinica.

Zorgbibe, Charles. 2007. "Pour un «vrai» régime presidential." *Revue politique et parlementaire*, 110e année, N. 1045 (Octobre/ Décembre): 55-61.

中文部分

《中華民國憲法》
《立法院各委員會組織法》
《立法院組織法》
《立法院職權行使法》
《立法院議事規則》
《立法委員行爲法》

王業立、羅偉元。2006。〈臺灣的憲政發展與展望〉。顧長永總策劃、翁嘉禧編，《臺灣的發展：全球化、區域化與法治化》：501-523。台北：巨流。

朱雲漢。1993。〈法國憲政體制對我國憲改的啓示〉。《國家政策雙週刊》73：3-9。

吳玉山。2001。〈合作還是對立？半總統制府會分立下的憲政運作〉。明居正、高朗編《憲政體制的新走向》：165-209。台北：財團法人新臺灣人文教基金會。

吳東野。1996。〈半總統制政府體系的理論與實際〉。《問題與研究》35，8：37-49。

吳志中。2007。〈法國憲法之豁免權與國家元首〉。《臺灣國際研究季刊》3，1：141-142。

呂炳寬、徐正戎。2005a。〈選舉時程的的憲政影響：從法國經驗談起〉。《臺灣政治學會年會暨學術研討會》。2005年12月10-11日。台北：國立政治大學。

呂炳寬、徐正戎。2005b。《半總統制的理論與實踐》。台北：鼎茂圖書公司。

呂炳寬。2009。〈半總統制的解構與重建－概念、類型與研究方法之檢視〉。《中國政治學會暨學術研討會》。2009年11月6-7日。台北：中國政治學會與台北大學。

沈有忠。2004。〈『半總統制』下的權力集散與政府穩定—臺灣與威瑪共和的比較〉。《臺灣民主季刊》1，3：99-130。

沈有忠。2005。〈制度制約下的行政與立法關係：以我國九七憲改後的憲政運作為例〉。《政治科學論叢》23：27-60。

沈有忠。2006。〈德國威瑪共和的憲法：一個半總統制的個案研究〉。《東吳政治學報》，24：163-212。

周育仁。2001。〈憲政體制何去何從？－建構總統制與內閣制換軌機制〉。明居正、高朗編《憲政體制的新走向》：1-26。台北：財團法人新臺灣人文教基金會。

周陽山。2001。〈半總統制的考驗：臺灣的政黨政治與權力運作〉。《華岡社科學報》15：15-22。

林正義。2009。〈立法院監督兩岸協議的機制〉。《臺灣民主季刊》6，1：169-175。

林超駿。2009。〈雙首長制新解〉。《臺灣民主季刊》6，3：215-221。

林繼文。2000。〈半總統制下的三角政治均衡〉。林繼文編《政治制度》：135-175。台北：中央研究院中山人文社會科學研究所。

林繼文。2006。〈政府體制、選舉制度與政黨體系：一個配套論的分析〉。《選舉研究》13，2：1-35。

林繼文。2009。〈共治可能成為半總統制的憲政慣例嗎？法國與臺灣的比較〉。《東吳政治學報》27，1：1-51。

施能傑。1987。《國會監督與政策執行－美國經驗之研究並兼論我國的發展》。台北：臺灣商務印書館。

徐正戎、呂炳寬。2002。〈九七憲改後的憲政運作〉。《問題與研究》41，1：1-24。

徐正戎、張峻豪。2004。〈從新舊制度論看我國雙首長制〉。《政治科學論叢》22：139-180。

郝培芝。2010。〈法國半總統制的演化：法國2008年修憲的憲政影響分析〉。《問題與研究》49，2：65-98。

張台麟。1992。〈法國國會對政府設立機關及任命首長之監督〉。《問題與研究》31，10：33-42。

張台麟。2007。《法國政府與政治》。台北：五南。

張台麟。2010。〈2008年法國修憲內容及其對我國的啓示〉。《國政分析》，憲政（析）099-002號。台北：財團法人國家政策研究基金會。

張壯熙。1996。〈法國『左右共治』經驗的啓示〉。《問題與研究》35，1：73-86。

張峻豪、徐正戎。2007。〈閣揆角色的受限或突破－政黨輪替後我國行政院院長與總統互動之研究〉。《臺灣民主季刊》4，1：51-108。

盛杏湲。1997。〈國會議員的代表行爲：研究方法的探討〉。《問題與研究》36，9：37-58。

盛杏湲。2003。〈立法機關與行政機關在立法過程中的影響力：一致政府與分立政府的比較〉。《臺灣政治學刊》7，2：51-105。

許禎元、單文婷。2009。〈論述我國立法院對行政命令監督之困境〉。《國會月刊》37，8：22-31。

郭正亮。1996。〈尋求總統和國會的平衡：雙首長制對臺灣憲改的時代意義〉。《問題與研究》35，7：56-72。

陳宏銘。2004。〈超越總統制與內閣制二元對立的選擇－探求「四權半總統制」的時代性〉。《臺灣政治學年會暨學術研討會》。2004年12月18-19日。高雄：臺灣政治學會。

陳宏銘。2007。〈「少數政府」下總統的權力運作和突圍策略：臺灣半總統制經驗的探討〉。《中華行政學報》4：157-182。

陳淳文、Pierre Delvolvé。2001。〈法國的行政權及其監督：以左右共治時期爲中心〉。《月旦法學》71：33-42。

陳清雲。2009。〈我國行政命令之國會監督機制〉。《軍法專刊》55，2：16-50。

陳敦源、楊婉瑩。2005。〈從美國議員任期制度的發展看臺灣的國會改革〉。《國家政策季刊》4，2：57-88。

黃秀端。2003。〈少數政府在國會的困境〉。《臺灣政治學刊》7，2：1-46。

黃秀端。2010。〈雙首長制中總統的角色－臺灣與波蘭之比較〉。《轉變中的行政與立法關係學術研討會》。2010年5月13-14日。台北：東吳大學。

黃秀端。2010。〈境外協定與國會監督〉。《臺灣民主季刊》7，1：145-155。

黃英哲。2001。〈歐洲整合與會員國國會之互動：以法國國會監督歐盟立法爲例〉。淡江大學歐洲研究所碩士論文。

黃偉峰。2009。〈從歐美經驗論立法院在兩岸經貿協商之監督角色〉。《臺灣民主季刊》6，1：185-189。

黃德福。2000。〈少數政府與責任政治：臺灣「半總統制」之下的政黨競爭〉。《問題與研究》39，12：1-24。

黃德福、蘇子喬。2007。〈大法官釋憲對我國憲政體制的形塑〉。《臺灣民主季刊》4，1：1-49。

楊日青。2005。〈我國國會尊嚴有待加強〉。《國政評論》，憲政（評）094-069號。台北：財團法人國家政策研究基金會。

楊婉瑩。2002a。〈英國國會委員會之地位與角色〉。陳建年、周育仁編《國會改革與憲政發展》：329-353。台北：國家政策研究基金會。

楊婉瑩。2002b。〈立法院委員會的決策角色：以第三屆立法院為例〉。《問題與研究》41，4：83-113。

楊婉瑩。2003。〈臺灣與美國國會委員會：結構功能比較〉。楊日青等編著《兩岸立法制度與立法運作》：317-357。台北：韋伯文化。

雷飛龍。2010。《英國政府與政治》。台北：臺灣商務印書館。

廖達琪。1997。《立法院衝突現象論衡》。高雄：復文出版社。

廖達琪。2007。〈議會幕僚的質與量〉。《「活力議會，飛揚台北－台北市議會第十屆議員就職週年慶論壇」》引言稿，台北：國立臺灣大學政治學系與台北市議會，12月25日。

廖達琪。2008。〈議會改革—「賦權」與「剝權」兩條路線的競合〉。《臺灣本土法學雜誌》104：140-157。

廖達琪。2010。〈國會議員生涯類型變遷與民主體制的取向分析－以臺灣第二到第七屆立法院為例〉。《東吳政治學報》28，2：49-96。

廖達琪、李承訓。2010。〈國會監督兩岸事務－花拳繡腿或真槍實彈〉。《臺灣民主季刊》7，1：133-144。

潘彥豪。2007。〈我國行政與立法關係之研究—憲法本章與現行制度之比較〉。《蘭陽學報》6：113-126。

蔡榮祥。2008。〈比較憲政工程下的臺灣「半總統制」經驗〉。《臺灣本土法學》103：112-127。

鍾國允。2011。〈法國2008年修憲中行政權之轉變〉。《第二屆半總統制與民主學術研討會》。2011年3月26日。台中：東海大學。

蘇子喬。2000。〈法國第五共和與臺灣當前憲政體制之比較：動機、結構與結果之研究〉。國立政治大學政治學系碩士論文。

蘇子喬。2010。〈是不是「半總統制」？哪一種「半總統制」？－「半總統制」概念界定爭議的釐清〉。《半總統制與民主學術研討會》。2010年6月5日。台北：國立臺灣大學政治學系與中央研究院政治學研究所籌備處。

蘇偉業。2005。〈從權力結構觀比較「總統制」、「內閣制」及「半總統制」〉。《中國政治學會年會暨學術研討會》。2005年10月1-2日。台北：中國政治學會。

顧忠華。2010。〈國會監督在兩岸關係中的角色〉。《臺灣民主季刊》7，1：157-163。

第七章 左右共治vs.藍綠共治
——法國與臺灣共治與否的賽局分析*

黃宗昊

壹、前言

　　政府體制的分析，向來是政治學尤其是比較政治領域研究的重要課題，傳統上主要將政府體制區別爲以美國爲代表的「總統制」（presidential system），和以英國爲代表的「議會制」（parliamentary system，或稱「內閣制」、「議會內閣制」）。自1960年代以降，一種兼具實權總統和內閣總理的政府體制開始被學界所注意，這可以法國第五共和的制度設計和憲政運作爲代表。雖然法國既非第一也非唯一採取此種政府體制的國家，但此種體制是因法國的個案而受到重視卻是不爭的事實。

　　此種新體制的制度設計不若總統制與議會制般「純粹」，較總統制多了負責內閣施政的總理，較議會制又多了握有實權的元首，所以在憲政運作上甚至會出現立場南轅北轍的政黨彼此「共治」（cohabitation）的矛盾情形。[1]正因如此，所以學者賦予此種政府體制的界定與命名也五花八門，迄今學界也沒有統一的稱法，舉其犖犖大者，主要有「雙首長制」與「半總統制」兩者。[2]後文爲了行文方便，統稱其爲「半總統制」（semi-presidentialism）。

　　臺灣自1980年代中期展開民主化之後，陸續進行了七次修憲，修憲的結果政府體制並未趨向純粹的總統制和議會制。原本中央政府即兼有總統和行政院院長的制度設計，在與民主轉型的政治情勢相互激盪之下，走向半總統制就成爲各方都不

---

* 本章原刊載於2012年《問題與研究》，第51卷，第3期，頁87-127。
[1] 「共治」是指總統和國會多數分屬不同的政黨陣營，總統指派國會多數所屬意的人選出任總理，形成不同政黨陣營的總統與總理分享行政權的現象。對「共治」一詞的詳細探討，可參見：徐正戎（2001：5-6）。
[2] 「雙首長制」的稱法可參考：Blondel（1992）；「半總統制」的稱法可參考：Duverger（1980）。

滿意但可接受的妥協方案，此時法國第五共和的憲政經驗就相當值得參考了。臺灣從1997年第四次修憲踏上半總統制之路，到了2000年總統大選後首度政黨輪替，也是第一次由未掌握國會多數的政黨候選人當選了總統。本章關注的焦點即在於：法國的憲政經驗中曾出現過三次「左右共治」，臺灣的政府體制運作是否可能出現所謂的「藍綠共治」？

　　學術研究和政治發展的潮流亦步亦趨。在1990年代中期以前，只有零星的中文文獻討論法國第五共和的憲政體制。隨著半總統制成為臺灣憲政改革的可行方案，對此體制的探討也逐漸成為熱門的研究題材，甚至還有期刊和智庫特別為此發行專刊或專書。[3]惟早期的探討多偏重於體制介紹，以及在臺灣適用與否、如何適用的問題。對於本章所關注的「共治」現象，學界多半認為在臺灣短期內不會出現，很少加以探討，最多也只是當作法國特殊的憲政經驗加以介紹。

　　臺灣的半總統制憲政改革在1997年塵埃落定，短短三年後的2000年，就出現了總統當選人和國會多數分屬不同政黨陣營的局面，法國則是第五共和憲政體制運作了28年後才碰到此問題。[4]但臺灣和法國對此問題的解答明顯不同，法國出現了「左右共治」，總統指派了國會多數一方的政黨領袖出任總理，臺灣則始終沒有出現「藍綠共治」，總統堅持由屬意的人選擔任行政院院長，組織未受立法院多數支持的少數政府。政治情勢的發展自然成為學術研究的熱點，討論臺灣憲政運作與少數政府的文獻大量出爐，歸納起來主要有三項特點。

　　首先，許多文獻將探討焦點只放在臺灣身上，較少從國際比較的觀點解析臺灣問題，這可能會產生視野有限的遺憾。[5]其次，這些文獻多半只關注狹義的憲政運作，即總統、行政與立法間的互動關係，較少將政府體制和選舉制度、政黨體系的配套作用一併考量，對憲政運作進行較全面的探討。[6]最後，制度分析的關鍵，在

---

[3] 例如《問題與研究》在1996年7、8兩月專題討論「民主化與政府體制」，與半總統制相關的文章可參閱：郭正亮（1996）、吳東野（1996）、周陽山（1996）。當時與中國國民黨關係密切的智庫—張榮發基金會的國家政策研究中心，為了引介半總統制，也赴法考察憲政經驗並出版專書，參閱：姚志剛等（1994）。

[4] 法國第五共和憲政體制始於1958年，第一次「左右共治」則發生於1986年至1988年。

[5] 當然也有文獻是從比較的觀點進行研究。從全面比較的觀點探討半總統制，例如：林繼文（2000）、沈有忠（2006）、陳宏銘與蔡榮祥（2008）、吳玉山（2011）、沈有忠（2011）等。多國之間的比較，例如：吳玉山（2002）、陳宏銘與梁元棟（2007）、Wu（2005）等。

[6] 一個重要的例外，就是蘇子喬從制度配套的觀點出發，將憲政體制與選舉制度的作用結合起來探討半總統制的換軌問題。參見：蘇子喬（2006）。進一步的擴展性研究，參見：蘇子喬（2010）。

於制度如何引導行動者的策略與行爲。有些文獻未掌握此關鍵，常淪爲只是對制度面進行描述，或是對制度與行爲間的連結只有敘述，而非分析，這都會影響到解釋的有效性。

　　以上的特點帶給本章探討共治問題重要的啓示：首先，本章欲從法國與臺灣的比較出發，透過對此兩國憲政運作的交互觀察，應該更能掌握共治與否的問題關鍵。[7]其次，共治與否不止涉及憲政體制的設計，和選舉制度、政黨體系都有密不可分的關連。有鑑於此，本章欲從三者配套的整體觀點出發探討共治問題，希望能產生更爲全面的觀察。最後，本章從理性選擇制度論的觀點出發，藉助賽局理論作爲分析工具，探討制度安排如何影響行動者間的策略互動，以致最後產生了共治與否的差異。[8]本章認爲：法國與臺灣擁有不同的選舉制度和國會保障機制，在兩種制度因素的交互作用下，會使總統陣營和國會多數陣營產生不同的政治計算與策略互動，最終導致法國出現「左右共治」，臺灣卻沒有出現「藍綠共治」。

　　本章以下的第二部分先探討有關半總統制的兩種界定方式，尤其著重於有關「共治」的說明，並指出法國和臺灣制度分析的比較基礎。第三部分則從制度分析著手，探討不同的選舉制度和國會保障條款的配套如何賦予行動者誘因結構，並產生何種可能的策略互動結果。第四部分則提出本章據以分析的賽局模型，並推導出法國與臺灣面對總統和國會多數分屬不同政黨陣營時，會產生不同的憲政運作樣態。第五部分與第六部分則分別從法國與臺灣的實際憲政經驗出發，和運用賽局模型推導出來的結果相互印證，可有效說明法國何以會出現「左右共治」，臺灣何以不會出現「藍綠共治」。最後則提出一些綜合性的觀察與討論作爲本章的結論。

---

[7] 在法國與臺灣的比較上，徐正戎（2001）已將兩國的憲政制度做了清楚的整理。

[8] 林繼文（2009）亦有用賽局理論分析臺灣與法國的憲政經驗，但關注的焦點在於：共治是否會成爲半總統制的憲政慣例。如果將憲政慣例視爲某種非正式制度，則林繼文的問題意識在於探討「共治」此種制度何以出現，從理性選擇制度論的觀點而言，屬於「均衡制度」（equilibrium institutions）的研究。本章關注的重心則是，在既定的制度配套下，行動者間如何策略互動而產生「共治」的結果，這是理性選擇制度論中有關「制度均衡」（institutional equilibrium）的研究。兩者的問題意識雖有所關連，但分屬不同面向。有關理性選擇制度論的進一步說明，可參見Shepsle（2006）。另外，陳宏銘（2007）的研究提供了部分有關臺灣的訪談資料，並整理出總統和國會多數雙方的策略，對建構本章的賽局很有幫助。

貳、半總統制與共治

相較於「總統制」和「議會制」的源遠流長,「半總統制」則是較爲晚近才被定義的類型。對於政府體制的界定,可大別爲兩大途徑:一是直接界定,另一則是光譜式界定。直接界定,是由學者觀察特定國家的憲政特徵後,加以歸納整理,並據此賦予該體制定義的分析方法。運用此途徑界定半總統制的學者主要有:Maurice Duverger(1980)、Giovanni Sartori(1997)、Shugart & Carey(1992)等人。光譜式界定則是運用特定制度因素以建構出分類體系,並將各個國家納入此分類體系,以對比出體制的特性。運用光譜式界定來探討半總統制,可以Arend Lijphart(1999)的研究成果爲代表。先釐清半總統制的直接界定與光譜式界定,對於探討本章所關注的共治問題可帶來重要的啓示。

一、直接界定

Maurice Duverger是學界中最早對半總統制提出界定的學者,在1978年即以法文提出了定義,但一般廣爲週知的,則是他在1980年發表於*European Journal of Political Research*的英文文章。「半總統制」之名亦由此篇論文而來,而文中最主要的觀察個案-法國第五共和也就成爲一般最爲熟知的經典個案。[9]Duverger(1980)並沒有有效處理總統與總理來自不同政黨陣營的「共治」問題,法國當時也還未產生對立尖銳的「左右共治」;但他同意半總統制是一種在總統制與議會制之間交替轉換的制度,當總統與國會多數同一政黨陣營時類似總統制,當總統與國會多數不同政黨陣營時類似議會制。[10]

Duverger(1980)的看法稱不上精確,但他簡明扼要的分析卻成爲之後許多研究半總統制學者的「公分母」,爲彼此的討論架設了一個對話的平台,許多後起的研究或看法都是在此基礎上精煉而成(林繼文,2000:136-137)。[11]其中一次重要

---

[9] Duverger(1980: 166)所界定的「半總統制」體制特徵主要有三:總統由普選產生(elected by universal suffrage);總統握有相當的權力(considerable powers);由總理和部長們執掌行政與政府職權,並在國會未表示反對的前提下可繼續在位。關於Duverger的「半總統制」概念起源與發展,可參考:Bahro, Bayerlein and Veser(1998)。

[10] 此觀點原本是由George Vedel所提出(Duverger, 1980: 186)。

[11] Robert Elgie是此觀點的一個重要例外,他對Duverger的界定提出了廣泛的批評,尤其認爲總

的精煉來自另一知名學者Giovanni Sartori（1997），他仍然沿用Duverger（1980）有關「半總統制」的稱法，但加上了自己的補充和修正。[12]相較於Duverger（1980），Sartori（1997: 124-125）不同意半總統制是在總統制與議會制之間交替轉換的看法，認為「共治」應是行政權內部總統與總理之間的權力共享或扞格，而非行政權或立法權誰主導政局的問題。[13]就此觀點而言，Sartori的看法應該較為接近真實憲政經驗。

　　Shugart & Carey（1992: 23）的探討方式又和Sartori（1997）很不一樣，他們從「擁有民選總統的政體」（regimes with elected presidents）的角度出發，先界定出純粹的「總統制」，再界定出與此有顯著不同的「總理－總統制」（premier-presidentialism）。其實「總理－總統制」就是Duverger（1980）所稱的「半總統制」，他們也將Duverger（1980）賦予「半總統制」的定義照單全收，作為「總理－總統制」的界定。Shugart & Carey（1992）將「總統制」和「總理－總統制」視為擁有民選總統政體的兩大基本型態，也附帶討論了同時兼具此兩者特色的混合制，將此稱為「總統－議會制」。[14]

統握有的「相當權力」界定不易，容易造成混淆。Elgie（1999a: 13）將Duverger的界定放寬，去掉了「總統握有相當權力」的部分，認為：「半總統制，就是一個普選產生、固定任期的總統，和總理、內閣對國會負責同時並存的政府體制。」在後續的系列文章中，Elgie（2005: 100）和Elgie（2007: 6）一以貫之地秉持類似的看法。在界定放寬的同時，屬於半總統制的國家有所增加。Elgie（1999a: 14）認為有42個國家合乎他對半總統制的看法，但卻沒有納入臺灣。Elgie（2005: 102）和Elgie（2007: 6）將數字增加為55國，同時納入了臺灣。

[12] Sartori（1997: 131-132）所界定的「半總統制」內容包括：國家元首（總統）由直接或間接的選舉產生，並有固定任期；國家元首和總理共享行政權，而此雙元權威結構（dual authority structure）有以下三個界定標準。首先，總統獨立於國會之外，但不能單獨或直接進行統治，其意志必須透過政府傳達與執行；其次，總理和其內閣獨立於總統之外，但須依賴國會的信任；國會信任與否，則視國會多數的支持而定；最後，此半總統制之下的雙元權威結構，允許行政權內部的權力有不同的平衡或移轉，但須在一嚴格的條件之下—即行政權的每個構成單位均有「自主的潛能」（autonomy potential）。

[13] 也因此Skach（2007）將半總統制視為一種新的「權力分立」型式，在行政權內部又作了劃分，不同於以往所言行政權與立法權之間的分立。另一方面，Elgie（2001a: 11-12）也對「分立政府」（divided government）的概念從寬解釋，認為只要是行政部門沒有得到立法部門（至少一院）的多數支持皆屬之，這就將原屬於總統制之下的概念擴展到議會制和半總統制了。Elgie（2001b）並認為法國的共治即是半總統制下分立政府的某種樣態。

[14] Shugart & Carey（1992: 23）給予「總統－議會制」的特徵包括：總統由普選產生；總統任免內閣部長；內閣部長受制於國會的信任；總統有權解散國會或擁有立法權，或者兩項都有。此外，Sartori（1997: 132）認為Shugart & Carey（1992）所界定的「總理－總統制」和「總統－議會制」是「半總統制」的兩種次類型，前者為總理具有優勢，後者則是總統具有優勢。但細觀前文所言Shugart & Carey（1992）的分析脈絡，似無此意，反而將「總統－

Shugart & Carey（1992: 56-58）同意Sartori（1997）所言，「共治」是行政權內部的糾紛，並進一步指出共治的危機可能因下列情況而發生：其一，新選出的國會多數和總統屬於對立的政黨陣營；其二，新選出的總統和既有的內閣也分屬對立的政黨陣營。他們認為「共治」會危及「總理－總統制」的運作，既然「共治」的出現是由於國會多數和總統屬於不同的政黨陣營，這又和總統與國會的選舉週期有密切的關係，某些選舉週期的安排會較其他安排容易產生共治。

二、光譜式界定

不同於直接賦予體制定義的探討方式，光譜式界定則是將各個國家置入由特定制度因素所構成的分類體系，以對比出體制的特性。Arend Lijphart（1999）從總統制和議會制的經驗出發，抽繹出三項政府體制的制度因素－集體負責或單一首長主導之行政部門、執政是否需要國會信任、行政首長由民選或國會產生，並據此產生了八種政府體制類型，然後將具有半總統制特徵的國家，放入既有的內閣制與總統制的分析架構中，可參見表7-1。

議會制與總統制分別位於Lijphart（1999）政府體制類型學的兩端（即光譜的兩端），其中並有六種混合制的可能性。在對36個民主國家的經驗資料進行分類後，Lijphart（1999: 117-121）發現：除了瑞士是屬於混合制的類型外（混合制Ⅰ），其他國家全部都屬於純粹的內閣制或總統制。換言之，Lijphart（1999）延續了Duverger（1980）最初的見解並加以發揚光大，對於具有半總統制特徵的國家（尤其是法國）所發生的「共治」現象（行政權轉軌），是以政府體制運作上從總統制向議會制轉換來理解；不同於Duverger（1980）的則是，Lijphart（1999）並不因此將半總統制定義為一獨立的政府體制類型。Lijphart（1999）受限於其「議會制－總統制」分析架構，自然難對半總統制的「共治」進行更深入的探討，也不可避免地會偏離真實憲政經驗較遠。[15]

議會制」視為是「總統制」和「總理－總統制」之混合。Sartori（1997）對Shugart & Carey（1992）分類的解讀有可能產生誤導，應再三斟酌。

[15] 在半總統制之下，當總統和國會多數分屬不同的政黨陣營時，雖然總理很可能是出自國會多數的政黨陣營，但總統握有「相當」權力的事實，很明顯不同於議會制的虛位元首。當總統和國會多數屬於相同的政黨陣營時，總統除可指派總理外，憑藉其實質政黨領袖的身分幾乎可控制國會，同時囊括行政、立法兩大權，此和總統制下行政、立法兩權間明確的分立制衡

表7-1　總統制、議會制、混合制政府體制類型（1945-1996）

	集體負責之行政部門		單一首長主導之行政部門	
	依賴國會信任	無須依賴國會信任	依賴國會信任	無須依賴國會信任
行政首長由國會產生	【議會制】法國(1986-1988, 1993-1995)	【混合制Ⅰ】	【混合制Ⅱ】	【混合制Ⅲ】
行政首長由民選產生	【混合制Ⅳ】	【混合制Ⅴ】	【混合制Ⅵ】	【總統制】法國(1958-86, 1988-93, 1995-97)

資料來源：Lijphart（1999: 119）。

三、制度配套與法國、臺灣的比較基礎

由以上學者們對半總統制的類型學分析可清楚看出兩種不同的取向：採取「直接界定」的Duverger（1980）、Sartori、Shugart & Carey（1992）等人主要針對半總統制不同於總統制和議會制──既有實權總統又有總理──的制度設計加以定義；採取「光譜式界定」的Lijphart（1999）則將半總統制放入由「總統制－議會制」所構成的分析架構來理解，重點在於說明半總統制運作上是在議會制與總統制之間進行轉換。「直接界定」的方式可提綱挈領地指出半總統制的特性為何，有助於增進對此種體制的瞭解，並方便對一個國家是否屬於半總統制作分類。但「光譜式界定」的方式進一步提醒了研究者，不能只將目光停留在靜態的特徵上，更重要的是對動態的政治運作進行分析與探討。

要有效解釋一國政局的運作，只考量政府體制的因素是不夠的，尚須視政府體制和其他制度是如何配套而定。[16]但與政治運作相關的因素有許多，應該將哪些制

也有明顯出入。

[16] 許多學者也意會到這一點，Sartori（1997）、Shugart & Carey（1992）等人的著作中，都有相當篇幅討論到選舉制度的作用，但大多忽略了政黨體系的影響。Skach（2005）的著作則不然，將重心擺在政黨體系與政府體制的交互作用，將半總統制國家的憲政運作區分成三類：鞏固的多數政府（a consolidated majority government）、分立的多數政府（a divided majority government）、分立的少數政府（a divided minority government），並以此解釋威瑪德國和法國第五共和的成敗。

度納入分析範疇方為適中？要超越只關注政府體制的狹隘，又不至於因考量過多因素而模糊了分析的焦點，Lijphart（1984、1999）有關民主類型的研究提供了很好的參考：他關注的焦點是由政黨體系、選舉制度和政府體制所構成的制度體系——Lijphart（1999）稱其為「民主模式」（patterns of democracy）。政黨體系、選舉制度和政府體制配套之後會產生何種作用，長久以來都是比較政治學中探討的重心。

　　林繼文（2006：2-3）進一步區別了兩種制度配套的模式：制度間的搭配如不改變制度在原有分析面向上的性質，這是一種「物理變化」的制度配套，如上述Lijphart（1984、1999）所建構的「多數決」（majoritarian）和「共識型」（consensus）的民主模式。如果制度間的搭配會改變制度在原有分析面向上的性質，則是「化學變化」的制度配套，這也是許多新興民主國家欲移植老牌民主國家的經驗，在進行憲政制度設計時所發生的根本難題。

　　制度配套何以會產生「化學變化」？制度配套的作用又是如何與政治行動者間的「共治」行為產生關連？理性選擇制度論認為，制度會賦予行動者特定的誘因結構，並影響行動者的利益計算，使行動者間的策略互動產生特定模式，甚至出現某種均衡狀態。這即是Shepsle（2006）所言「制度均衡」（institutional equilibrium）的研究。[17]由此觀點出發，制度配套的化學變化，指的就是由個別制度結合成一整套制度後，所賦予行動者的誘因結構，很可能不同於採用個別制度時的預期。

　　欲探討制度配套後會產生何種變化，賽局理論作為模擬行動者間策略互動的嚴謹分析工具，正是結合制度與行為兩者的利器。一方面，賽局理論可將制度所賦予的誘因結構清楚地轉換為行動者可資比較的報償值（pay-off）；另一方面，賽局理論可明確地建構出行動者間策略互動的情境，包括資訊狀態和行動順序。結合兩者之後，賽局理論就可預測在特定情境之下，行動者會採取何種策略，以及行動者間是否存在特定互動模式，例如「共治」。

　　以上有關制度配套的分析，對於如何探討本章所關注的課題－法國與臺灣是否產生共治——提供了指引。首先，要掌握法國與臺灣的政治運作要從整個制度體

---

[17] 或稱「結構引導的均衡」（structure-induced equilibrium）。Shepsle（2006: 24-27）將理性選擇學派的制度研究分為兩個面向，分別是「制度均衡」（institutional equilibrium）和「均衡制度」（equilibrium institutions）的研究。「制度均衡」關注的是制度的延續，認為制度產生之後，可規範行動者間的互動行為，以產生一較佳的社會結果。「均衡制度」則關注如何創設制度的問題，認為制度產生於行動者間的互動，反映出行動者間策略互動的均衡。

系著眼，不能單看政府體制。本章依循Lijphart（1999）的觀點，同時關注政黨體系、選舉制度和政府體制的配套運作。法國與臺灣的政府體制大致上都屬於半總統制，但卻出現共治與否的差異，很明顯的是由於搭配的政黨體系與選舉制度不同，以致產生了運作上的「化學變化」。

　　進一步審視法國和臺灣的憲政經驗，卻發現兩者在面臨是否「共治」的問題時，有著極其相似的政黨體系。兩國都是多黨體系，但主要政黨間卻沿著涇渭分明的政治競爭方向結盟對抗，形成針鋒相對的兩大政黨聯盟，Duverger（1986: 80）將此種政黨體系的樣態稱為「兩極化的多黨體系」（bipolar multipartism），或者可以更精確地稱為「兩聯盟極化多黨體系」。但法國與臺灣所不同在於：法國的政黨體系主要是按照「現代」的社會分歧－即經濟立場，所區分的左派陣營與右派陣營；臺灣的政黨體系則是由「前現代」的社會分歧－即族群與統獨立場，所區分的泛藍陣營與泛綠陣營。[18]儘管組成聯盟的各政黨勢力隨著時間演變會有所消長，但兩大陣營彼此對抗的態勢則長期持續不變。[19]

　　從制度配套的角度來看，法國與臺灣同屬半總統制的政府體制，再加上類似的兩聯盟極化多黨體系，在控制了政府體制和政黨體系變異性之後，造成法國與臺灣共治與否的關鍵應該是來自選舉制度的不同。[20]這就讓法國與臺灣在共治與否的問題上產生了比較基礎。[21]本章探討的重點即放在兩國相異的選舉制度，如何與兩國

---

[18] Inglehart（1984）將造成政黨體系的社會分歧劃分成三種樣態：「前現代」（premodern）的社會分歧主要來自族群、地域、宗教等因素；「現代」（modern）的社會分歧主要是經濟立場的差別，最為人熟知的就是左派與右派之分；「後現代」（postmodern）的社會分歧則來自後物質主義的影響，關注的議題主要有環保與女權。

[19] 法國的「兩聯盟極化多黨體系」於1970年代末期成形，由聯盟內各為兩大政黨，演變迄今形成聯盟內各為一大多小的局面。有關法國政黨體系的演變，可參見：張台麟（2005）。臺灣自從1980年代中期民主化以來，政黨體系就一直呈現藍綠對抗的態勢，「兩聯盟極化多黨體系」則於2000年總統大選後成形。在2005年修憲變更立法委員選舉制度，並於2008年首次實施後，政黨體系呈現由「兩聯盟極化多黨體系」走向「兩黨體系」的趨勢，但藍綠陣營相互對抗的態勢仍維持不變。

[20] 此處所指的選舉制度係指產生國會的選舉制度，亦即法國國民議會（Assemblée Nationale）和臺灣立法院的選舉制度。

[21] 此處的比較基礎類似於「最相似體系設計」（most similar systems design）的研究設計概念。Przeworski & Teune（1970: 32-39）將比較方法的研究設計大別為「最差異體系設計」（most difference system design）和「最近似體系設計」（most similar system design）。「最差異體系設計」的重點在於「異中求同」，在一組個案中，每個個案在其他變項上均有所變異，但結果變項與原因變項卻共同出現。「最近似體系設計」則和前者相反，重點在於「同中求異」，每一個個案在其他變項上的狀態均相似，而結果變項與原因變項則共同出現或共同不出現。

政府體制中不同的國會保障制度產生交互作用，帶來了制度配套的「化學變化」，並賦予行動者在策略互動時不同的誘因結構，最終導致兩國在面臨總統和國會多數分屬不同的政黨陣營時，會產生共治與否的差異。

參、制度分析與配套作用

　　法國與臺灣在中央政府體制上大抵都屬於半總統制，當總統所屬的政黨陣營在國會中居少數時，為何法國出現了三次「左右共治」，臺灣卻沒有出現「藍綠共治」呢？這是本章欲用賽局理論分析的問題。前文也提及，法國與臺灣有著類似的政黨體系，本章暫將此視為控制變項，認為真正影響賽局中行動者計算及報償值（payoff）設定的，是來自選舉制度與政府體制中有關國會任期保障機制的配套作用。[22]

一、選舉制度特性

　　選舉制度對於是否產生共治的影響，在於選舉制度是否具有短期內重選結果的一致性。亦即當國會的選舉結果揭曉後，如果於極短時間內（例如：一個月內）運用此選舉制度重新進行選舉，是否會和前次的選舉結果具有一致性。[23]如果重選

---

[22] 蘇子喬（2006：58-59）與林繼文（2009：32-39）亦有探討選舉制度對於法國與臺灣是否產生共治的影響，但分析方式與關注重點與本章不同。

[23] 「短期」究竟是指多短的時間間隔？配合後文關於國會任期制度性保障的討論，本章認為最長不超過一年可稱為「短期」，而多半是指數個月內的期間。因為選舉制度此種特性的適用情境，往往存在於新國會選舉產生後，如果總統任命總理發生爭議，需再度解散國會重選時；若有改選需要，合理推斷前後次選舉的時間間隔應該只有數個月。
例如法國第五共和憲法第12條即規定：「全國大選應於國民議會解散後二十日至四十日內舉行之。國民議會在選舉後第二個星期四自行集會。」從解散國會到改選完成，甚至國會自行集會，最多不超過兩個月的時間，而解散國會前有關任命總理的爭議亦不可能拖延太久，所以兩次選舉間隔的時間應該是在數個月內。
又例如《中華民國憲法增修條文》第2條規定：「立法院解散後，應於六十日內舉行立法委員選舉，並於選舉結果確認後十日內自行集會，其任期重新起算。」臺灣從國會解散、改選到新國會自行集會的期間雖較法國為長，但也不超過三個月，所以兩次選舉間隔的時間同樣應該在數個月內。前文有關法國第五共和憲法的中譯，採取張台麟（2007：355）翻譯的版本。

之後，從選區的當選名單到各政黨所得的席位總數相較前次都沒有什麼變動，則此選舉制度具有短期內重選結果的一致性，短期內改選的不確定性較低；如果重選之後，從選區的當選名單到各政黨所得的席位總數相較前次有顯著差異，則此選舉制度不具有短期內重選結果的一致性，會大幅提高短期內改選的不確定性。為何需要知道特定選舉制度在短期內重選是否具有結果的一致性？因為當國會多數和總統分屬不同政黨陣營時，選舉制度的此種特性會影響總統是任命己方人馬還是對方陣營擔任總理的政治判斷。[24]

要得知選舉制度是否具有短期內重選結果的一致性，可以從選舉制度的「機械效果」（mechanical effect）與「心理效果」（psychological effect）兩個角度出發探討。「機械效果」是指直接由選舉規則產生，如何將選票轉換成席位的分配效果；「心理效果」則是指政治行動者（如政黨、候選人和選民）在認知到機械效果的作用後，所因應採取的策略行為。[25]

法國國民議會（Assemblée Nationale）選舉採行「單一選區兩輪決選制」（two-ballot majority system，簡稱Runoff），規定每個選區只產生一名當選人，在第一輪投票時，得票超過12.5%的候選人可進入第二輪的決選，第二輪投票則採取相對多數決以產生當選人。制度的機械效果（12.5%的門檻）排除了小黨的參與，增加了體系的穩定。且因為第二輪才是決定勝負的關鍵，各政黨在第一輪時無不卯

---

[24] 有關選舉制度是否具有短期內重選結果的一致性，在既有的文獻中幾乎沒有討論，臺灣與法國也欠缺短期內解散國會重選的憲政經驗可供比較，因此本章只能用理論推導的方式得出：法國的國會選舉制度相較於臺灣具有短期內重選結果的一致性。
既有文獻與此相關的討論多半指出：法國的選舉制度屬於單一選區制，改選的結果會帶來較大的席次擺動（seat swing），同一政黨陣營前一次和後一次的選舉結果，席位數可能有相當大的差異；臺灣的選舉制度屬於複數選區，較具有比例性（proportionality），會較單一選區選制的席次擺動率小得多。參見：林繼文（2009：33、37）。
既有文獻與本章的理論推導其實並不衝突，因為兩者所關注的前後次選舉的時間間隔並不相同。既有文獻是基於臺灣與法國的憲政經驗立論，在現實中法國國民議會的改選間隔為2-5年（視有無提前解散而定），臺灣立法院的改選間隔則為3年，都已經歷了較長的時間，政局往往也隨之發生了顯著變化，法國的單一選區選制相較於臺灣的複數選區選制比例性低，會更加放大政局的變化，帶來前後次選舉結果較大的席次擺動率。但本章所關注的前後次選舉的時間間隔是短期，最長不超過一年，甚至只是幾個月內的期間，民意不致發生太大變動，此時法國的單一選區選制相較於臺灣的複數選區選制更能有效降低選舉過程的不確定性，帶來穩定的選舉結果，具有短期內重選結果的一致性。

[25] 關於「機械效果」和「心理效果」的作用最早由Maurice Duverger（1954）所提出，藉此討論選舉制度對於型塑政黨體系的影響，本章欲藉由這兩個分析概念，說明選舉制度對於選舉結果穩定性的影響。對於「機械效果」和「心理效果」的進一步說明，可參見：Blais & Massicote（2002: 56-60）。

足勁的爭取票數，以提高在第二輪時和聯盟內其他政黨議價與交換的籌碼，所以在第一輪時，各政黨間尚無策略結盟的打算；選民也認知到第一輪並非決定勝負的關鍵，還未到策略投票（strategic voting）的時候，也使選民有眞誠投票（sincere voting）的意願。所以在第一階段時，政黨與選民都不會展開策略運作，制度的心理效果尚未發揮（黃旻華，2003：175-176）。

　　進入第二輪投票，決定候選人當選與否的規則變爲「相對多數決」。由於自始至終都是單一選區，同一政黨只會提名一位候選人，在選舉過程中候選人不會面臨同黨候選人競爭的壓力；但在兩聯盟且左右對抗的政黨體系下，聯盟內的各黨需進行整合以排除聯盟內競爭，並將候選人協調到一人以面對聯盟間的競爭，否則在選票分散的局面下通常無法獲勝。所以在選舉制度的心理效果作用下，第二輪投票時會將原先複雜的多黨競爭收斂到兩聯盟間競爭的主軸上，大幅降低了選舉過程的不確定性；選民也會傾向投票給聯盟推薦的候選人，以免投給其他獨立候選人造成的選票浪費。

　　由以上的觀察可以發現：法國國民議會選舉所採取的「單一選區兩輪決選制」可排除小黨的參與，減低候選人黨內競爭與聯盟內競爭的壓力，並引導政黨與選民將焦點放在聯盟間的競爭，有效減少了選舉過程的不確定性，有助於在選區中產生穩定的選舉結果以及國會中穩定的多數陣營（張台麟，2007：85-86）。在選舉結果揭曉後，假設國會的多數陣營與少數陣營有一定的席次差距，如果在很短的時間內再度進行選舉，可能個別選區由於票數相近、競爭特別激烈的緣故，其當選名單會有一些細微調整，但總的選舉結果（誰爲國會多數、誰爲少數）應該不會改變。換言之，法國的選舉制度具有短期內重選結果的一致性。[26]

　　臺灣的立法院選舉在2008年之前採用「複數選區單記不可讓渡」投票法（single non-transferable vote under multi-member-district system, SNTV-MMD, 簡稱

---

[26] 法國曾在1986年的國會大選短暫地採用過「比例代表制」（proportional representation system），並促成第一次左右共治的出現。比例代表制強調選黨而非選人，其機械效果在於能將選票高度比例性地轉換爲國會的席位，政黨只要跨過得票率的門檻就能分配席位。只要選民支持的政黨不是太小眾就能在國會有代表，當選民認知到此機械效果後就會大力強化眞誠投票的意願，策略性投票無用武之地，制度的心理效果因而無從發揮。如此一來，反而使比例代表制之下的選舉結果非常穩定，甚至穩定程度還超過法國長期採用的「單一選區兩輪決選制」，可見比例代表制也具有短期內重選結果的一致性。由於比例代表制和單一選區兩輪決選制相同，都具有短期內重選結果的一致性，兩種制度所賦予賽局行動者的誘因結構一致，因而不會影響到本章運用賽局理論進行分析。有關比例代表制的進一步討論，可參見：王業立（2008：18-31、48-53）。

SNTV），每個選區當選不只一人，但選民只有一票投給候選人，且投出後即無法在候選人之間進行移轉。此制度的機械效果主要有二：首先，既然絕大多數是複數選區，每黨就可能提名不只一位候選人，所以每位候選人在選舉過程中同時要面對黨內、聯盟內和聯盟間的多重競爭。在兩聯盟各有特定意識型態之下，同聯盟或同黨的候選人因彼此的相似性，反而可能成為競爭選票最激烈的對手。

其次，在應選N席的複數選區中，有效選票數是V，候選人只要得到（V/N+1）+1的票數就可當選；如果選區中有候選人得票超高，則此當選與否的票數門檻還可以降得更低（王業立，2008：97）。既然候選人只要有一定數量選票就可當選，如候選人能掌握特定票源，黨紀就不易對候選人產生約束。再加上候選人在選舉過程中須面對多重競爭，機械效果不見得能使選舉競爭的方向以聯盟間競爭的方式收斂趨中，如果候選人的立場標新立異，也許反倒可以出奇制勝、囊括特定選票，但這又為選舉過程更加添了複雜性。

在機械效果所帶來多重競爭和門檻不高的作用下，心理效果存在寬廣的操作空間，在選舉過程中，政黨與候選人間各式各樣的競選花招層出不窮。候選人面對黨內、聯盟內和聯盟間的強力競爭，往往會採取高度策略性的行為以因應，並發展出許多正當（如：操弄棄保效應）或不正當（如：買票、黑道固樁）的機制以降低不確定性。[27]這就使得選舉的花費高昂，且需要不少時間準備，在增加黨內與聯盟內協調困難的同時，也大幅降低政黨與現任者提前改選的意願（Lin, 2003: 441）。

綜觀臺灣立法院選舉曾採用的「複數選區單記不可讓渡」投票法，機械效果無法排除小黨的參與，並使候選人面臨黨內、聯盟內和聯盟間的多重競爭，這就替心理效果帶來寬廣的策略運作空間，使得選舉過程具有高度的不確定性，也造成選舉結果的不穩定。即使在很短的時間內讓同一批選民再重新投票一次，從選區的當選名單到政黨所握有的席位總數都可能出現相當變化，如果國會多數陣營與少數陣營的席次差距不夠顯著，甚至會進一步造成國會多數易主。換言之，臺灣的選舉制度

---

[27] 例如Cox & Thies（1998）的研究顯示，日本採用SNTV選制時期，候選人面對黨內的競爭越激烈就會花費越多金錢。統計自由民主黨的候選人發現，黨內競爭使競選經費增加4%到18%，且競選花費是反應性的，當別的候選人提高開支時，己方也會以增加花費回應。呼應前項研究，Grofman（1999: 392-93）對SNTV提出的總結性看法認為，由於SNTV選制具有高度的不確定性和寬廣的操弄空間，使得黑金政治成為降低不確定性的手段介入其間，這也是韓國、日本和臺灣相繼放棄此種選制的主因。此種觀點幾乎已成為學界共識，但也有學者對此有所保留，例如吳重禮（2002）歸納了對SNTV的五大批評後認為，「非正式結構」與「個人」互動產生的力量往往凌駕於「制度」之上，單靠選制改革想要除弊，恐怕過於樂觀。

不具有短期內重選結果的一致性。

　　儘管法國國民議會所採用的選舉制度相較於臺灣立法院所採用的選舉制度具有短期內重選結果的一致性，但此特性能夠發揮多大的作用，受到政治運作中兩個動態因素的影響甚鉅：一是在國會中多數陣營與少數陣營的席次差距為何，席次差距越少，局勢中具有的不確定性越高，則前後次的選舉結果越難「一致」；另一則是國會前後次選舉的時間差，間隔的時間越短，兩場選舉具有類似結果的可能性就越高，這涉及憲法中是否有對國會在短期內不斷改選的規範，將於隨後的「國會保障機制」部分討論。[28]下文先探討席位差的問題。

　　按照前文對法國與臺灣的選舉制度所進行的分析，如果將兩國的選舉制度放入由「席位差」（$\triangle S$）和「不確定性」（Uncertainty, U）所構成的二維座標體系中，應該可推導出如圖7-1的關係，分析如下：[29]

1. 當$\triangle S \rightarrow 0$，Uncertainty$\rightarrow \infty$。（區間$S_1$ < 5席）

　　當國會多數陣營與少數陣營的席次差距越少，局勢的不確定性越高，重新改選而國會多數易主的翻盤可能性也越高。設想一個極端狀況，即雙方差距只有一席，則不確定性達到極致，儘管法國的Runoff較臺灣的SNTV具有短期內重選結果的一

---

[28] 除了對國會任期的制度保障之外，尚有一影響國會選舉間隔的因素，即「選舉週期」（electoral cycle）的作用。Shugart & Carey（1992: 242-43）將總統與國會大選在同一天舉行稱為「同時選舉」（concurrent elections），不在同一天舉行稱為「非同時選舉」（non-concurrent elections）。「非同時選舉」的週期又可分為「蜜月期選舉」（honeymoon elections, 即國會大選於總統就職一年內舉行者）、「反蜜月期選舉」（counter- honeymoon elections, 即國會大選於總統大選前一年內舉行者）、「期中選舉」（midterm elections, 即國會大選於總統就職一年後到總統大選前一年之間舉行者）與「混合週期」（mixed cycles, 即總統大選與國會大選的週期沒有特殊規律者）。
不同的選舉週期會影響總統是否解散國會的抉擇，進而影響國會選舉時間間隔。「同時選舉」較不易產生總統與國會多數分屬不同政黨陣營的共治局面。在「非同時選舉」的週期中，「蜜月選舉」與「反蜜月選舉」的國會大選都會受到總統大選牽動，國會多數容易與總統當選人同一政黨陣營，亦不易產生共治；但「期中選舉」與「混合週期」則國會與總統的選舉有明顯的時間差，民意可能發生顯著變化，因而產生共治的局面。
原本法國與臺灣的選舉週期並無特殊規律，屬於Shugart & Carey（1992）分類的「混和週期」，因而都有出現共治的機會。法國在2000年修憲，將總統任期由七年縮短為五年，與國民議會議員任期一致；臺灣則是在2005年修憲，將立法委員任期從三年延長到四年，與總統任期一致。修憲的用意，應是設法將選舉週期調整成「同時選舉」，減少共治出現的可能性。對於半總統制政體之下選舉週期更為全面的研究，可參見：陳宏銘、蔡榮祥（2008）。

[29] 局勢中所具有的不確定性（Uncertainty）為一抽象概念，可將之轉換為較具體的「翻盤可能性」（Probability, P）以進行衡量，即在特定席次差距之下，如進行改選而國會多數易主的可能性有多高。

致性，但面對此極端狀況時也無力控制局勢。

2. 當△S→∞，Uncertainty→0。（區間S₃ > 100席）

　　當國會多數陣營與少數陣營的席次差距越多，局勢的不確定性降低，重新改選而多數易主的翻盤可能性也越低。也設想一個極端狀況，即雙方差距超過百席，則不確定性趨近於零，雖然臺灣的SNTV較法國的Runoff不具有短期內重選結果的一致性，但在此極端狀況下，國會多數應該不可能易主。

3. △S↑，Uncertainty↓，U$_S$＞U$_R$ under △S'。（區間S₂）

　　當國會多數陣營與少數陣營的席次差距增加，局勢中具有的不確定性會下降，但法國所採用的Runoff比臺灣所採用的SNTV下降的速度更快。亦即在特定席位差△S'之下，SNTV所具有的不確定性（US）會高於Runoff（UR）的不確定性。換句話說，在特定翻盤可能性之下，SNTV的席位差要較Runoff多才能同樣安全。

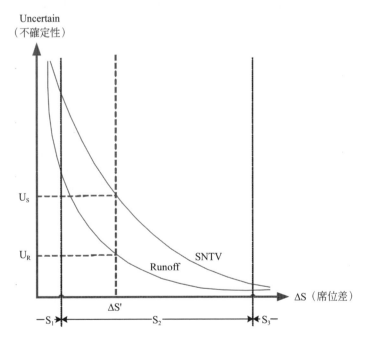

圖7-1　席次差距與不確定性在兩種選舉制度中的動態關係
資料來源：筆者自繪。

二、國會保障機制

　　除了席次差距之外，另一影響選舉制度作用的動態因素則是歷經多久的時間國會方進行改選。如果兩次國會大選所間隔的時間越短，兩場選舉產生類似結果的可能性就越高。但國會在短期內改選的頻率過高，容易引發政治動盪，因此有些國家會在憲法中放入對國會的保障條款，避免國會在短期內不斷被解散的窘境。所以政府體制的設計亦會影響到選舉制度的作用，這也就是前文所言，政府體制與選舉制度配套後產生「化學變化」之所在。

　　具體而言，影響「共治」與否的政府體制因素，在於憲法中是否有保障國會免於短期內不斷重選的「一年條款」。法國第五共和的憲政體制雖致力於穩定行政權，但憲法中對於國會任期仍有制度性的保障，憲法第12條規定：「國民議會因解散而改選後一年內，不得再予解散。」（張台麟，2007：355）這使得出於政治爭端而解散國會提前進行改選後，如仍是與總統立場不同的政黨陣營囊括國會多數，則代表最新民意的國會能發動倒閣，但總統卻不能因此再解散國會，只能屈從於國會的意志，任命國會多數陣營屬意的人選出任總理。此「一年條款」有助於「左右共治」的出現。

　　相較之下，臺灣現行的憲政體制則無類似規定。雖然總統對立法院只有被動解散權－除非國會倒閣，總統不能解散國會；[30]但如果立法院解散重選後仍是與總統立場不同的政黨陣營囊括國會多數，並再度發動倒閣，總統依照憲法是可以再度解散立法院，且沒有次數限制。當然前述的情形下，總統必須承擔一定的政治風險，但在臺灣選舉制度不具有短期內重選結果一致性的前提下，選舉的代價高昂，同時立法院又缺乏「一年條款」的保障，因此可有效嚇阻倒閣的發生，大幅降低「藍綠共治」出現的可能性。

---

[30] 《中華民國憲法增修條文》第2條規定：「總統於立法院通過對行政院院長之不信任案後十日內，經諮詢立法院院長後，得宣告解散立法院。」

表7-2　選舉制度特性和國會保障機制的配套

選舉制度
短期內重選結果的一致性

		有	無
國會 保障機制	有	I 法國	II
	無	III	IV臺灣

資料來源：筆者自行整理。

三、配套作用

　　綜合以上的討論可以發現，有兩組制度安排和兩組政治運作的因素對於是否出現「共治」影響很大。制度安排的部分包括「選舉制度特性」（選舉制度是否具有短期內重選結果的一致性）和「國會保障機制」（是否有保障國會免於短期內不斷重選的機制），政治運作的部分則需考量「席次差距」（國會多數陣營與總統陣營在國會中的席次差距）以及「選舉週期」（新改選的國會碰上既有總統，或新當選的總統碰上既有國會）。其中，尤以「選舉制度特性」為核心，另外三組因素的作用都和其密切相關。

　　先將「選舉制度特性」和「國會保障機制」兩靜態的制度安排進行配套，可以得出如表7-2的四種情形，法國與臺灣分別屬於其中的第一類與第四類。再考量「選舉週期」和「席次差距」等動態的政治運作後，可對政治行動者面臨是否共治的問題時產生不同的誘因結構與可能選擇，簡單說明如下：

狀況Ⅰ：選舉制度有短期內重選結果一致性／國會有免於短期內重選的保障

選舉週期	議席差距	政治運作
新國會 vs. 舊總統	並非極小 （S2、S3）	如果雙方陣營在國會中有一定席次差距，總統會對國會讓步，指派國會多數陣營屬意的人選出任總理，出現「共治」的局面。因為如總統不願讓步，並指派己方人馬出任總理，國會多數勢必發動倒閣，總統可能以解散國會回應。在雙方席次有一定差距的前提下，選舉制度又具有短期內重選結果的一致性，再度改選之後誰為國會多數應該不會改變，此時新組成的國會受到一年條款的保障，只有國會可以倒閣，總統卻不能再解散國會，總統最終仍得屈從國會的意志，指派國會多數的一方組閣。既然如此，何必多此一舉，所以在狀況Ⅰ之下，一開始就會出現共治，而不用等到上述流程發動。法國的前兩次共治經驗即屬於此種狀況。
	極小（S1）	如果出現極端狀況，即雙方陣營席次非常接近，例如差不到五席，此時總統如指派己方人馬出任總理，國會在改選的不確定性過高之下，不敢輕舉妄動，此時就可能出現少數政府。
新總統 vs. 舊國會		總統如握有主動解散權，無論議席差距多大，總統往往都會挾甫勝選之餘威進行國會改選，國會多數也很可能會順勢轉往總統一方，恢復一致政府的局面，這也多次出現在法國的憲政經驗中。[31]總統如果只有被動解散權，會指派己方人馬出任總理，國會擔心倒閣造成解散國會重選，在選情可能不利的考量下，會默許少數政府的出現。

狀況Ⅱ：選舉制度無短期內重選結果一致性／國會有免於短期內重選的保障

選舉週期	議席差距	政治運作
新國會 vs. 舊總統	極大（S3）	當雙方國會議席數量相差懸殊，例如百席以上，總統可能直接指派國會多數陣營組閣產生「共治」。如果總統指派己方人馬出任總理，則國會多數陣營可能願意承擔風險，發動倒閣、改選以尋求政權；一旦成功，國會在免於短期內重選的制度保障下，會出現至少一年的「共治」局面。
	並非極大 （S1、S2）	如果雙方席次相差不遠，總統應會指派己方人馬出任總理，在改選未必有利且選舉成本高昂之下，國會多數可能傾向委曲求全，坐視總統一方組成少數政府。
新總統 vs. 舊國會		總統如握有主動解散權，無論議席差距多大，總統往往都會挾甫勝選之餘威進行國會改選，國會多數也很可能會順勢轉往總統一方，恢復一致政府的局面。 總統如果只有被動解散權，會指派己方人馬出任總理，國會擔心倒閣造成解散國會重選，在選情可能不利的考量下，會默許少數政府的出現。

---

[31] 此常被稱為總統選舉的「衣尾效應」（coattail effect）（Sartori, 1997: 179）。

狀況III：選舉制度有短期內重選結果一致性／國會沒有免於短期內重選的保障

選舉週期	議席差距	政治運作
新國會 vs. 舊總統	並非極小（S2、S3）	當雙方陣營在國會的議席數量有一定差距時，總統最終會指派國會多數組閣產生「共治」，類似於狀況I的情形。但較狀況I複雜之處在於，國會缺乏免於短期內重選的制度保障，總統可以不斷解散國會。在選舉制度具有短期內重選結果的一致性且雙方席次有一定差距的前提下，即使再度改選但誰為國會多數應該不致改變。隨著國會解散次數的增加，總統無正當理由解散國會所承受的社會壓力必然倍增，最終應迫使總統妥協、產生「共治」。
	極小（S1）	如果出現極端狀況，即雙方陣營席次非常接近，例如差不到五席，此時總統如指派己方人馬出任總理，國會在改選的不確定性過高，又缺乏免於短期內重選的制度保障之下，不敢輕舉妄動，此時可能出現少數政府。
新總統 vs. 舊國會		總統如握有主動解散權，往往可挾甫勝選之餘威進行國會改選，國會多數也很可能會轉往總統一方，恢復一致政府的局面，類似於狀況I的情形。 總統只有被動解散權時，既有的國會多數在立即改選可能不利的考量下，應該會容忍總統指派己方人馬出任總理，形成少數政府。

狀況IV：選舉制度無短期內重選結果一致性／國會沒有免於短期內重選的保障

選舉週期	議席差距	政治運作
新國會 vs. 舊總統	極大（S3）	即使雙方在國會的議席數量相差懸殊，總統仍會指派己方人馬出任總理，組成少數政府。如果國會發動倒閣，總統會解散國會重選。改選後即使誰為國會多數仍維持不變，但由於國會缺乏免於短期內重選的制度性保障，如試圖倒閣總可再予解散；雖然總統承受的社會壓力必然倍增，但國會多數陣營對高昂選舉成本和改選壓力的承受力，未必高於總統，所以國會缺乏制度性保障的政治現實就可有效嚇阻國會多數繼續倒閣。既然倒閣、重選仍然無法達成共治的目標，國會多數陣營會傾向在一開始就息事寧人，保住既有的多數優勢，默許少數政府的出現。
	並非極大（S1、S2）	如果雙方在國會的席次差距並非極大，總統會逕自指派己方人馬出任總理組成少數政府，而國會自始就選擇不發動倒閣，容忍少數政府的存續。
新總統 vs. 舊國會		總統如握有主動解散權，無論議席差距多大，總統往往都會挾甫勝選之餘威進行國會改選，國會多數也很可能會順勢轉往總統一方，恢復一致政府的局面。 總統如果只有被動解散權，會指派己方人馬出任總理，國會擔心倒閣會造成解散國會重選，在選情可能不利的考量下，會默許少數政府的出現。這是典型的臺灣憲政經驗。

肆、賽局模型的建構與解析

　　從個別制度作用的分析，到制度配套後產生的化學變化，法國與臺灣不同的制度脈絡會給政治行動者帶來何種的誘因結構已逐漸明朗。但共治與否本質上是行動者間策略互動與政治抉擇的結果，本章即利用賽局理論作為連接應然面（制度分析）與實然面（憲政經驗）的分析工具，將制度所賦予的誘因結構轉換為行動者對不同狀態的偏好排序，並透過共同的賽局架構與不同的策略互動，說明法國和臺灣的憲政經驗何以出現共治與否的差異。

　　由於法國與臺灣在面臨是否「共治」的問題時，都屬於「兩聯盟極化多黨體系」，為了分析簡潔起見，在此共治與否的賽局中設定只有兩個主要的行動者，分別是「總統」陣營與「國會多數」陣營。在總統和國會多數分屬不同政黨陣營的前提下，雙方的行動考量均為極大化己方的權力，爭取總理或行政院院長由己方屬意的人選出任，但同時也會設法極小化政治運作的代價。兩個行動者在憲政運作中的行動順序和策略為：

1. 由總統先開始行動，有兩個策略，分別為任命己方的人擔任總理／行政院院長（G）和任命國會多數屬意的人選擔任總理／行政院院長（B）；
2. 其次由國會多數展開行動，亦有兩個策略，分別為進行倒閣（D）與不進行倒閣（N）；
3. 最後再由總統行動，仍然有兩個策略，分別為解散國會（d）與不解散國會（n）。[32]

---

[32] 總統如果解散國會（d），有可能出現兩種不同的國會改選結果，或是由總統陣營取得國會多數，或是原有的國會多數繼續維持在國會中的多數地位。如果出現的是前者，總統與國會多數一致，就不存在是否共治的問題，賽局情境自動打消；如果出現的是後者，賽局情境又回到行動者間策略互動的起點，總統再度面對是否指派國會多數陣營所屬意的人選出任總理。

總統如果不解散國會（n），也有可能面臨兩種不同的情勢發展，一種是歷經一次（或以上）的「任命／倒閣」政治角力後，總統最終任命國會多數屬意的人選出任總理，產生共治。另一種則是在歷經一次以上的「任命／倒閣」政治角力後，總統最終解散國會重選，並隨著兩種不同的國會改選結果，或是產生一致政府、打消賽局情境，或是回到賽局情境的起點，總統再度面對是否指派國會多數陣營所屬意的人選出任總理。

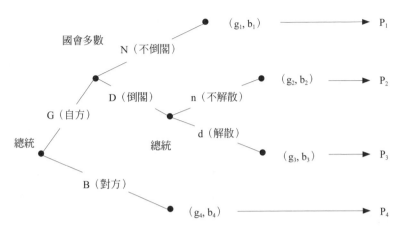

圖7-2　共治與否的賽局模型
資料來源：筆者自繪。

整個賽局模型可以展開式（extensive form）整理描繪如圖7-2，構成一個資訊完全（complete information）的有序賽局（sequential game）。賽局的發展產生四條路徑P_1、P_2、P_3、P_4，每條路徑對於行動者的報償值分別設定爲g_1、g_2、g_3和g_4（總統一方），以及b_1、b_2、b_3和b_4（國會多數一方）。

一、法國個案

　　在法國的政治脈絡中，新當選的總統碰上了既有的國會多數，總統往往會挾甫勝選之餘威進行國會改選，國會多數也很可能會順勢轉往總統一方，不會出現共治的局面。[33]所以此處討論的情境主要是：新改選的國會多數碰上既有總統的情形。爲了討論方便，也附帶假設一個常態的狀況，即雙方陣營在國會中的議席數量有一定差距，並非極端接近。

　　在確定「選舉週期」和「席次差距」之後，緊接著討論每條路徑的政治運作過程，以及所產生的政治結果。這些過程與結果和雙方陣營的報償值偏好順序密切相關。路徑P_1是總統指派己方人馬擔任總理，但國民議會不敢發起倒閣，會產生少數

---

[33] 有關法國「左右共治」出現時機之探討，可參見：徐正戎（2001：23-28）。

政府的局面。路徑P$_4$則是總統直接指派國會多數屬意的人選擔任總理，亦即出現共治。

路徑P$_3$是總統指派己方人馬擔任總理，國民議會發起倒閣而總統解散國民議會重新改選。最終會出現何種政治結果端視對改選結果的評估而定，而如何進行評估又深受法國制度配套的影響。既然此時的情境是新改選的國會多數面對既有的總統，而雙方在國會的議席數量又有一定差距，由於法國的選舉制度具有短期內重選結果的一致性，改選後誰為國會多數不致易主，總統仍然無法掌握國會多數。與此同時，再度改選的國會受到憲法一年條款的保障，總統不得再予解散，但國會卻可不斷倒閣。最終總統只能屈從國會多數的意志，指派其屬意的人選擔任總理，出現共治的局面。

路徑P$_2$是總統指派己方人馬擔任總理，國民議會發起倒閣而總統不願解散國民議會。其後續發展隱含著兩種可能性。一種是歷經一次（以上）「任命／倒閣」的政治角力後，總統最終任命國會多數屬意的人選出任總理，產生共治。另一種則是，在歷經一次以上「任命／倒閣」的政治角力後，總統最終解散國民議會重選。改選結果類似先前對路徑P3的討論，國會多數應不致易主，再度改選的國會又受到憲法一年條款的保障，總統只能指派國會多數屬意的人選擔任總理，最終出現共治。

四條路徑的運作過程與結果可整理如表7-3。在確定不同路徑的政治運作與結果後，即可對總統陣營和國會多數陣營的偏好進行排序。[34]

---

[34] 沈有忠（2006：202-204）的研究亦有討論在半總統制之下，總統與國會多數分屬不同陣營時，如何選擇行政首長的「理性結構」，但對於不同路徑的政治結果與行動者的偏好排序與本章不完全相同。沈有忠認為在路徑P$_2$之下，總統會指派國會多數屬意的人選出任總理，產生共治，沒有提到本章所分析的另一種可能，亦即在國會倒閣不止一次之後，總統解散國會重選。在路徑P$_3$之下，沈有忠直接按照總統陣營選舉的勝敗將政治結果區分為二，或是勝選之後變成一致政府，或是敗選之後變成共治。所以沈有忠設定總統陣營的偏好為：路徑P$_3$的一致政府＞路徑P$_1$的少數政府＞路徑P$_4$的共治＞路徑P$_2$的共治＞路徑P$_3$的共治；國會陣營的偏好為：路徑P$_3$的共治＞路徑P$_2$的共治＞路徑P$_4$的共治＞路徑P$_1$的少數政府＞路徑P$_3$的一致政府。沈有忠的偏好排序，可說是對半總統制國家的一般性討論，如果要適用於特定國家，則應根據該國的政治脈絡進行調整，特別需要進一步說明，該國不同陣營如何評估解散國會重選的結果。

表7-3　法國的政治運作與可能結果

路徑	政治運作過程			政治結果
P₁			→總統指派己方人馬擔任總理	少數政府
P₂	國會倒閣一次（或以上）		→總統指派國會多數屬意的人選出任總理	共治
	國會倒閣一次以上	→解散國會重選	→總統指派國會多數屬意的人選出任總理	共治
P₃	國會倒閣	→解散國會重選	→總統指派國會多數屬意的人選出任總理	共治
P₄			→總統指派國會多數屬意的人選出任總理	共治

　　對總統陣營而言，最好的狀態為g_1，指派己方的人擔任總理，但國民議會不敢發起倒閣，除此之外的g_2、g_3和g_4等狀態最終都會導致由國會多數屬意的人選出任總理。既然g_2、g_3、g_4最終都會出現共治，不如直接指派國會多數屬意的人選擔任總理，既無須政治角力，又不用解散國會重選，g_4較g_2、g_3政治成本更低，反而變成次佳的選擇。

　　剩下g_2和g_3兩種狀態進行比較，而g_2的狀態有兩種可能性。如果是歷經「任命／倒閣」的政治角力後，總統任命國會多數屬意的人選出任總理，此時g_2的狀態較g_3為佳，因為得到的結果均相同（共治），但g_2較g_3費事較少（國會不用再選一次）且總統承擔的政治風險較低（例如：總統不會面臨無正當理由解散國會的指責）。最終，總統陣營對不同狀態偏好的排序為：$g_1 > g_4 > g_2 > g_3$。

　　g_2另一種可能是，在歷經一次以上的政治角力後，總統最終解散國民議會重選。對總統陣營而言，此時g_2的狀態會較g_3為差，因為兩種狀態都得重選，但g_2較g_3多了一番政治角力。由於是新國會碰上既有總統，人民會傾向認為新國會代表了較新的民意，而將國會與總統政治衝突的責任歸到總統的一方。所以總統陣營在多輪政治角力後解散國會重選（g_2），應該會較國會一倒閣就直接解散重選（g_3），在國會流失更多的席位，因此讓g_2成為比g_3還差的狀態。此時，總統陣營的偏好排序為：$g_1 > g_4 > g_3 > g_2$。

　　對國會多數陣營而言，最差的狀態自然就是b_1，總統指派己方人馬出任總理，但國民議會不敢發起倒閣。相較於b_1，其他b_2、b_3、b_4等狀態最終都能讓國會多數屬意的人選出任總理。

在b_2、b_3、b_4等狀態中，如果b_2是歷經「任命／倒閣」的政治角力後，總統最終指派國會多數屬意的人選出任總理，則b_2會成為國會多數陣營的最佳選擇。相較於未經政治角力，總統直接指派國會多數屬意的人選擔任總理的b_4，兩者同樣都能由國會多數屬意的人選出任總理，但b_2可藉由政治角力獲勝多羞辱總統一頓，讓國會多數陣營取得更多政治優勢。與此同時，b_4成為次佳的選擇，相較於b_3的倒閣重選、逼總統就範，國會多數不用再多費手腳，付出重新選舉的代價。再其次的順位才是b_3，總統指派己方人馬擔任總理，但國民議會發起倒閣而最終總統解散國民議會重新改選。所以總結國會多數陣營對不同狀態偏好的排序為：$b_2 > b_4 > b_3 > b_1$。

b_2的另一種可能是，在歷經一次以上「任命／倒閣」的政治角力後，總統最終解散國民議會重選。此時b_4的狀態－總統直接指派國會多數屬意人選擔任總理－會成為國會多數陣營的最佳選擇。因為b_2和b_3都得花費選舉功夫，代價較b_4為高。而b_2和b_3相比較，對國會多數陣營而言，在經過了多次政治角力之後解散重選（b_2）應該會比直接解散重選（b_3）來得有利，因為在國會多數陣營具有「新民意」的大義名分下，人民會傾向將政治爭端的責任歸到總統一方，使得國會多數陣營的選情更具有優勢。所以此時國會多數陣營對不同狀態偏好的排序為：$b_4 > b_2 > b_3 > b_1$。

將雙方的偏好排序搭配起來會產生兩種可能：當總統陣營對不同狀態的偏好排序是$g_1 > g_4 > g_2 > g_3$時，國會多數陣營是$b_2 > b_4 > b_3 > b_1$；當總統陣營的偏好排序是$g_1 > g_4 > g_3 > g_2$時，國會多數陣營是$b_4 > b_2 > b_3 > b_1$。[35]在確定行動者對不同狀態的偏好順序後，將賽局從展開式轉換成策略式（strategic form）如圖7-3。此賽局在前述兩組不同的偏好排序下，會產生完全相同的兩個純粹策略的納許均衡解（Nash equilibrium），均衡策略為（Bn，D）和（Bd，D）。亦即當總統陣營和國會多數陣營在同時考量己方和對方處在不同狀態之下的偏好排序後，策略互動的結果是：

---

[35] 比較沈有忠（2006：205-206）偏好排序與本章的異同。在法國的政治脈絡下，如果是新國會碰上既有總統，由於選舉制度具有短期內重選結果的一致性，並合理推想雙方陣營在國會中的議席數量有一定差距，則沈有忠所言，路徑P_3之下總統陣營勝選變成一致政府不大可能發生，可刪除此一狀態。在路徑P_2之下，如果總統只會指派國會多數屬意的人選出任總理、產生共治，不考慮解散國會的可能時，則沈有忠對總統陣營的偏好排序為$g_1 > g_4 > g_2 > g_3$，與本章相同。另方面，沈有忠對於國會多數陣營的偏好排序為$b_3 > b_2 > b_4 > b_1$，本章則為$b_2 > b_4 > b_3 > b_1$，關鍵差異在於對b_3的評估。沈有忠認為b_3可以讓國會多數陣營的席次增加，故相較於b_2、b_4為佳。本章不否認b_3可以讓國會多數陣營的席次增加，但與此同時還需考慮政治成本的問題。如果b_2、b_3、b_4都能帶來共治的結果，但b_3需歷經解散國會重選，儘管國會多數陣營的席次可能增加，但得多付一次全面選舉的代價，成本與效益相較，應該是不划算的。因此本章認為b_3的狀態次於b_2、b_4。

$$
\begin{array}{c}
\text{國會多數} \\
\begin{array}{c|c|c|}
 & \text{N} & \text{D} \\
\hline
\text{Gn} & g_1 , b_1 & g_2 , b_2 \\
\hline
\text{Gd} & g_1 , b_1 & g_3 , b_3 \\
\hline
\text{Bn} & g_4 , b_4 & g_4 , b_4 \\
\hline
\text{Bd} & g_4 , b_4 & g_4 , b_4 \\
\hline
\end{array}
\end{array}
$$

（總統　標示於左側：Gn、Gd、Bn、Bd）

圖7-3　法國賽局的策略式

資料來源：筆者自繪。

總統在一開始就會直接指派國會多數屬意的人選出任總理，不會讓後續國會倒閣與總統解散的狀況出現。換言之，在法國的制度配套作用下，當新國會多數碰上既有的總統，且雙方在國會的議席數差距並非極端接近時，法國會出現「左右共治」的局面。

二、臺灣個案

　　在臺灣的政治脈絡中，新當選的總統碰上了既有的國會多數，與新改選的國會碰上既有的總統，兩種情況相較，國會在後者的立場應較前者更爲強勢；如果後者都無法出現共治的局面，則前者更無可能。因此，將討論的情境設定爲：新國會多數碰上既有總統的情形，同時也方便和法國的賽局進行比較。[36]爲了討論方便，也附帶假設一個常態的狀況，即雙方陣營在國會中的議席數量雖有一定差距，但非相差懸殊。

　　在確定「選舉週期」和「席次差距」後，緊接著討論每條路徑的政治運作過程，以及所產生的政治結果。路徑P_1是總統指派己方人馬擔任行政院院長，但立法院不敢發起倒閣，會產生少數政府的局面。路徑P_4則是總統直接指派立法院多數屬意的人選擔任行政院院長，亦即出現共治。此兩條路徑的政治結果都相對明確。

　　路徑P_3是總統指派己方人馬擔任行政院院長，立法院發起倒閣而總統解散立法

---

[36] 即使將情境改爲：新當選的總統碰上了既有的國會多數，由於臺灣的總統只擁有對立法院的被動解散權，因此此賽局行動者的偏好順序會和「新國會多數碰上既有總統」的情境相同，自然賽局分析的結果也會相同。

院重新改選。雖然是新改選的國會多數面對既有的總統，且雙方的議席數量有一定差距，但由於臺灣的選舉制度不具有短期內重選結果的一致性，儘管機會不大，總統陣營仍有可能藉由改選而扭轉劣勢，利用巧妙的選舉操作改變原先在立法院的少數地位。[37]另方面，對於改選結果的合理推論是，再度改選後誰為立法院多數的地位沒有改變。但選舉制度具有的高度不確定性，造成選舉代價高昂，同時憲法又欠缺對立法院任期的制度性保障，如果總統在重選後持續任命己方人馬出任行政院院長，再度解散與高昂的選舉代價就成為總統陣營嚇阻立法院多數持續倒閣的有效武器。[38]所以在臺灣的制度配套之下，解散立法院重選即使沒有取得多數，總統仍可有恃無恐地任命己方人馬擔任行政院院長，形成少數政府。[39]

路徑P_2是總統指派己方人馬擔任行政院院長，立法院發起倒閣而總統不願解散立法院。其後續發展的可能性之一，是歷經一次（以上）「任命／倒閣」的政治角力後，總統最終任命立法院多數屬意的人選出任行政院院長，產生共治。另一可能則是，在歷經一次以上「任命／倒閣」的政治角力後，總統最終解散立法院重選。改選結果類似先前對路徑P_3的討論，儘管立法院多數沒有易主，但再度解散與高昂的選舉代價仍能嚇阻立法院多數持續倒閣，讓總統能指派己方人馬擔任行政院院長，出現少數政府的局面。

四條路徑的運作過程與結果可整理如表7-4。接下來則是對總統陣營和國會多數陣營的偏好進行排序。

---

[37] 在路徑P_3之下，如果解散立法院重選，讓總統陣營取得立法院多數，形成一致政府，則g_3會成為總統陣營的最佳狀態。在此前提下，總統陣營對不同狀態的偏好排序調整為：$g_3 > g_1 > g_4 > g_2$或$g_3 > g_1 > g_2 > g_4$。國會多數陣營的偏好排序仍然為：$b_2 > b_4 > b_1 > b_3$或$b_4 > b_1 > b_2 > b_3$。當總統陣營的偏好排序是$g_3 > g_1 > g_4 > g_2$時，相對應的國會多數陣營偏好排序是$b_2 > b_4 > b_1 > b_3$，產生的均衡策略為（Gd，N）。當總統陣營的偏好排序是$g_3 > g_1 > g_2 > g_4$時，相對應的國會多數陣營偏好排序是$b_4 > b_1 > b_2 > b_3$，均衡策略為（Gn，N）和（Gd，N）。將此處的分析對照後文的賽局分析結果，可以發現兩者完全相同。這就意味著，即使路徑P_3可能出現一致政府，即使將g_3視為比g_1更佳的狀態（即$g_3 > g_1$），也不會改變本章運用賽局探討策略互動的結果。

[38] 陳宏銘（2007：49）在其經驗研究中清楚指出：「即便倒閣改選後在野黨仍係多數，甚至贏得更多席次，總統也極可能堅持任命少數黨人士組閣，致使在野黨之倒閣變的毫無意義。」

[39] 當時泛藍陣營的立法委員認為，倒閣的結果會與解散重選的狀態掛勾，普遍缺乏提出不信任案的意願（陳宏銘，2007：25-26）。

表7-4　臺灣的政治運作與可能結果

路徑	政治運作過程			政治結果
P_1			→總統指派己方人馬擔任行政院院長	少數政府
P_2	立法院倒閣一次（或以上）		→總統指派立法院多數屬意的人選出任行政院院長	共治
	立法院倒閣一次以上	→解散立法院重選	→總統指派己方人馬擔任行政院院長	少數政府
P_3	立法院倒閣	→解散立法院重選	→總統指派己方人馬擔任行政院院長	少數政府
P_4			→總統指派立法院多數屬意的人選出任行政院院長	共治

　　對總統陣營而言，如果由己方人馬擔任行政院院長，形成少數政府，會優於由立法院多數屬意的人選出任行政院院長、產生共治。g_2如果是指，歷經「任命／倒閣」的政治角力後，總統最終任命立法院多數屬意的人選出任行政院院長、產生共治，則g_1、g_3的狀態優於g_2、g_4。其中，g_1的狀態又較g_3為佳，因為達成同樣目的，由己方人馬擔任行政院院長，卻不用經過閣揆任命的政治角力與解散立法院重選的政治風險。另方面，g_4的狀態則較g_2為佳，兩者同樣都由立法院多數屬意的人選出任行政院院長、產生共治，但g_2會讓總統陣營多承受政治角力落敗的羞辱，同時讓國會多數陣營取得更多政治優勢。此時總統陣營對不同狀態偏好的排序為：$g_1 > g_3 > g_4 > g_2$。

　　如果g_2的狀態改成，歷經一次以上「任命／倒閣」的政治角力後，總統最終解散立法院重選。此時，唯一會產生共治的g4成為總統陣營最差的狀態，g_1、g_2、g_3都能由己方人馬擔任行政院院長。g_1仍是最佳狀態，因為達成同樣目的，卻不用經過政治角力與解散重選的政治風險。比較g_2和g_3，如果同樣都要解散立法院重選，則越多的政治角力越不利於總統陣營，因為在新國會碰上既有總統的情境下，立法院多數具有「新民意」的大義名份，所以立法院甫一倒閣就解散重選的g_3，優於多次政治角力後才解散重選的g_2。此時總統陣營對不同狀態偏好的排序就變成：$g_1 > g_3 > g_2 > g_4$。

　　對國會多數陣營而言，如果能由屬意的人選出任行政院院長、產生共治，當然優於讓總統陣營的人馬出任行政院院長，形成少數政府。如果此時b_2是指，歷經

「任命／倒閣」的政治角力後，總統最終任命立法院多數屬意的人選出任行政院院長、產生共治，則b_2、b_4的狀態優於b_1、b_3。其中，b_2又較b_4爲佳，因爲b_2和b_4同樣都能由立法院多數屬意的人選出任行政院院長，但b_2可藉由政治角力的勝利多羞辱總統一頓，讓國會多數陣營取得更多政治優勢。而b_1則較b_3爲佳，既然都無法達成由己方人選出任行政院院長的目的，忍氣吞聲保持既有的多數優勢（b_1），似乎好過於再度支付高昂的選舉代價（b_3）。因而國會多數陣營對不同狀態偏好的排序爲：$b_2 > b_4 > b_1 > b_3$。

如果b_2的狀態改成，歷經一次以上「任命／倒閣」的政治角力後，總統最終解散立法院重選。此時，唯一能產生共治的b_4，自然就是國會多數陣營最佳的狀態，其他的b_1、b_2、b_3都免不了讓總統陣營的人馬出任行政院院長，形成少數政府。既然最終都會形成少數政府，與其支付高昂的選舉代價倒不如忍氣吞聲，不倒閣而默許少數政府出現，因此b_1成爲次佳狀態。b_2和b_3都要解散立法院重選，則經過了多次政治角力之後解散重選（b_2）應該會比直接解散重選（b_3）來得有利，因爲在立法院多數具有「新民意」的大義名分下，人民會傾向將政治爭端的責任歸到總統一方，使得國會多數陣營的選情更有優勢，因而b_2優於b_3。此時國會多數陣營對不同狀態偏好的排序爲：$b_4 > b_1 > b_2 > b_3$。

將雙方的偏好排序搭配起來會產生兩種可能：當總統陣營對不同狀態的偏好排序是$g_1 > g_3 > g_4 > g_2$時，國會多數陣營是$b_2 > b_4 > b_1 > b_3$；當總統陣營的偏好排序是$g_1 > g_3 > g_2 > g_4$時，國會多數陣營是$b_4 > b_1 > b_2 > b_3$。[40]在確定行動者對不同狀態的偏好順序後，將賽局從展開式轉換成策略式（strategic form）如圖7-4。在前一組偏

---

[40] 延續註35的討論，繼續比較沈有忠（2006：205-206）偏好排序與本章的異同。在臺灣的政治脈絡下，選舉制度具有高度不確定性，造成選舉代價高昂，同時憲法又欠缺對立法院任期的制度性保障，所以在路徑P3之下解散立法院重選，總統陣營即使敗選，也會持續任命己方人馬出任行政院院長，形成少數政府，不會出現沈有忠所言的共治。另方面，在新國會多數碰上既有總統，且雙方席次有一定差距的賽局情境下，解散立法院重選後，總統陣營勝選的可能性不高，也不易出現沈有忠所言的一致政府。因而在路徑P3之下，臺灣最有可能出現的結果是少數政府，既非共治，也非一致政府。如果針對沈有忠排序進行調整，刪除不會出現的路徑P3共治，保留可能性不高的路徑P3一致政府，則沈有忠對於總統陣營的偏好排序爲$g_3 > g_1 > g_4 > g_2$，本章則爲$g_1 > g_3 > g_4 > g_2$，兩者的差異在於對g_3的評估。沈有忠的g_3爲一致政府，故優於少數政府的最佳選擇；本章的g_3與g_1同爲少數政府，但較g_1付出一次重選的代價，故偏好排序次於g_1。另方面，沈有忠對於國會多數陣營的偏好排序爲$b_2 > b_4 > b_1 > b_3$，與本章相同。只不過沈有忠評估的b_3，是總統陣營的一致政府，所以是國會多數陣營的最差狀態；本章的b_3，則是多付出一次選舉代價但仍不能改變少數政府的結果，所以亦是國會多數陣營的最差狀態。

國會多數

	N	D
Gn	g_1，b_1	g_2，b_2
Gd	g_1，b_1	g_3，b_3
Bn	g_4，b_4	g_4，b_4
Bd	g_4，b_4	g_4，b_4

總統

圖7-4　臺灣賽局的策略式

資料來源：筆者自繪。

好排序下，此賽局會產生只有一個純粹策略的納許均衡解（Nash equilibrium），均衡策略為（Gd，N）；在後一組偏好排序下，會產生兩個純粹策略的納許均衡解，均衡策略為（Gn，N）和（Gd，N）。儘管兩組偏好排序看似會產生均衡數與均衡策略不同的差異，但對於行動者間策略互動的預測卻是一致的。當總統陣營和國會多數陣營同時考量彼此的偏好排序後，策略互動的結果會是：總統直接指派己方人馬擔任行政院院長，而立法院多數沒有發動倒閣，不會出現國會倒閣與總統解散的狀況。換言之，在臺灣的制度配套作用下，當新國會多數碰上既有的總統，即使雙方在立法院的議席數量有相當差距，臺灣會出現的仍然是少數政府而非「藍綠共治」的局面。

伍、法國的憲政經驗

透過賽局理論的分析可知，在法國制度配套所賦予的誘因結構下，當面臨總統和國會多數分屬不同政黨聯盟的情勢時，政治行動者策略互動的結果是產生「左右共治」。理論預測是否吻合真實的憲政經驗是探討的重點。此處先簡要說明法國第五共和的憲政體制和選舉制度確立的過程，緊接著比對法國三次左右共治（1986-1988、1993-1995、1997-2002）時期的憲政經驗和賽局模型預測的適切程度。

二戰之後的法國第四共和（the Fourth Republic, 1946-1958）在政府體制上採取議會制，在國會的選舉制度上採取比例代表制，兩種制度交互作用之下形成立法權高漲，且國民議會中多黨林立的局面，政局為之動盪、內閣更迭頻繁。第四共和短

短的13年間，就出現過25個政府和15位不同的總理，其中只有兩屆政府任期有超過一年以上，甚至在1948年還曾出現過任期只有兩天的內閣（Elgie, 2003: 12）。在制度配套造成政局動盪之際，內有極左派與極右派的勢力作梗，外有亞非的殖民地紛紛爭取獨立，內外情勢交相煎熬之下，第四共和建立不久即壽終正寢。在二次世界大戰的戰爭英雄Charles de Gaulle的主導下，法國於1958年進行了根本的制度改革，重新制訂了憲法，邁入了第五共和（the Fifth Republic, 1958-）。[41]

出於「穩定行政權」的核心考量，第五共和憲法將政府體制由議會制調整為半總統制，賦予總統政治實權，希望總統成為穩定政局的核心，但同時又保留了內閣與國會互動的政治運作主軸。此種新型態的政府體制，不同於既有的議會制與總統制。另一方面，比例代表制所造成的多黨林立亦被視為第四共和政局動盪的主因，在de Gaulle的推動下，第五共和也將國會的選舉制度做了改變，揚棄了第四共和時期的比例代表制，將第三共和時期的兩輪投票制加上門檻限制，就形成了現今的「單一選區兩輪決選制」。[42]

在選舉制度的有效驅動下，政黨體系也開始進行整合。誠如Duverger（1986: 70）所言：單一選區兩輪決選制容易形成多黨聯盟。在1958年第五共和肇建之初，國民議會尚有十個政黨黨團，經過二十年的整併後，1978年已形成左派與右派相互對抗的四大黨團聯盟型態。此四大黨團主要有左派的法國社會黨（le Parti Socialiste Français, PSF）、法國共產黨（le Parti Communiste Français, PCF），以及右派的共和聯盟（le Rassemblement pour la République, RPR）、法國民主同盟（l'Union pour la Démocratie Française, UDF）。「兩聯盟極化多黨體系」的雛形已然浮現（張台麟，2005：22）。

從1958年第五共和建立以降，相繼由右派陣營的Charles de Gaulle（1959-1969）、Georges Pompidou（1969-1974）、Valéry Giscard d'Estaing（1974-1981）出任總統，右派政黨聯盟並持續在國民議會中取得多數席次，法國政局在這二十年間皆為右派所主導的一致政府。在1981年5月的總統大選中，首度由左派陣營的François Mitterrand當選總統，這是第五共和成立以來總統職位的首次政黨輪替。

---

[41] 法國第五共和的制憲過程，可參考：張台麟（1995：69-78）。

[42] 第三共和時期採用的兩輪投票制規定，除非候選人能在第一輪投票囊括過半數選票當選，否則需進行第二輪投票，第二輪投票則相對多數即可當選。第五共和則將候選人能否進入第二輪投票加上了得票率的門檻限制，原先只有5%，1966年提高到10%，1976年又進一步提高到12.5%，即法國現行的選舉制度（張台麟，2007：84-85）。

Mitterrand隨即解散由右派政黨聯盟所掌握的國會，在6月進行的國會大選中，左派政黨聯盟大獲全勝，囊括了67%的席次，掌握了國會多數。法國的政局轉變爲由左派所主導的一致政府。值得注意的是，左派陣營執政之後於1985年4月通過選舉法案，將國會選制由「單一選區兩輪決選制」改回第四共和時的「比例代表制」，以兌現Mitterrand於1981年總統選舉時的主張。

在選制變更後的首度國會大選，即1986年3月國民議會因五年任期屆滿而改選，卻是由右派政黨聯盟取得國會的過半數席位，成爲新的國會多數。當既有的總統碰上新的國會多數，不但處於選舉制度具有短期內重選結果一致性、國會又有「一年條款」保障的制度脈絡下，且總統陣營與國會多數陣營在國民議會又有39席的相當差距，總統Mitterrand的抉擇果然和本章運用賽局理論分析的結果相同，指派國會多數陣營所屬意的Jacques Chirac擔任總理組閣，形成第一次左右共治。[43]在Chirac上台後，右派陣營同樣經由立法程序，於1986年7月將國會選舉制度由「比例代表制」改回原先的「單一選區兩輪決選制」。是故該屆國會是法國第五共和史上，目前爲止唯一一次由比例代表制選出的國會。第一次左右共治維持了兩年，從1986年延續到1988年。及至1988年5月總統大選，左派陣營的Mitterrand成功連任總統後，又故計重施主動解散國會進行改選。選舉結果由左派政黨聯盟重新取回國會多數的地位，法國的政局又走回由左派所主導的一致政府，結束兩年多的左右共治局面。[44]

1993年3月，國民議會再度因任期屆滿改選。選舉結果由右派政黨聯盟取得壓倒性的勝利，在總席次577席中占有了485席，掌握了超過八成的席位（84.1%），左派政黨聯盟只剩下不到百席。當既有的左派總統碰上新的右派國會多數，制度脈絡不變，且雙方陣營在國民議會又有懸殊的席位差距，總統Mitterrand仍然只能指派國會多數陣營所屬意的Edouard Balladur擔任總理組閣，出現了第二次的左右共治。第二次左右共治也只維持了兩年，從1993年延續到1995年，隨著1995年5月總統大選由右派陣營的候選人Chirac獲勝而結束。此時總統和國會多數都由右派陣營所掌握，法國政局成爲由右派所主導的一致政府。

---

[43] 有關比例代表制會造成穩定的選舉結果，可參見註26的討論。

[44] 選後共產黨並未加入政府，而由社會黨單獨組閣。嚴格而言，從1988年到1993年的期間，法國應屬於一黨執政的少數政府；但由於取得國會多數的常態性支持，政局相當穩定（Elgie, 2001b: 111）。

表7-5　法國三次左右共治的政治生態

總　統	總　理	國民議會組成
François Mitterrand（1981-1988）	Pierre Mauroy（1981-1984） Laurent Fabius（1984-1986）	【1981-1986】 左派聯盟 329席（67%） （PSF 285席；PCF 44席） 右派聯盟 151席（30.8%） （RPR 88席；UDF 63席） 總席次 491席
François Mitterrand（1981-1988）	Jacques Chirac（1986-1988）	【1986-1988】 左派聯盟 247席（44.3%） （PSF 212席；PCF 35席） 右派聯盟 286席（51.3%） （RPR 155席；UDF 131席） 總席次 557席
François Mitterrand（1988-1995）	Michel Rocard（1988-1991） Edith Cresson（1991-1992） Pierre Bérégovoy（1992-1993）	【1988-1993】 左派聯盟 303席（52.5%） （PSF 276席；PCF 27席） 右派聯盟 261席（45.2%） （RPR 130席；UDF 131席） 總席次 577席
François Mitterrand（1988-1995）	Edouard Balladur（1993-1995）	【1993-1997】 左派聯盟 91席（15.8%） （PSF 67席；PCF 24席） 右派聯盟 485席（84.1%） （RPR 242席；UDF 207席；其他 36席） 總席次 577席
Jacques Chirac（1995-2002）	Alain Juppé（1995-1997）	【1993-1997】 左派聯盟 91席（15.8%） （PSF 67席；PCF 24席） 右派聯盟 485席（84.1%） （RPR 242席；UDF 207席；其他 36席） 總席次 577席
Jacques Chirac（1995-2002）	Lionel Jospin（1997-2002）	【1997-2002】 左派聯盟 320席（55.5%） （PSF 242席；PCF 38席；其他 40席） 右派聯盟 257席（44.5%） （RPR 134席；UDF 108席；其他 15席） 總席次 577席

資料來源：Elgie（1999b: 69）、張台麟（2007：418-31）。

說明：灰色陰影部分為左右共治期間之總理與國會。

　　在Chirac擔任總統兩年後，由於右派陣營執政表現不佳，Chirac擔心國民議會於1998年任期屆滿改選時，右派陣營會失去國會多數的地位。在仔細評估得出「提前改選、少輸仍贏」的結論後，Chirac提前一年於1997年5月解散同屬於右派陣營占據多數的國會進行改選。但選舉的結果出乎Chirac的意料之外，反而是由左派政黨聯盟取得國會過半數的席次，擁有320席，右派政黨聯盟只取得了257席（張台麟，2007：142-43）。當既有的右派總統碰上新改選的左派國會多數，在相同的制度脈絡且雙方陣營在國民議會又有63席的差距下，總統Chirac只能指派左派陣營的Lionel Jospin出任總理，這也是法國第五共和史上出現的第三次左右共治。這一次的左右共治延續了五年，從1997年到2002年，和本屆國民議會的任期相始終。到了2002年由於總統和國民議會任期均屆滿而先後改選，右派陣營的Chirac連任總統，緊接著右派政黨聯盟重新取回國民議會的多數地位，第三次左右共治結束，法國政局再度走回由右派所主導的一致政府。

　　第三次左右共治和前兩次共治有兩處明顯的不同。首先，就出現時機而言，前兩次共治都出現於國民議會五年任期屆滿，而總統七年任期尚未屆滿的兩年任期落差期間。[45]這是由於Mitterrand擔任兩任總統時，都在上任之初解散國會進行改選，是故總統與國會可說是同時產生，但因任期不一致，國會先行改選，使得總統任期的最後兩年出現左右共治。且這兩次的共治，都是既有的左派總統（Mitterrand）碰上新改選的右派國會多數，進而指派國會多數陣營所屬意的人選（Chirac／Balladur）擔任總理所形成。但第三次左右共治不同，總統Chirac並沒有在就任之初解散國會進行改選，使得共治出現於總統與國會任期落差的期間；Chirac反而是在總統就任兩年後，也就是國會任期的第四年提前解散國會進行改選。由於時間落差的緣故，總統大選的「衣尾效應」已無從發揮，反而讓左派陣營取得了國會多數。第三次左右共治的期間也和該屆的國民議會任期相始終，延續了五年，並且和以往不同的，是由既有的右派總統（Chirac）碰上新改選的左派國會多數，進而指派國會多數陣營所屬意的人選（Jospin）擔任總理所形成。

　　其次，就延續的期間而言，第三次的共治經驗與前兩次明顯不同的是時間長了很多。前兩次左右共治的期間都是兩年，恰好是國民議會任期五年和總統任期七年之間的落差，可說是帶有一定的過渡性質；第三次的共治則長達五年，Chirac總統第一任的大半任期都在共治的局面下度過。綜觀整個1990年代，左右共治的期間

---

[45] Elgie（2001b: 113-115）就直指選舉週期的落差是造成法國「左右共治」的關鍵制度因素。

（1993-1995，1997-2000）和一致政府的期間（1991-1993，1995-1997）在時間長短上也已經不相上下。甚至有學者懷疑，「左右共治」是否會成為法國今後憲政運作不可避免的「宿命」（徐正戎，2000）？

　　雖然「左右共治」的模式隨著憲政經驗的累積漸趨成熟，但相較之下，還是一致政府的運作更為符合責任政治的要求。要避免共治的出現，調整選舉週期可能是政治代價最低的修正之道，其中又以縮短過長的總統任期最具政治可行性。因此在2000年5月，前總統Giscard d'Estaing就於國民議會中提出憲法修正案，將總統任期縮短為五年。儘管處在「左右共治」的局面下，但此案同時受到左派總理Jospin和右派總統Chirac的支持，先是6月在國會通過，繼之於9月由公民投票複決通過，正式將總統任期修改為五年，並於下一任總統開始實施（張台麟，2000：35-37）。

　　2002年是法國修憲之後首度的總統大選，並緊接著舉行國民議會改選，如果此後總統任內都沒有解散國會，就會開始形成Shugart & Carey（1992）所言「蜜月期選舉」的選舉週期。[46]選舉的結果，總統由右派的Chirac連任，國民議會則由右派政黨聯盟重新取回多數，兩者皆由右派聯盟獲勝，法國如願從左右共治走回一致政府。2007年的大選如同2002年的翻版，總統由右派的Nicolas Sarkozy當選，國民議會仍然由右派政黨聯盟掌握多數。到了2012年，形勢為之一變，總統改由左派的François Hollande出任，國民議會則由左派政黨聯盟取得多數，但法國始終保持一致政府的樣態。[47]

　　儘管自2002年迄今，法國始終維持著一致政府，但如認為1990年代風行的「左右共治」會就此銷聲匿跡、不復出現，則可能是過於樂觀的看法。因為藉由調整總統任期，使總統大選和國會大選的週期重疊，從而減少左右共治的發生機會，只是一種利用選舉週期的政治巧合，並沒有制度化的穩固基礎。之後只要總統提前解散國會一次，此種選舉週期的政治巧合就會被打破，從而選舉週期的落差就會如以往一般，成為造就「左右共治」的溫床。如果要使選舉週期重疊的政治巧合不斷延續下去，總統就不能解散相同政黨陣營居多數的國會，但是否如此，端視政局的發展與政治人物的計算而定，未可一概而論。[48]例如在1997年，總統Chirac就提前解散同屬右派陣營居多數的國會進行改選，本想「少輸仍贏」，反而弄巧成拙，促

---

[46] 有關選舉週期對政治運作的影響，可參見註28的討論。

[47] 法國在2008年又進行了一次修憲，強化了總統的權力。有關此次修憲以及法國半總統制的最新發展，可參見：郝培芝（2010）。

[48] 法國學者中亦有人持類似的看法（郝培芝，2010：90-91）。

成第三次左右共治的出現，並長達五年。殷鑑不遠，因此認爲藉由選舉週期的調整就能徹底擺脫「左右共治」可能是過於樂觀的看法。

陸、臺灣的憲政經驗

　　由前一部分的探討可看出，在法國的制度脈絡下會出現「左右共治」的憲政經驗。臺灣的制度脈絡和法國截然不同，選舉制度無法造成穩定的選舉結果，再搭配上國會欠缺任期的制度性保障，運用賽局理論分析的結果發現，臺灣不會出現類似法國的「藍綠共治」。以下回到眞實的憲政經驗中，先簡要探討臺灣的憲政體制在民主化中確立的過程，緊接著說明臺灣從2000年到2008年「少數政府」而非「藍綠共治」的憲政經驗。

　　臺灣從1980年代中期展開了政治民主化，在「戒嚴令」與「動員戡亂時期臨時條款」陸續廢除後，理所當然應該要回歸憲法，讓憲政體制「正常運作」。但一來由於威權時期的政治運作和憲法規範的精神落差過大，並無以往的憲政經驗與適當的憲政慣例可供依循；再加上制憲時有關國民大會與五院的制度設計，與西方主流的政府體制（如議會制、總統制等）差異過大，不易直接參考西方的憲政運作經驗。所以即便是回歸憲法，也必須按照當前的政治情勢對原本的憲法規範進行修正與調整。在路徑依循的狀態下，威權時期總統主政的政治現實不易揚棄，但又希望不致完全背離憲法本身的議會制精神，如果要在西方國家常見的政府體制中作選擇，大概也只有「半總統制」較能兼顧兩者，「半總統制」遂逐漸成爲憲政改革的可能方向。臺灣從1991年開始展開了持續不斷的修憲工作，迄今共進行了七次，其中有六次集中在1990年代，變動頻率之高，幾乎不到兩年就調整憲法一次。

　　在臺灣持續不斷的修憲過程中，和確立政府體制密切相關的是1994年的第三次修憲和1997年的第四次修憲。[49]在1994年的修憲中，將總統的產生方式由原本國民大會間接選舉產生改爲由全民直選產生，增加了總統職位的正當性，並將威權時代行之有年，總統藉由「國家安全會議」主導政局的機制納入憲法增修條文。如此一來，Duverger（1980）所界定「半總統制」的兩個條件：「總統由普選產生」、

---

[49] 有關這兩次修憲過程的探討，可參見：蘇子喬（2007：67-120）。兩次修憲所異動的增修條文和憲法原文的比較，可參見：隋杜卿（2001：183-191）。

「總統握有相當的權力」，都已清楚納入臺灣的憲政體制中，但有關行政與立法之間該如何互動的規範仍不明確，存在許多模糊曖昧之處。

1997年第四次修憲的重頭戲是將行政與立法間的互動關係釐清，落實行政權對立法權的負責機制。一方面賦予立法院倒閣權，當半數以上立法委員通過不信任案，行政院院長就必須下台去職。另方面，也賦予了總統解散國會的權力，但總統僅有被動解散權，亦即除非立法院發動倒閣，否則總統不能解散立法院重新改選，這與法國第五共和憲法之下，總統享有隨時都能解散國會的主動解散權相當不同。儘管如此，行政對立法負責的運作機制已在1997年的修憲中確立，Duverger（1980）賦予「半總統制」的第三個條件也明確出現在臺灣的憲政體制中。因此如要將臺灣在1997年之後的政府體制進行歸類，應可納入「半總統制」之列。[50]

另一方面，在政府體制藉由修憲進行重大調整之際，國會的選舉制度則一如以往、未曾改變。從威權時期的「中央民意代表增補選」開始，立法院的選舉制度就採用「複數選區單記不可讓渡」投票法，一直延續到民主化之後。從1992年立法院首度進行全面改選以來，泛藍陣營與泛綠陣營在國會中相互對抗的態勢逐漸浮現。演變至2000年以後，中國國民黨主導的泛藍陣營又納入了親民黨，民主進步黨主導的泛綠陣營則納入了臺灣團結聯盟，「兩聯盟極化多黨體系」的樣貌已清楚呈現。

臺灣自1996年首度進行總統直接民選，由原任總統李登輝繼續連任。由於中國國民黨在立法院中為多數，儘管「半總統制」政府體制尚待來年修憲尚可確立，但此時行政與立法間的互動關係為一致政府則殆無疑義。在1997年修憲確立「半總統制」政府體制後，緊接著1998年立法院進行改選。改選的結果，仍然由中國國民黨取得立法院多數，並不影響原先一致政府的狀態。關鍵的轉捩點來自2000年3月進行的總統大選，由於中國國民黨分裂，反而使民主進步黨的候選人陳水扁當選總統。這是臺灣總統職位首度的政黨輪替，但國會多數仍掌握在泛藍陣營手中，臺灣的憲政走向將何去何從，這是1997年修憲確立「半總統制」政府體制後的首度考驗。

新當選的總統與既存的國會多數分屬不同的政黨陣營時，如果參照典型的法國憲政經驗，總統往往會挾勝選餘威解散國會重選，國會多數也常順勢轉向總統一

---

[50] 在臺灣憲政體制中一個不易界定的部分是憲法中關於「國民大會」的設計。在1997年修憲確立「半總統制」的政府體制後，緊接著在1999年第五次修憲過程中，因國大代表延任自肥，引發了龐大不滿的社會壓力，促使2000年的第六次修憲將國民大會「虛級化」，並在2005年的第七次修憲予以廢除。由於本章的重心在探討臺灣從2000年到2008年期間少數政府而非共治的憲政經驗，國民大會已經虛級化，因此不會影響本章的分析。

方，最終出現一致政府。但在臺灣的狀況下，憲法只賦予總統對國會的被動解散權，除非立法院發動倒閣，否則總統不能解散國會；所以是否解散國會的主動權，一定程度上反而是掌握在泛藍陣營所主導的國會多數，是否願意甘冒政治風險發動倒閣。其中的關鍵則是總統任命何人擔任行政院院長。

在總統陳水扁上任之初，為了推動政務，必須取得泛藍陣營的國會多數合作，但又不願直接指派泛藍陣營屬意的人選出任行政院院長，形成「共治」的局面，因此採取了折衷的策略，以「全民政府」的名義，指派具有中國國民黨籍的前國防部長唐飛出任行政院院長。中國國民黨所主導的立法院多數雖然沒有發動倒閣，但唐飛並非國會中的泛藍多數認可的閣揆人選，又難取得泛綠陣營的支持，誠如吳玉山所形容的，唐飛內閣僅是「不穩定的妥協，而非『共治』」（unstable compromise, not cohabitation）（Wu, 2000）。在內外交困之下，唐飛內閣僅僅從2000年5月延續到10月，短短五個月即宣告結束。

在唐飛內閣的試驗失敗之後，總統陳水扁就放棄和立法院多數妥協的努力，並逕自任命民主進步黨籍的張俊雄出任行政院院長，組成少數政府。此時由於是新當選的總統碰上既有的立法院多數，泛藍陣營在民意立場上居於弱勢；同時又處在選舉制度不具有短期內重選結果一致性，且國會缺乏任期的制度性保障之下，即使泛藍陣營在立法院具有明顯的議席數量優勢，但也不會貿然發動倒閣。果然立法院中的泛藍多數始終容忍張俊雄內閣的存在，直到任期屆滿前始終沒有正式提出不信任案。

2001年底立法院進行了改選，一方面泛藍陣營與泛綠陣營的組成發生了變化，親民黨和臺灣團結聯盟首度參選就分別斬獲了46席和13席，各自成為泛藍陣營與泛綠陣營中具有一定影響力的伙伴，類似法國「兩聯盟極化多黨體系」的樣貌已然浮現。另方面則泛藍陣營繼續掌握立法院的多數席次，但僅以微小的差距過半數，占有225席中的115席，相較於改選前僅中國國民黨就囊括了123席，泛藍陣營的總體聲勢可說是不進反退。雙方的席次差距小，意味著假如解散重選的不確定性很高，選舉的代價極為高昂。即使是新改選的國會碰上既有的總統，在民意立場上具有優勢；但處在既有的制度脈絡下，同時雙方在立法院的席次又相差不遠，如同本章運用賽局理論所預測的，總統陳水扁於2002年2月立法委員就職後，繼續任命民主進步黨籍的游錫堃出任行政院院長，延續了之前少數政府的局面。占據立法院多數的泛藍陣營，不願面對解散重選的高度不確定性以及隨之而來高昂的選舉代價，始終沒有發動倒閣，只是繼續守住既有的國會多數優勢。

表7-6　臺灣少數政府的政治生態

總　統	行政院院長	立法院組成
陳水扁 （2000.5-2004.5）	唐飛 （2000.5-2000.10） 張俊雄 （2000.10-2002.2）	【1999.2-2002.2】 泛藍陣營 134席（60%） （中國國民黨 123席；新黨 11席） 泛綠陣營 71席（32%） （民主進步黨 70席；建國黨 1席） 總席次 225席
	游錫堃 （2002.2-2005.2）	【2002.2-2005.2】 泛藍陣營 115席（51.1%） （中國國民黨 68席；親民黨46席；新黨 1席） 泛綠陣營 100席（44.4%） （民主進步黨 87席；臺灣團結聯盟 13席） 總席次 225席
陳水扁 （2004.5-2008.5）	謝長廷 （2005.2-2006.1） 蘇貞昌 （2006.1-2007.5） 張俊雄 （2007.5-2008.5）	【2005.2-2008.2】 泛藍陣營 114席（50.7%） （中國國民黨 79席；親民黨34席；新黨 1席） 泛綠陣營 101席（44.7%） （民主進步黨 89席；臺灣團結聯盟 12席） 總席次 225席

資料來源：行政院全球資訊網：http://www.ey.gov.tw/lp.asp?ctNode=988&CtUnit=77&BaseDSD=14&mp=1。
2010/3/12。
　　行政院中央選舉委員會選舉資料庫網站「立法委員選舉」相關資料： http://117.56.211.222/pdf/
b₁998006.pdf；http://117.56.211.222/pdf/b₂001006.pdf；http://117.56.211.222/pdf/b₂004006.pdf。
2011/7/29。

　　2004年適逢總統大選與立法院改選週期重疊的大選年，先是3月進行的總統大選，泛綠陣營的陳水扁擊敗泛藍陣營的連戰連任總統。陳水扁於5月就職後繼續任命游錫堃擔任行政院院長，國會多數的泛藍陣營依舊沒有倒閣。[51]緊接著於12月舉行的立法院改選，泛藍陣營雖然維持了立法院中的多數地位，但席次數相較於改選前減少一席，仍然只以114席的微小差距超過了半數。整體的政治生態歷經2004年的總統大選與立法院改選後並沒有發生太大的變化，仍然是泛綠陣營的總統繼續面

---

[51] 關於總統陳水扁第一任任期內（2000.5-2004.5）泛藍陣營倒閣時機的分析，可參考：陳宏銘
（2007：43-49）。

對泛藍陣營的國會多數。

在2005年2月新一屆的立法委員就職後，總統陳水扁改爲指派民主進步黨籍的謝長廷出任行政院院長，並於2006年1月和2007年5月陸續改由同黨的蘇貞昌、張俊雄接任。在選舉制度不具有短期內重選結果的一致性，且國會缺乏任期的制度性保障之下，立法院多數的泛藍陣營始終不願發起倒閣，以免連既有的多數優勢都不保；憲法也僅賦予總統對立法院的被動解散權，無法主動解散國會重新改選。所以少數政府的態勢就不斷延續下去，總統陳水扁的八年任期中（2000.5-2008.5），「藍綠共治」的局面始終不曾出現過。

在少數政府的局面下，執政的泛綠陣營難以取得國會的常態性支持，僅能就個別法案逐一建構立法的多數，必須努力和國會中的泛藍陣營進行協商、溝通，甚至大幅讓步才有可能使法案獲得通過；有時候即使法案通過，但已被修改得面目全非，也不符合行政部門的期待。泛藍陣營憑藉著立法院中的多數優勢，本來就在法案的審查過程中具有主導權，尤其是認知到在當前的制度脈絡下，「藍綠共治」的可能性微乎其微，轉而將政治舞台的重心放在立法過程以牽制行政部門後，更是使泛綠陣營的有效施政大受影響，行政與立法對立的政治僵局時常上演（陳宏銘，2007：33-36、49-50）。從當初因爲能兼顧總統主政的政治現實和憲法本身的議會制精神，「半總統制」成爲臺灣憲政改革的可能方向，到後來因爲制度配套不當，少數政府的狀態長期持續，藍綠對立的政治僵局難解。綜觀臺灣的憲政經驗，如同吳玉山所評論的，臺灣的「半總統制」政府體制眞是「選擇容易運作難」（Wu, 2007）。

爲了有效解決少數政府的政治僵局，調整制度配套勢不可免，遂有2005年第七次修憲的產生。[52]此次修憲並未更動「半總統制」政府體制的基礎，而是將重心放在調整立法部門的產生方式、任期與席次。一方面對國會選舉制度進行改革，揚棄了久遭黑金政治詬病的「複數選區單記不可讓渡」投票法，改採「單一選區兩票制」，並將此新的選舉制度明確納入憲法增修條文。[53]另方面，將立法院的席次

---

[52] 有關此次修憲對於臺灣未來政局運作的影響，可參見：林繼文（2006：17-20）。

[53] 「單一選區兩票制」爲臺灣熟悉的稱法，學者各用不同的名詞稱呼此種選舉制度，並未統一。但此種選舉制度本質上是一種「混合制」（mixed system），由「單一選區相對多數決」（relative plurality with single-member-district system）投票法結合「比例代表制」而成。臺灣修憲之後，立法院約三分之二的議席（73席）由「單一選區相對多數決」投票法產生，約三分之一的議席（34席）由「政黨名單比例代表制」產生。有關此次選舉改革的過程以及對臺灣政黨體系的影響，可參見：盛治仁（2006）、Hsieh（2009）、Chang & Chang

由225席減半為113席，同時將立法委員的任期延長為四年，和總統任期一致，並從2008年當選的立法委員開始實施。和法國的憲政經驗類似，這是為了減少總統與立法院多數分屬不同政黨陣營而造成少數政府的可能性，因此針對國會的選舉週期做了調整。此後，如果沒有發生總統解散立法院重新改選的狀況，總統大選與立法院改選會在半年內先後舉行，且是立法院改選先於總統大選，形成Shugart & Carey（1992）所言「反蜜月期選舉」。[54]新的選舉制度首次於2008年1月的國會大選中適用，選舉的結果，泛藍陣營的中國國民黨大獲全勝，囊括了七成的立法院席次。緊接著於3月舉行的總統大選，又是由中國國民黨的馬英九當選，在經歷八年的少數政府之後，臺灣再度走回總統與立法院多數屬於相同政黨的一致政府局面。

　　將臺灣2005年的第七次修憲和法國2000年的修憲經驗相比，兩國都更動了選舉週期以防止少數政府或共治的產生，只不過臺灣是延長了國會的任期，法國則是縮短了總統的任期。調整選舉週期的作法，對臺灣未來憲政發展的影響應該會比法國來得大，因為臺灣的總統對國會只握有被動解散權，而非法國的總統握有主動解散權。總統握有主動解散權，比較容易找到藉口解散相同政黨陣營居多數的國會。總統如果只有被動解散權，除非國會倒閣，否則總統不能解散國會；如果總統出於政治利益計算，欲提前解散相同政黨陣營居多數的國會，還要讓國會先對同黨的內閣提出不信任案，但此種作法在接下來的競選中很難自圓其說。除了要說服選民票投己方陣營，同時又要避免對方陣營有關內閣無能、施政不佳的指控（否則何須倒閣），此兩者很難兼顧。所以在臺灣的制度脈絡下，調整選舉週期以避免少數政府或共治出現的作法，應該比法國的作用大。儘管如此，如同前文對法國的分析般，也不宜過度高估選舉週期所造成政治巧合的作用，斷定少數政府或共治的狀態會就此消失、不復出現。畢竟政治情勢是變動不羈的，未來是否會出現特殊的政局以打破選舉週期重疊的作用，仍然存有可能性。

　　相較於選舉週期的調整只是運用政治巧合，臺灣在2005年修憲進行了更為根本的變動，更換了國會的選舉制度。選舉制度的更換，已使臺灣制度配套的整體作用發生了根本的「化學變化」，並改變了賽局行動者的誘因結構，也使得運用賽局理論分析臺灣今後是否會出現「藍綠共治」的結果不同於以往。在修憲前採用的「複數選區單記不可讓渡」投票法，不具有短期內重選結果的一致性，再加上國會

（2009）。
[54] 有關選舉週期對政治運作的影響，可參見註28的討論。

缺乏任期的制度性保障，無論是透過賽局理論的分析，或是實際憲政經驗的觀察，都可以清楚發現：當總統與立法院多數分屬不同政黨陣營時，臺灣會出現「少數政府」，而非「藍綠共治」。但修憲後將選舉制度更換爲「單一選區兩票制」，足以帶來穩定的選舉結果，具有短期內重選結果的一致性。制度變遷的動力也使得臺灣的制度脈絡從表7-2中的「狀況IV」移到「狀況III」。[55]參照前文對於「狀況III」的討論，雖然國會依舊欠缺任期的制度性保障，但和「單一選區兩票制」交互作用之後，已讓臺灣未來在特定條件下出現「藍綠共治」成爲可能。

　　進一步將選舉週期的調整與選舉制度的變更兩者綜合考量，選舉制度的變更，減少了未來出現少數政府的可能性，增加了「藍綠共治」的出現機會，但選舉週期的調整，又進一步減少了未來出現少數政府與共治的可能性，增加了一致政府的出現機會。所以2005年憲政改革的結果，已讓臺灣未來的憲政運作形成以一致政府爲主的樣態，共治與少數政府儘管並非不可能出現，但出現的機會應該非常稀少。此次修憲的結果根本顚覆了之前長期維持少數政府的可能性，對臺灣未來的政局影響不可不謂深遠。

---

[55] 由於「單一選區兩票制」本質上爲一種混合制，因此其對於選舉結果的穩定程度如何，可由構成制度的「單一選區相對多數決」投票法和「政黨名單比例代表制」兩部分來觀察。「比例代表制」會産生穩定的選舉結果，可參見註26的分析。「單一選區相對多數決」投票法規定每個選區只有一個代表名額，並由獲得選票最多者當選。從制度的機械效果觀察，由於是單一選區，每個政黨只會提名一個候選人，因此候選人可以免除來自黨內的競爭，將重心放在黨際競爭，降低了選舉過程的不確定性。當選民認知到每個選區只有一個代表名額，且獲得相對多數選票者即可當選的機械效果，爲了避免選票浪費會進行策略投票，將選票投給較有可能當選的（最）大黨候選人，換言之，即中國國民黨或民主進步黨的候選人。因而制度的心理效果會使選區中能有效競爭的無非是兩大政黨的候選人，大幅減低了選舉過程的不確定性，除了帶來穩定選舉結果，並有助於形塑出全國性的兩黨體系。既然「單一選區相對多數決」投票法和「政黨名單比例代表制」都能産生穩定的選舉結果，結合兩者的「單一選區兩票制」也應該會帶來穩定的選舉結果。當選舉結果揭曉後，如果在短時間內重選一次，運用「政黨名單比例代表制」當選的席次應該不會變動，運用「單一選區相對多數決」投票法當選的席次，也許在競爭激烈的個別選區會有一些細微調整，但影響幅度應該不大。如果國會的多數陣營與少數陣營有一定的席次差距，運用「單一選區兩票制」在短時間內進行重選，總的結果（誰爲多數、誰爲少數）應該不會改變，亦即「單一選區兩票制」具有短期內重選結果一致性。有關此種選舉制度的進一步說明，可參見：王業立（2008：32-40、60-66）。

柒、結論

　　「半總統制」政府體制因法國第五共和的憲政經驗開始受到學術界關注，臺灣在1990年代歷經多次修憲也逐漸走向半總統制，既然法國與臺灣都屬於半總統制，當面臨總統和國會多數分屬不同政黨陣營時，何以法國的憲政經驗中曾出現過三次的「左右共治」，臺灣的憲政經驗中卻從未出現過「藍綠共治」？這是本章欲探討的課題。本章藉助賽局理論作爲分析工具，探討制度設計如何賦予行動者誘因結構，並影響到行動者間的策略互動，以致最後產生了共治與否的差異。

　　要探討法國與臺灣共治與否的問題要從制度配套的整體觀點出發，兩國擁有類似的政府體制和政黨體系，所以影響共治與否最爲關鍵的因素，是來自選舉制度的作用，尤其是選舉制度是否具有短期內重選結果的一致性影響甚鉅。搭配上是否對國會任期具有制度性保障的因素後，兩者的配套作用會使分屬不同政黨陣營的總統和國會多數，在面臨共治與否的問題時，產生不同的誘因結構與策略互動。通過賽局模型的推導發現，法國的制度脈絡具有能產生穩定選舉結果的選舉制度，加上國會任期具有制度性保障，當總統和國會多數分屬不同政黨陣營時，策略互動的結果會產生共治的局面。比對法國的憲政經驗，果然出現過三次的「左右共治」。臺灣的制度脈絡不具有能產生穩定選舉結果的選舉制度，加上國會任期欠缺制度性保障，當總統和國會多數分屬不同政黨陣營時，策略互動的結果不會產生共治的局面。比對臺灣的憲政經驗，出現的是長期的少數政府，而非類似法國的「藍綠共治」。

　　法國和臺灣爲了減少共治和少數政府發生的機會，落實責任政治，不約而同進行了憲政改革。法國縮短了總統的任期，並將總統大選的週期調整成和國民議會改選的週期一致，希望以此來避免共治的出現。但利用選舉週期的政治巧合欠缺制度性的基礎，是否能長期發揮避免共治的效果，尚須留待時間的檢驗。調整選舉週期的作法，臺灣與法國類似，不過臺灣是延長了立法委員的任期，使總統大選的週期和立法院改選一致。此外，臺灣還進行了更爲關鍵的制度改革，更換了立法委員的選舉制度，改採能產生穩定選舉結果的選舉制度，這是從根本改變了制度配套的效果，也會使分屬不同政黨陣營的總統和立法院多數，在面臨共治與否的問題時，產生不同的誘因結構與策略互動，更能有效避免少數政府的發生。

參考書目

英文部分

Bahro, Horst et al. 1998. "Duverger's Concept: Semi-Presidential Government Revisited." *European Journal of Political Research* 34: 201-224.

Blais, André and Louis Massicote. 2002. "Electoral Systems." in L. LeDuc, R. G. Niemi and P. Norris. eds. *Comparing Democracies 2: New Challenges in the Study of Elections and Voting*: 40-69. London: Sage Publications.

Blondel, Jean. 1992. "Dual Leadership in the Contemporary World." in Arend Lijphart. ed. *Parliamentary Versus Presidential Government*: 162-172. New York: Oxford University Press.

Chang, Alex Chuan-hsien and Yu-tzung Chang. 2009. "Rational Choices and Irrational Results: The DPP's Institutional Choice in Taiwan's Electoral Reform." *Issues & Studies* 45, 2: 23-60.

Chien, Herlin and Da-Chi Liao. 2005. "Why no Cohabitation in Taiwan? An Analysis of the Republic of China's Constitution and its Application." *China Perspectives* 58: 55-59.

Cole, Alistair et al. eds. 2005. *Developments in French Politics 3*. New York: Palgrave.

Cox, Gary C. and Michael F. Thies. 1998. "The Cost of Intraparty Competition: The Single, Nontransferable Vote and Money Politics in Japan." *Comparative Political Studies* 31, 3: 267-291.

Duverger, Maurice. 1954. *Political Parties: Their Organization and Activity in the Modem State*. New York: John Wiley Sons.

Duverger, Maurice. 1980. "A New Political System Model: Semi-Presidential Government." *European Journal of Political Research* 8, 2: 165-187.

Duverger, Maurice. 1986. "Duverger's Law: Forty Years Later." in Bernard Grofman and Arend Lijphart. eds. *Electoral Laws and Their Political Consequence*: 69-84. New York: Agathon Press.

Elgie, Robert. 1999a. "The Politics of Semi-Presidentialism." in Robert Elgie. ed. *Semi-Presidentialism in Europe*: 1-21. New York: Oxford University Press.

Elgie, Robert. 1999b. "France." in Robert Elgie. ed. *Semi-Presidentialism in Europe*: 67-85.

New York: Oxford University Press.

Elgie, Robert. 2001a. "What Is Divided Government?" in Robert Elgie. ed. *Divided Government in Comparative Perspective*: 1-20. New York: Oxford University Press.

Elgie, Robert. 2001b. "Cohabitation: Divided Government French-Style." in Robert Elgie. ed. *Divided Government in Comparative Perspective*: 106-126. New York: Oxford University Press.

Elgie, Robert. 2003. *Political Institutions in Contemporary France.* New York: Oxford University Press.

Elgie, Robert. 2005. "A Fresh Look at Semipresidentialism: Variations on a Theme." *Journal of Democracy* 16, 3: 98-112.

Elgie, Robert. 2007. "What is Semi-Presidentialism and Where Is It Found?" in Robert Elgie and Sophia Moestrup. eds. *Semi-Presidentialism outside Europe*: 1-13. London: Routledge.

Grofman, Bernard. 1999. "SNTV: An Inventory of Theoretically Derived Propositions and a Brief Review of the Evidence from Japan, Korean, Taiwan and Alabama." in Bernard Grofman, Sung-Chull Lee, Edwin Winckler and Brian Woodall. eds. *Elections in Japan, Korea, and Taiwan under the Single Non-Transferable Vote: The Comparative Study of an Embedded Institution*: 375-416. Ann Arbor, MI: The University of Michigan Press.

Hsieh, John F. S. 2009. "The Origins and Consequences of Electoral Reform in Taiwan." *Issues & Studies* 45, 2: 1-22.

Inglehart, Ronald. 1984. "The Changing Structure of Political Cleavages in Western Society." in Russell Dalton, Scott Flanagan and Paul Allen Beck. eds. *Electoral Change in Advanced Industrial Democracies: Realignment or Dealignment*: 25-69. Princeton, NJ: Princeton University Press.

Lijphart, Arend. 1984. *Democracy: Patterns of Majoritarian and Consensus Government in Twenty-One Countries*. New Haven: Yale University Press.

Lijphart, Arend. 1994. *Electoral System and Party System*. New York: Oxford University Press.

Lijphart, Arend. 1999. *Patterns of Democracy: Government Forms and Performance in Thirty-Six Countries*. New Haven: Yale University Press.

Lin, Jih-wen. 2002. "Democratic Stability under Taiwan's Semi-Presidentialist Constitution: Implications for Cross-Strait Relations." *Issues & Studies* 38, 1: 47-79.

Lin, Jih-wen. 2003. "Institutionalized Uncertainty and Governance Crisis in Posthegemonic

Taiwan." *Journal of East Asian Studies* 3: 433-460.

Przeworski, Adam and Henry Teune. 1970. *The Logic of Comparative Social Inquiry.* New York: Wiley.

Roper, Steven D. 2002. "Are All Semipresidential Regimes the Same? A Comparison of Premier-Presidential Regimes." *Comparative Politics* 34, 3: 253-272.

Sartori, Giovanni. 1997. *Comparative Constitutional Engineering.* 2nd ed. New York: New York University Press.

Shepsle, Kenneth. 2006. "Rational Choice Institutionalism." in R. A. W. Rhodes et al. eds. *The Oxford Handbook of Political Institutions*: 23-38. New York: Oxford University Press.

Shugart, Matthew S. and John M. Carey. 1992. *Presidents and Assemblies: Constitutional Design and Electoral Dynamics.* New York: Cambridge University Press.

Skach, Cindy. 2005. *Borrowing Constitutional Designs: Constitutional Law in Weimar Germany and the French Fifth Republic.* Princeton, NJ: Princeton University Press.

Skach, Cindy. 2007. "The 'Newest' Separation of Powers: Semipresidentialism." *International Journal of Constitutional Law* 5: 93-121.

Wu, Yu-shan. 2000. "The ROC's Semi-Presidentialism at Work: Unstable Compromise, Not Cohabitation." *Issues & Studies* 36, 5: 1-40.

Wu, Yu-shan. 2005. "Appointing the Prime Minister under Incongruence: Taiwan in Comparison with France and Russia." *Taiwan Journal of Democracy* 1, 1: 103-32.

Wu, Yu-shan. 2007. "Semi-Presidentialism－Easy to Choose, Difficult to Operate: The Case of Taiwan." in Robert Elgie and Sophia Moestrup. eds. *Semi- Presidentialism outside Europe*: 201-218. London: Routledge.

中文部分

王業立。2008。《比較選舉制度》。第五版。台北：五南。

吳玉山。2001。〈制度、結構與政治穩定〉。《政治學報》32：1-30。

吳玉山。2002。〈半總統制下的內閣組成與政治穩定：比較俄羅斯、波蘭與中華民國〉。《俄羅斯學報》2：229-265。

吳玉山。2011。〈半總統制：全球發展與研究議程〉。《政治科學論叢》47：1-32。

吳東野。1996。〈「半總統制」政府體系的理論與實際〉。《問題與研究》35，8：37-49。

吳重禮。2002。〈SNTV的省思：弊端肇因或是代罪羔羊？〉。《問題與研究》41：2：45-59。

沈有忠。2005。〈制度制約下的行政與立法關係：以我國九七憲改後的憲政運作為例〉。《政治科學論叢》23：27-60。

沈有忠。2006。〈半總統制下的行政首長選擇〉。《政治學報》42：189-219。

沈有忠。2011。〈半總統制下行政體系二元化之內涵〉。《政治科學論叢》47：33-64。

周陽山。1996。〈總統制、議會制、半總統制與政治穩定〉。《問題與研究》35，8：50-61。

林佳龍。2000。〈半總統制、多黨體系與不穩定的民主：臺灣憲政衝突的制度分析〉。林繼文編《政治制度》：177-211。台北：中央研究院中山人文社會科學研究所。

林繼文。2000。〈半總統制下的三角政治均衡〉。林繼文編《政治制度》：135-175。台北：中央研究院中山人文社會科學研究所。

林繼文。2006。〈政府體制、選舉制度與政黨體系：一個配套論的分析〉。《選舉研究》13，2：1-35。

林繼文。2009。〈共治可能成為半總統制的憲政慣例嗎？法國與臺灣的比較〉。《東吳政治學報》27，1：1-51。

姚志剛等。1994。《法國第五共和的憲政運作》。台北：業強出版社。

徐正戎。2000。〈「左右共治」－「雙首長制」之宿命〉。《政策月刊》59：8-12。

徐正戎。2001。〈「左右共治」憲政體制之初探－兼論法、我兩國之比較〉。《國立臺灣大學法學論叢》30，1：1-43。

徐正戎、呂炳寬。2002。〈九七憲改後的憲政運作〉。《問題與研究》41，1：1-24。

徐正戎、張峻豪。2004。〈從新舊制度論看我國雙首長制〉。《政治科學論叢》22：139-180。

郝培芝。2010。〈法國半總統制的演化：法國2008年修憲的憲政影響分析〉。《問題與研究》49，2：65-98。

郭正亮。1996。〈尋求總統和國會的平衡：雙首長制對臺灣憲改的時代意義〉。《問題與研究》35，7：56-72。

盛治仁。2006。〈單一選區兩票制對未來臺灣政黨政治發展之可能影響探討〉。《臺灣民主季刊》3，2：63-86。

陳宏銘。2007。〈臺灣半總統制下『少數政府』的存續：2000~2004〉。《東吳政治學報》25，4：1-64。

陳宏銘。2009。〈臺灣半總統制下的黨政關係：以民進黨執政時期爲焦點〉。《政治科學論叢》41：1-56。

陳宏銘、梁元棟。2007。〈半總統制的形成和演化－臺灣、法國、波蘭與芬蘭的比較研究〉。《臺灣民主季刊》4，4：27-69。

陳宏銘、蔡榮祥。2008。〈選舉時程對政府組成型態的牽引力：半總統制經驗之探討〉。《東吳政治學報》26，2：117-180。

張台麟。1995。〈法國第五共和制憲過程與憲法主要變革〉。《問題與研究》34，4：69-78。

張台麟。2000。〈法國第五共和實施公民投票之研究〉。《問題與研究》39，12：25-40。

張台麟。2005。〈九O年代以來法國政黨的結盟與重組〉。《問題與研究》44，1：21-44。

張台麟。2007。《法國政府與政治》。第三版。台北：五南。

隋杜卿。2001。《中華民國的憲政工程：以雙首長制爲中心的探討》。台北：韋伯文化。

黃旻華。2003。〈政黨體系理論中的「過度確定」問題－結構、制度、策略及文化〉。《問題與研究》42，4：161-191。

黃德福。2000。〈少數政府與責任政治：臺灣『半總統制』之下的政黨競爭〉。《問題與研究》39，12：1-24。

蘇子喬。1999。〈法國第五共和與臺灣當前憲政體制之比較：以憲政選擇與憲政結構爲中心〉。《美歐季刊》13，4：465-515。

蘇子喬。2006。〈我國「雙首長制」爲什麼不會換軌？－制度因素之分析〉。《政治學報》40：41-84。

蘇子喬。2007。〈臺灣憲政體制的變遷軌跡（1991-2006）－歷史制度論的分析〉。國立政治大學政治學系博士論文。

蘇子喬。2010。〈憲政體制與選舉制度的配套思考〉。《政治科學論叢》44：35-74。

黃秀端

壹、前言

　　臺灣和波蘭在政治體制上都被歸爲半總統制（Elgie and Moestoup, 2008）。由於自1990年代以來中、東歐不少由共產政權轉型爲民主政權的國家採行半總統制，有關半總統制的探討，因而引起越來越多的討論。

　　學術界最早對半總統制提出定義的爲Durverger，其在1980年之*European Journal of Political Research*所發表的文章，對半總統制所下的定義曾經成爲最普遍使用的定義。Durverger（1980）對半總統的定義爲：(1)有一位普選產生的總統；(2)總統擁有相當的權力（considerable powers）；(3)內閣掌握行政權並向國會負責。Durverger（1980）的定義曾引起討論，究竟所謂相當的權力指的是什麼？奧地利的總統由人民直選，但是總統權力幾近象徵性之角色是否宜歸爲半總統制？Shugart and Carey（1992: 18-27）乾脆把他們分爲總理總統制（premier-presidential regimes）與總統議會制（president-parliamentary regimes）。Sartori（1997）則認爲半總統制必須有五項特性，包括總統必須民選、總統必須與總理分享權力、總統獨立於國會，但是他的意志必須透過他的政府來傳達、總理必須仰賴國會的信任、此種雙重權威的結構允許不同的權力平衡。

　　Mainwaring（1993: 203）認爲是否爲半總統制最重要的爲「總統的權力絕大多數爲象徵性的或正好相反的，擁有相當的權力」。在這樣的邏輯之下，總統主要權力爲象徵性的國家則不被列爲半總統制。Elgie（1999a: 11）則主張應將「相當的權力」移除，爲「有一個普選且具有固定任期的總統，同時又存在一個向國會負責的總理和內閣」。根據此定義，被歸爲半總統制的國家高達55個。

　　從這些學者對半總統制定義的討論與爭議，我們可以看到學者對於有一個向國會負責的總理並沒爭議，「總統」扮演的角色實爲關鍵性。波蘭自1990年總統直

選，臺灣自1996年總統直選，雙方皆進入所謂半總統制國家。[1]此兩個國家憲法都賦予總統在象徵性權力之外的某些權力，因此本章將先探討兩國總統在憲政上之權力。憲法上的權力與實際的權力常會有落差，而此常又與該國的政黨政治有關，因此本章將更進一步探討波蘭與臺灣政黨在國會席次分配狀態，以及此種情況對政府型態的影響，而總統在此又扮演什麼樣的角色？爲何波蘭出現的政府型態較臺灣多元呢？但是在另一方面，總統與總理或行政院院長之間的衝突在波蘭反而大於臺灣呢？

選擇臺灣與波蘭的比較除了學術上的興趣之外，還有方法論上的意義。兩國在歷史上皆面臨強敵且命運多舛，波蘭曾經三次被德、俄、奧三國瓜分，並於二戰後爲蘇聯所占領，成爲共產國家。臺灣則曾經被荷蘭占領，也曾經被日本殖民五十一年。同時，兩國在二次大戰後都在獨裁統治之下，並在1980年代面臨民主轉型問題，在九〇年代之後邁入民主國家之林。臺灣在1987年解嚴，1992年進行國會全面改選，1996年總統直選，從此被列入民主國家，也被稱爲半總統制國家。至於波蘭在1990年修改憲法，將總統選舉改爲由人民直接選舉，並於同年11月25日舉行首度總統直選，華勒沙（Lech Walesa）被選爲第一屆人民直選總統，成爲民主轉型成功的國家。

貳、半總統制中總統與總理之間的關係

Linz（1994: 55）對半總統制抱持相當遲疑之態度，他甚至懷疑這樣的體制本身是否能產生民主的穩定，尤其是威瑪憲法失敗的陰影依舊存在。Linz（1994）擔心雙首長之間的關係，與總統制相比，雙首長的存在更仰賴總統的人格與能力。既然總統亦擁有相當的權力，便會產生責任不明、衝突易生，加上固定的總統任期使問題更複雜化。當總統的反對黨在國會擁有多數時，Linz（1994: 48）擔心的是總統有可能因此被迫運用緊急權力，而形成憲政獨裁。即使是總理與總統來自同一政黨，且該黨在國會掌握多數，仍是會發生一些問題。總統有自己的幕僚與決策可能與總理的意見相左。內閣的成員也可能直接與總統接觸，而推翻總理之決策，形

---

[1] 有些學者認爲在1997年修憲後，增加立法院對行政院的倒閣權，以及總統在倒閣案通過後解散立法院之權，臺灣才成爲半總統制。

成尷尬的場面。兩者間的權力鬥爭與政治拉扯可能造成決策的延遲或衝突的政策（Linz, 1994: 55）。

在另外一篇文章Linz and Stepan（1996: 278-280）更進一步指出當總統不是國會多數黨的政黨領袖、當首相沒有得到國會多數的支持、當憲法條文本身模糊不清、當缺乏憲政運作的慣例等情況，雙首長之間的衝突時而有之。對他們而言，只有當半總統制實質已經成爲議會內閣制時，方能順利運作，如冰島、奧地利、愛爾蘭。換言之，在其想法中只有當總統成爲接近象徵性的角色時，雙首長之間的紛爭才可能去除。

Moestrup（2004）大體同意Linz（1994）的觀點。雙首長的缺陷遠高於他們之間權力分享之制度安排所帶來的效益，而且在分立政府時期所造成的政治僵局在許多實證資料方面都獲得支持。因此，她更進一步表示半總統制並不適合新興國家採行。

Kirschke（2007）認爲在半總統制中作爲國家元首的總統可能是實質最高領袖，也可能不是。如果總統爲實質領袖又依政府是否由國會多數黨組成，區分爲多數政府或少數政府。總統主導的少數政府，可能造成朝野僵局；由總理組成的多數內閣，可以和總統共享權力，也可能造成行政權內部之衝突。Kirschke（2007）同樣擔心在行政權分立時對新興國家民主會造成不利的影響。

當然並非所有的半總統制的研究都指向負面的結果。Pasquino（1997: 136）認爲半總統制比議會內閣制更具有政府效能，比總統制能避免政治僵局。Blondel（1992: 167）認爲雙首長可以讓國家元首避免日常性的政治事務。雙首長的設計讓更多團體的代表得以進入政府高層，因此增加其正當性與政權存活的機率。Bunce（1997: 172-173）研究轉型後的東歐國家，指出總統在這些半總統制國家中如何彌補體質虛弱的議會與政府。

Siaroff（2003）用九個指標來測量總統的權力：總統是否爲直接民選、總統與國會選舉是否同時舉行、總統的任命權（包括任命總理、政府閣員、高等法院法官、高階軍事將領和中央銀行總裁等）、總統是否能主持重要內閣會議和議程設定、總統是否有立法否決權、總統是否有無次數限制的緊急命令權、總統是否具有主導外交政策之權力、總統對政府的組成是否有重要角色、總統是否有解散國會之權力，得到的結論卻是並沒有所謂的半總統制這個類別。

Shugart and Carey（1992）以及Elgie and Schleiter（2011）等人認爲總統議會制中總統有獨力罷黜總理的權力，因而可以迫使總理對其負責。其所以不利於民主

是因為總理一方面要對國會負責，另一方面若總統也有權力要求總理負責，會造成雙重負責，導致府會相爭，不利民主鞏固。總理總統制由於總統並無罷黜總理之權力，負責機制清楚，權責明晰，政制較穩定。但是吳玉山（2011）認為臺灣一般被歸為總統議會制，民主發展卻逐漸穩定，似乎不符合Shugart and Carey（1992）以及Elgie and Schleiter（2011）的看法。

Protsyk（2006）持與Shugart and Carey（1992）不同的看法。他認為在半總統制中，總理會有兩個老闆，總統與國會。總統與國會同時參與了總理的選擇，也因此規範了總理須向此兩位老闆負責的情況。在憲政設計上，總統與國會有不同的選民基礎和政治的正當性，此也成為總統與國會衝突的基礎。誰對於內閣之去職有較大之影響力時，較能成功的獲得總理的合作與順從。總理總統制中，假如國會完全控制內閣的去職與否，則總統與總理站在同一戰線與國會衝突的情況將不太可能發生。總理有動機與國會合作，卻沒有動機與總統合作，因此該體制的總統與總理之間衝突大於總統議會制。總統議會制衝突源自於制度的設計本身提供雙首長的特色。在一方面，給予總統參與內閣的任命之正當性，此種正當性又為總統由人民選舉所強化。另外一方面，我們又希望總理在任時，總統不要做太多的干預。不過，總統議會制的公開衝突較少因為憲法對國會懲罰內閣的限制較多。當行政權主要掌握在總統手中，總統對於重要任命與重要政策有最後的決定權時，總理通常不會挑戰總統的權力，因為那可能是一項政治自殺。Protsyk（2006）考量的變數為國會的政黨組成、總理是否得到國會之支持、總統是否能免職總理。

Protsyk（2006）對於總理總統制與總統議會制衝突的分析正好可用來檢驗波蘭與臺灣的政治體制與衝突的情況。由於波蘭被列為總理總統制，臺灣被歸為總統議會制，我們將預期前者的衝突以總統與總理的衝突為主；後者的衝突則以總統與總理在同一陣線對抗國會為主。衝突的強度又以政府是否掌有國會多數以及政府所屬政黨及其聯盟在國會席次的多寡有關。

參、總統在憲法上的權力

憲法上的權力與實際的運作常常會有相當大的差別。誠如Duverger（1980: 179）所言，「憲法在總統權力的運用上扮演某些角色，但是此種角色與其他參數相比僅是次要的……」。有時候總統法律上的權力與實際上的角色沒有或很少關

聯。冰島總統在憲法上有些重要的特權，但卻從來沒有使用過，奧地利也有此種情況。葡萄牙、愛爾蘭、斯洛維尼亞總統之權力在憲法上與實際上都很小。俄羅斯總統在憲法上與實際上之權力都很大。該國憲法無論在任命權、立法權、獨立創制權都向總統傾斜。當然俄羅斯總統之權力不只是來自憲法上之地位，同時也來自於和其他機構的互動（Elgie, 1999b）。法國、立陶宛、波蘭、羅馬尼亞、烏克蘭等國的權力並沒有很清楚的傾向總統或總理，其權力不是分享的，就是模糊不清的。特別是本章要討論的波蘭，Elgie（1999b: 289）認為該國總統在政府上的權力很難形容，提供了在不同情況下不同的解讀。McMenamin（2008: 125）認為欲瞭解波蘭的半總統制除了瞭解總統在憲法上的權力外，總統本身、政府與總統的關係、以及政府與國會的關係都值得探討。

僅管總統在憲法上的權力與實際上的權力有時候會有所落差，然而在瞭解其實際的運作之前，仍是有必要瞭解憲法賦予總統的權力為何、是否有權任命總理與罷黜總理、是否有權任命內閣成員、是否可以主動解散國會、是否有否決權等。

在比較波蘭與臺灣的憲法時，簡單介紹波蘭的憲法背景。在共產政權統治之下，波蘭的團結工聯與教會的影響力依舊很大。波蘭在1970年和1980年共產統治時期就曾經發生大規模罷工事件。在蘇聯的壓力下，1981年12月賈魯塞斯基（Wojciech Jaruzelski）宣布戒嚴，把團結工聯趕入地下。儘管團結工聯轉入地下，然而其支持者繼續存在，不時鼓動其他社會團體反對共產政權。此項戒嚴一直實施到1983年7月才終止。

1988年波蘭再度發生鋼鐵廠與煤礦場工人罷工。他們的罷工使原本經濟蕭條的波蘭經濟更形惡化，為了解決罷工問題，波共當局決定和團結工聯華勒沙以及天主教在內的反對團體進行磋商。1989年2月在華沙召開圓桌會議，由統一工人黨以及該黨的兩個附庸政黨統一農民黨（ZSL）與民主黨（SD）和團結工聯進行為期八週之國是談判。[2]根據該會議，波蘭於1989年4月波蘭議會通過憲法修正案，確認團結工會合法化，讓政府更具有代表性。在國會成立上院，完全開放競爭，不為任何政黨指定基本席次。傳統由共產黨所控制之下院，在團結工聯、教會以及其他反對團體的壓力下，政府同意讓35%的眾議員席次開放競選（McMenamin,

---

[2] 圓桌會議共有56人參加：20人來自「S」團結工聯、6人來自OPZZ團結工聯、14人來自PZPR（波蘭統一工人黨）、14人為「獨立權威人士」以及2名神父。圓桌會議開會期間從1989年2月6日至4月4日。

2008）。共產政權在當時談判之過程中一心一意為當時共產頭子賈魯塞斯基設計一個總統職位，因此創造出一個由兩院議員選出且有可能非常有權力的總統。所以談判結果創造了雙首長，而非半總統制。談判雙方對於未來的體制將如何運作持模糊態度（Osiatynski, 1997）。他們只表示這樣的安排將有助於未來的民主發展。民主化的可能途徑是，未來廢掉總統權力，走向內閣制，或是總統由人民直選走向半總統制。

賈魯塞斯基沒有想到共產黨以及他的兩個附庸政黨在選舉中一敗塗地，原本認為可以輕易獲得之總統職位卻因反對勢力大獲全勝，而變得有點尷尬。團結工聯因怕過分激烈之改變會激怒蘇聯，反而暗助賈魯塞斯基，賈才得以當選總統。然而隨著鄰近國家共產政權一一垮台，賈魯塞斯基的存在變得有點不合時宜。1990年9月賈魯塞斯基終於決定辭職，其辭職也引發團結工聯的內鬥。當時的總理也是團結工聯的馬佐維斯基（H. E. Tadeusz Mazowiecki）認為總統直選對他比較有利，而華勒沙也認為他有機會在直選中獲勝，因此在9月的修憲就很自然將總統改為直接民選。

儘管總統改為直選，然而由於當時是修改1952年波蘭共產憲法並非民主憲法，因此大家都認為有許多地方已經不合時宜，1992年國會通過小憲法（Little Constitution），並將1952年的憲法廢止。小憲法之內容確立總統直選原則、總統為三軍統帥同時也是外交決策首腦、賦予總統頒布戒嚴令之權力。除此之外，總統有權提名總理、並依總理建議提名閣員，若國會於三個月內無法通過預算或內閣則總統有權解散國會重新改選。此外，總統也有權提出新的法律、否決國會通過的法案、召開內閣會議以及發動公投。小憲法雖然只是為解決行政與立法之間的衝突而通過的暫時性方案，然而此種對基本結構的調整與修正之共識奠定往後憲政體制之基礎（McMenamin, 2008: 122）。

有鑑於總統與總理的衝突不斷，1997年波蘭再度修憲，該憲法限縮總統部分的權力，包括刪除總統對內政、外交、國防部長的人事同意權，總統不再對閣員的任命有任何角色，給與與總理對內閣的控制力，但是半總統制的憲政體制從此得以確立。因為總統權力被削弱，因此有不少學者認為波蘭半總統制向議會制傾斜（Elgie, 2005: 123）。

至於臺灣今天所謂半總統制之確立主要是1994年與1997年兩次之修憲。在1994年的第三次增修條文將總統選舉由國民大會代表選出改為由人民直選，依相對多數當選，同時縮小行政院院長副署權。1997年第四次修憲將行政院院長的任命權

改由總統單獨任命，不經立法院同意；同時，增加立法院的不信任投票權以及不信任投票後，總統的解散國會權。之後，1999年、2000年、2005年也曾修憲，不過此三次修憲並未影響半總統制的型態。

　　就總統的選舉方式而言，臺灣與波蘭都有全民直選的總統，不過臺灣採取相對多數制，波蘭則採取兩輪投票制。波蘭自1990年採取總統直選制度後，已經歷經五次總統選舉。除了2000年的總統選舉之外，爭取連任的克瓦希涅夫斯基（Aleksander Kwasniewski）在第一輪就以53.9%獲勝，未進入第二輪，其他四次都是第二輪才決勝負。臺灣亦歷經五次總統直選。總統的直選是正當性的來源，也常成為總統企圖凌駕總理權力的藉口。

表8-1　波蘭與臺灣憲法總統權力之比較

	波蘭1992小憲法	波蘭1997憲法	臺灣1997
總統選舉	兩輪投票	兩輪投票	相對多數
內閣形成	總統應提名總理，並應在下議院第一次開會基於總理的提議，任命部長會議。總統應同時任命總理與部長會議。（第57條第1項）總理應在受總統任命後14日以內，向下議院提出信任投票之動議。下議院應以絕對多數決通過信任投票。（第57條第2項）當部長會議未依第57條完成任命，下議院應在21日內，以絕對多數決定總理與依其建議組成之部長會議，總統應任命之。（第58條）	總理由總統提名，總理在獲得總統提名後，須於十四日內提出部長會議施政計畫，並請求信任投票。眾院須有二分之一以上出席，以絕對多數通過。如未獲國會的信任，國會須於十四日內提出總理與內閣人選，總統必須任命國會提出之人選。若國會不能在十四天之期限內提出人選，則主動權又回到總統。總統可以再度提名總理與內閣人選，若於十四日內未能獲得國會之信任，則總統要解散國會，重新改選。（第154條第1項至第3項）	行政院院長由總統任命之。（增修條文第3條）
內閣閣員	總統應基於總理的提議，任命部長會議。總理在與總統商議後，應提出任命外交、國防與內政部長之動議。（第61條）	由總理任命內閣閣員（第154條）總統在外交事務上應與總理及相關部會首長合作。（第133條第3項）	行政院副院長、各部會首長及不管部會之政務委員，由行政院院長提請總統任命之。（憲法第56條）

表8-1　波蘭與臺灣憲法總統權力之比較（續）

	波蘭1992小憲法	波蘭1997憲法	臺灣1997
解散國會	總統解散國會之四種情況： 1. 當國會四個月內無法通過預算 2. 當總統與國會各有兩次機會提名總理，但國會未能同意人選時 3. 當總統任命六個月的政府任期屆滿前而國會無法通過信任或不信任投票時。（62條） 4. 當國會對內閣通過不信任案又無法確定新總理人選時	總統只有在組閣發生僵局或是國會無法於四個月內通過預算時才能解散國會（憲法154條）	總統於立法院通過對行政院院長之不信任案後十日內，經諮詢立法院院長後，得宣告解散立法院。（增修條文第2條第3項）
否決權	總統得拒絕簽署法律，並附理由交下院覆議。如經下院1/2議員出席和出席議員2/3再通過該法律，總統即應簽署該法律。	總統得拒絕簽署法律，並附理由交下院覆議。如經下院1/2議員出席和出席議員3/5再通過該法律，總統即應簽署該法律。（第122條第5項）	行政院對於立法院決議之法律案、預算案、條約案，如認為有窒礙難行時，得經總統之核可，於該決議案送達行政院十日內，移請立法院覆議。覆議時，如經全體立法委員二分之一以上決議維持原案，行政院院長應即接受該決議。（增修條文第3條第2項第2款）
緊急命令權	當國家安全遭受威脅或有重大天災時，總統得宣布國家進入緊急狀態，為期不得超過3個月。必須時得延長3個月，且須得到下院的同意。（第37條）	總統宣布國家進入緊急狀態或實施戒嚴需由部長會議提出。且須限48小時內請下議院同意。必須時得延長60天。（第231條）具法律效力的緊急命令權須在戒嚴時期，當國會無法集會時，總統才可以基於部長會議的要求發布（第234條），並且須受第228條條文中對緊急命令權的範圍限制，以防侵犯民主制度與人民自由。	總統為避免國家或人民遭遇緊急危難或應付財政經濟上重大變故，得經行政院會議之決議發布緊急命令，為必要之處置。但須於發布命令後十日內提交立法院追認，如立法院不同意時，該緊急命令立即失效。（增修條文第2條第3項）

表8-1　波蘭與臺灣憲法總統權力之比較（續）

	波蘭1992小憲法	波蘭1997憲法	臺灣1997
交付公投	對國家之特殊利益得舉行公民投票，命令舉行公民投票之權應屬於下議院依其以絕對多數決自行做成之決議、或總統獲參議院絕對多數決之同意。此項權力的行使不須經總理副署。 （19與47條）	對國家之特殊利益得舉行公民投票，命令舉行公民投票之權應屬於下議院依其以絕對多數決自行做成之決議、或總統獲參議院絕對多數決之同意。此項權力的行使不須經總理副署。 （第125條第3項） （第144條第3項第5款）	憲法規定無此項權力
提交憲法法庭		提交憲法法庭權 （第144條第9項）	憲法規定無此項權力

　　比較波蘭和臺灣總統在憲法上的權力最大之差別爲總統任命總理或行政院院長是否要經過國會行使同意權或經過國會的信任投票。在臺灣根據1997年的修憲，總統任命行政院院長無需經由立法院的同意。換言之，總統有單獨任命行政院院長的權力，也是因爲無需立法院的同意，所以讓陳總統有機會任命民進黨的行政院院長，而形成少數政府。但是對於行政院團隊的任命，在憲法第56條規定，行政院副院長、各部會首長及不管部會之政務委員，由行政院院長提請總統任命之。若純就憲法條文而言，憲法只賦予總統任命行政院院長一人而已，包括副院長以及其他內閣閣員都是由行政院院長提請總統任命的。但是在2009年，劉兆玄院長辭職後，總統直接任命吳敦義爲行政院院長、朱立倫爲副院長，與過去的慣例並不相同，也由此可見總統對內閣任命的主導權。

　　波蘭總理由總統提名，總理在獲得總統提名後，依憲法明文規定須於十四日內提出部長會議施政計畫，並請求眾院信任投票。眾院須有二分之一以上出席，以絕對多數通過。如果未獲國會的信任，國會須於十四日內提出自己的總理與內閣人選，此時總統必須任命國會提出之人選。[3]若國會不能在十四天之期限內提出人選，則主動權又回到總統。總統可以再度提名總理與內閣人選，若於十四日內未能獲得國會之信任，則總統要解散國會，重新改選。由於憲法明文規定總理以及內閣的人選必須經過國會的信任投票，因此總統提名總理人選時，必須考慮該人選是否

3　參看波蘭共和國憲法第154條之第1項至第3項。

能為國會所接受。此種規定也使得總統當其政黨在於國會的席次較少時，被迫任命與自己不同政黨的人選為總理。在稍後，本章將會討論自1991年至今的六次國會選舉，波蘭政府已經歷經多次的不同政黨共治的情況，而在我國則尚未有這樣的經歷。另外，國會議員得以對總理及其內閣之施政提出不信任投票。不信任投票須有至少46位眾院議員之發動，並以多數票通過，同時必須提出新的總理人選。此時總統必須接受原政府之請辭，並任命新總理與內閣。[4]在破碎化的政黨體系中，此種建設性的不信任投票，將有助於少數政府的存在，因為其他政黨若無法組成政府，原政府還可以繼續執政。

在閣員的任命方面，1992年的小憲法給予總統在國防、外交與內政三個部長任命上發言的特殊角色。波拉克（Waldemar Pawlak）總理在任命閣員時也接受了華勒沙對此三位部長之建議。但是卻造成三位總統的部長與其他政府閣員格格不入的狀況。華勒沙此種民粹式行為引發許多負面記憶，包括否決很多立法草案並且運用權力任命3位總統部長，來干預總理人事（Matsuzto, 2006）。由於擔心這樣的規定將會造成總統與總理之間的紛爭，1997年的憲法明文規定內閣閣員是由總理任命，以避免總統對人事任命的干擾。但是憲法133條第3項有非常曖昧的條文，即在外交政策上總統應該與總理和相關部會首長合作（McMenamin, 2008: 131）。不過，卡辛斯基總統（Lech Kaczynski）與塔斯克（Donald Tusk）總理兩人在外交政策上，前者主張親美，後者力主修補與德、俄關係，雙方扞格不入。

在是否有權罷黜總理方面，兩國之憲法都沒有明確的規定。不過，在臺灣由於總統有固定任期的保障，且不須向國會負責，總統提名行政院院長又無需立法院通過，因此當雙方發生衝突時，下台的一定是行政院院長，而不是總統。同時，若是國會通過對行政院院長的不信任案，總統可以立即提出他所信任的人選擔任院長或解散國會。在波蘭，建設性的不信任案設計，使得國會得以讓總理去職，也可以提出國會自己的人選。但是在臺灣，立法院並沒有機會提出自己的人選。

在解散國會方面，不似法國總統具有主動解散國會之權力，波蘭與臺灣總統在解散國會受到很多條件之限制。在臺灣，依憲法增修條文第2條第5項之規定「總統於立法院通過對行政院院長之不信任案後十日內，經諮詢立法院院長後，得宣告解散立法院」，所以如果立法院沒有通過對行政院院長之不信任，總統就不能解散國會。波蘭依其憲法，總統只有在組閣發生僵局或是國會無法於四個月內通過預算時

---

[4] 參看波蘭共和國憲法第158條第1項。

才能解散國會，同樣也是被動解散權。行政與立法發生僵局時，或當總統上台時，面臨少數時，無法解散國會。

另外，在波蘭憲法第141條第1項規定總統可以就某些特定事件，召集部長會議，將不同的意見呈給總統，臺灣則無這樣的條文。然而，像類似的條文是否會給予總統一些空間來涉入某些議題或政策，值得我們思索。

波蘭總統對國會通過的法律有否決權或是送交憲法法庭解釋的權力。華勒沙與波拉克總理（1993年10月至1995年3月）衝突愈來愈高之際，總統便毫不留情的使用否決權[5]或送交憲法法庭解釋。由於政黨的破碎化，波拉克根本不可能有三分之二來對抗總統的否決，因此對政府造成相當大的傷害。1997年的憲法稍為削弱總統的否決權，由三分之二，改為五分之三。Goetz and Zubek（2005）認為波蘭總統雖然有立法提案權，但其對立法的涉入非常的邊緣，不過他們也表示總統在每屆議會總統都會成功的否決某些重要法案。瓦希涅夫斯基總統在與布澤克（Jerzy Buzek）總理共治時期（1997-2001），否決權成為總統最有效的武器。24件否決案中有17件成功，其中有幾件為相當重要法案。因飛機失事身亡的前總統卡辛斯基面對共治的塔斯克政府亦常拒簽重大法案並將其退回國會重審，而PO-PSL聯盟不足以達推翻總統否決之五分之三眾院席次，故需第二大在野黨「民主左派聯盟」（SLD）之合作。此亦可看到經由總統否決的法案，國會想要以五分之三的絕對多數推翻總統之否決相當困難（McMenamin, 2008: 132; Goetz and Zubek, 2005: 40）。

與波蘭相比，我國總統的否決權則相對弱多了，根據增修條文第3條第2款第2項之規定「行政院對於立法院決議之法律案、預算案、條約案，如認為有窒礙難行時，得經總統之核可，於該決議案送達行政院十日內，移請立法院覆議。」依條文內容主動權似乎在行政院院長而不是總統，總統只有覆議核可權。另外，在1997年的修憲中，只要「經全體立法委員二分之一以上決議維持原案，行政院院長應即接受該決議」。二分之一與三分之二確實有相當的差異。在民進黨執政的少數政府期間，行政院提交立法院的覆議案唯一成功的是2002年2月表決的《財政收支劃分法》覆議案。爾後之《公投法》覆議案、《三一九槍擊事件真相調查特別委員會條例》覆議案、《漁會法》修正條文覆議案等，行政院所提出之覆議皆失敗，若是由全體立法委員二分之一以上決議改為出席委員三分之二，對當時無法掌握國會多數

---

[5] 波拉克總理被華勒沙總統否決的法案包括Sugar Protectionist Bill、Anti-tobacco Law、放寬對墮胎的限制、所得稅的稅率、以及對他個人權威限制的法案等。

的民進黨政府將會是很大的武器。

依波蘭憲法第144 條第3項第5款總統得宣告舉辦全國性公民投票，無需經總理副署；我國憲法則未賦予總統這樣的權力。除此之外，波蘭總統有一些權力是臺灣所沒有的，如其總統有立法提案權，無需經總理副署（第144條第3項第4款）、給予總統在批准任何國際協定之前，可以將其送到憲法法庭要求裁決其內容是否有符合波蘭憲法，且無需總理的副署（憲法第133條第2款與第144條第3項第9款）。再加上，憲法給予總統在外交與國防上特殊之角色，使得波蘭總統在對外關係上扮演吃重之角色。在國際關係上通常總統與總理會做某種程度的分工，總統會與他國總統或元首會面，而總理則與其他總理會面。

比較兩國在憲法上賦予總統的權力，我國總統除了在行政院院長之任命上有較大的自主性外，其他方面的權力似乎都較波蘭為弱。當然實際政治的運作與憲法上的權力往往會有落差。湯德宗（2000）認為九七修憲後，我國憲法已是「形似半總統制的實質總統制」；相反的，有些學者（Millard, 2003: 35）認為波蘭在1997憲法之後已不再被視為半總統制，其系統的核心在「議會」（parliament）。Wyrzykowski and Cielen（2006）也認為1997年憲法存在一位強有力的總理，故體制在本質上已經非半總統制，總理可以任命閣員、控制政府、協調各部會。陳宏銘與梁元棟（2007: 56）研究半總統制的形成和演化，認為波蘭半總統制的演化，從總統—議會制到總理—總統制，然後往總理制傾斜，而臺灣則往總統制傾斜。為何臺灣總統看似沒有什麼權力，卻被認為權力很大，而波蘭反而被認為往內閣制方向移動呢？主要關鍵還是在總統對總理的任命與罷黜的權力。另外，波蘭文化傳統有議會制的傳統，且與其他蘇聯集團國家相比，波蘭國會扮演較為重要角色（Wiatr, 1997: 443）。波蘭獨立後的第一部憲法（1921），便具議會制傳統。

肆、兩國之政黨體系與政府型態

Duverger（1980: 182）強調政黨政治對政治領袖之本質有影響。他甚至暗示政黨政治可能是最具決定性的力量。政黨政治解釋了憲政權力與實際權力之差異。他表示在沒有國會多數的國家，憲政與實際權力的一致性較高。在有穩定的多數時，憲政權力與實際權力將會有所差異，在某些時候形成象徵性總統，有些時候則形成權力相當大的總統。

　　中歐幾個國家在民主轉型後，皆呈現由一黨專政，轉變為多黨林立，政黨體系並不穩定的狀態。新的政黨不斷出現，而過去曾經執政之政黨也可能轉眼之間幾乎消失。在共產統治時期，波蘭僅容許統一工人黨（PZPR）、統一農民黨（ZSL）、民主黨（SD）存在。不過統一農民黨（ZSL）與民主黨（SD）一向被認為是統一工人黨的兩個附庸政黨，統一工人黨一黨專政四十年，此兩黨扮演的僅是搖旗吶喊之角色（洪茂雄，1996：62）。在波共獨裁政權垮台後，允許公開組織政黨、從事政治活動，因此登記之政黨如雨後春筍般，已註冊登記的政黨有200多個。

　　波蘭國會選舉採用政黨比例代表制，更進一步助長小黨林立。Bernhard（1996）認為1991年國會選舉會採用比例代表制是因為當時共產聯盟在國會分裂與重組，團結工聯也因華勒沙和馬佐維斯基兩人不合而分裂，由於他們的分裂使得他們不確定各黨派真正的實力，害怕在國會失去席次，因此大部分政治人物贊成比例代表制。1991年10月國會大選，有29個政黨或政團在眾議院獲得席次，13個政黨在參議院獲得席次，要在29個政黨的眾院中找到可以得到多數支持來組閣之政黨真是難上加難。為改善此種情況，1993年5月28日波蘭國會通過選舉法修正案，為眾議院之比例代表制設下門檻。在460席中之391席由得票超過5%的政黨或得票超過8%之政黨聯盟分配席次，剩下之69席則由已在國會贏得15席之政黨，和至少在全國26個選區（全國共分為52個選區）推出候選人的政黨，並獲得7%得票率始得分配之（洪茂雄，1996：62）。1993年9月的國會大選因為進入國會門檻之限制，政黨數目減少，但在眾議院仍有8個，參議院亦有11個。不過，1999年在眾院的政黨降為6個、2001年有7個、2005年也有7個、2007年則只有5個、2011年有6個[6]（參看表8-2）。自1991到2011年間，民主左派黨（Democratic Left Alliance）與波蘭農民黨（Polish Peasant Party）是兩個在歷次選舉都能夠突破門檻，獲得席次的政黨。目前在政壇上真正有影響力的政黨，包括前總統卡辛斯基的法律與正義黨以及總理塔斯克之公民綱領黨都是於2001年才成立的政黨。在2011年選舉，新成立的帕利科特運動黨（Palikot Movement）異軍突起獲得40席。

　　與波蘭相比，臺灣的政黨體系穩定多了，從1992年國會全面改選至今，有效政黨數最高時只有3.5，在第七屆時更只有1.75。在第二、三、四屆國民黨皆是國會

---

[6]　事實上真正合乎門檻的政黨或政黨聯盟只有5個，German Minority Electoral Committee是受到保障的少數族群團體，在國會只有1席，難以發揮影響力。

的多數，但是到了第五屆時發生重大改變，新成立的親民黨一舉囊括46席，國民黨只獲得68席，成為第二大黨，民進黨獲得87席，成為國會最大黨。第五屆立法院也是第一次沒有政黨獲得過半席次。第六屆與第五屆相比，政黨結構變化不大。第七屆因為選制改革，席次減半，國民黨囊括七成以上之席次，民進黨僅獲得27席，不到四分之一的席次，親民黨僅剩一席，新黨與台聯則沒有任何席次。第八屆國民黨的席次略減，剩下64席，不過仍獲得過半席次，民進黨獲40席，兩個小黨親民黨與台聯各獲3席、無盟2席、無黨籍1席（參看表8-3）。

表8-2　波蘭眾議院政黨席次分配與得票率

政黨	1991	1993	1997	2001	2005	2007	2011
Democratic Union	62 12.3%	74 10.6%	— —	— —	— —	— —	— —
Democratic Left Alliance/ Left and Democrats (SLD)	60 12.0%	171 20.4%	164 27.1%	216 41.0%	55 11.3%	53 13.2%	27 8.2%
Christian National Union/ Homeland	49 8.7%	0 6.4%	— —	— —	— —	— —	— —
Center Alliance	44 8.7%	0 4.4%	— —	— —	— —	— —	— —
Polish Peasant Party (PSL)	48 8.7%	132 15.4%	27 7.3%	42 9.0%	25 7%	31 8.9%	28 8.4%
Confederation Independent Poland	46 7.5%	22 5.8%	— —	— —	— —	— —	— —
Liberal Democratic Congress	37 7.5%	0 4.0%	— —	— —	— —	— —	— —
Peasant Alliance	28 5.5%	0 2.4%	— —	— —	— —	— —	— —
Solidarity	27 5.1	0 4.9	— —	— —	— —	— —	— —
Polish Beer-Lovers' Party	16 3.3%	0 0.1%	— —	— —	— —	— —	— —
Christian Democracy	5 2.4%	— —	— —	— —	— —	— —	— —
Union of Labor	4 2.1%	41 7.3%	0 4.7%	— —	— —	— —	— —

表8-2　波蘭眾議院政黨席次分配與得票率（續）

政黨	1991	1993	1997	2001	2005	2007	2011
German Minority Electoral Committee	7 1.2%	4 0.4%	2 0.4%	2 0.4%	2 0.3%	1 0.2%	1 02.%
Real Politics Union	3 2.3%	0 3.2%	0 2.0%	— —	— —	— —	— —
Democratic Party	1 1.4%	— —	— —	— —	0 2.5%	— —	— —
Christian Democratic Party	4 1.1%	— —	— —	— —	— —	— —	— —
Party X	3 0.5%	0 2.7%	— —	— —	— —	— —	— —
Movement for Autonomy of Silesia	2 0.4%	0 0.2%	— —	— —	— —	— —	— —
Non-Party Reform Bloc BBWR	— —	16 5.4%	— —	— —	— —	— —	— —
Self-Defense of the Republic of the Poland	— —	0 2.8%	0.1%	53 10.2%	56 11.4%	0 1.5%	— —
Movement for the Republic	— —	0 2.7%	— —	— —	— —	— —	— —
Freedom Union	— —	— —	60 13.4%	0 3.1%	— —	— —	— —
Movement for the Reconstruction of Poland	— —	— —	6 5.6%	— —	— —	— —	— —
Solidarity Electoral Action	— —	— —	201 33.8%	0 5.6%	— —	— —	— —
National Pensioners' Party	— —	— —	0 2.2%	— —	— —	— —	— —
National Alliance of Pensioners	— —	— —	0 1.6%	— —	— —	— —	— —
Bloc for Poland	— —	— —	0 1.4%	— —	— —	— —	— —
Citizens' Platform/Civic Platform (PO)	— —	— —	— —	65 12.7%	133 24.1%	209 41.5%	207 39.2%
Law and Justice (PiS)	— —	— —	— —	44 9.5%	155 27.0%	166 32.1%	157 29.9%

表8-2　波蘭眾議院政黨席次分配與得票率（續）

政黨	1991	1993	1997	2001	2005	2007	2011
League of Polish Families	— —	— —	— —	38 7.9%	34 8%	0 1.3%	— —
Palikot's Movement (RP) (2010年成立之政黨)							40 10.0%
Poland Comes First (PJN) (2010年成立之政黨)							0 2.2%
Others	14 9.6%	0 1.0%	0 0.4%	0 0.7%	0 0	0 0	0 1.9%
Total	460	460	460	460	460	460	460

資料來源：http://www.pkw.gov.pl/. Latest update 11 May 2012。

表8-3　臺灣立法院歷屆主要政黨席次與席次百分比

屆次 政黨	2	3	4	4[b]	5	6	7	8
國民黨	95 (59.0%)	85 (51.8%)	123 (54.6%)	115 (52.0%)	68 (30.2%)	79 (35.11%)	81 (71.7%)	64 (56.64%)
民進黨	51 (31.6%)	54 (32.9%)	70 (31.1%)	68 (30.8%)	87 (38.6%)	89 (39.56%)	27 (23.9%)	40 (35.4%)
新黨	--	21 (12.8%)	11 (4.8%)	9 (4.1%)	1 (0.4%)	1 (0.44%)	0	0
親民黨	--	--	--	18 (8.1%)	46 (20.4%)	34 (15.11%)	1 (0.88%)	3 (2.65%)
台聯	--	--	--	--	13 (5.7%)	12 (5.33%)	0	3 (2.65%)
其他[a]	15 (9.4%)	4 (2.4%)	21 (9.5%)	11 (5.0%)	10 (4.7%)	10 (4.44%)	4 (2.7%)	3 (2.65%)
總計	161 (100%)	164 (100%)	225 (100%)	225 (100%)	225 (100%)	225 (100%)	113 (100%)	113 (100%)

資料來源：歷屆立法委員選舉實錄、中央選舉委員會網站。

說明：表中數字為席次數目，括弧內為席次百分比。

　　[a] 其他代表無黨籍、未經政黨推薦與其他小黨，如第二屆的中華社會民主黨（1席），第四屆的建國
　　黨（1席）、民主聯盟（4席）、全國民主非政黨聯盟（3席）與新國家連線（1席）、第七屆的無
　　黨聯盟等。

　　[b] 此時的第四屆是在第一次政黨輪體之後，也就是2000年5月20日時立法院所呈現的政黨席次分布狀
　　態。

內閣制中國會選舉決定那一政黨組織政府；在總統制中總統選舉結果決定誰來組織政府。半總統的情況就非常微妙，特別是總統選舉和國會選舉時間常常不一致。如果總統所屬的政黨爲國會多數，政黨內部可以解決此問題。若總統所屬政黨與國會多數黨不同時，對於誰來控制政府就可能產生衝突。

林繼文（2006）認爲總統對行政首長之提名受制於國會，國會對發動不信任投票又沒有太大的顧忌，其效應就會類似內閣制。如果總統對行政首長之提名有自主權，國會又不敢倒閣，則總統會考慮其本身的選民壓力與國會生態做出權衡。總統的理念距中位選項越遠、國會黨派越分歧，總統越有可能任命少數總理。這樣的假設相當程度可以解釋臺灣陳總統在位的少數政府時期（表8-4）。當時最大的反對黨國民黨並未提出不信任案；親民黨在2006年6月時曾提出倒閣案，但國民黨完全無動於衷，因此根本無法達到連署門檻，最後無疾而終。波蘭的情況比臺灣複雜，總統對總理的提名會受制於國會，另外，總理或閣員可以同時擔任議員，因此總理人選可以直接從國會產生。但是總統對於總理人選並非毫無置喙之餘地，且議員的倒閣並非毫無限制，他們必須產生總理人選，所以還是有產生少數政府的機會。

政黨數目的多少自然會影響到國會政府的組成。波蘭國會政黨林立，沒有政黨可以控制國會穩定之多數，常常需要組成聯合內閣。又，總統與國會的任期不同，因此總統所屬的政黨與國會的最大黨常常不一致，因此我們可以看到其政府組織的型態非常多元。反之，臺灣的政黨有效數目並不多，除了2000年至2008年的民進黨執政時期，皆有單一政黨掌握國會的多數。

臺灣自1986年至今只出現兩種政府的型態，總統所屬政黨掌握國會多數的一致政府以及總統所屬政黨未能掌握國會多數的分立政府，從未出現總統與行政院院長不同政黨的共治情況，也未出現過聯合政府（見表8-4）。

表8-4　歷屆臺灣總統與行政院院長以及政府型態（1996-2010）

總統	行政院長	院長任期	院長政黨	政府型態
李登輝	連戰	1996/02/24 -1997/09/01	國民黨	Presidential Majority
	蕭萬長	1997/09/01 -1999/01/22	國民黨	Presidential Majority
	蕭萬長	1999/01/22 -2000/05/20	國民黨	Presidential Majority

表8-4　歷屆臺灣總統與行政院院長以及政府型態（1996-2010）（續）

總統	行政院長	院長任期	院長政黨	政府型態
陳水扁	唐飛	2000/05/20 -2000/10/06	國民黨	Presidential Minority
	張俊雄	2000/10/06 -2002/02/01	民進黨	Presidential Minority
	游錫堃	2002/02/01 -2004/05/20	民進黨	Presidential Minority
陳水扁	游錫堃	2004/05/20 -2005/02/01	民進黨	Presidential Minority
	謝長廷	2005/02/01 -2006/01/25	民進黨	Presidential Minority
	蘇貞昌	2006/01/25 -2007/05/21	民進黨	Presidential Minority
	張俊雄	2007/05/21 -2008/05/28	民進黨	Presidential Minority
馬英九	劉兆玄	2008/05/20-2009/09/10	國民黨	Presidential Majority
	吳敦義	2009/09/10- 2012/02/04	國民黨	Presidential Majority
	陳冲	2012/02/04-2013/02/01	國民黨	Presidential Majority
	江宜樺	2013/02/01-	國民黨	Presidential Majority

資料來源：整理自中華民國行政院網站，http://www.ey.gov.tw/lp.asp?ctNode=988&CtUnit=77&BaseDSD=14
&mp=1，2012/05/12。

　　觀察波蘭從第一屆民選總統到目前的第四屆20年的時間，總共經歷了15次
不同的政府。而且總統、總理與國會之間的關係呈現相當多元的型態。總統所
屬政黨或政黨聯盟與總理同屬一黨，且能掌握國會多數的一致政府型態的時間
其實不多，克瓦希涅夫斯基總統在位時與歐列克西（Józef Oleksy, 1995/12/23-
1996/02/07）、齊莫舍維奇（Wlodzimierz Cimoszewicz, 1996/02/07-1997/10/31）、
米勒（Leszek Miller, 2003/03/01-2004/05/02）、以及現在的科莫羅夫斯基

（Bronislaw Komorowski）總統與塔斯克總理（2010/06-）的四位總理屬之（見表8-5）。總理與總統屬於同一政黨，但是卻為少數政府的型態也出現過幾次。克瓦希涅夫斯基總統與米勒總理（2003/03/01- 2004/ 05/ 02）與貝爾卡總理（Bronislaw Komorowski, 2004/05/02- 2005/10/31）、卡辛斯基總統與馬辛基維奇（Kazimierz Marcinkiewicz, 2005/12/13- 2006/07/14）以及卡辛斯基（Jarosšaw Kaczyński, 2006/07/14-2007/11/16）兩位總理等情況，雖然總理都與總統同黨，但該黨在國會並沒有掌握多數。與臺灣最大的不同是，波蘭曾經歷了多次總統與總理不同政黨之共治時期，而且即使在共治期也有少數政府的型態，表示總理所屬之政黨或政黨聯盟依舊無法掌握國會多數。華勒沙擔任總統五年間，絕大多數處於共治時期；左派的克瓦希涅夫斯基總統也與右派的團結選舉行動黨布澤克總理共治多時。卡辛斯基總統也與塔斯克總理共治了兩年四個多月。

表8-5　歷屆波蘭總統與總理以及政府型態（1991-2012）

總統	總理	總理任期	政黨	政府型態
Lech Wałęsa（華勒沙）1990/12/23-1995/12/22	Jan Krzysztof Bielecki (KLD)（別勒斯基）	1991/01/04-1991/12/06	Liberal Democratic Congress with PC, ZChN	Presidential Minority
	Jan Olszewski (PC)（歐塞斯基）	1991/12/06-1992/06/05	Cente Alliance (PC) with ZChN, PL	Cohabitation Minority
	Waldemar Pawlak (PSL)（波拉克）	1992/06/05-1992/07/10	Polish Peasant Party	Cohabitation 未被國會批准
	Hanna Suchocka（蘇柯卡）	1992/07/11-1993/10/25	Democratic Union, with KLD, ZChN, PCHD, SLCh, PPG, PL	Cohabitation Minority
	Waldemar Pawlak（波拉克）	1993/10/26-1995/03/06	Polish Peasant Party with SLD	Cohabitation Majority
	Józef Oleksy（歐列克西）	1995/03/07-1995/12/22	Democratic Left Alliance with PSL	Cohabitation Majority

表8-5　歷屆波蘭總統與總理以及政府型態（1991-2012）（續）

總統	總理	總理任期	政黨	政府型態
Aleksander Kwaśniewski （克瓦希涅夫斯基） 1995/12/23-2005/12/23 SDRP	Józef Oleksy （歐列克西）	1995/12/23- 1996/02/07	Democratic Left Alliance with PSL	Presidential Majority
	Włodzimierz Cimoszewicz （齊莫舍維奇）	1996/02/07- 1997/10/31	Democratic Left Alliance with PSL	Presidential Majority
	Jerzy Buzek （布澤克）	1997/10/31- 2000/06/30	Solidarity Electoral Action (AWS)with UW	Cohabitation Majority
	Jerzy Buzek （布澤克）	2000/07/01- 2001/10/19	AWS	Cohabitation Minority
	Leszek Miller （米勒）	2001/10/19- 2003/02/28	Democratic Left Alliance with PSL	Presidential Majority
	Leszek Miller （米勒）	2003/03/01- 2004/05/02	Democratic Left Alliance	Presidential Minority
	Marek Belka （貝爾卡）	2004/05/02- 2005/10/31	Democratic Left Alliance (caretaker government)	Presidential Minority
	Kazimierz Marcinkiewicz （馬辛基維奇）	2005/10/31- 2005/12/12	Law and Justice	Cohabitation Minority
Lech Kaczyński （卡辛斯基） 2005/12/13-2010/04/10 Bronislaw Komorowski （科莫羅夫斯基代理） 2010/04/10-2010/08/05	Kazimierz Marcinkiewicz （馬辛基維奇）	2005/12/13- 2006/05/05	Law and Justice	Presidential Minority
		2006/05/05- 2006/07/14	Law and Justice with SO, LPR	Presidential Majority
	Jarosław Kaczyński （卡辛斯基）	2006/07/14- 2007/08/13	Law and Justice with SO, LPR	Presidential Majority
		2007/08/13- 2007/11/16	Law and Justice	Presidential Minority
	Donald Tusk （塔斯克）	2007/11/16- 2010/06	Civic Platform with PSL	Cohabitation Majority

表8-5　歷屆波蘭總統與總理以及政府型態（1991-2012）（續）

總統	總理	總理任期	政黨	政府型態
Bronislaw Komorowski （科莫羅夫斯基） 2010/08/06-	Donald Tusk （塔斯克）	2010/06- 2011/08/05	Civic Platform with PSL	Presidential Majority
	Donald Tusk （塔斯克）	2011/08/06- 迄今	Civic Platform with PSL	Presidential Majority

資料來源：波蘭總理的網頁，http://www.kprm.gov.pl/english/s.php?id=773. Latest update 11 May 2011 (KLD: Liberal Democratic Congress, ZChN: Christian National Union, PCHD: Christian Democratic Party, PL: Peasant Alliance, UW: Freedom Union, SLD: Democratic Left Alliance)。

伍、政府型態與政治衝突的型態

　　在臺灣，由於總統對於行政院院長的去留有決定性影響，因此被歸為總統議會制；在波蘭國會對於總理的去留影響較大，因此被歸為總理總統制。不同類型的半總統制伴隨其國會政黨席次分配，總統與總理和國會之間的關係也呈現不同的樣態。在臺灣行政院院長的去留決定在總統而非立法院，儘管立法院有不信任投票權，也因為倒閣代價太大，而從未行使過。行政院院長因此大多聽命於總統，縱然有不同的意見也不會公開衝突。在總理總統制的波蘭，總理的任命必須經由國會行使信任投票權，因此當總統所屬政黨無法掌握國會多數時，總統勢必要讓步選擇國會可以接受的人選。但是民選的總統常常不甘於淪為幾近虛位的角色，因此總統與總理的衝突會高於總統總理制。不過其衝突的大小又與國會的政黨席次有關。

　　總統若與總理屬於同一政黨，其衝突會較小；若不屬於同一政黨時，衝突自然會增加。其次，當總理在國會得到的支持越弱時，總統會覺得越有介入的空間，此時兩人的衝突會擴大，除非總理在國會得到的支持太弱，決定屈服於總統。總理總統制主要的衝突為總統與總理的衝突，波蘭國會政黨林立，自然沒有政黨可以控制國會穩定之多數，總統與總理雙巨頭之間的衝突時而有之。誠如Linz and Stepan（1996: 278-80）所言，當總統不是國會多數黨的領袖；當總理並沒有多數的支持；當憲法本身是模糊的；以及沒有現成制度運作的典範時，總統與總理之間的衝突將會更無法避免。華勒沙總統上任時由於國會沒有改選，當時的總理為馬佐維斯基。馬佐維斯基與華勒沙雖然同為團結工聯出身，但兩人政治理念不符。華勒沙一派希望團結工聯能保持一向的柔性組織慣例，接納與包含不同的民眾。另一

派以馬佐維斯基爲首,則主張將團結工聯轉型成政黨(Batt, 1991)。1990年底,兩派正式決裂,團結工聯高層人物退出,創立公民民主運動(Citizens' Movement for Democratic),又稱爲ROAD。華勒沙及其支持者則另組中央聯盟(Center Alliance)加以反制。當華勒沙總統一上台時,馬佐維斯基便辭職。

華勒沙總統上台後,第一位任命的總理爲別勒斯基,由於當時國會尚未全面改選,加上第一位全民直選的總統有選票的加持,因此國會很快就通過總統的任命。而在選擇內閣閣員時,總統扮演了相當關鍵的角色(McMenamin, 2008: 130)。別勒斯基也並未挑戰總統的主導,因此該時期的總統與總理之間的衝突低(見表8-6)。

在1991年國會選舉之後,政黨的破碎化,使得政府的組成與運作困難。歐塞斯基(Jan Olszewski)、波拉克、蘇柯卡(Hanna Suchocka)幾位總理在位時不僅與總統不同陣營,且沒有國會多數的支持,當然他們在位期間也不可能太長。歐塞斯基與華勒沙總統兩人對於軍隊的控制上出現不同的意見,華勒沙堅持Kolodziejczyk繼續留任國防部長,而與總理歐塞斯基產生衝突。再加上歐塞斯基沒有國會多數基礎,一直處於國會不信任投票之威脅,1992年6月終於因不信任投票下台。波蘭農民黨的波拉克雖然獲得信任投票,但是一直無法組成聯合政府,因此一個月後又換上民主聯盟的蘇柯卡。她的聯盟是建立在七個政黨(從民主聯盟到基督教民主聯盟)聯合之脆弱基礎上,搖搖欲墜(Wiatr, 1996)。依照我們的理論,此時期總統與總理應有高度的衝突,但是表8-6呈現的結果卻爲低。其主要原因蘇柯卡聯合政府在國會僅占30%的席次,爲了持續執政,蘇柯卡傾向支持總統的任命與政策,因此雙方相處融洽。然而在1993年5月28日國會通過對蘇柯卡之不信任案,但是由於國會無法提出新總理人選,因此總統拒絕他辭職。

由於國會政黨的破碎化,導致最後無法形成新的政府,總統終於決定解散國會(Nalewajko and Wesolowski, 2008)。1993年9月19日之國會選舉由於增加當選門檻,政黨數目驟減,民主左派聯盟成爲國會最大政黨、波蘭農民黨次之,兩黨席次超過六成,只要兩黨合作便有可能產生穩定之國會多數。波蘭整個政治局勢由右轉到左。此時,政府的型態爲右派的總統需與左派的總理共治,總理所帶領的內閣在國會有穩定之多數。如我們理論所預期的,總統華勒沙與不同陣營的總理波拉克的關係並不好。1995年總統強迫總理免職國防部長而引發衝突危機,波拉克最後爲歐列克西(Józef Oleksy)所取代。歐列克西與總統的關係依然緊張。

在華勒沙擔任總統期間,我們可以看到總理夾在總統與國會間的困境。總統

雖然有提名權，但是必須在十四日內得到國會的信任。而在脆弱的政黨體系下，倒閣也可能隨時發生，因此總理會受制於國會。總統雖然不能將總理免職，但是在當時總統對閣員有介入的空間。除此之外，在絕大多數情況，總統與總理分屬不同政黨，形成共治現象。尤其是歐塞斯基擔任總理時期缺乏國會多數的支持，因此常遭受華勒沙的挑戰。即使在波拉克和歐列克西當總理時有穩定的聯合政府，但是由於和總統意識型態不同，總統又不願意接受總理在行政事務的領導，導致衝突高（參考表8-6）。

　　1995年的總統選舉，代表民主左派聯盟的瓦希涅夫斯基（Aleksander Kwaśniewski）在第二輪投票中擊敗競選連任的華勒沙。此時波蘭終於有了總統可以掌握國會多數的一致政府。總統與總理之間的衝突也稍見緩和。總統與齊莫舍維奇之間因意識型態相同且私交好，因此合作無間，在當時總統從未使用否決權。

　　不過好景不常，民主左派聯盟在1997年的國會選舉中敗給屬於右派的團結選舉行動黨（Solidarity Electoral Action），瓦希涅夫斯基總統只好任命該黨的布澤克（Jerzy Buzek）為總理，又開始了所謂的共治時期，總統與總理的衝突又開始。團結選舉行動黨與自由聯盟組成聯合政府，兩黨合計有261席，占56.7%之席次，因此有相當穩固之多數。不過後來兩黨對於經濟政策與領導風格有些齟齬，自由聯盟退出聯合政府，變成少數政府，此種發展讓總統有機會強化扮演捍衛國家利益的角色（Wiatr, 2000）。因此布澤克的最後一年相當辛苦，除面對不同政黨之總統外，還要面對在國會沒有多數之情況。不過，布澤克至少做滿了四年的任期。

　　第四次的國會議員選舉在2001年舉行，民主左派聯盟再度執政。民主左派聯盟與波蘭農民黨組成聯合政府，亦形成穩固的多數，此時總統所數政黨與國會多數執政聯盟又形成一致的情況，衝突降低。此種情況持續兩年，波蘭農民黨退出聯合政府，再度形成少數政府。總理米勒於2004年辭職，反對黨企圖迫使總統解散國會，但是沒有成功。貝爾卡（Marek Belka）擔任了五個多月的看守政府。

　　2005年法律與正義黨在選後成為國會最大黨，由於國會選舉在總統選舉之前，法律與正義黨黨主席賈洛斯勞卡辛斯基的雙胞胎弟弟正在競選總統，擔心哥哥若當時擔任總理將影響選情，因此該黨提出馬辛基維奇（Kazimierz Marcinkiewicz）為波國總理。馬辛基維奇在 SO（Self-defense）與LPR（League of Polish Families）小黨的支持下，得以成立少數政府（Millard, 2010: 138）。

　　列奇卡辛斯基當選總統後，馬辛基維奇繼續擔任總理。但是賈洛斯勞卡辛斯基被認為常是幕後操盤者，馬辛基維奇最後因與賈洛斯勞不合，而掛冠求去

（Wkikpedia, 2010）。卡辛斯基總統便順理成章的任命其雙胞胎哥哥爲總理。雖然法律與正義黨並沒有國會的多數，但是有一段時間在沒有與其他政黨聯合執政的狀況，國會還是通過了信任案。當然，期間卡辛斯基總統曾以解散國會爲威脅，成功的說服兩個政黨支持少數政府的預算（McMenamin, 2008）。雙胞胎兄弟之間水乳交融，自然沒有衝突問題。不過，2007年國會選舉，法律與正義黨敗給公民綱領黨，公民綱領黨的選票比前一次選舉多了20%，而席次也由原來的133席增加爲209席，卡辛斯基總統只好任命其黨主席塔斯克爲總理，又形成共治。

表8-6　波蘭政府型態與總統─總理衝突程度

總統	總理	總理任期	政府型態	衝突程度
華勒沙 (1990/12/23- 1995/12/22)	別勒斯基	1991/01/04- 1991/12/06	Presidential Minority	低
	歐塞斯基	1991/12/06- 1992/06/05	Cohabitation Minority	高
	波拉克	1992/06/05- 1992/07/10	Cohabitation 未被國會批准	高
	蘇柯卡	1992/07/11- 1993/10/25	Cohabitation Minority	低
	波拉克	1993/10/26- 1995/03/06	Cohabitation Majority	高
	歐列克西	1995/03/07- 1995/12/22	Cohabitation Majority	高
克瓦希涅夫斯基 (1995/12/23-2005/12/23)	歐列克西	1995/12/23- 1996/02/07	Presidential Majority	低
	齊莫舍維奇	1996/02/07- 1997/10/31	Presidential Majority	低
	布澤克	1997/10/31- 2000/06/30	Cohabitation Majority	高
	布澤克	2000/07/01- 2001/10/19	Cohabitation Minority	高
	米勒	2001/10/19- 2003/02/28	Presidential Majority	低
	米勒	2003/03/01- 2004/05/02	Presidential Minority	低

表8-6　波蘭政府型態與總統—總理衝突程度（續）

總統	總理	總理任期	政府型態	衝突程度
卡辛斯基 (2005/12/13-2010/04/10)	貝爾卡	2004/05/02- 2005/10/31	Presidential Minority	低
	馬辛基維奇	2005/10/31- 2005/12/12	Cohabitation Minority	高
	馬辛基維奇	2005/12/13- 2006/05/05	Law and Justice	低
		2006/05/05- 2006/07/14	Law and Justice with SO, LPR	低
	卡辛斯基	2006/07/14- 2007/08/13	Law and Justice with SO, LPR	低
		2007/08/13- 2007/11/16	Law and Justice	低
	塔斯克	2007/11/16- 2010/04	Cohabitation Majority	高
科莫羅夫斯基 (2010/04/10-)	塔斯克	2010/04- present	Presidential Majority	低

資料來源：1.波蘭總理的網頁，http://www.kprm.gov.pl/english/s.php?id=773. Latest update 11 May 2012。
　　　　　2.Protsyk (2006)。
　　　　　3.EECR (Eastern Europe Constitutional Review)。

　　現任塔斯克總理與在空難中喪生的前總統卡辛斯基在2005年總統選舉時為競爭對手，在第一輪投票中，塔斯克以36.6%略微領先卡辛斯基的33.1%，兩人同時進入第二輪，但是在第二輪投票中，卡辛斯基卻以54.04%擊敗塔斯克之45.96%。2007年國會選舉，被認為是對卡氏雙胞胎掌權之法律與正義黨政府表現的公投（Millard, 2010: 142）。卡辛斯基的法律與正義黨和塔斯克之公民綱領黨雙方在選舉中尖銳對立，然而選舉結果公民綱領黨的選票不僅比前一次多20%，而席次更比上次增加76席，占所有席次之45.4%，是波蘭民主化選舉後在一次選舉中獲票最多的政黨。既然選舉結果有明顯的贏家，總統只好任命其政敵塔斯克為總理，然而兩位政敵分外眼紅，常起爭執。雖然總理負責執行國家政策，但是總統有權批准條約、接受駐波使節國書、簽字公布國會法案與否決法案等。卡辛斯基總統常拒簽重大法案退回國會重審，而PO-PSL聯盟不足以達推翻總統否決之五分之三眾院席次，故需第二大在野黨「民主左派聯盟」（SLD）之合作。被總統否決之法案相當

多，從公營媒體私有化到醫院經營商業化，從延長與俄羅斯的天然氣價格談判到俄波戰略夥伴合作協定。甚至，連健保與退休金制都因為總統的反對而無法執行。在面臨多項政策受到總統之掣肘，塔斯克總理忍不住抱怨，甚至提出應拿掉總統的否決權（Baczynska, 2009）。

　　從表8-7中可以看出有兩次總統使用否決權之高峰，一次在瓦希涅夫斯基總統時期面對共治的右派總理布澤克，另外一次就是2008年卡辛斯基時期面對政敵塔斯克總理亦不斷使出否決之手段。2007年，其兄擔任總理時，總統使用否決權之數目為0，但在塔斯克擔任總理之2008年，否決權數達12。反之，臺灣在少數政府時期除了《修正財政收支劃分法》第8條及第16條之一條文覆議成功外，2003年之《公民投票法》、2004年之《「三一九槍擊事件真相調查特別委員會條例」》、2007年《農會法》與《漁會法》修正案皆失敗。但是臺灣的否決權顯現的意義還是和波蘭有所不同，前者總統與行政院院院長立場相同來對抗反對的國會，後者常是總理與國會多數立場相同，但是總統有不同的意見。

　　除了否決權外，在外交政策上，波蘭總統與總理皆扮演實質的角色。然而由於過去大家對外交政策有相當共識，因此衝突不大。不過，此種情況在卡辛斯基擔任總統時，與總理塔斯克時有衝突。兩人也常為了誰應代表波蘭參加國際會議而爭執，例如參加歐盟高峰會，通常兩人都會出席（Baczynska, 2009）。最引人注目的是，波蘭參眾兩院早在2008年4月分別投票通過了《里斯本條約》，總理塔斯克也支持儘早簽署，但是總統卡辛斯基卻拒絕簽署，甚至表示要否決。在各方壓力下，包括法國總統薩科奇親自與卡辛斯基會談，最後卡辛斯基表示，如果愛爾蘭批准該條約，他將馬上簽署。結果在2009年10月3日，愛爾蘭選民以67.1%的選票支持通過《里斯本條約》。總統卡辛斯基終於在10月10日簽署了《里斯本條約》。新選出的科莫羅夫斯基總統和總理塔斯克屬於同一政黨，衝突自然緩和許多。但是在2011

表8-7　波蘭總統使用否決權之次數（1990-2010）

年度	1990-1995	1996	1997	1998	1999	2000	2001	2002	2003	2004	2005	2006	2007	2008	2009	2010
否決次數	24	0	4	2	3	2	19	0	1	1	3	1	0	13	4	0

資料來源：http://praca.gazetaprawna.pl/artykuly/101498,sejm_rozpatrzy_dzisiaj_weta_prezydenta_do_dziewieciu_ustaw.html. Latest update 12 May 2011。

年3月總統否決了第一個法案—空軍官校成立法案（Law on the Establishment of a Military Aviation College），接著於8月又否決種子法案（Seed Law on GM Crops）。由此可見總統還是不願意毫無作為。

　　前面提到在臺灣不僅政黨數目沒有波蘭那麼多，政府型態也沒有如此多元，衝突的方式也不同。由表8-4中可以看出臺灣從未出現共治情況。國民黨總統在位時都有掌握國會多數，因此皆為一致政府。民進黨的陳水扁當選總統後，一開始任命國民黨的唐飛為行政院院長，但是唐飛因核四議題與總統不合，不到五個月就求去。一般學者並未將唐飛的組閣視為是民進黨與國民黨之共治，因為主要的主導勢力還是來自於陳總統。爾後，陳總統又陸續任命張俊雄、游錫堃、謝長廷、蘇貞昌、張俊雄（第二次）為行政院院長。無論是在少數政府或多數政府時期，決定行政院院長人選的皆是總統，非來自立法院。儘管報章媒體經常傳言謝長廷、蘇貞昌與總統陳水扁不合，但是卻從未看見他們彼此之間公開衝突。當時的衝突其實是，總統與行政院院長在同一陣線上對抗泛藍所掌握的立法院。在波蘭，當總統所屬政黨非國會最大黨時，總理的決定權來自於國會。華勒沙總統時的波拉克、歐列克西，克瓦希涅夫斯基總統時期的布澤克，以及卡辛斯基總統時期的塔斯克，皆是總統與總理分屬不同政黨之情況。總統政黨在國會為最大黨時，總統任命的空間較大。克瓦希涅夫斯基任命同黨的貝爾卡為總理，起初並未得到國會的支持，但是國會本身又無法在兩星期內產生新的總理，總統再度提名貝爾卡，國會才終於同意他的任命。

　　吳玉山（Wu, 2007: 207）認為我國總統的權力不在於賦予他的權力，而是在於他有權任命與罷黜行政院院長，而行政院院長為全國最高行政首長。當總統可以控制行政院院長時，就可以控制一切。但是為何行政院院長要聽總統的話呢？主要關鍵還是在於行政院院長由總統任命，無須經國會的信任投票，在加上院長亦非國會政黨黨魁，因此缺乏民眾支持之正當性。同時，總統的任期有憲法保障，但是行政院院長沒有。

　　馬總統雖曾表示他要退居第二線，但是此說引發相當多的爭議。事實上，有許多決策也是來自總統府，如美牛案、軍購案、八八水災時拒絕外援、瘦肉精案等。另外，在內閣閣員的任用上也都有總統介入的身影。

　　波蘭的衝突常是總統與總理兩位首長的衝突，特別是在不同政黨共治時期。此種衝突在於波蘭憲法給予總統某些的權力空間，當共治時期的總統認真行使這些權力時，便可能造成總統與總理的衝突，前面提到的否決權之使用便是例子。

臺灣的總統可以任命他想要的行政院院長，因此總統與行政院院長之間雖會有不同意見，但是鮮少公開。當政策不一致時，大部分情況下是行政院院長屈服。當政府執政不佳時，行政院院長常成為代罪羔羊。臺灣的衝突主要是行政部門與國會的衝突，特別是在總統與行政院院長同黨但無法掌握國會多數之少數政府的型態，如：陳總統時期之軍購案、NCC委員任命、真調案、中選會組織法等。

　　根據黃秀端與陳鴻鈞（2006）的實證研究分析，發現少數政府比多數政府更容易出現朝野對抗的互動型態。當執政黨未能掌握國會多數時，以選舉為考量的在野政黨自然不會讓執政黨好過，因為他沒有理由來協助執政黨讓法案通過，因此朝野衝突的情況一定比多數政府時嚴重。不過，在少數政府時期，執政黨面臨的情況又可以分為兩種，一種是和反對黨席次有相當大的差距，一種是雙方在席次上的差距相當小。在第一種情況，執政黨若要通過法案，往往只能選擇和過半數的在野黨進行合作，因此執政黨容易與在野黨妥協與合作，而不希望激起朝野之間的對抗氣氛。相反地，在第二種情況下，執政黨可能透過立法結盟的方式來提高法案通過的可能，或者期待政策相近的政黨或反對黨成員在特定議題上支援執政黨，這樣反而容易激起在野政黨進行結盟以對抗執政黨或執政聯盟。

陸、結論

　　半總統制為新興民主國家採行之政府體制，對於此種體制是否能維持民主穩定，學者之間有不同的看法。對於半總統制有疑慮之學者主要集中在雙元權威結構的設立是否會造成衝突。本章先探討學者在此方面之爭辯，接著討論波蘭與臺灣總統在憲法權力之差異。

　　臺灣自1996年開始，波蘭自1990年開始邁入所謂半總統制時期。雙方除了有直選的總統外，總理或行政院院長須向國會負責，國會可以對其行使不信任投票權。波蘭進入民主化的前幾年走得跌跌撞撞的，破碎的政黨體系使得內閣隨時都有可能垮台，加上總統與總理之間的衝突，令人擔憂其民主的穩定與存續（Wiatr, 1996）。1993年在經過門檻的設限及給予大黨較大的權重分配後，雖然仍為多黨，政黨數目確實驟減。有鑑於總統與總理常因為內閣閣員的任命產生衝突，1997年修憲削弱總統的對內閣閣員的任命權。自此之後，學者視波蘭為往總理傾斜的總理總統制。

　　臺灣總統最大的權力來自於對行政院院長的任命無須國會行使同意權。自從1997年拿掉行政院院長需經由立法院行使同意權部分，加上昂貴與不確定的選舉，使得立法委員不願意行使倒閣權，陳總統在位8年期間，雖然沒有國會多數的支持，得以任命同黨黨員為行政院院長。這八年期間雖然紛紛擾擾，但也都安然度過。而在重要政策上與重要人事任命都有總統的身影。另外，直選的總統在臺灣有來自選民龐大的壓力，即使馬總統想退居第二線，並未得到民眾之認同。因此學者多將臺灣的半總統制歸為總統議會制。

　　由於兩國政黨體系的不同以及總統對總理的任命不同，波蘭的政府型態比臺灣更多元，曾經歷經總統所屬政黨與總理一致的少數政府與多數政府以及總統所屬政黨與總理不一致的共治型少數政府與多數政府，因此其互動更為複雜與微妙。臺灣則僅經歷總統所屬政黨與行政院院長一致的少數政府與多數政府型態，其主要原因應是總統任命行政院院長無須立法院同意，而立法院又不想倒閣。因此，在實際權力的運作上，臺灣總統的權力較大。

　　屬於總理總統制的波蘭主要衝突為總統與總理的衝突，而其衝突的強度又因總統是否與總理同屬一政黨以及政黨在國會的分布型態而有不同。總統與總理同屬一政黨時衝突較兩者隸屬不同政黨時小；此時執政黨若掌握有國會過半席次，政局將會最穩定，衝突最少。若總統與總理分屬不同政黨時，呈現所謂的共治現象，衝突的大小會隨著總理政黨與其聯盟是否掌握國會多數而定。共治型少數政府的衝突多於共治型多數政府，因為總統會趁總理勢力弱時，從中干預。儘管有些學者認為波蘭已經是近似內閣制了，然而從波蘭多位總統的表現來看，他們顯然不同意此種想法。

　　在另一方面，屬於總統議會制的臺灣，行政院院長比較像總統的幕僚長（吳玉山，2011），很少會挑戰總統的權威，因此反而看不到總統與行政院院長的衝突。其主要的衝突在行政部門與立法部門，其衝突的強度視總統所屬政黨是否掌握國會多數而定。當總統所屬政黨無法掌握國會時，也就是少數政府時，行政與立法的衝突大於多數政府時。

參考書目

英文部分

Baczynska, Gabriela. 2009. "Polish PM Says President Should Lose Veto Power." *The Star Online* 22 November 2009 in http://thestar.com.my/news/story.asp?file=/2009/11/22/worldupdates/2009-11-22T152902Z_01_NOOTR_RTRMDNC_0_-441485-1&sec=Worldupdates. Latest update 6 May 2010.

Batt, Judy. 1991. *East Central Europe: From Reform to Transformation*. New York: Council on Foreign Relations Press.

Bernhard, Michael. 1996. "Semi-Presidentialism, Charismatic Authority, and Democratic Institution-Building in Poland." in Kurt von Mettenheim. ed. *Presidential Institutions and Democratic Politics: Comparative and Regional Perspectives*:117-203. Baltimore M.D.: Johns Hopkins University Press.

Blondel, Jean. 1992. "Dual Leadership in the Contemporary World." in Arend Lijphart. ed. *Parliamentary Versus Presidential Government* : 162-72. Oxford: Oxford University Press.

Bunce, V. 1997. "Presidents and the Transition in Eastern Europe." in von Mettenheim. ed. *Presidential Institutions and Democratic Politics: Comparing Regional and National Contexts*: 161-176. Baltimore, M.D.: Johns Hopkins University Press.

Duverger, Maurice. 1980. "A New Political System Model: Semi-Presidential Government." *European Journal of Political Research* 8: 165-187.

Elgie, Robert. 1999a. "The Politics of Semi-Presidentialism." in Robert Elgie. ed. *Semi-Presidentialism in Europe*: 1-21. New York: Oxford University Press.

Elgie, Robert. 1999b. "Semi-Presidentialism and Comparative Institutional Engineering." in Robert Elgie. ed. *Semi-Presidentialism in Europe*: 281-299. New York: Oxford University Press.

Elgie, Robert. 2005. "A Fresh Look at Semipresidentialism: Variations on a Theme." *Journal of Democracy* 16, 3: 98-112.

Elgie, Robert and Petra Schleiter. 2011. "Variation in the Durability of Semi-Presidential Democracies." in Robert Elgie, Sophia Moestrup and Yu-Shan Wu. eds. *Semi-Presidentialism and Democracy*: 42-60. New York: Palgrave.

Elgie, Robert, and Sophia Moestrup. 2008. "Semi-Presidentialism: A Common Regime Type, but One that Should be Avoided?" in Robert Elgie and Sophia Moestrup. eds. *Semi-Presidentialism in Central and Eastern Europe*: 1-13. Manchester and New York: Manchester University Press.

Goetz, Klaus and Radoslaw Zubek. 2005. "Law-Making in Poland: Rules and Patterns of Legislation." A Report Commissioned by Ernst and Young Poland. www.legislationline. org/.../Poland_Lawmaking_Poland_Rules_Patterns_Legislation_2005.pdf -. Latest update 28 April 2010.

Kirschke, Linda. 2007. "Semi-presidentialism and the Perils of Power-Sharing in Neopatrimonial States." *Comparative Political Studies* 40, 11: 1372-1394.

Linz, Juan J. 1994. "Presidential or Parliamentary Democracy: Does It Make a Difference?" in Juan J. Linz and Arturo Valenzuela. eds. *The Failure of Presidential Democracy*: 3-87. Baltimore M.D.: Johns Hopkins University Press.

Linz, Juan J. and Alfred Stepan. 1996. *Problems of Democratic Transition and Consolidation: Southern Europe, South America, and Post-Communist Europe*. Baltimore M.D.: Johns Hopkins University Press.

Mainwaring, Scott. 1993. "Presidentialism, Multipartism, and Democracy: The Difficult Combination." *Comparative Political Studies* 26, 2: 198-228.

Matsuzto, Kimtaka. 2006. "Differing Dynamics of Semipresidentialism across Euro/Eurasian Borders: Ukraine, Lithuania, Poland, Moldova, and Armenia." *Demokratizatsiya*: 317-345.

McMenamin, Iain. 2008. "Semi-Presidentialism and Democratization in Poland." in Robert Elgie and Sophia Moestrup. eds. *Semi-Presidentialism in Central and Eastern Europe*: 120-137. Manchester and New York: Manchester University Press.

Millard, Frances. 2003. "Poland." in Stephen White, Judy Batt and Paul G. Lewis. eds. *Development in Central and Eastern Politics* 3: 23-40. New York: Palgrave Macmillan.

Millard, Frances. 2010. *Democratic Elections in Poland, 1991-2007*. London and New York: Routledge.

Moestrup, Sophia. 2004. "Semi-presidentialism in Comparative Perspective: Its Effects on Democratic Survival." Ph. D dissertation George Washington University.

Nalewajko, Ewa and Wlodzimierz Wesolowski. 2008. "Five Terms of the Polish Parliament, 1989-2005." in David M. Olson and Philip Norton. eds. *Post-Communist and Post-Soviet*

Parliaments: the Initial Decade: 48-71. London and New York: Routledge.

Osiatynski, Wiktor. 1997. "A Brief History of the Constitution." *East Europe Constitution Review* 6, 2-3: 66-76.

Pasquino, Gianfranco. 1997. "Semi-presidentialism: A Political Model at Work." *European Journal of Political Research* 31, 1-2: 128-137.

Protsyk, Oleh. 2006. "Intra-Executive Competition between President and Prime Minister: Patterns of Institutional Conflict and Cooperation under Semi-Presidentialism." *Political Studies* 54, 2: 219-244.

Shugart, Matthew S. and John M. Carey. 1992. *Presidents and Assemblies : Constitutional Design and Electoral Dynamics*. Cambridge: Cambridge University Press.

Sartori, Giovanni. 1997. *Comparative Constitutional Engineering: An Inquiry into Structures, Incentives and Outcomes*. 2nd ed. London: Macmillan.

Siaroff, Alan. 2003. "Comparative Presidencies: The Inadequacy of the Presidential, Semi-Presidential and Parliamentary Distinction." *European Journal of Political Research* 42, 3: 287-312.

Wiatr, Jerzy. 1996. "Executive-Legislative Relations in Crises: Poland's Experience, 1989-1993." in Lijphart Arend Lijphart, Carlos H. Waisman. eds. *Institutional Design in new Democracies: Eastern Europe and Latin America*: 103-115. Boulder, CO.: Westview.

Wiatr, Jerzy. 1997. "Poland's Three Parliaments in the Era of Transition, 1989-1995." *International Political Science Review* 18, 4: 443-450.

Wiatr, Jerzy. 2000. "President in the Polish Parliamentary Democracy." Politickamisao XXXVII, 5: 89-98.

Wkikpedia. 2010. "Jarosšaw Kaczyński." http://en.wikipedia.org/wiki/Jaros%C5%82aw_Kaczy%C5%84ski. Latest update 28 April 2013.

Wyrzykowski, M. and Agnieszka Cielen. 2006. "Presidential Elements in Government Poland – Semi-presidentialism or 'Rationalised Parliamentarianism'?" *European Constitutional Law Review* 2, 2: 253-267.

Wu, Yu-shan. 2007. "Semi-presidentialism- Easy to Choose, Difficult to Operate: the Case of Taiwan." in Robert Elgie and Sophia Moestrupeds. eds. *Semi-Presidentialism Outside Europe*: 201-218. London: Routledge.

中文部分

吳玉山。2011。〈半總統制：全球發展與研究議程〉。《政治科學論叢》47：1-32。

林繼文。2006。〈政府體制、選舉制度與政黨體系：一個配套論的分析〉。吳重禮與吳玉山主編《憲政改革：背景、運作、與影響》：231-270。台北：五南。

洪茂雄。1996。〈後共產主義時期波蘭的政治發展：變革與穩定〉。《問題與研究》35，6：53-66。

湯德宗。2000。增定二版。《權力分立新論》。台北：元照。

陳宏銘、梁元棟。2007。〈半總統制的形成和演化—臺灣、法國、波蘭與芬蘭的比較研究〉。《臺灣民主季刊》4，4：27-70。

黃秀端、陳鴻鈞。2006。〈國會中政黨席次大小對互動之影響—第三屆到第五屆的立法院記名表決探析〉。《人文及社會科學集刊》18，3：385-415。

沈有忠

壹、半總統制與憲政體制的研究

憲政研究的重要學者哈洛維茲（D. Horowitz）曾言：如果19世紀被視爲基督教傳播的世紀，那麼21世紀可能可以視爲憲政主義傳播的世紀（Horowitz, 2002: 16）。過去一段時間，學界曾爲了總統制與議會制何者有利於民主存續的議題爭論不休。而事實上，則是有越來越多的新興民主國家事實上採用或設計了「半總統制」（semi-presidentialism）的憲法，一種混合了總統制下直選總統與議會制下政府對國會負責之特徵的憲法架構。因此，對於憲政研究的議題，尤其是憲政架構與民主鞏固的關係，也逐漸朝向對半總統制這個類型的討論。

過去20年來，對於半總統制的研究大致上可以分爲三種類型，第一種是對半總統制的定義以及次類型的比較。其中，杜佛傑（M. Duverger）對半總統制的定義與討論可以被視爲第一個也是最重要的一個研究。根據杜佛傑的研究，所謂的半總統制具有以下三個制度特徵（Duverger, 1980: 166）：

1. 總統由單獨舉行的選舉所產生。
2. 總統擁有一些重要的權力。
3. 另外有一位總理與各部部長領導政府，在國會不以明確多數表達反對的情況下行使行政權。

以杜佛傑的定義爲基礎，另外也有一些學者嘗試更細緻的來界定半總統制（例如

---

[1] 本文曾發表於《「轉變中的行政與立法關係」學術研討會》。2010年5月13至14日。台北：東吳大學政治學系。本文並受國科會補助（NSC 98-2410-H-029-021）。部分內容修改並刊登於《問題與研究》第49卷，第2期，頁99-130。

Sartori, 1997），或是用類型學的方式來界定半總統制（例如Siaroff, 2003）。在
類型學的研究中，修葛特（Shugart）與凱瑞（Carey）依據政府負責的單向或雙
向性，將半總統制分為總理總統制（premier-presidential systems）與總統國會制
（president-parliamentary systems）兩種類型（Shugart and Carey, 1992）。其中，總
理總統制指的是政府僅需對國會負責；而總統國會制之下，政府需對總統與國會兩
方負責，總統甚至有權可以解散國會。第一種類型的研究，其目的在於釐清半總統
制的制度特徵，尤其是雙元行政的關係。

第二種研究聚焦於憲政體制的運作層面，從不同的變數來討論半總統制的運
作，尤其是總統的制度性權力（Shugart and Carey, 1992; Frye, 1997; Metcalf, 2000）
以及政黨體系。大多數的研究認為，一個強權的總統並不利於半總統制民主的穩定
（Roper, 2002）；而分化的多黨體系也經常對半總統制的憲政運作造成不利的影響
（Wu, 2000）。第三類的研究屬於個案或區域研究，例如關注後共地區新興民主的
半總統制運作（Protsyk, 2003; Frison-Roche, 2007; Elgie and Schleiter, 2009）；或是
非洲地區的情況（Moestrup, 2007）。此外，也有一部分的文獻關注西歐地區的半
總統制，例如法國（Skach, 2005）、芬蘭（Arter, 1999; 2009; Nousiainen, 2000）、
或是奧地利（Müller, 1999）。

從既有的文獻中可以發現一個值得討論的現象，那就是有相當多研究關注半總
統制下，總統對憲政運作的影響，並且認為越接近總統制，越有可能危及民主的存
續。相反的，往議會制偏移的半總統制則相對穩定。事實上，如果半總統制被視為
混合了總統制與議會制元素的憲政體制，那麼，往議會制或是往總統制的偏移就應
該是一組相對的概念。這意味著如果我們關心半總統制與民主穩定的關係，並且試
著找出哪些因素會驅使半總統制往總統制偏移，甚至危及民主；那麼，往議會制的
偏移以促成民主的穩定，就是一體兩面的研究。就實際的經驗觀察，有不少國家雖
然仍維持半總統制的制度特徵，但已經在實質上建立了議會制的憲政原則，並且成
功的運作迄今，例如奧地利、愛爾蘭、冰島、或是2000年以後的芬蘭。[2]

基於以上對半總統制相關研究相當簡短的回顧，本章旨在比較德國威瑪共和與
芬蘭這兩個國家，討論其從半總統制往議會制轉型的經驗。選擇這兩個個案的原因
包括：首先，德國威瑪共和與芬蘭都在1919年設計了一部半總統制的憲法，是20世

---

[2] 薩托利（Sartori）甚至指出，奧地利、愛爾蘭、冰島等國家，基本上應該被歸類為議會制的
個案，因為這些國家的總統，其憲政權力只是紙上談兵。請參見Sartori (1997: 126)。

紀最早採用半總統制憲法的個案。作為最早採用半總統制的個案，德國威瑪和芬蘭自然有其研究上的特殊性，而且這個特殊性具有不可替代的特性。不僅如此，對於這兩個個案在1919年的設計半總統制憲法的相關討論，其實也並不多見。其次，德國在二戰之後於1949年制訂了以議會制為基礎的基本法，而芬蘭則在2000年進一步修憲，朝向議會制轉型。就結果來說，兩個個案都是朝向議會制作為轉型的目的，但轉型的過程卻是大相逕庭。德國的基本法是在威瑪憲法失敗的經驗上進行改良，在制度的層面上先達到議會制的目的，往議會制的轉型可以說是制度先於政治。相反的，芬蘭則是先在80年代慢慢發展出有利於議會制運作的條件，然後才在2000年透過修憲讓制度規範也更接近議會制。因此，往議會制的轉型可以被視為是政治先於制度。經由對德國與芬蘭憲政轉型經驗的比較，本章希望能針對半總統制轉型研究進行初步的觀察，尤其是往議會制的憲政轉型。

貳、德國與芬蘭的半總統制

如前所述，半總統制較為系統性的定義，最早是由杜佛傑所提出。依據杜佛傑的定義，早在1919年的德國與芬蘭，就已經實際的設計出符合其要素的憲法架構。以下分別介紹德國和芬蘭兩個國家半總統制憲法的設計特徵以及運作概況，作為稍後討論其轉型的基礎。

一、德國威瑪憲法

1919年的德國威瑪憲法和芬蘭憲法有類似的設計背景。1918年夏天，德意志第二帝國處在內外交迫的困境。對外是第一次世界大戰的戰敗壓力，對內則是處於極左派與右派一觸即發的內戰邊緣，在這種困境中，帝國體制已經無法持續運作。由於帝制的崩潰是戰爭所致，國內各方政治勢力競相角逐重建國家的主導權，因此對於如何重建戰敗後的政治秩序，在當時不僅沒有共識，甚至也是引發衝突的原因之一。大致上說來，在當時有三股主要的力量競爭著德國未來政治發展的主控權，分別是布爾什維克主張的蘇維埃社會主義路線；民主派主張的議會民主路線；以及殘存保守勢力希望的君主立憲（Grawert, 1989: 486-489）。經過了一場短暫的

內戰，由社會民主黨（SPD）領導的民主派與軍方代表的保守勢力達成妥協，防止蘇維埃社會主義的執政。這個妥協反映在新的政治架構上，就是一個議會民主的原則，搭配一個直接民選的總統。其中，兩派勢力對於民選的總統仍舊有著不同想像：民主派認為總統代表人民，應該定位為一個備而不用的行政領導角色，在一般情況下，這個總統應該超脫政黨立場，中立的扮演一個協調者。相反的，保守勢力則把民選總統視為德皇的替代品，並且預期總統成為行政權的核心角色（Kolb, 2002: 20），並且預期維持一個行政權至上的政治秩序。[3]不僅如此，以德國當時內外交迫的處境而言，設計一個民選的總統也是不得不然的選擇。德國不僅需要一個有權力的總統來代表國家處理戰敗問題，也需要藉由全民直選的正當性來維持瀕臨分裂的統一狀態（Preuß, 1926: 428; Richter, 1998: 16; Mauersberg, 1991: 73）。因此，一個以議會民主為基本原則，搭配一個民選而有實際權力的總統，成為當時新憲法設計的架構，而這也正是後來定義半總統制的基本要素。

　　1919年八月，威瑪憲法正式通過。依據條文來看，總統具有一定的實權足以影響憲政體制的運作，主要的包括：任命總理的權力（憲法第53條）、解散國會的權力（憲法第25條），另外也包括後來影響體制運作最關鍵的緊急命令權（憲法第48條）。這些權力在最初的設計上，都有不同於後來實踐上的意涵。就總理的任命權而言，儘管依據第53條，總統可以依其意志選擇並任命總理，但同時也在憲法第54條設計了國會有權行使對政府的不信任權，也就是撤換總理或部長的權力。因此，總理任命，抑或政府的組成，就正當性而言，向國會負責是最基本的條件，這兩個條文的搭配下，政府組成至少也應被視為是總統與國會協調下的結果（Haungs, 1968: 32），非總統可以獨力完成，而出現政府僅向總統負責的情況。此外，就解散國會權而言，這項權力在設計時被界定為總統面對行政、立法僵局時，用以訴諸民意解決的權力（Finger, 1923: 311）。依據憲法起草者普洛伊斯（Hugo Preuß）自己對這部憲法的想像，也是主張威瑪憲法應該以議會民主為運作的原則（Preuß, 1926: 387）。他更直言，政府應由總理領導，並且向國會負責，總統則是中立的協調者，其功能是避免議會體制遭遇僵局而無法運作（Preuß, 1926: 416-418）。

---

[3] 因為總統保留著行政權的權威，因此有些學者認為1919年的新憲法，並沒有在結構上改變德國傳統行政權至上的政治秩序。一個強勢的行政核心並沒有在新憲法中被抽離。請參見Anschütz (1960: 3)。

此外，憲法第48條的緊急命令權是總統另一項後來影響體制運作相當關鍵的權力。依據憲法規定，緊急命令權的使用無論在時間上或是範圍上都應有所侷限，其目的僅是在公共秩序與安全遭遇危難時，用以恢復常態的過渡性權力。在憲法的意涵上，這項權力的設計具有一些特徵。首先，緊急命令權本身，就目的與手段而言是類似於警察權，權力使用的時機是公共安全與秩序遭到破壞或威脅。換言之，不應用以解決政治僵局，甚至成為政黨惡鬥的工具。其次，總統僅能暫時凍結部分人權，而目的仍在使憲法能夠恢復常態運作。換言之，這項權力使用的目的，是用來恢復憲法的常態，而不是用來開創新的政治秩序，尤其是政府組成與運作的原則，或是說不應用此項權力來改變既存的憲政政序（Gusy, 1991: 70）。最後，國會有權力要求總統停止使用緊急命令權，這意味著國會在這項權力的行使上保有最終的裁量、制衡的權力，以維持行政權和立法權的平衡。

德國威瑪時期其中一位相當重要的政治哲學家施密特（Carl Schmitt）將威瑪憲法裡的總統，定位為一位中立的、超脫政黨立場的憲法守護者（Schmitt, 1931: 137）。總統應該在行政與立法之間、國家與政黨之間扮演一個協調者、仲裁者，而非成為一個具有特定立場的政治領導者。更重要的是，在憲政架構中，總統應該維持議會制的精神，尤其是當國會內沒有多數，會影響議會制運作穩定與否的關鍵時刻（Schmitt, 1931: 138-139）。由施密特對憲法的詮釋，威瑪憲法是一部具有行政權、立法權相互制衡的體系，國家權力應該由國會與行政機關共同享有。這樣的架構可以參見圖9-1。

藉由以上簡短的討論，威瑪憲法可以被界定為一部「垂直分時」的半總統制。儘管在制度框架下具有半總統制的特徵，但總統的角色是備而不用的。二元行政的運作仍是以議會制為常態，在平常時總理領導政府，對國會負責；在危及或非常態時，總統才短暫的扮演仲裁者或領導者，而且目的也是過渡回議會制的原則。總統大部分的權力，都是基於維持議會制穩定運作的考量。

在實際運作上，威瑪共和在1930年以後出現了與其憲法設計原則極大的落差，主要的原因在於如前所述，達成妥協的民主派與保守勢力對總統一職有著不同的想像與期待。威瑪共和首任總統艾伯特（Friedrich Ebert），是社會民主黨（SPD）的主要領導人之一，而社會民主黨也正是主張以議會民主重建德國的核心政黨。在艾伯特擔任總統的期間（1919年至1925年），內閣儘管一再因為政黨分

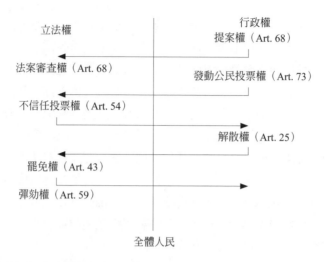

圖9-1　威瑪憲法下的行政立法架構。
資料來源：Schmitt, 1928 (1931): 197.

歧、國會欠缺穩定多數而更迭，但始終能夠維持議會制的原則來運作。[4]然而，第二任總統興登堡（Paul von Hindenburg），雖然是無黨籍的身分，但其背景是典型的德國軍人，也是德國一戰時期的戰爭英雄，代表的正是右翼的保守勢力。從其執政以來，陸續介入內閣人事，甚至在1930年以後，以緊急命令權搭配解散國會權，將總理與政府負責的對象從國會轉移到總統身上。從1930年起，內閣成為「總統內閣」，大多政策的實施是透過緊急命令權，而且只要遭遇國會的反對，就以解散權加以反制，一個不受國會約束的行政獨裁體系由此而生，議會制的原則也名存實亡。1933年，惡性的政爭使得反體制政黨迅速成長，社會再次瀕臨內戰邊緣。興登堡於時勢所迫，任命希特勒（Adolf Hitler）為總理，威瑪共和的民主嘗試正式崩潰。

　　儘管威瑪共和從建立開始，就一直處在艱困的政治環境中，但前後任總統對於總統權力行使的原則和目的南轅北轍，是造成威瑪共和半總統制轉向獨裁的原因之一。總統本來就預期在國家危難之際能夠領導國家，但興登堡行使總統權力的過程，已經扭轉了威瑪憲法以議會制為基礎的原則，甚至搭建了行政獨裁的舞台。除

---

[4] 威瑪共和在1930年以前的政黨體系極為分歧，有效政黨數平均為6.4個，並且包括兩個反體制政黨。

了對總統一職在實踐上的分歧以外，破碎化的政黨體系使得國會無法有效運作也是關鍵因素之一，也可以說就是因為國會的疲軟，才提供了總統動用權力介入政治的機會。在希特勒被任命為總理以前，一共歷經了十八任總理與政府，其中僅有三任在任命時擁有國會多數的支持。儘管如此，這個多數也受到政黨體系的破碎化而相當脆弱，無法實際的提供政府穩定運作的基礎。分歧的政黨體系使得不信任投票容易通過，但組織政府卻相當困難。歷屆政府的類型以及國會中的有效政黨數可以參見表9-1。破碎的政黨體系主要原因是原本就分歧的社會，加上純粹的比例代表制

表9-1　威瑪共和1919至1932年的政府組成、強度與形態

年代	政府組成	政府強度[5]	國會總席次	有效政黨數	執政天數	政府類型
1919	SPD, DDP, Z	331	423	4.10	279	多數政府
1920	SPD, DDP, Z	331	423	4.10	73	看守內閣
1920	DDP, DVP, Z	168	459	6.41	315	少數政府
1921	SPD, DDP, Z	205	459	6.41	165	少數政府
1921	SPD, DDP, Z	205	459	6.41	384	少數政府
1922	DDP, DVP, Z	168	459	6.41	304	少數政府
1923	SPD, DDP,	270	459	6.41	51	多數政府
1923	SPD, DDP,	270	459	6.41	48	多數政府
1923	Z, DDP, DVP,	189	459	6.41	178	少數政府
1924	Z, DDP, DVP,	138	472	7.09	196	少數政府
1925	Z, DVP,	223	493	6.21	323	少數政府
1926	Z, DDP, DVP,	171	493	6.21	111	少數政府
1926	Z, DDP, DVP,	171	493	6.21	215	少數政府
1927	Z, DVP,	223	493	6.21	499	少數政府
1928	SPD, DDP, Z,	301	491	6.13	637	多數政府
1930	No partisan	0	577	7.09	729	總統內閣
1932	No partisan	0	608	4.29	168	總統內閣
1932	No partisan	0	584	4.78	58	總統內閣

資料來源：作者自行整理。

---

[5] 政府強度係指聯合內閣在國會掌握之席次數目。

所致。依據威瑪共和的選舉制度，政黨只要每獲得六萬票即可配一個席次，沒有任何門檻，這樣的制度完全鼓勵了政黨的破碎化發展。

小結威瑪共和的經驗，兩個理由造成了半總統制的崩潰。第一，分歧的政黨體系使得國會難以運作，政府也極不穩定。大多數的政府都是聯合內閣，但是幾乎都是少數政府。只要總統有意介入政治，國會在制度上雖有權力抵制，但實際上卻無力組成多數加以制衡。第二個原因就是各政黨對總統有不同的想像，影響了不同政黨掌握總統時，有不同的實踐方式。憲法設計是妥協的結果，當民主派人士擔任總統時，儘管國會分歧，政府不穩定，但仍可以依據當初的精神來運作。但當保守派人士擔任總統時，更利用總統的權力來對抗已經相當軟弱的國會，輕而易舉的建立了行政獨裁的體制。這種垂直分時的二元行政，一旦擺盪到總統領導時，如果欠缺完善的制度規範，也欠缺國會實際的制衡力量時，就容易轉型成為獨裁體制。威瑪的崩潰，是半總統制運作失敗的典型經驗，而其教訓，成為日後德國重建議會制的依據，也足以提供半總統制在體制轉型的重要參考。

二、芬蘭的半總統制

芬蘭制訂半總統制憲法的背景和德國幾乎如出一轍。1917年，芬蘭利用俄國10月革命之際取得獨立，但獨立之後的芬蘭該採行何種體制在主要政黨之間卻沒有共識，社會分歧也促成政黨體系的分化，情況和德國非常類似。在各勢力之間，保守派希冀一個強勢的行政權，甚至主張君主立憲；民主派與溫和左派則是反對君主體制（Paloheimo, 2001: 87; Arter, 1999: 51）。對於未來國家體制不同的主張，導致在1918年爆發了短暫的內戰，也因此加深了政黨之間彼此不信任的分歧程度（Arter, 1987: 10）。保守派在獨立之初主張君主立憲，並且在外交政策上主張與德國保持密切關係。其後，德國的戰敗也影響了保守派在芬蘭主張君主立憲的聲勢，相較於此，一個議會民主的體制，並且路線上親近西歐的立場則是日益獲得鞏固（Arter, 1999: 50-51; Nousiainen, 1971: 146）。[6]最終，芬蘭獨立後的憲法也是在妥協之中通過，總統被賦予了重要的權力，包括獨立的外交權、解散國會權、內閣

---

6 事實上，保守派在德國戰敗以前，在社會上是擁有比較大的優勢，甚至有學者認為，若非德國在第一次世界大戰戰敗，芬蘭很可能就此走向君主立憲的體制。請參見Nousiainen（1971: 146）。

的人事權等。

1919年7月通過的芬蘭憲法，就條文架構來看，是一部典型的半總統制憲法。其設計背景和德國一樣，有著嚴峻的外交困境（對俄國獨立戰爭）以及瀕臨內戰分裂的國內處境。兩個國家設計出擁有實權的總統，都是爲了在當時能夠應付外交問題，也能夠滿足國內右派勢力的主張。然而，在本質上對於總統在憲法中的定位，芬蘭和德國則存在些微的差異。相對於德國是以議會制爲核心的垂直分時式雙元行政，芬蘭則可以視爲是一種總統與國會都有政治權力，屬於一種水平分權的二元行政。德國威瑪憲法將總統定位爲備而不用的仲裁者，但芬蘭則是把總統視爲實質的政治領袖，尤其是外交方面，無論平常時期或是非常時期。因此，芬蘭總統可以針對外交議題自由選擇是否動用其憲政權力，以及動用哪些權力來領導政府（Paloheimo, 2003: 222）。在這種原則下，芬蘭的雙元行政中，總理領導日常的政務，總統則是對整體政策、國家發展的戰略，尤其是外交事務負責（Nousiainen, 2001: 98）。這個架構意味著總統與總理無論任何時期，都是芬蘭行政機關的實質領袖，屬於分權式的二元行政。

就早期芬蘭的憲政體制運作而言，也是傾向於總統主導，第一任的總統史塔柏格（K.J. Ståhlberg）就建立了強勢領導的風格和慣例（Nousiainen, 1971: 238）。1922年，史塔柏格依其意志任命總理組成政府，政府向總統負責，被形容爲總統的內閣，情況類似於1930年以後的威瑪共和。1924年更決定解散國會提前改選，奠定了強勢總統的慣例，和威瑪共和類似的是，芬蘭的國會也是因爲分歧破碎的多黨體系，因此無法抗衡一個強勢的總統。其中幾個主要的政黨包括了代表左派社會主義的社會民主黨（Social Democratic Party）、代表自由主義的進步黨（Progressive Party）、較爲保守的民族聯盟黨（National Coalition Party）、以及一個代表農民階級的農民黨（Agrarian Party）（Nousiainen, 1971: 28）。這些政黨立場分歧而且僵化，欲組成一個穩定的多數極爲困難。在1983年以前，僅有兩任政府能夠做滿任期，從1919年至1983年，64年之間一共更換了58任政府，平均任期是371日。[7]分歧的政黨體系弱化了國會作爲一個有效的行動者，並且間接強化了總統對內閣的支配力量（Arter, 1999: 55）。在二戰之後，受到冷戰的影響，總統逐漸透過外交事務的專斷權來擴大其影響力，半總統制的運作持續傾向強勢總統的運作（Nousiainen, 2001: 100）。

---

[7] 這兩任分別是Kivimäki內閣（1932年至1936年）；以及Sorsa內閣（1972年至1975年）。

　　依據芬蘭半總統制的憲法設計，總統被預期為實質的政治領袖，尤其是統領國家的外交政策。就實際面而言，芬蘭也確實因為險峻的外交處境，而使總統在憲政運作中更具有主導性。相較於此，威瑪共和的總統雖然也被賦予一定程度的權力，但卻集中在協調行政立法的僵局，也被預期作為一個政治場域上中立的仲裁者。芬蘭和威瑪共和的半總統制，雖然一開始都朝向總統化發展，但芬蘭是透過外交權的延伸，制度上與原則上都合乎憲法的規範和預期，威瑪則是透過變相的使用緊急命令權和解散國會權，制度上看似合憲，但原則上卻違背了這些條文設計的原始意涵。此外，另外的共通點則在於分歧的政黨體系，兩個國家都因為政黨體系的分歧，而使國會難以有效抗衡總統，相對的也提供半總統制總統化發展的空間。也因為如此，兩個半總統制國家轉型為議會制的經驗也極為迥異，德國是體制的崩潰，然後汲取教訓徹底重建議會制的制度基礎，而後充實其議會民主的內涵；芬蘭正好相反，是延續了體制，在議會制內涵逐步成熟後，才逐步修改憲法來落實議會制的制度架構。以下分別討論兩個國家，如何依據各自過往半總統制運作的經驗，來朝向議會制進行轉型。

參、德國重建議會民主的經驗

　　第二次世界大戰戰敗之後，德國再次展開民主重建的工作。1948年，以制訂新憲法為目標的國民議會於波昂召開，背景和三十年前幾乎完全相同：在戰敗的危機中重新制訂一部民主的憲法。1949年，依據典型的議會制為基礎架構的基本法（Grundgesetz），以53票對12票的差距獲得通過，基本法中有相當多特殊的設計是從威瑪共和失敗的半總統制運作經驗而來。其中三項重要的制度變革，係以鞏固一個穩定的國會為目的，包括：基本法第21條排除了反體制政黨存在的可能性；選舉制度改為聯立式兩票制，並且增設門檻；以建設性不信任投票確保多數政府的存在。這三項制度調整，都是以有利於組成穩定多數而運作的國會為前提。而這三項制度修改所代表的內涵，也正是威瑪時期運作產生問題，導致半總統制民主失敗的幾個主要原因。

　　威瑪共和崩潰於希特勒1933年的執政，包括希特勒領導的國社黨（NSDAP）在內，加上另一個反體制政黨德國共產黨（KPD），在1930年以後嚴重危及民主的運作。從1930年興登堡架空國會對行政的制衡之後，兩個反體制政黨在國會的選舉

至少都維持三成以上的得票率。無論政府的立場為何，這兩個政黨都是堅決反對議會民主的路線。由於這兩個政黨的存在，也使得國會要凝聚有效的多數更形困難。基於威瑪的經驗，基本法做出對反體制政黨相當明確的規範，以確保所有政黨都必須奉行民主的價值。依據基本法第21條，聯邦憲法法庭可以針對違反民主價值的政黨宣告違憲，並要求其解散。依據此一規範，聯邦憲法法庭先是於1952年解散了極右翼的新納粹黨；1956年再解散極左翼的共產黨（O'Kane, 2004: 188）。這使得德國的政黨體系彼此的競爭趨於溫和，而議會民主也至少可以在不受到反體制政黨威脅下運作。

　　基本法所欲建立的民主，是一個以代議為原則的民主，國家所有的權力正當性來自於人民。權力的授與並非透過直接民主的形式，而是一種委託式、代表式的民主（delegated representative democracy）（Unruh, 2004: 37）。因此，國會成為政治體制的核心，而政黨又是國會運作的最主要行為者。基本法的架構，就是要讓國會在一個穩定的政黨體系之中能夠運作，以建構一個成熟的、民主的「政黨國家」（Parteinstaat）為目標，而這也正是反思威瑪經驗之後的一項制度設計與發展目標。[8]這也是在1849年之後，德國首次以憲法的層級限制了反體制政黨的活動。在這項原則之下，不存在反體制政黨的政黨體系轉趨溫和，所有政黨也都出現合作的契機。1966年，社民黨和基民－基社聯盟（CDU／CSU）首次組成大聯合內閣，象徵著所有政黨都可以進行合作組閣，而迄今為止，德國歷屆政府也幾乎都能獲得國會多數的支持。從1949年迄今（2011年）的有效政黨數、國會內政黨、歷屆政府形態等資料，請參見表9-2。

---

[8] 此處政黨國家的概念，指的是一個以成熟的政黨體系為基礎的國家，而非威權的黨國概念。而比較威瑪共和與聯邦德國政黨國家的成熟性，可參見Lösche（1997: 141-164）。

表9-2　1949年迄今德國政府的組成與類型

年代	政府組成	政府強度	總席次	有效政黨數	執政天數	政府類型[9]
1949	CDU/CSU, FDP, DP	209	402	3.99	1452	多數政府
1953	CDU/CSU, FDP, DP	334	487	2.77	652	多數政府
1955	CDU/CSU, FDP, DP	315	487	2.67	217	多數政府
1956	CDU/CSU, DP, DA	281	487	2.70	568	多數政府
1957	CDU/CSU, DP	287	497	2.39	984	多數政府
1960	CDU/CSU	271	497	2.38	442	多數政府
1961	CDU/CSU, FDP	309	499	2.51	377	多數政府
1962	CDU/CSU	241	499	2.52	24	少數政府
1962	CDU/CSU, FDP	308	499	2.52	1008	多數政府
1965	CDU/CSU, FDP	294	496	2.38	373	多數政府
1966	CDU/CSU	245	496	2.38	34	少數政府
1966	CDU/CSU, SPD	447	496	2.38	1032	多數政府
1969	SDP, FDP	254	496	2.24	1125	多數政府
1972	SDP, FDP	271	496	2.34	1416	多數政府
1976	SDP, FDP	253	496	2.31	1390	多數政府
1980	SDP, FDP	271	497	2.44	681	多數政府
1982	SPD	215	497	2.47	14	少數政府
1982	CDU/CSU, FDP	279	497	2.47	156	多數政府
1983	CDU/CSU, FDP	278	498	2.51	1398	多數政府
1987	CDU/CSU, FDP	269	497	2.80	1329	多數政府
1990	CDU/CSU, FDP	370	663	2.94	33	多數政府
1991	CDU/CSU, FDP	398	662	2.65	1368	多數政府
1994	CDU/CSU, FDP	341	672	2.91	1412	多數政府
1998	SPD, Greens	345	669	2.90	1455	多數政府
2002	SPD, Greens	306	603	2.81	1092	多數政府
2005	CDU/CSU, SPD	448	614	3.44	1496	多數政府
2009	CDU/CSU, FDP	332	622	3.97	1510	多數政府
2013	CDU/CSU, SPD	504	634	2.80	～	多數政府

資料來源：Saalfeld, 2000: 41；2002年以後的資料為作者自行整理。

---

[9]　1949年之後僅出現三次少數政府，執政天數分別為24天、34天與14天。

　　除了限制反體制政黨之外，爲了降低國會內的政黨數目，聯邦德國也在選舉制度上做了調整。過去威瑪共和每六萬票取得一席的純粹比例代表制，改爲聯立式單一選區兩票制。在純粹的比例代表制之下，威瑪時期的有效政黨數約略爲7個，在國內取得席次的政黨則是10-15個不等（Gusy, 1997: 118），這意味著有一半左右的政黨因爲席次過低，在國會內提高組成多數內閣的困難。聯邦德國採用了聯立式兩票制，[10]一票採用簡單多數決，另一票搭配5%門檻的比例代表制，以減少過多小黨進入國會影響運作的穩定。在這種選舉制度下，鼓勵了兩大政黨，政黨體系也從威瑪時期的多黨制，轉變爲兩大一小（也被稱爲二個半的政黨體系two-and-a-half party system）的架構（O'Kane, 2004: 190）。在過去20年來，政黨體系雖有多黨化的傾向，但兩大政黨趨中，小黨在兩翼的架構，仍舊使得歷屆政府均能維持多數政府的常態。

　　除了藉由憲法規範與選舉制度調整政黨政治之外，基本法也藉由制度強化了政府和國會的連結，在威瑪憲法半總統制下雙元行政的內涵也做了往議會制傾斜的重大調整。首先，基本法第67條將國會對政府的不信任投票，改爲建設性的不信任投票（konstruktives Misstrauensvotum）。[11]在建設性不信任投票的規範之下，除非已經確立有多數支持的總理繼位人選，否則不能發動不信任投票。這個用意避免了非理性倒閣（只反對政府，卻無意負責組閣或入閣），也確保了政府擁有國會支持的常態性，更避免倒閣後組織新內閣之間的行政空窗期。建設性不信任投票的修正，是來自威瑪屢次非理性倒閣造成政府不穩的教訓，使得以議會民主爲原則的憲政運作更趨穩定，成爲德國往議會制移動主要的基石（Fromme, 1999: 95）。不僅如此，基本法第68條同時設計了由行政權發動的信任投票，如果未獲國會通過，總理可以依此選擇建議總統解散國會，或是進入立法緊急狀態。這樣的設計保留了解決行政與立法僵局的可行性，將總統的解散國會權大幅限制在特定的條件之下，也降低了行政與立法惡性競爭的可能性。藉由基本法第67條與第68條的規定，國會和政府的關係更加緊密，並且確立了一個穩定政府爲目標的議會制原則（Schmidt-Bleibtreu, 2008: 1422）。

---

[10] 聯立式兩票制的設計，最初是在自由民主黨（FDP）和基民－基社聯盟妥協下的結果，請見 Bernhard（2005: 171-173）。

[11] 事實上，在1926年因爲國會部分政黨屢次非理性倒閣的發動，當時德意志民主黨（DDP）的議員就已經有修改爲建設性不信任投票的想法。受到政治局勢混亂的影響，這個建議在當時並沒有被仔細討論，直到基本法才做了修改。請參見Berthold（1997: 87）。

　　再者，威瑪共和半總統制下的二元行政關係，在基本法設計下也有了重大調整，最重要的改變就是重新定位總統在憲法中的角色。從威瑪崩潰的經驗可以看到，總統在1930年憲政秩序開始質變爲行政獨裁的時刻，扮演了關鍵性的角色，其中備受爭議的地方就是總統使用緊急命令權與解散國會權的動機和時機。因此，爲了避免威瑪的情況再次發生，總統諸多權力在基本法都被移除，成爲象徵性國家元首的角色。依據基本法第54條規定，總統的產生由聯邦參衆兩院的議員與同額的社會代表組成之選舉委員會選舉產生，這項修改移除了總統直選的正當性，國會成爲唯一一個具有直接民意的機關。此外，總統無限制的主動解散國會權也被移除，而改爲特定條件下，由總理建議的被動解散權。另外，依據基本法第63條規定，總理的產生不再由總統自主任命，而是由國會先行選舉產生名單，再交由總統象徵性的予以任命。這意味著政府過去對總統與對國會雙向負責的架構，調整爲只對國會負責。最終壓垮威瑪憲法的緊急命令權，在基本法更拆解爲第81條的立法緊急狀態（Gesetzgebungsnotstand），以及第10章a的國家防禦狀態（Verteidigungsfall）。這是避免了總統以緊急命令權涉入政爭，但仍保留了國家進入非常狀態下的緊急權力，而且對於「非常狀態」的界定透過第10章a相當明確的規範出來，而非威瑪憲法的含糊界定。最後，國會仍舊擁有終止緊急命令的權力。這些設計相當程度的移除了總統介入政治運作的管道，使得憲政秩序大幅度往議會制的方向做了移動。

　　小結以上基本法的設計原則，可以看出德國受到威瑪共和的影響，在基本法的制度規範下主要做了三個方向的調整。首先是健全向心式競爭的政黨體系並且壓低政黨數目，這使得國會可以穩定運作；其次，在國會可以穩定運作的前提之下，強化了政府向國會負責的關係，這使得國會與政府之間的連結更加緊密；最後，拔除總統的正當性與權力，一方面將行政權重新一元化，二方面使得政府向國會負責的原則，不會受到其他因素干擾而產生變化。以上三項重大的調整，全部都是指向一個穩定的議會內閣制爲目標，而修改的原則與依據，都是來自威瑪失敗的教訓。威瑪憲法與基本法在條文變化與意涵的比較，請參見表9-3。

表9-3　威瑪憲法與基本法的比較

威瑪憲法	基本法	內容比較	影響
無	第18條	新增人民權利不得違背自由民主原則。	避免反體制政黨與行為
無	第21條	新增政黨不得違背自由民主的原則。	
第41條	第54條	總統改為間接選舉。	避免雙元民意
第54條	第67條	倒閣權改為建設性不信任投票。	增加政府穩定
第53條	第63條	總理任命權改為總統提名，國會選舉。	落實議會制
第25條	第68條	國會解散權改為總理建議，國會可以透過選出新的多數政府加以反制。	限制總統權力限制解散國會
第48條	第81條	多重限制的立法緊急狀態。	避免行政獨裁
	第10a章	國家防禦狀態。	

資料來源：作者整理。

肆、芬蘭的轉型經驗

　　芬蘭的轉型經驗和德國相較之下則是有相當大的差異。儘管兩國都是以議會制為轉型的目標，但過程卻南轅北轍。在德國，議會制的建立是在第二次世界大戰戰敗之後，依據先前半總統制的經驗重新設計憲法來完成轉型；但是芬蘭發生在2000年的修憲，卻是從1980年代先由運作原則實質往議會制轉型後的成果。換言之，德國是制度先行，在制度的規約下完成體制調整，建立議會制的憲政秩序；芬蘭則是體制先往議會制逐步傾斜，而後才在制度上有所修改，完成議會制在憲法與實際上的一致性。

　　芬蘭的憲政運作史可以粗分為幾個階段：第一共和時期（1917-1939）；戰爭時期（1939-1944）；第二共和時期（1944-1982）；議會化的轉型時期（1982-2000）（Paloheimo, 2001: 87）。[12]在第一共和時期，芬蘭半總統制的運作和德國威瑪類似，政府更迭頻仍，憲政運作相當不穩定。第二共和時期，受到冷戰影響，加上總統不受牽制的外交權，憲政運作的重心往總統傾斜的情況相當顯著。情況直到1980年代，國內政局與國際局勢產生變化，芬蘭的半總統制才出現往議

---

[12] Paloheimo的論點於2001年提出，在2000年的修憲，也可以看成另一個階段的開始，也就是議會制原則的實踐時期。

會制移動的契機。在國內政局方面，政黨的競爭逐漸趨中，直至彼此出現合作的可能，也終於產生形成組織多數內閣的基礎。在國際局勢方面，蘇聯在八○年代末期的瓦解，使得芬蘭的外交壓力大為舒緩，總統在外交權的重要性也隨之下降。加上加入歐盟的議程，提升了內閣部長的獨立性，一消一長的情況下，芬蘭在憲政秩序上，儘管尚未更動憲法條文，仍舊快速的傾向議會化發展。以下針對國內政局與國際局勢的變化進一步討論芬蘭往議會制的轉型過程。

在國內的政黨體系方面，無論是有效政黨數的下降，或是政黨間意識形態的溫和化，都是提供國會組成多數聯盟並且穩定運作的有利條件，就這兩項指標來看，結果和德國在基本法之下的發展情況相當類似。從1980年代開始，芬蘭主要政黨之間出現合作的可能，主要的原因在於這些政黨不斷的趨中發展，致使差異性越來越低，共識也越來越高，終於出現彼此願意相互合作的情況（Paloheimo, 2003: 227）。[13]至此，政黨體系朝向三黨化運作，彼此也都可能合作，政府的穩定度也越來越高，而總理的角色也因為有國會多數作為後盾，影響力也日益重要（Nousiainen, 2001: 102）。國會的健全發展提高了國會對政府制衡的可實踐性，也加強了政府對國會的連結。更有甚者，過去因為國會的軟弱，使得總統可以無視國會的影響，依其意志選擇與任命總理，使得總理成為總統的隸屬單位。然而，當國會有能力形成多數時，總統在任命總理組成政府的過程中，就必須顧及國會多數的立場，減少了總統人事權的自由意志，也增加了政府對國會負責的可能性。從1991年開始，國會第一大黨的領袖出任總理，並且由多數聯盟與總統共同協商組織內閣成為常態（Nousiainen, 2000: 268）。若從1920年開始觀察，多數政府的比例持續增加，到1980年之後，則再也沒有出現過少數政府的情況。多數政府在芬蘭憲政各階段所占的比例請參見表9-4。有效政黨數、國會內政黨、歷屆政府形態等資料，請參見表9-5。從1994年開始，另一項有意義的指標指向芬蘭快速往議會制的轉型。那就是當同一政黨掌握國會組閣權與總統時，往往是總理兼任黨的領導人，而非總統。[14]

---

[13] 趨中發展最顯著的政黨是芬蘭農民黨（Finnish Agrarian-Center Party）。早期這個政黨有相當明確的階級屬性，但隨著階級流動的加快，政黨全民化的發展傾向，使得農民黨的意識形態快速趨中，甚至更名為中央黨（Finnish Center Party）。請參見Arter (1999: 163)。

[14] 利普能（Paavo Lipponen）是社民黨的領袖，從1995到2003年擔任芬蘭總理。在這段期間，總統阿透撒利（Martti Ahtisaari, 1994-2000）與哈洛能（Tarja Halonen, 2000-2008）也同屬社民黨。黨的領袖出任總理而非總統，顯見總理實際的重要性已經超越總統。

表9-4　芬蘭多數政府在各時期所占比例

年代	百分比（%）	年代	百分比（%）
1920-30	16	1960-70	70
1930-40	48	1970-80	79
1940-50	86	1980-90	100
1950-60	59	1990-now	100

資料來源：Anckar , 1992: 159。

表9-5　芬蘭1945年以後的政府組成相關資料

年代	政府組成	政府強度	總席次	有效政黨數	執政天數	政府類型
1945	FPDU, SDP, CE, LIB, SW	171	200	4.78	344	多數政府
1946	FPDU, SDP, CE, SE	162	200	4.78	857	多數政府
1948	SDP	54	200	4.54	597	少數政府
1950	CE, LIB, SW	75	200	4.54	307	少數政府
1/1951	CE, CDP, LIB, SW	129	200	4.54	247	多數政府
9/1951	CE, CSP, SW	119	200	4.78	659	多數政府
7/1953	CE, SW	66	200	4.78	132	少數政府
11/1953	Non partisan	0	200	4.78	170	看守內閣
5/1954	SW, SDP, CE	120	200	4.71	169	多數政府
10/1954	CE, SDP	107	200	4.71	501	多數政府
1956	SDP, CE, LIB, SW	133	200	4.71	451	多數政府
5/1957	CE, LIB, SW	79	200	4.71	187	少數政府
11/1957	Non partisan	0	200	5.59	149	看守內閣
4/1958	Non partisan	0	200	5.59	126	看守內閣
8/1958	SDP, CE, LIB, SW, CON	137	200	5.32	138	多數政府
1959	CE	48	200	5.32	914	少數政府
1961	CE	48	200	5.32	274	少數政府
1962	CE, LIB, SW, CON	112	200	5.09	615	多數政府
1963	Non partisan	0	200	5.09	270	看守內閣

表9-5　芬蘭1945年以後的政府組成相關資料（續）

年代	政府組成	政府強度	總席次	有效政黨數	執政天數	政府類型
1964	CE, LIB, SW, CON	112	200	5.09	623	多數政府
1966	SDP, FPDU, SDL, CE	152	200	4.96	666	多數政府
1968	SDP, FPDU, SDL, CE, SW	164	200	4.96	784	多數政府
5/1970	Non partisan	0	200	5.56	63	看守內閣
7/1970	CE, FPDU, SDP, LIB, SW	144	200	5.56	472	多數政府
1971	Non partisan	0	200	5.56	118	看守內閣
2/1972	SDP	55	200	5.51	195	少數政府
9/1972	SDP, CE, LIB, SW	107	200	5.51	1013	多數政府
6/1975	Non partisan	0	200	5.51	171	看守內閣
11/1975	CE, FPDU, SDP, LIB, SW	152	200	5.31	305	多數政府
1976	CE, LIB, SW	58	200	5.31	229	少數政府
1977	SDP, FPDU, CE, LIB, SW	152	200	5.31	742	多數政府
1979	SDP, FPDU, CE, SW	133	200	5.21	1001	多數政府
1982	SDP, FPDU, CE, SW	133	200	5.21	442	多數政府
1983	SDP, CE, FRP, SW	123	200	5.14	1456	多數政府
1987	CON, SDP, FRP, SW	131	200	4.86	1458	多數政府
1991	CE, CHR, SW, CON	115	200	5.23	1449	多數政府
1995	SDP, FPDU, GR, SW, CON	145	200	4.88	1464	多數政府
1999	CON, SDP, SW, FPDU, (GR)	128 (139)	200	5.15	1464	多數政府
4/2003	CE, SDP, SW	128	200	5.15	69	看守內閣
6/2003	CE, SDP, SW	116	200	4.92	1396	多數政府
2007	CE, CON, SW	110	200	5.13	1071	多數政府
2011	NCD, SDP, SPP, G, LA, CD	125	200	5.53	～	多數政府

資料來源：Nousiainen, 2000: 276-277；1995以後資料為作者自行整理。

在國際局勢方面，蘇聯瓦解以及加入歐盟的影響，是兩個促使憲政往議會化轉

型的重大事件（Paloheimo, 2003: 230）。芬蘭最初設計半總統制，並且給予總統實際外交權力的原因，是為了應付多變且險峻的芬—蘇關係，當蘇聯瓦解之後，芬蘭無須再面對蘇聯的威脅，總統獨立且巨大的外交權當然也會失去其重要性。此外，由於歐盟是一個多邊合作的區域國際組織，跨國的部長合作是一個重要的平台，在加入歐盟的過程中，內閣與各部部長的重要性日趨上升。從1995年加入歐盟之後，最初芬蘭總統與總理都會出席歐盟的高峰會議，而從2002年開始，總統已經不再代表芬蘭出席高峰會，而僅由總理代表出席。種種指標可以看出，1980年以國會的穩定為基礎，總理逐漸取代總統成為政治場域的核心，往議會制轉型的憲政秩序，也逐漸取代總統化的半總統制。

　　芬蘭在形式上往議會制的轉型，則是完成於2000年的修憲過程。2000年三月，國會以175比2的懸殊差距，可以說是所有政黨都同意的情況下，通過了修憲案。自此，芬蘭的憲政體制不僅是實際的運作，也在制度的規範上都更趨近於議會制。依據2000年的新憲法，國會成為芬蘭憲政運作的核心機構，首先，選擇總理的權力從總統身上轉移到了國會。新憲法第61條規定，總理由國會以絕對多數的門檻選舉產生，這使得總統藉由任命總理影響政府運作的可能性大為降低。其次，總統原本具有主動解散國會的權力，也在新憲法第26條改為在總理建議下才得解散國會。總統依其意志解散國會的情況不會出現，也意味著總統不僅無法在任命過程，也無法透過解散國會來介入政府和國會的關係。第三，在過去總統化的時期，因為外交權在憲法中是總統受保障的獨立行使之權力範圍，總統也大多透過外交權力的延伸來領導政務。相較於此，新憲法限縮了總統的外交權，明訂外交事務由總統與總理共同領導，不僅如此，第93條更直接規定國會亦有權參與和歐盟有關之事務（Paloheimo, 2003: 224）。這些規定拔除了總統的組閣人事權、主動解散國會權、獨立外交權，使得政府和國會的關係不容易受到總統的因素而產生變化，更加強化了議會制的原則。芬蘭新舊憲法的比較，請參見表9-6。

　　從對芬蘭簡短的討論可以發現，往議會制轉型的過程，是受到國內政黨政治競爭的溫和化，以及國際環境的轉變所導致。政黨政治從80年趨於溫和，使得國會有機會凝聚出穩定的多數，而政府運作的正當性基礎也從總統轉移到國會。在國際環境方面，過去芬蘭總統的強勢領導，是因為獨立以來險峻的芬蘇關係。一旦蘇聯瓦解，對於個人化領導的強勢總統，需要性也隨之下降。不僅如此，因為加入歐盟的進程，使得政府的決策大幅轉為跨部會的內閣合作，政府運作脫離總統的自主性也隨之上升（Paloheimo, 2003: 224）。最終，在議會制的運作已經成熟的情況下，

表9-6 芬蘭新舊憲法之比較

舊憲法	新憲法	內容	影響
第33條	第93條	外交權由總統專屬權改爲與總理共同領導	總統外交權的獨立性取消，並將決策權移轉到政府。
第36條	第61條	政府組成	組閣權由總統移轉到國會。
第17條第27條	第26條	解散國會權由總統主動改爲總理建議後才可發動	限制總統解散國會權。
×	第93條	總理爲歐盟領袖代表；歐盟事務由總理負責	將新興的歐洲事務交由總理與政府負責。

資料來源：作者自行整理。

2000年進行修憲，使得制度面也搭配實際運作，都朝向議會制轉型。芬蘭從半總統制往議會制轉型的經驗，是實質轉型先於制度轉型；而德國則是半總統制崩潰後，從半總統制的經驗先重建議會制的憲法架構，並且順利的以議會制運作迄今。

伍、德國與芬蘭的轉型意涵

藉由德國與芬蘭的比較，在理論意涵上可以歸納出政黨政治的啓示、制度設計的啓示、外部環境的變化等三個影響半總統制轉型的關鍵。以下分別簡要的討論這三個部分的意涵。首先是政黨政治，由於議會內閣制主要的行爲場域在國會，而主要的行爲者是以政黨爲分析單位，因此政黨體系的結構，將直接影響議會民主運作的穩定與否。Lin以政黨政治的角度比較了法國、臺灣與芬蘭三個半總統制國家的憲政運作，提出選舉制度影響政黨的黨紀以及聚合情況，並直接影響國會的凝聚程度，進一步將影響半總統制運作的類型（Lin, 2008: 11-17）。因此，在理論意涵上，政黨政治的穩定將成爲成功朝向議會制轉型的必要條件。換言之，政黨政治的穩定雖然不一定必然造成半總統制的轉型，但半總統制要成功的轉型爲議會制，卻必然需要一個穩定的政黨體系。威瑪半總統制的失敗，肇因於政黨體系的混亂，進而影響國會的軟弱，並催生了行政獨裁。而基本法從中學習教訓，透過憲法規範防止反體制政黨的運作，並透過選舉制度將政黨體系導引爲向心式的競爭。而芬蘭則是內生的因素，藉由意識形態發展的趨同讓政黨政治日益穩定，進而支撐國會的運作。本章從德國和芬蘭的經驗可以看出，無論是制度規約或是內生環境變化，政黨

體系的穩定都是作爲議會發展的要件，也是半總統制朝議會制轉型的必要條件。

　　其次是制度方面的啓示。除了政黨政治之外，既然議會制是以議會爲核心，則半總統制要能往議會制轉型，議會的角色就必須在制度框架下被突顯出來。Shugart and Carey將半總統制再分爲總統議會制與總理總統制兩種次類型，而主要的差異就在於政府是僅對國會單向負責，或是政府需要同時對總統與國會雙向負責（Shugart and Carey, 1992: 357-358）。因此，就制度面而言，如何完善的設計政府向國會負責的制度，或是降低政府對總統負責的可能性，也是促使半總統制往議會制轉型的另一個思考方向。具體而言，例如降低總統對內閣任命權的主動性，甚至將總理產生完全交由國會決定；降低不信任投票的不確定性，甚至以建設性不信任投票確保國會把倒閣和組閣兩件事情結合起來；降低總統解散國會的主動權以避免總統藉由解散國會爭奪政府的領導權等等。這些制度的變遷，在威瑪到基本法，或是芬蘭修憲前後的比較中，也都有具體的改變過程。

　　最後，就外部環境來說，可以回到半總統制憲法的設計基礎來討論其日後轉型的趨勢。半總統制的設計，兼具了議會制與總統制的元素，一般來說，基於議會主權的精神，也基於國會作爲人民代表的原則，因此要求國會全面改選，並且設計一個行政權向立法權負責的架構是新興民主國家在轉型後設計憲法時的考量，甚至可以視爲民主轉型的目標。然而，在民主化的階段，通常也意味著這些國家進入了非常時期，而面對非常時期的挑戰，新憲法必須有所因應。[15]而這些非常狀況的處理，往往需要較爲迅速且集中的行政權力。從功能論的角度來看，總統作爲處理非常時期的行爲者，也成爲制憲時容易出現的選擇。進一步來分析這個現象，也不難發現半總統制之下的總統，從分權的角度來看負責軍事與外交；從分時角度來看，也被視爲是危急時刻的領導人，都吻合了民主化後對直選總統其職能的仰賴與想像。在這樣的基礎之上，進一步比較半總統制的轉型方向就出現了一個較明顯的輪廓：如果民主化時的困境已經解決或是淡化，總統就會失去擴權的外部正當性；相反的，如果民主化階段產生的困境更加險峻，總統擴權的誘因就會提高。本章所分析的芬蘭、威瑪，就吻合了這樣的論述過程。

　　小結以上的比較，就半總統制轉型的議題來說，政黨政治、制度設計、外部環

---

[15] 以本章分析的兩個個案而言，在芬蘭要因應的狀況是獨立戰爭後的對蘇關係；在德國要因應的是第一次世界大戰的戰敗問題與潛藏的分裂危機。若繼續放寬其他半總統制個案，也可以發現法國在1958年是面對阿爾及利亞的危機、後共國家在1990年代初期的轉型是面對政治與經濟體制同步轉軌的巨大壓力。

境扮演了關鍵的影響。若政黨政治趨於穩定、制度設計賦予國會較多主動性（或對於總統權力較多限制）、以及外部環境的壓力緩和，這些條件將提供議會化轉型的利基。相反的，政黨體系趨於分化、總統制度性權力強、外部環境的危機惡化，總統介入憲政運作的情況就很容易發生。

陸、結論

　　德國威瑪和芬蘭是兩個極早採用半總統制的國家，兩個國家的半總統制都是建立在艱困的外交處境與國內動盪的政局下。然而，兩個國家的半總統制運作與轉型，卻有不同的過程。經過失敗的運作經驗，德國在二戰之後重新從憲法設計提供了有利於議會制運作的制度條件；芬蘭則是從冷戰後期順利的將憲政運作的重心從總統過渡到國會，而後完成憲法的修改。雖然就政權而言，德國歷經形式上的斷裂，而芬蘭則是在具體的延續中進行改變，但從憲法進化的角度來看，德國的基本法仍舊是以威瑪憲法作為前身進行修改，就民主的概念上仍舊有前後延續的色彩，也就是就民主的概念來說，基本法和威瑪憲法兩部憲法之間，本質上具有超越時間的延續特徵。因此，本章以憲法轉型的脈絡來比較這兩個個案，形式上政權的斷裂與否並不會在兩個個案憲法轉型的比較上造成太大的困擾。基於此，本章經由兩個個案的討論，歸納幾個半總統制往議會制轉型的共通點。

　　首先，就這兩個國家來說，半總統制憲法的設計是受到國內政黨政治對憲政體制的分歧主張，而後妥協的產物。不僅如此，制憲時的國際壓力，也使得兩個國家當下有對強勢總統領導的需求。在德國，支持議會民主的溫和左派，與主張維持強勢行政的保守派，相互妥協而防止了蘇維埃的建立，也因此設計了二元行政架構的半總統制憲法。然而，兩股政治勢力對於總統迥異的期待卻埋下日後憲政運作崩潰的遠因。不僅如此，在戰敗與分裂的龐大壓力下，總統也被賦予相當程度的權力，以及直選的正當性。芬蘭的情況大同小異，獨立後新憲法的設計，是當時主要勢力妥協的產物，包括了右翼的保守勢力（保守黨與瑞典人民黨）以及主張純粹議會制的溫和左派（社會民主黨）（Arter, 1999: 52）。在外交處境上則是受到蘇聯的威脅，而使強勢總統也成為不得不然的選擇。其次，兩個國家在憲法設計完成之後，在實際運作面都朝向總統化發展，其中最主要的原因，是來自於國內分歧的政黨政治，以及國內外政治環境持續的不穩定。最終，威瑪在1929年世界經濟大恐慌的時

候進入了行政獨裁的情況，並且在1933年崩潰；芬蘭則是在強勢總統領導下持續在蘇聯與西歐的夾縫中維持民主運作。就這兩個國家而言，半總統制往總統化的過程是政黨體系的混亂，導致國會無力抗衡，同時也是國際環境的困難，提供了總統介入政治的正當性。第三，經歷一段總統化的過程，兩個國家最終也都走向議會制，搭配的條件也都是政黨體系競爭的非零和化，以及限縮了總統的權威。

德國和威瑪的經驗，顯示了半總統制要能往議會制轉型，穩定的政黨體系和降低總統的權力是必要條件，若能再搭配外部環境的變化，則具備了轉型爲議會制的有利條件。而這些條件之中，政黨體系可以透過制度設計（尤其是選舉制度）誘使其朝向向心化發展；總統與國會的互動更是可以透過憲法規範來調整，因此對不同的國家而言，這兩項變因具有比外部環境變化更有主控權。雖不必然保證在穩定的政黨體系下，搭配一個弱勢總統就必然造成議會制的轉型，但一個成功的議會制，穩定的國會和降低總統介入的可能卻是先決條件。德國在慘痛的失敗教訓後，透過新憲法的制度規範來達到這兩個條件，而芬蘭是順著政治運作的發展水到渠成的完成議會制轉型。在當代有越來越多新興民主設計了半總統制的憲法，尤其有相當多個案是出現在中東歐地區，德國和芬蘭的經驗，當可提供半總統制往議會制轉型的一些啓發。

參考書目

外文部分

Anckar, Dag. 1992. "Finland: Dualism and Consensual Rule." in Erik Damgaard. ed. *Parliamentary Change in the Nordic Countries*:151-190. Oslo: Scandinavian University Press.

Arter, David. 1987. *Politics and Policy-Making in Finland*. New York: ST. Nartin's Press.

Arter, David. 1999. "Finland." in Robert Elgie. ed. *Semi-Presidentialism in Europe*: 48-66. Oxford: Oxford University Press.

Arter, David. 2009. "Finland." in Robert Elgie. ed. *Semi-Presidentialism in Europe*: 48-66. Oxford: Oxford University Press.

Bernhard, Michael. 2005. *Institutions and the Fate of Democracy*. Pittsburgh: Pittsburgh University Press.

Berthold, Lutz. 1997. "Konstruktives Miβtrauensvotum in der Weimarer Staatsrechtslehre." *Der Staat* 36, 1:81-94.

Duverger, Maurice. 1980. "A New Political System Model: Semi-Presidentialist Government." *European Journal of Political Research* 8, 2: 165-187.

Elgie, Robert and Petra Schleiter. 2009. "Variation in the Durability of Semi-Presidential Democracies." *Proceeding of a Conference on 21st World Congress of International Political Science Association*. 12-16 July 2009. Santiago, Chile.

Finger, August. 1923. *Das Staatsrecht des Deutschen Reichs: Der Verfassung vom 11. August 1919*. Stuttgart: Verlag von Ferdinand Enke.

Frison-Roche, François. 2007. "Semi-presidentialism in a Post-communist Context." in Robert Elgie and Sophia Moestrup. eds. *Semi-presidentialism outside Europe*:55-77. New York: Routledge Press.

Fromme, Friedrich Karl. 1999. *Von der Weimarer Verfassung zum Bonner Grundgesetz*. Berlin: Dunker & Humblot Verlag.

Frye, Timothy. 1997. "A Politics of Institutional Choice : Post-Communist Presidencies." *Comparative Political Studies* 30, 5: 523-552.

Grawert, Rolf. 1989. "Reich und Republik- Die Form des Staates von Weimar: Ein Rückblick auf die Verfassungsberatungen im Jahre 1919." *Der Staat,* 28, 3: 487-489.

Gusy, Christoph. 1991. *Weimar- die Wehrlos Republik?* Tübingen: Mohr Siebeck Verlag.

Gusy, Christoph. 1997. *Die Weimarer Reichsverfassung.* Tübingen: Mohr Siebeck Verlag.

Haungs, Peter. 1968. *Reichspräsident und parlamentarische Kabinettsregierung.* Köln: Westdeutscher Verlag.

Horowitz, Donald L. 2002. "Constitutional Design: Proposals Versus Processes." in Andrew Reynolds. ed. *The Architecture of Democracy*:15-36. New York: Oxford University Press.

Kolb, Eberhard. 2002. *Die Weimar Republik.* München: Oldenbourg Verlag.

Lin, Jih-wen. 2008. "Parliamentary Cohesion and Government Formation in Semi-Presidential Democracies." *Proceeding of a Conference on Semi-Presidentialism and Democracy.* 17-18 October 2008. Taipei: Academia Sinica.

Lösche, Peter. 1997. "Parteienstaat Bonn-Parteienstaat Weimar?" Herausgegeben von Eberhard Kolb, *Demokratie in der Krise. Müncgen*: R. Oldenbourg Verlag.

Mauersberg, Jasper. 1991. *Ideen und Konzeption Hugo Preuß' für die Verfassung der deutschen Republik 1919 und ihre Durchsetzung im Verfassungswerk von Weimar.* Frankfurt am Main: Peter Lang Verlag.

Metcalf, Lee Kendall. 2000. "Measuring Presidential Power." *Comparative Political Studies* 33, 5: 660-685.

Moestrup, Sophia. 2007. "Semi-presidentialism in Young Democracies." in Robert Elgie and Sophia Moestrup. eds. *Semi-Presidentialism outside Europe*:30-55. London and New York: Routledge Press.

Müller, Wolfgang C. 1999. "Austria." in Robert Elgie. ed. *Semi-Presidentialism in Europe*: 99-131. Oxford: Oxford University Press.

Nousiainen, Jaakko. 1971. *The Finnish Political System.* in John H. Hodgson. trans. Cambridge. Massachusetts: Harvard University Press.

Nousiainen, Jaakko. 2000. "Finland." in Wolfgang C. Müeller and Kaare Strøm. eds. *Coalition Governments in Western Europe:* 264-299. New York: Oxford University Press.

Nousiainen, Jaakko. 2001. "From Semi-presidentialism to Parliamentary Government: Political and Constitutional Developments in Finland." *Scandinavian Political Studies* 24, 2: 95-109.

O'Kane, Rosemary H. T. 2004. *Paths to Democracy.* London and New York: Routledge.

Paloheimo, Heikki. 2001. "Divided Government in Finland: From a Semi-Presidential to a

Parliamentary Democracy." in Robert Elgie. ed. *Divided Government in Comparative Perspective*: 86-105. New York: Oxford University Press.

Paloheimo, Heikki. 2003. "The Rising Power of the Prime Minister in Finland." *Scandinavian Political Studies* 26, 3: 219-243.

Preuß, Hugo. 1926. *Staat Recht und Freiheit: Aus 40 Jahren Deutscher Politik und Geschichte.* Tübingen: J. C. B. Mohr Verlag.

Protsyk, Oleh. 2003. "Troubled Semi-Presidentialism: Stability of the Constitutional System and Cabinet in Ukraine." *Europe-Asia Studies* 55, 7: 1077-1095.

Richter, Ludwig. 1998. "Reichspraesident und Ausnahmegewalt: Die Genese des Artikels 48 in den Beratungen der Weimar Nationalversammlung." *Der Staat,* 37, 2: 221-247.

Roper, Steven D.. 2002. "Are All Semipresidential Regimes the Same?" *Comparative Politics* 34, 3: 253-272.

Saalfeld, Thomas. 2000. "Germany." in Wolfgang C. Müeller and Kaare Strøm. eds. *Coalition Governments in Western Europe.* New York: Oxford University Press.

Sartori, Giovanni. 1997. *Comparative Constitutional Engineering.* New York: New York University Press.

Schmidt-Bleibtreu, Bruno. 2008. *Kommentar zum Grundgesetz.* 11. Auflage. Köln: Carl Heymanns Verlag.

Schmitt, Carl. 1928. *Verfassungslehre.* Berlin: Duncker & Humblot.

Schmitt, Carl. 1931. *Der Hüter der Verfassung.* Berlin: Duncker & Humblot.

Shugart, Matthew Søberg and John M. Carey. 1992. *Presidents and Assemblies.* Cambridge: Cambridge University Press.

Siaroff, Alan. 2003. "Comparative Presidencies." *European Journal of Political Research* 4, 2: 287-312.

Skach, Cindy. 2005. *Borrowing Constitutional Designs.* Princeton: Princeton University Press.

Unruh, Peter. 2004. W*eimarer Staatsrechtslehre Und Grundgesetz : Ein Verfassungstheoretischer Vergleich.* Berlin: Duncker & Humblot.

Wu, Yu-Shan. 2000. "The ROC's Semi-presidentialism at Work: Unstable Compromise, Not Cohabitation." *Issues and Studies* 36, 5: 1-40.

第十章　從史托姆競爭性政黨行為理論探究梅克爾大聯合政府時期（2005-2009）聯邦朝野政黨關係

劉書彬[*]

壹、前言

　　二次大戰後德意志聯邦共和國（以下簡稱德國）是一採行議會內閣制、且為溫和多黨制的國家，從1949年起至2009年9月間的60年之間，23屆的聯邦政府僅有1960-1961年中的14個月是由聯盟黨（Unionspartei）[1]單獨執政，所以聯合政府是德國執政的常態。聯合政府中，均出現由聯盟黨或德國社會民主黨（Sozialdemokratische Partei Deutschlands; SPD，以下簡稱社民黨）為大黨，主導組閣的情形。以主要執政黨執政的時間長度來檢視：除了1966-1969年、2005-2009年兩次大聯合政府（grand coalition）[2]之外，聯邦政府多以最小聯合政府的型態存續著，期間最短7年，最長則為17年。[3]可見大聯合政府在德國並非為存續較久的執

---

[*] 本章曾刊於《東吳政治學報》，第30卷，第4期，頁51-119，並於文中做小部分內容調整。

[1] 「聯盟黨」為兩個傳統結盟之姊妹政黨：基督民主聯盟（Christliche Demokratische Union Deutschlands; CDU，簡稱基民盟），與巴伐利亞邦基督社會聯盟（Christliche Soziale Union in Bayern; CSU，簡稱基社盟）的合稱。基民盟在南部巴伐利亞邦為尊重基社盟，所以並無政黨組織；基社盟範圍僅限於巴伐利亞邦，為一具有全國性地位之地方性政黨。就法律地位而言，兩政黨是分別獨立的法人，偶爾會有衝突，但聯邦政治層次上，通常合稱兩政黨為「聯盟黨」。行文中，若基民盟和基社盟的政黨行為出現個別差異，有必要分別討論之時，就會分別使用「基民盟」、「基社盟」的名稱。

[2] 李帕特將一內閣擁有比足以構成國會多數支持更多的政黨組合政府型態，稱之為「過大內閣」（oversized cabinet），此亦一般所謂的大聯合政府（grand coalition）（Lijphart, 1999: 99-103）。在實際狀況中，常見的是由兩個最大黨，且意識形態差異大之執政組合。德國第十六屆國會會期裡總數614位議員中，聯盟黨226席與社民黨的222席，共448席，執政聯盟的政黨比例達72.96%。

[3] 由聯盟黨—自民黨主導的政府，經歷艾德諾（Konrad Adenauer）14年、艾哈德（Ludwig Erhard）總理3年的統治，共持續了17年。1966-1969年由聯盟黨季辛格（Kiesinge）領導與社民黨合作組成的第一次大聯合政府，1969-1982年為社民黨與自民黨合作的13年期間，經歷布蘭德（Willy Brand）5年，施密特（Helmut Schmidt）8年的治理。後來，右派的聯盟黨與自民黨合作共16年，均由柯爾（Helmut Kohl）擔任總理。1998-2005年的7年期間，則由

政型態。細究梅克爾黑紅大聯合政府時期聯邦議會的結構，[4]三個在野黨—自由民主黨（Freidemokratische Partei Deutschlands. FDP，以下簡稱自民黨）、左黨（die Linke）與綠黨（die Grünnen）在聯邦議會僅有27%之席次比例，只要黑紅兩大黨妥協出決策草案，若無大黨議員倒戈相向，三小黨根本無力撼動之。然而，是否因為該結構使然，在野黨在權力監督與制衡上，就無用武之地？小黨們無法挑戰兩大黨的執政地位？抑或是大聯合政府時期，是否為一個嚴重缺乏權力制衡的民主時代？或是聯邦政治的執政與在野各黨之間，呈現壁壘分明之對立狀態？進而壓縮甚至限制小黨的發展？前述問題對應2005年11月22日以來，德國政治所呈現的狀況和預期的答案顯然有著截然不同的內容。初步顯露的實情是：三個小黨在此期間蓬勃地發展，並分別在聯邦與邦政治層面上，挑戰了兩大黨的執政地位。雖然如此，但三在野黨在某些聯邦與邦政治的立法領域與官職獲取上，各別和兩大黨間有著不同程度的合作。這些在衝突競爭中夾雜著合作的政黨行為，其因素、目的、結果和影響，是本文的研究重點。

研究梅克爾政府大聯合政府時期聯邦層級朝野政黨關係，將接續過去德國溫和多黨體系於1950年代-1998年由聯盟黨、社民黨與自民黨形成的三黨體系，演變為1998-2005年四黨（黑、紅、黃、綠）體系之後的政黨體系發展，持續分析政黨數目由四黨轉變為五黨的成因、影響；而呈現德國在其憲政體制與德國統一背景下，因應全球化結構變局下而有的黨政關係變化。加上政黨體系和政局的穩定息息相關，德國政府的政策走向，經常主導歐盟整合的發展，故無法忽略此一時期德國朝野政黨的關係發展。本文將聯邦層級梅克爾大聯合政府執政的聯盟黨和社民黨，設定為研究對象的執政黨；自民黨、綠黨與左黨三黨則為本文的在野黨；將藉著理論尋求結合環境與制度性因素、以及微觀的個人或政黨組織行為的觀察，來研究其在聯邦政治內的互動關係。最後本文將綜合評論德國此一時期朝野政黨的行為互動，以瞭解其具備何種特質，與其對德國政治的影響。

左派的社民黨與第一次入閣的綠黨合作，施羅德（Gerhardt Schröder）為總理。2005-2009年則是聯盟黨梅克爾擔任邦聯總理，與社民黨合作的大聯合政府。

[4] 區分德國政黨時，會以其傳統代表顏色分別之：聯盟黨以教會出身的黑色來顯示；社民黨為傳統左派政黨，以廣大無產階級所犧牲的血對抗資產階級，因此以紅色為代表。自民黨於1972年起以黃字藍底為代表。綠黨主張生態保護，以綠色為代表。具有共產黨背景的左派政黨—左黨，同樣以傳統的紅色來代表，故稱聯盟黨—社民黨的聯合政府，為黑紅政府；其他執政之聯合政府可依前述原則連結之。

貳、競爭性政黨行為理論

一、史托姆的競爭性政黨行為理論

本論文探討德國梅克爾第一任大聯合政府的四年內執政的兩大政黨，與在野的三小黨行為，因此研究重點為政黨行為。行為科學於1950年代崛起後，唐斯（Anthony Downs）於1957年就以「理性抉擇」（rational choice）理論探討競爭性政黨的行為，建構出議會民主體制下競爭性政黨的三種模式，分別為：以追求選票、獲取官職、和追求政策實踐為目的之行為，據此來研究政黨間的選舉競爭，和聯合執政過程的行為，因而形成各自分立的目標追求研究途徑（Downs, 1957）。三者之中又以獲取官職為目的之研究，在多黨體系下形成聯合政府組成與其維繫的分析最多。聯合政府研究的理論主要分為兩類，一為歐洲政治的傳統（European political tradition）[5]；另一則是賽局理論的傳統（game theoretic tradition）[6]，相對於賽局理論者，列佛（Michael Laver）和休費德（Norman Schofield）則重視多黨聯合政府存在的現象，並結合了結構性與微觀個別行為的研究（Laver and Schofield, 1990）[7]；之後列佛與雪波斯勒（Kenneth A. Shepsle）的研究並擴及聯合政府無法持續的原因（Laver and Shepsle, 1996）。惟聯合政府理論爭取官職之研究多以執政黨或可能的執政黨為研究對象來分析，且多強調初期聯合政府組成的協商，和結束

---

[5] 以李帕特（Arend Lijphart）（Lijphart, 1984）、薩托利（Giovanni Sartori）（Sartori, 1976）為主的學者探討環境與結構對多黨組閣的影響。主要將單一國家的研究集結，形成跨國政治研究，他們認為聯合政府是整個政治過程形成的部分；透過事實個案資料，歸納修正前一次所建立的理論，來建立戰後的歐洲政府研究基礎，因此對於特定政治過程實踐中結構的內涵深具意義，但通則性的分析則被認為科學價值較少。

[6] 這派學者包括William Riker（Riker, 1962），Sven Groennings, E. W. Kelley, Michael A. Leiserson (Groennings et al., 1970) 其將聯合政府視為個別政黨或政黨領袖獲取一定報酬的賽局過程，這報酬就是爭取席次的分配，並以幾個代表性內閣國家的最小獲勝政府運作做為實證案例來研究。在賽局中，行為者在實際政治協商的互動與考量，都具備普遍性，而可以被檢視。但這建構出的賽局理論，卻常常因為缺乏詳細的政治體系資料，無法解釋許多歐洲國家如：義大利、德國、荷蘭或其他國家出現的特質。

[7] 兩人透過五個面向來分析多黨聯合政府的形成，其分別為：1.聯合執政賽局中各行為者的主體性和動機、2.可能組成聯合政府成員的形式、3.聯合政府存續的時間長度、4.聯合政府成員分享的回報為何、5.在聯合執政談判議價中憲法規範、和歷史與談判行為的限制之影響。在該研究下，兩人建構了歐洲政治與賽局理論研究途徑的橋樑，使聯合政府研究在政治科學的地圖上成為一系統性的研究。

時政府崩解的原因，這並非本研究以黑紅大聯合政府成立後至任期屆滿改選時，涉及執政與在野黨之間爲主題的關係重點，因此並不適合採用。

　　學者根據分別獨立的政黨目標：追求極大化的選票、官職、和政策實踐來研究政黨間的競爭與合作關係時，常未呈現完整的政黨競爭內容。史托姆（Karre Strøm）則透過研究政黨追求選票、官職與政策三者之間的關係變化中，發展出結合政黨組織和制度性因素的單一理論。此一突破除了使政黨行爲與綜合性目的充分連結；更重要的是將每一政黨內部的組織特性和制度性環境因素結合，前者解構爲微觀的政黨行爲因素，後者則化爲宏觀的憲政制度因素，據此可以詳細分析特定時空下所形成的政黨競爭行爲（Strom, 1990: 565）。

　　史托姆認爲：在議會內閣政體「競選―執政協商―組閣執政」的過程中，選票都會被轉移爲官職獲得和政策影響力，因此選票追求的工具性質就顯得明顯，這樣只要討論「政黨如何權衡官職的獲取與政策影響」這一重點即可。至於現時的官職和政策影響力，和未來選票追求之間，則可歸結出是短期與長期利益的協調。爲此需探究：「這些目的如何在短期內被實現，並被協調以配合長期目的」，史托姆於是繼續發展出影響政黨三目的追求協調的兩大因素：一爲政黨本身的組織與特性；二爲制度性因素。

　　政黨作爲影響政黨行爲的組織性因素時，被定義爲參與法定選舉，並從取得的官職中獲利的組織。探討政黨組織特性時，特別關注：(1)政黨領袖強度；[8] (2)黨內決策非集中化程度；[9] (3)甄補結構的封閉性；[10] (4)對領袖課責程度這四個因

---

[8]　政黨領袖的強度可依據(1)是否具備（企業）組織營運觀點（The Entrepreneurial Perspective）：此多意指該領袖主要以追求職位爲取向，次爲尊重選民需求的政策取向，因此政黨領袖的甄補會以黨職人員和積極者的排名來進行，加上其政黨動機的基礎，最後經黨員決定後擔任之。(2)是否有政黨組織權威（The organizational imperative）：此時政黨領袖會特別需要位於國會外的政黨組織能力，來配合競爭性環境的各類需求，這分爲三類：一爲關於選舉和其表現的資訊、二爲競選中對政黨支持者的動員、三爲在政黨獲取不同機構影響力位置，而能從事政策推動。其中政黨組織考慮到資金（包括先進技術與知識）與勞工，而使政策有右左之分（Strøm, 1990: 574-575）。(3)是否存有積極者（activist）：若有則多爲政策取向，會提供財政與人力之捐獻，而其支持多可轉化爲未來公共政策承諾的交換，所以政黨領導者寧願提供積極者目標性的誘因，使其能源源不斷支持。對於積極者而言，混合著職位與政策影響力的獲利，影響著外行與專業之間政治家甄補的平衡。所以存在越多由官職轉到政策影響比例的獲益，也就顯示有越多比例的非政治專業人士走向決策體系。

[9]　決策的非集中化將以選票與官職爲代價去強化「政策追求」的程度。意即分權化的決策機制，將越會以政策追求爲核心目標。

[10]　封閉性的甄補結構意味著：所有高階官員和候選人均由黨內低層黨員產生時，將有利於政黨追求政策目標。

素（Strom, 1990: 578-579）。[11]

　　第二個影響政黨行為目的選擇的是制度因素。針對政黨而言，其內容包括追求官職之規範，以及如何維繫這官職的一般相關行為模式（Schlesinger, 1985: 1154；Strom, 1990: 579）。若無視於政黨結構差異，直接的影響因素是指針對不同制度設計而來的刺激。這主要包括三者：(1)選舉制度（electoral institution）；(2)立法制度（legislative institution）；(3)政府制度（governmental institution）。說明如下（Strom, 1990: 586-590）：

（一）選舉制度

　　選舉制度當其純粹意指機制時，被定義為是選舉法規，其會直接影響政黨在選舉和立法席次的實力，因此選舉制度的採用，影響到選舉的競爭性（electoral competitiveness）與選舉的扭曲性（electoral system distortion）。德國採取「參考選區當選人的比例代表制」（personalized proportional representation），政黨得票比例與國會席次實力的比例大致相同。

（二）立法制度

　　立法制度設計下的刺激影響則轉換為政黨擁有的議會席次，涉及議會中的「立法議價能力」[12]（legislative bargaining power），而且經常要轉換為政府執政的官職後，才能顯見。作為觀察政黨立法議價能力的權力指標包括：政黨組成政府的實力、政黨的內部策略行為、政黨政策位置等（Strom, 1990: 583）。

---

[11] 在政黨內，對領袖個人課責將大大降低政黨對長遠獲利的追求，這意味著將使政黨領袖較少關注於選票的追求，此時官職的獲取與政策影響力兩目的的協調程度將擴大。而黨主席或擔任官職之黨員參與選戰失利，或因其他政策推展失敗之政治因素下台，將是檢視政黨領袖課責之主要依據，因此政黨領袖更替之原因和次數等則是具體的檢視指標。

[12] 政黨的立法議價能力，包括：1.政黨組成政府的實力(若該政黨為執政黨，具備議題設定能力和國會多數的議席，自然立法議價能力高，而執政聯盟內的政黨數目多寡和實力大小，其間也有立法議價能力之差別；一般情況下在野黨立法議價能力低，但若是少數政府時，在野黨的立法議價能力高)、2.政黨的內部策略行為(政黨若能具備良好的政策推動策略，即使非執政黨也能善用議事技巧，取得法案內容實質上或政黨宣傳面上的獲益，也能提升立法議價能力)、政黨政策位置（政黨之間政策主張、意識形態的位距，影響政黨接受、或杯葛法案的程度；通常接受者議價能力高，採杯葛態度者議價能力低）。

（三）政府制度

政府制度設計對政黨競爭行為的影響，部分取決於議會內閣制政府內的形式（Strom, 1990: 587-589），[13]部分取決於政治體系的性質。例如：少數政府的型態相對於多數政府型態，前項的執政黨勢必要與在野黨分享政策的影響力。

前述綜合後得出制度性因素刺激後對競爭性政黨的行為影響，史拖姆將之歸納為四項可操作性的要素，分別為：1.選舉的競爭性（electoral competitiveness）、2.選舉制度的扭曲性（electoral system distortion）、3.政黨意識形態的位置距離（spatial dimentionality）、4.政黨數目（number of parties）。

制度因素的間接因素還包括下列幾項：1.政黨財務的來源與狀況。2.聯邦主義的制度性特質（Strom, 1990: 579）。在聯邦制度下，地方的邦政治情況若與聯邦政治運作掛勾，也會引發政黨之間競逐邦層級選舉的選票、影響邦政府官職獲取和政策走向的情形，形成聯邦與邦級政黨的連動影響。德國為聯邦國家，前述聯邦制度影響邦政治的狀況也明顯。

事實上，史托姆在1990年該篇的研究成果中，就根據組織性和制度性條件，針對各議會內閣制國家的實施經驗，研析出三類政黨：分別是以選票追求（以英國保守黨為代表）、官職追求（如：義大利基督民主黨）、政策追求（如：芬蘭社會民主黨）為主要目標的政黨，和有利於其形成的環境條件（Strom, 1990: 592-593）。對筆者而言，其所提出的政黨競爭行為理論，以政黨目的之追求結合政黨組織特質，和制度性因素之分析，能清楚從政黨各種因應環境的變化，連結目的設定之差異而瞭解政黨的定位、政治決定與行為，具有實際可操作性，使得具體的個別政黨變化的分析，能連結到與其他政黨的互動，因此將採用該理論。

二、分析架構

（一）影響政黨行為的組織特性分析架構

首先將探討此一時期內五大政黨的組織特質，特別強調政黨領袖強度和對領

---

[13] 史托姆根據執政黨和在野黨之間政策影響和官職獲取關係的分配情形，來說明不同內閣政府的形式。

袖課責的影響，主因是德國的政黨領袖依據黨內民主原則選出，是最能代表並實踐政黨意志與目標的人物，也能具體反映政黨特質，所以將以其爲觀察指標來討論。根據史托姆的政黨領袖強度內涵，將以政黨領袖（此時意指黨主席或是政黨核心人物）是否具備以下條件，以及其內容影響性，來說明政黨特性（Strom, 1990: 574-575）：

1. 政黨領袖強度

(1)領袖觀點：意指政黨領袖具備的組織營運的觀點，獲取政黨最大利益考量的內容。這觀點的形塑，可從政黨領袖本身是否具有獨特或服眾的魅力、如何主導政黨於官職追求，和形成具有選民基礎的政策實踐目標選擇之間探知。

(2)政黨組織權威支持：強調政黨領袖是否獲得國會外的政黨組織支援、是否具備獲取不同機構影響力位置來綜合討論。德國爲內閣制，聯邦要角多爲國會議員，若再身兼黨職，獲得政黨組織運作和能量的奧援，則實力將如虎添翼。但身兼非聯邦官職或地方職務之政黨領袖，如：邦總理之職等，即使獲得黨主席之位，將因忙於地方與黨中央事務，兩頭奔波，較難掌握聯邦政治的權力核心，也難以遂行其志，常常只能維持政黨現狀，此時政黨領袖主導的政黨目標無論在官職牟取或政策推動，都因政黨無法有效整合，難以推展。相較而言，執政黨領袖若具有聯邦政府官職，常可動員公部門權力協助遂行政治目的，所獲政黨權威將更形強大，有助於其所代表的政黨主流意見推動。

(3)積極者支持：檢視政黨有無積極者提供財政與人力之捐獻。如黨員人數增多，黨費或政治獻金也將隨之增長；若積極者人數不多，但確有具體支助，如：其具有調和鼎鼐、募款能力等，也都能強化其所支持的政黨領袖主張。

2. 領袖之課責

將透過檢視各黨主席或擔任重要官職之黨員下台次數的多寡，來探究政黨領袖能否成功整合政黨，而反映政黨實踐政黨目標的能力。

至於另外的政黨民主程度與財務、甄補管道等因素，因德國自1965年政黨法

實施後，主要政黨長期受規範約制，並根據選舉結果受到國家補助，所以均成為支持體系之民主政黨，前述因素並不會成為影響德國政黨行為差異的重要因素，為此在政黨性質因素上，將主要探討政黨領袖強度和領袖課責兩者對政黨目標追求、政黨競爭行為的影響。

　　如前所述，德國的選制具備比例代表制的精神，議席的分配較能真實反應政黨得票的斬獲，因此選票獲取就為政黨重要的追求目標。事實亦顯示：德國聯邦層級的五大政黨，從1990年德國統一以來，在選戰中皆以積極爭取選票為目的，兩大黨固然爭取組成聯合政府的主導權；小黨如：自民黨、綠黨、民社黨／左黨，在力求跨過5%全國的選票門檻外，也要爭取夠多的選票，並在衡估大黨們的選情後，決定是否加入成為聯合政府的一員。這意味著選票追求此一目標，並不構成分析德國政黨目標追求的差異性，為此筆者在適用史托姆的政黨競爭行為理論時，對於德國五大政黨追求目標的討論，將僅限於官職獲取、政策影響兩項目的。

（二）影響政黨行為的制度性因素分析架構

　　前文提到制度性因素可歸納出的四項可操作性因素：(1)選舉的競爭性；(2)選舉制度的扭曲性；(3)政黨意識形態的位置距離；(4)政黨數目。然五大黨經歷「參考選區當選人的比例代表制」的篩選，進入到聯邦政治中，參與聯邦議會政策立法，或有政黨形成多數聯盟執政，在這內閣議會制的政黨互動裡，四個要素中因為該時期聯邦選舉制度未變，且未提前舉行聯邦議會選舉，加上聯邦政黨數目也未改變，因此五政黨處於相同聯邦選舉的競爭性中，此時決定其在立法決策、或官職獲取的影響因素就只剩下「政黨意識形態的位置距離」。為此探討2005-2009年聯邦層級朝野政黨間的競爭行為與互動時，將僅以其作為探討影響德國政黨「官職獲取v.s.政策影響」目標設定的關鍵因素。

（三）政黨行為對政黨目的追求結果之分析

　　為了解五大聯邦政黨在政黨目標上追求的互動結果，將討論2005年起第17屆聯邦議會立法會期裡，朝野政黨在聯邦議會、聯邦參議院（Bundesrat）透過各項國會機制運作，從其議決法案之立場行動與監督施政情形，瞭解朝野政黨的立法與政策推展行為；並將針對該時期內兩項官職：2009年5月聯邦總統選舉、2009年9月聯邦議會選舉和聯邦政府之組成，探究主要政黨如何尋求官職，達到官職數極大化、或藉此推展政策。

　　換言之，當政黨的目標一致或相近時，政黨們會採取一致或合作的行為，來促成目標的實現，因此政黨領袖們會出現支持，或附和欲支持某政黨的言論或具體行為，如：在官職爭取上，對某候選人投下同意票；或在政策推動上，在兩院正式的立法議決程序裡投同意票，或放棄重啟異議程序，而讓該法案依法定程序通過。反之，若政黨間追求的利益有重大核心的歧異，則會依不贊成程度之差異，在法案與官職的同意投票程序上，以未投票、棄權等行為呈現；若是有明顯的利益衝突與歧異，則會投下反對票表達意向。如此一來，就可以具體梳理聯邦政黨的行為與目標落實情形。

參、梅克爾大聯合政府時期朝野政黨特質與制度性因素影響之分析

一、德國五大聯邦政黨之特質

　　本節第一部分將討論德國梅克爾大聯合政府時期，聯邦層面五大政黨的領導強度，以及對政黨領袖課責所反映的政黨特質差異，如此將可掌握各該政黨追求的主要目的為何，和其實施策略，以瞭解政黨落實政黨目標的能力。之後再檢視制度性因素影響下-各政黨意識形態定位，將進一步掌握政黨合作的難易程度；再結合前述兩者，完整地探究影響政黨行為的因素，作為下一節分析政黨行為結果的依據。

（一）聯盟黨之基民盟

　　基民盟之梅克爾因取得聯邦總理之位，而為執政聯盟的政策主導者。2005-2009四年中黨主席梅克爾因初期並未有特別的政策方向指引，而備受各界批評。不過時勢造英雄，身為聯邦總理，具有總理原則的領導地位優勢，使她掌握黨和政府的權威，讓黨內幾位具有政治實力的幾個邦總理，如：史托伯（Edmund Stoiber）、柯訶（Roland Koch）、沃爾夫（Christian Wulff）和穆勒（Peter Müller）[14]僅願在邦級舞台上發揮。

---

[14] 2005年10月間，史托伯因為未協調好其原有的巴伐利亞邦總理職務接棒人選，而沒有接受原定由他出任聯邦政府經濟部長的職務，失去了投身聯邦政治的機會，影響力下降。柯訶為黑森邦總理（1999.4.7-2010.8.30）；沃爾夫為下薩克森邦總理（2003.3.4-2010.6.30）；穆勒（1999.9.5-2011.8.9）為薩爾邦總理。

　　就所獲得的積極者支持而言，梅克爾透過親信如：總理府部長
（Kanzleramtsminister）戴麥哲爾（Thomas de Maizière）、聯邦議會聯盟黨黨團主
席考德（Volker Kauder）、黨秘書長波發拉（Ronald Pofalla）（表10-1），分別掌
握府、會、黨的幕僚長職務；並獲得聯邦政府最多的正式資源挹注，如透過幕僚單
位、電視與網路新媒體來加強與民眾互動（Niclauß, 2008: 8）[15]。加上社民黨內多
由黨內右派主張新自由主義者主導政務，因此在與社民黨進行政策協商中，多能獲
益，使基民盟在四年內穩住大黨地位。

表10-1　梅克爾大聯合政府時期主要政黨領袖名單

	基民盟	基社盟	社民黨	自民黨	綠黨	左黨
聯邦正副總理	Merkel (2005. 11-2009. 9)		1. Müntefering (2005. 11-2007. 11) 2. Steinmeier (2007. 11-2009. 9)			
黨主席	Merkel (2000. 11)	1. Stoiber (1999. 1-2007. 9) 2. Huber (2007. 9-2008. 10) 3. Seehofer (2008. 10-2009. 9)	1. Platzeck (2005. 11-2006. 4) 2. Beck (2006. 4-2008. 9) 3. Steinmeier (2008. 9-2008. 10) 4. Müntefering (2008. 10-2009. 9)	Westwelle (2001. 5-2011)	1. Bütikofer (2004-2008) + Roth (2004-2008) 2. Roth (2008-)+ Özdemir (2008-)	Lafontaine (2007. 6-2009. 9) +Bisky (2007. 6-2009. 9)
其他要部長	de Maizière (2005. 11-2009. 9)	Glos (2005. 11-2009. 1)	Steinbrück (2005. 11-2009. 9)			

[15] 這幕僚單位主要為總理府與聯邦新聞局（Bundespresseamt），尤其後者運用新媒體，透過電
　　視形塑梅克爾的個人形象，並且經由個人官網的設立、電子郵件的收發，與每週即時影音訊
　　息和民眾互動。

表10-1　梅克爾大聯合政府時期主要政黨領袖名單（續）

	基民盟	基社盟	社民黨	自民黨	綠黨	左黨
黨團主席	Kauder (2005. 11-2009. 9)	Ramsauer (2005. 11- 2009. 9)	Struck (2005. 11-2009. 9)	1. Gerhardt (2001-2006. 5) 2. Westwelle (2006. 5-2009. 9)	Künast (2005. 11-2009. 9) +Fritz Kuhn (2005. 11-2009. 9)	Lafontaine (2005. 11-2009. 9)+ Gysi (2005. 11-2009. 9)
黨秘書長	Pofalla (2005. 1-2009. 9)	1. Söder (2003. 11-2007. 10) 2. Haderthauer (2007. 10-2008. 9) 3. zu Guttenberg (2008. 10-2009. 2) 4. Dobrindt (2009. 2-2009. 5)	Heil (2005. 11-2009. 9)	Niebel (2005. 5-2009. 10)	Lemke (2002-)*	無

資料來源：作者自行整理。

　　黨員人數多寡除了可檢視積極者的支持，另外也有利於政黨黨費、政治捐獻、轉換為選票時可助於政黨獲得國家補助。表10-2為五大政黨的黨員數變化，基民盟黨員數雖持續下降，但競爭對手的社民黨下降更多，因此於2008年，全國扣除巴伐利亞邦基社盟黨員人數後，基民盟於15個邦的黨員人數已經超越社民黨，成為名符其實黨員人數最多的大黨，至2008年有529,972人之多。總言之，在梅克爾獲得政黨權威、積極者支持是強烈正向的情況下，對於獲取官職目標的追求，是比較容易達成的。

　　至於政黨目標的檢視上，作為當時德國最大的政黨，基民盟以繼續維持執政地位為最高原則。在2008年底，社民黨的黨內人事問題解決，也確定副總理兼外交部長的史坦邁爾（Frank-Walter Steinmeier）為該黨總理候選人後，在其對未來執政伙伴問題保持開放態度下，基民盟高層眼見原執政夥伴未將黑紅大聯合政府選項視為優先選項，加上兩黨執政期間齟齬不斷，於是公開與自民黨唱和，以黑黃聯合執政為執政優先取向，甚至主張在特殊狀況下，組成黑黃綠三黨政府，可見其的確以爭取官職極大化為核心目標。

表10-2　2005年至2009年德國主要政黨黨員人數

	基民盟	基社盟	聯盟黨	社民黨	自民黨	綠 黨	民社黨／左黨
2005	571,807	170,117	741,924	590,485	65,022	45,105	61,270
2006	553,896	166,928	720,824	561,239	64,880	44,677	60,338
2007	536,668	166,392	703,060	539,861	64,078	44,320	71,711
2008	529,972	162,392	692,364	520,970	65,600	45,089	75,968
2009	521,097	159,198	680,295	512,519	72,116	48,171	78,046
05-09增減	-8.9%	-6.4%	-8.3%	-13.2%	10.9%	6.8%	27.4%

資料來源：Bundestag (2011)。

（二）聯盟黨之基社盟

　　基社盟只在巴伐利亞發展，但在此一時期，經歷2007、2008年兩任黨主席胡伯（Erwin Huber）、社赫弗（Horst Seehofer）的更替：加上胡伯擔任黨主席時，巴伐利亞邦總理由貝克史坦（Günther Beckstein）擔任，兩人皆缺乏領袖魅力，難以引發巴邦人民的政治熱情（James, 2009: 104）。另外，基社盟對於聯邦或巴邦推出的政策亦無法反映多數巴邦人民的利益，加上在聯邦政治上和社民黨有政策衝突，很明顯地在弱勢的政黨組織權威、及政策無力失去方向感時，未能獲得選民有效支持，使得基社盟於2008年9月在巴邦失去長期的單獨執政地位，而和自民黨於巴邦聯合執政。

　　基社盟在巴邦長期執政，因此在這全國面積最大，人口最多的邦，其黨員人數，就超過在野三小黨的全國黨員總數。但作為聯邦執政成員之一，連帶分擔聯邦施政責任；加上基社盟在該時期有重大的人事更迭，新的黨政領袖不若歷屆表現優異，又遇到同屬右派自由選民黨（Freie Wähler）和極右派政黨的挑戰，因此黨員人數下降趨勢顯著。

（三）社民黨

　　比較其他四黨，以政黨領袖的課責檢視黨主席的更替原因和次數，顯示出2005年底至2008年10月的三年內，社民黨更替了四位黨主席，長期以來政務由右派的明特菲淩（Franz Müntexfering）、史坦邁爾、史坦布呂克（Peer Steinbruck）（表10-1）主導，幾乎架空聯邦的黨中央。派系屬性較為偏左的萊蘭-普法爾茲邦

總理貝克（Kurt Beck）擔任黨主席時，政務與黨務衝突嚴重，政策路線搖擺，未能堅守左派公平正義之立場，使左黨聲勢扶搖直上，社民黨逐漸喪失大黨的選民基礎。社民黨雖然仍以爭取聯邦執政地位為優先，但因政策搖擺不定，又受到左黨強力挖角，直到2008年底才漸漸由黨內右派整合整個社民黨；然而時機已晚，於2009年聯邦大選時，成為僅獲23%選票的中型政黨。其領導階層雖然開放組閣對象，但選前選後又嚴拒與從社民黨出走的拉方田、或和左黨有任何執政合作機會。

在前述社民黨執政路線的搖擺，和黨內左右派對與聯盟黨合作或未來與左黨合作之爭執中，部分左翼人士出走加入左黨後，又繼續向社民黨內不滿當權者作法的黨員挖角，吸收其進入左黨。因此社民黨的黨員人數從2005年的590,485遽降為2009年的512,520人，減少77,965人。將2009年與2005年的數據相比，社民黨之降幅達到13.2%，為五黨之冠（表10-2）。

（四）自民黨

自民黨主席威斯特威勒（Guido Westwelle）於2006-2009年又兼任聯邦議會黨團主席後，擁有了強力的政黨組織權威，且擬定只與同屬右派的聯盟黨聯合執政的政黨目標，在政策上堅守右派自由主義、競爭創意，來鞏固選民基礎。這段期間直至2009年9月聯邦大選後，自民黨已在15個邦議會選舉中，獲得7個邦執政地位。自民黨除積極參與聯邦議會選舉，在個別邦層級政治之發展狀況上，自民黨對聯盟黨釋出善意，具體提供實質合作，強化黑黃兩黨的政治信賴，以爭取最多的執政機會。使得自民黨2008年初至黑紅大聯合政府下台的一年半之間，於9個舉行邦議會選舉的邦中，獲得6個執政黨地位的榮景。聲勢上漲的情勢，成為自民黨領袖繼續「堅定自由競爭與創新政策立場，以增進黑黃兩黨執政地位實力」這項政黨目標的最大助力。

自民黨的黨員人數於2005-2007三年間，大約保持在64,600人左右，僅有1,000人不到的微幅減少。2008年起則開始成長：分別增加為65,600和2009年的72,116人，該年之成長幅度為10.9%；對小黨而言，這樣的成績表現不簡單。

（五）綠黨

綠黨在2005年聯邦大選後，成為提爾廷（Jürgen Trittin）、琨娜司特（Renate Künast）以聯邦議會為舞台主導政黨發展的局面，提爾廷代表中間偏左的選民，琨娜斯特則為綠黨批判性市民階層的代表。2008年9月，在兩者所代表的力量幾乎

相持不下時，綠黨決定由兩人擔任聯邦議會選舉的聯邦總理候選人（Probst, 2009: 260-261）。兩人代表性雖不同，但共同特點都是以爭取執政為目的。不過兩人於黨團的過度競爭，除了不利於政黨組織權威的整合、也讓綠黨的政策在兩人主導的務實派和其他派之間游移。

由於綠黨領導階層的權力衝突無暇反應基層需求，使得在野的綠黨這時和紅綠政府當時決定的社會、外交與社會安全政策保持距離；因此也被政治觀察家評論為綠黨正遠離左派路線，也面臨某種政黨危機。相對而言，黨中央的「雙黨主席」人事少有異動，才稍微穩定綠黨的發展。

綠黨的黨員數在五個政黨中是最少的，於2005-2007年間黨員人數略降，平均在44,701人。2007-2009年的兩年間黨員人數開始上升，至2009年達到48,171人，綠黨2008年黨員的漲幅是6.8%，低於自民黨的10.9%、更低於左黨的27.4%（表10-2）的成長幅度，

（六）左黨

2007年6月成立的左黨，是由德東的民社黨和德西的勞動正義黨所組成。繼拉方田（Oskar Lafontaine）與吉西（Gregor Gysi）共同擔任於2005年黨團主席後，拉方田與德東的畢斯基（Lothar Bisky）於2007年中左黨成立時，共同擔任黨主席。如此一來，拉方田集合黨團與黨中央的力量，並在德東政治實權者吉西的支持下，成為左黨最具權威的人。左黨於2007年在黨員數（表10-2）和政黨捐獻上獲得成長，尤其在邦政治上，從2007年起，即在除了巴伐利亞以外的7個德西邦議會選舉中，取得6個邦議會席次，成長幅度驚人。身為社民黨前主席，出身於德西薩爾邦的拉方田，網羅許多前社民黨邦層級和工會的領袖，進入拉方田左黨黨團主席辦公室，如：毛爾（Ulrich Maurer）擔任德西地區左黨的任務負責人，或恩斯特（Klaus Ernst）成為聯邦議員，自成堅強的活動團隊（König, 2009: 50）。[16]

左黨成立後，黨員人數於2007年跨過七萬人，之後2008、2009年的黨員人數依舊成長，增長達27.4%（表10-2），為聯邦五黨增幅最高者，顯示許多人以具體行動加入左黨，成為黨員。左黨的政黨目的首先希望左黨踏穩腳步發展，若其他左派政黨的政策能和左黨協調一致，才能談聯合執政；若政策無法協調，左黨寧願放

---

[16] 黨內積極者如：Dietmar Bartsch, Bodo Ramelow以及黨內的年輕改革者，如：Katja Kipping, Jan Korte, Caren Lay, Matthias Hoehn為主。

棄執政地位。至於拉方田個人的政治地位選擇，顯得比左黨寬廣，憑其個人魅力，其以最後取代社民黨爲終極目標。

　　前述以五大政黨黨主席或主要領袖以政策或官職何者爲重的觀點、黨主席更替狀況和頻率、與其關聯是否獲得政黨組織權威的因素來檢視，可看出政黨領袖如何發揮領袖功能，訂定政黨目的，進而是否能有效落實政黨目標；其關聯性形諸於表10-3。五黨中基民盟、自民黨與左黨因均無黨主席輪替，而且黨主席能統合各方，形成強有力領導，因此落實政黨目標的能力最強。社民黨則因黨主席替換頻繁，無法形成強有力的領導中心，雖以追求官職爲目的，但很難遂行其志。

　　惟德國爲溫和多黨制國家，多以聯合政府組織型態執政，不管大黨、小黨都需要他黨助一臂之力，齊力合作才能執政。此時政黨實力之外，意識形態的距離是影響其能否組成聯合政府、或發揮政策影響力的關鍵。

表10-3　影響德國五大政黨行為的組織因素

	政黨領袖強度				領袖課責（更替次數）
	政黨領袖觀點		可強化領袖支持度		
	官職	政策	政黨組織權威	積極者支持	
基民盟	＋	○	＋	＋	0
基社盟	＋	－	－/＋[a]	－/＋[a]	2
社民黨	＋	－	－	－	3
自民黨	＋	＋	＋	＋	0
綠　黨	＋	○	－	○	1
左　黨	○	＋	＋	＋	0

資料來源：作者自製。

說明：[a] 基社盟自 2008年10月後，社赫弗身兼基社盟主席和巴伐利亞邦總理後，大力改革，因此政黨組織
　　　權威與積極者支持部分轉向正面。
　　　＋：目標明確、行動堅定／正向力量。
　　　○：視狀況而定目標與行動／波動少。
　　　－：目標與行動矛盾／負向力量。

二、制度性因素刺激與影響下的各黨意識形態定位

　　本段將綜合分析2005-2009年間，德國聯邦各政黨的意識形態重點，將可說明各政黨進行立法政策、或官職追求合作上的難易程度，進而有利於瞭解政黨們行為和政黨目標的關係。根據克林曼（Hans-Dieter Klingemann）與福肯斯（Andrea Volkens）彙整1948-1998年五大政黨於歷次聯邦議會選舉各項黨綱主張後，有關意識形態分類的研究結果（表10-4），其將傳統的左右意識形態細分出五項的代表性內容，分別為右派：自由、社會市場經濟、保守主義、有限福利國家、軍事安全；與左派對應的民主、計畫經濟、文化多元主義、建立福利國家、和平與裁軍（Klingemann und Volkens, 2002: 521）。在此基礎上筆者因應1970年代末期，後工業社會中綠黨崛起所反映的生態主義社會分歧現象，新增生態主義價值面向，[17]來探討政黨中生態中心論v.s. 科技中心論的意識形態傾向。[18]希冀勾勒出五大政黨意識形態定位。

　　表10-4顯示：「社會市場經濟」是五大政黨經濟領域的選舉黨綱內容中，不分左右黨派區分，具備超過55%傾向的共同主張。另一個讓五政黨跨越傳統左右路線的主張是左傾的「建立福利國家」內容。五大政黨中，即使是強烈主張自由競爭的自民黨與聯盟黨，在德國進入已開發國家之列，福利國家思潮當道時，都必須順應時勢發展與民眾所需，而在此議題的相關黨綱中顯示出94.4 %以上的內容都與此議題相關（Klingemann und Volkens, 2002: 521）。這意味著重視軟硬體設施福利，強調公平正義、與促進生活條件差異整合的左派核心價值，已經成為不分左右政黨差別的社會主流了。不過即使各黨均重視「福利國家」議題，但卻因為實踐福利國的立論基礎與途徑方式不同，而能各自吸引選民支持。

---

[17] 生態主義都包含了兩大思想主軸：一為人類和自然的關係是遠離人本中心主義論，另一則是接受成長是有限度的。

[18] 生態中心論者則認為大自然最為重要，人和其他動植物，乃至於理化環境都屬於生態自然的一部分，生態環境若破壞，人也將無所依靠，這為前現代和後現代主義的思維。相對地則為現代主義的「人類中心論」，其核心是將人類的利益置於優先的最高地位，一切萬物與環境皆為人類所用，以剝削、管理、宰制、予取予求的方式對付大自然，進而因破壞自然而產生危機（Naess, 1989; Carson, 1985）。當人本中心主義與人類對運用與掌握科技的能力結合時，在社會裡就形成了一個以科技中心和生態中心的社會分歧。

表10-4　1948-1998年五大政黨在左右議題立場上的平均分布差距

右	左	民社黨%ᵃ		綠黨%ᵇ		社民黨%		自民黨%		聯盟黨%	
右	左	右	左	右	左	右	左	右	左	右	左
自由	民主	33.3	V 66.7	51.2	48.8	39.0	V 61.0	V 65.9	34.1	V 69.1	30.9
社會市場經濟	計畫經濟	55.4	44.6	73.0	27.0	87.6	12.6	99.3	0.7	99.1	0.9
保守主義	文化多元主義	39.1	V 60.9	40.2	V 59.8	V 87.8	12.2	V 54.5	45.5	V 98.3	1.7
有限福利國家	建立福利國家	0.0	100.	0.6	99.4	1.2	98.8	5.6	94.4	3.7	96.3
軍事的安全	和平與裁軍	0.2	V 99.8	0.1	V 99.9	30.3	V 69.7	30.9	V 69.1	V 62.4	37.6

資料來源：Klingemann und Volkens (2002: 521)。

說明：ᵃ 民社黨為1990-1998年的資料，民社黨為左黨前身之一。

　　　ᵇ 綠黨為1983-1998年的資料。

　　　V：為某黨該項意識形態於左右分類中較具明顯特色之註記。

　　簡而言之，由於五大黨均強調「社會市場經濟」，並在建立「福利國家」的基礎上推動重大的經濟與社會福利政策，這就形成德國政治上非常重要的政黨共識基礎；而為了利於區分各政黨間最新的黨綱意識形態差異，將以政黨因應2009年聯邦議會選舉最新的選舉黨綱意識形態傾向來討論（參見表10-5）。表10-5裡的19項選舉政見中，基本主張所根基的社會市場價值，除了左黨提出市場經濟的質疑外，其他四黨均以其作為基礎。而在福利國家制度的保障上，五黨在勞動就業、退休、健康與教育上都給予重視，只是在國家資源投入的形式與多寡上，有所不同，因此要區分德國聯邦五政黨組成的溫和意識形態政黨體系的差異，僅有從較為分歧的政見中去查覺。

表10-5　2009年德國聯邦議會選舉五大政黨的選舉政見重點比較

基本主張	聯盟黨主張社會市場經濟的核心價值，要求鞏固社會市場經濟，但反對以企業方式治理國家，政府要喚醒市場自我恢復的能力，這要從預算整合、調降稅率政策與投資未來發展性達成。社民黨強調「社會市場經濟」的核心價值，但認為金融危機是利益極大化、失去以人為中心的意識形態的結果，主張建立一個強大而有能的國家。自民黨主張社會市場經濟，清楚強調「自由責任和更少的國家干預」，主張簡化低額且制定公平的稅率，反對社會民主福利國的行政官僚造成過度干預的不良後果。綠黨的政見是「綠色嶄新的社會」，主張德國不該重回70年代或是東德時期。新的社會要在生態平等政治參與、社會安全的聯繫下成就獨立人格。其主張包括氣候、平等和自由的議題。綠黨認為現在是新工業革命時代，太陽能的時代已經來臨。左黨認為資本主義市場經濟失效，全球性的資本不復以往能保證維持相當不錯的生活條件。左黨提供兩大黨之外的新的選擇：選擇努力提升整體社會，視人們的需要為中心，並讓國家更社會化。
勞動就業	聯盟黨與自民黨反對制定法定最低工資。 社民黨、綠黨和左黨則支持設立。 所有政黨均支持就業媒合機制繼續發展，並以不同形式出現。
稅務	聯盟黨和社民黨將降低進口稅率。 自民黨將重新調整德國稅制，並降為三類明確的稅基。 社民黨、綠黨與左黨將提高最高稅基，短期股票交易稅也應該課徵。
財政危機	所有政黨都主張強化財政市場以避免繼續發生危機。 當聯盟黨、社民黨、自民黨與綠黨主張更多透明與監督時，左黨更進一步主張：銀行的國有化，而投機的金融工具和對沖基金都應禁止。
退休	所有政黨都支持法定退休金繼續實施，並且應該在德東德西有一套平衡的退休體系。 不同之處在於：未來私人的老年照顧應該扮演何種角色。
健康衛生	所有政黨都支持預防性措施的重要，以便及早瞭解並避免疾病。 綠黨和左黨要廢除門診的費用和其他附加支出。 自民黨也反對門診費用，但支持自行負擔的政策。自民黨、綠黨和左黨批評健康基金的設置，將取消之。
家庭	所有政黨都支持給予孩童更多長期且免費的照顧機會。 父母津貼應該繼續進行，且以不同形式發放。除了聯盟黨之外，所有政黨將特別給予單親家庭和雙親家庭一樣的生活條件之社群支持。
教育	所有政黨都將投入更多經費在教育和教育設施的品質上。 社民黨、綠黨和左黨反對學費之收取，自民黨將授權高校自行決定學費之高低。除了聯盟黨之外，所有政黨將改革聯邦教育補助制度，協助更多人們學習。
核能	聯盟黨和自民黨將延長核電廠的有效使用年限。 社民黨和綠黨支持有關2021年核能退出的協議繼續有效。 左黨要求立刻停止核電廠核能設施。 聯盟黨、社民黨和自民黨將繼續探勘Gorleben作為最終堆置場的活動，而綠黨與左黨則將繼續挑戰前述的任務。

表10-5　2009年德國聯邦議會選舉五大政黨的選舉政見重點比較（續）

能源	所有政黨都支持強化公民對能源有效使用的敏感度。也對再生能源使用設施的設置和時間表無有疑問。聯盟黨主張2020年的能源將有20％使用再生能源，綠黨則強調應於2040年前完全改裝能源系統。
環境	所有政黨支持強化動物保護，以及農業土地的使用，也提倡森林或海的保護地區應該擴大。社民黨、自民黨與綠黨則將引進環境法典，以便達成聯邦實施的一致性。
氣候變遷	所有政黨在其選舉政見中確立減少溫室氣體排放。此外碳排放交易雖將持續，但將修訂。除了左黨之外的所有政黨都認為在歐巴馬所領導的美國政府時期，國際間有機會達成對抗氣候變遷的全球戰略。
歐洲政策	所有政黨都視歐盟為外交重要的場域。所有政黨都強調歐盟在不同角度上進行或多或少的改革。例如：聯盟黨與自民黨重視：降低官僚結構；社民黨重視工作權；綠黨重視外交政策；左黨則重經濟政策等。當社民黨和綠黨清楚支持擴大政策時，聯盟黨和自民黨則持保留態度，並希望新加入國家必須通過入盟能力的檢測。
聯邦國防軍	聯盟黨確立防禦義務時，社民黨也持繼續發展的態度，但自民黨、綠黨甚至是左黨想要完全取消防禦義務。 除左黨外，其他政黨支持在符合嚴格的條件下，聯邦國防軍可參與國外出兵任務。
阿富汗問題	除了左黨之外，四大黨支持聯邦國防軍在阿富汗的駐防任務。但他們也要求駐防期間，聯邦國防軍應該加強對國家結構的重建。
反恐	五大政黨均認為恐怖主義為德國最嚴峻的挑戰。自民黨、綠黨和左黨在黨綱中特別強調反恐活動對人權的傷害。而聯盟黨則支持在緊急狀態時，聯邦國防軍得參與國內事務；然而其他政黨則反對。
資料保護	除了聯盟黨之外的所有政黨都反對資料儲存時由國家進行資料儲備，並支持雇員個人資料保護。自民黨和綠黨甚至認為應將資料保護置入基本法中。
網路	所有政黨支持快速網路建制的設備擴及邦層級，以及進行智慧財產權法的改革。聯盟黨特別強調封鎖有關兒童色情圖畫的內容，自民黨、綠黨與左黨則反對。社民黨則並未對此表示意見。網路搜索的議題僅出現在小政黨上。
移民	兩大政黨都支持透過更多的教育來促進移民的整合。社民黨、自民黨、綠黨和左黨支持雙重國籍，並將簡化依親移入的規範。聯盟黨則反對雙重國籍制度的引進。

資料來源：Tagesschau（2009）。

例如：在國家安全與個人自由上：聯盟黨對資料保護與網路使用，採取國家應當介入管理的態度，但包括執政後期的盟友自民黨在內的其他四黨都採尊重個人資料保護，和尊重網路的自由使用權。基於同樣理由，聯盟黨也主張於必要的緊急狀態，聯邦國防軍得以參與內政秩序的維護，但其他四黨予以強烈反對。

至於歐洲政策上，所有政黨都視歐洲政策為重要場域，但以歐盟擴大來檢視，聯盟黨與自民黨持保留態度，須達一定條件才可。而社民黨則清楚支持多元主義看法，如：對土耳其的加入持正面態度。在國內的雙重國籍承認上，聯盟黨持反對態度，但其他四黨以正面看待，顯示出聯盟黨的保守性。

而在社福財稅政策上，左派政黨與右派政黨的差異明顯：(1)最低工資上：聯盟黨與自民黨反對制定法定最低工資。社民黨、綠黨和左黨則支持設立。(2)稅制改革上，社民黨、綠黨與左黨將提高最高稅基，短期股票交易稅也應該課徵；但兩大黨則要降低進口稅率。(3)財政危機上，左黨主張銀行國有化，來取代銀行資訊透明與加強監督。(4)健保制度上，左派的綠黨和左黨要廢除門診附加費的收取、自民黨則支持自行負擔。(5)孩童免費照顧與教育上之資金投入為各黨所主張，各黨也多主張給與父母津貼與教育補助，但在經費有限的狀況下，聯盟黨並不主張普遍性一視同仁的社福支出補助。

至於在生態主義面向上，鑒於德國在全球氣候變遷議題上的重要責任，以及能源經濟選項兼具經濟、倫理等價值意涵，因此以政黨對能源使用之主張來檢視。基民盟亟思於再生能源發展未臻成熟前，將核能作為減碳能源的替代方案，以核電廠延役方式來進行，至於再生能源將於2020占30%電力來源，這在其2009年聯邦議會選舉中成為黨綱內容（CDU/ CSU, 2009: 24-27）。自民黨在生態議題上，視核能為過渡型技術、儘快廢核是錯誤、而在適當條件下，燃煤電廠應繼續興建（FDP, 2009: 52-66）。社民黨在生態議題上，訂出2021年要退出核電計畫，並有條件興建新的燃煤與天然氣電廠，2030年時再生能源預估占50%電力，國家並應參與智慧電網之設立（SPD, 2009: 17-21）。綠黨在能源政策上，主張儘快廢核，停止興建燃煤電廠，採用累進能源稅和國家參與智慧電網的建構（Die Grünen, 2009: 60-77）。左黨在環境政策部分有著綠黨的綠色立場；能源政策上主張立即廢核、不再興建燃煤電廠，能源集團也應該國有化（Die Linke, 2009: 12-16）。

總結五黨在意識形態的定位，基民盟為強調市場競爭功能，保守且兼具傳統家庭價值、和偏科技中心論的大黨。社民黨則是本質為一主張社會主義市場經濟、重視社會保障與福利、自由主義與較偏向生態中心論的政黨，但卻因為黨內左派與

右派權力鬥爭，加上外部其他政黨相逼，因此意識形態經常左右擺盪；兩大黨的意識形態差異在財稅經濟與能源政策上。自民黨明顯是以自由競爭、提升教育投資與創新來創造成長、及降低稅賦來刺激就業需求；但生態領域上為偏科技中心論之政黨。在核心的財經政策和新領域的能源政策上，聯盟黨和自民黨的主張有很大的相似性，合作空間大。

綠黨的核心價值是「生態」，並透過該生態主張與工具和其他領域的教育、社會、經濟、財稅政策結合，在生態社會市場主義下，強調自由主義個人保障，所以明顯是生態中心論的政黨；除了生態主張的差異，綠黨在自由主義與創新理念與自民黨有合作空間；但在生態與公平正義的主張上，綠黨和社民黨的觀念則較契合，也因此綠黨曾和社民黨執政；為社民黨設定的主要執政夥伴。

左黨則為強烈的社會主義者，國家介入各政策層面，以國有化與提高稅收為工具，來維持正義與個人權利的自由與保障；因支持廢核，不興建新煤廠，因此偏向生態中心論。左黨認為唯有強大的國家才能解決社會問題，國家應該持續不斷地保護人民避免生存的危機（Jesse and Lang, 2008: 199）。左黨不排斥參與政府執政，其認為相較於社民黨自己更能代表社會主義者的聲音。再者，其並未刻意避開社民黨，也未直接否認社民黨可能是未來執政的合作夥伴，僅表示將來有機會執政時，社民黨可能列為考慮名單（Die Linke, 2007: 18）。

分析完影響德國五大政黨行為因素的政黨組織與政黨意識形態定位因素後，筆者根據史托姆競爭性政黨理論中「政黨目標-影響因素-行為」之架構，將梅克爾大聯合政府時期主要影響因素對德國聯邦主要政黨目標與行為分析的結果，彙整成表10-6說明之。

面對2009年聯邦議會大選，選前有共識也有分歧的五黨意識形態，除顯示選後各自結盟執政的可能性外，也呈現合作的難易程度。例如：聯盟黨不可能和意識形態差異最大的左黨合作。而自民黨在經濟政策上採自由主義，因被聯盟黨和社民黨所接受，加上過去曾與兩大黨執政，因此成為兩大黨積極爭取的執政對象。然在經歷三、四年黑紅執政時而偏左，時而偏右經常爭執的財經、社會福利政策實施，兩大黨分道揚鑣後，可能結盟的方向已經出現各自回到傳統路線的態勢，來爭取選民支持，在估量過去在聯邦與邦的執政合作經驗時，此時主要呈現黑黃 v.s. 紅綠的對抗主軸。惟在政黨目標落實的能力上，其和政黨領袖強度息息相關，進而能吸納選民的支持，轉為選票；很清楚地，自民黨、基民盟受益於領袖優勢，所以比左派政黨中僅有左黨具有領袖強度上的優勢，相對之下，右派黑黃的政黨結盟行為和政

表10-6　梅克爾大聯合政府時期聯邦層面政黨目標—影響因素—行為分析表（2005. 11-2009.10）

	政黨組織因素					制度性因素	結果
	政黨領袖強度				領袖課責（更替次數）	政黨意識形態定位	邦政府內合作政黨之組成
	政黨領袖觀點		可強化領袖支持度				
	官職	政策	政黨組織權威	積極者支持			
基民盟	+	○	+	+	0	強調市場經濟，兼具傳統家庭價值和偏科技中心論。	黑黃、黑紅、黑綠、黑黃綠
基社盟	+	−	−/+ᵃ	−/+ᵃ	2		黑黃
社民黨	+	−	−	−	3	兼具社會保障與市場經濟、自由主義；為較偏向生態中心論政黨，但經常左右擺盪。	紅綠、紅紅、紅黑
自民黨	+	+	+	+	0	自由市場競爭、創新自由主義，和偏科技中心論的政黨。	黑黃
綠黨	+	○	−	○	1	生態社會市場經濟、自由主義、生態中心論的政黨。	紅綠、黑綠、黑黃綠
左黨	○	+	+	+	0	社會主義經濟、強調國家角色，自由主義，偏生態中心主義。	紅紅

資料來源：作者自製。

說明：ᵃ基社盟自2008年10月後，社赫弗身兼基社盟主席和巴伐利亞邦總理後，大力改革，因此政黨組織權威與積極者支持部分轉向正面。

　　　＋：目標明確、行動堅定／正向力量。

　　　○：視狀況而定目標與行動／波動少。

　　　－：目標與行動矛盾／負向力量。

黨目標的實現，較易實現，並容易獲得選民支持，轉而為具體的執政地位。原來執政的社民黨和綠黨與左黨的關係，如何互動以接近執政地位或推展政策之目標，其中均充滿競合狀況。然不管如何，其過程非一蹴可及，後文將針對此一重點，來分析朝野的實際互動。

肆、朝野政黨在聯邦政治的互動

分析完德國梅克爾大聯合政府時期影響聯邦五大政黨個別目標和行為的關聯性後，本節將在此基礎上，討論朝野政黨在實際政治場域中的互動，以實例來驗證前述理論性的適用狀況。然此之前，先簡單描述執政聯盟內部的關係，再討論朝野關係，將較能完整瞭解該時期德國主要政黨的關係與行為特色。

聯盟黨和社民黨於2005年11月執政起，持續了約半年的蜜月關係後，兩黨即在幾個重要法案與議題上發生嚴重的衝突，尤其於2006年5月底聯邦執政委員會（Koalitionsausschuss）開始討論健保制度改革法案起，至2007年2月2日聯邦議會完成該法的三讀過程中，兩大黨內部都有強烈的不滿聲浪，[19]導致聯邦議會三讀議決該案時，仍各自有33與35席黨籍議員未支持該案，該案的同意比例僅有63.9%，遠低於大聯合政府所占約72.9%的議席比例（Bundestag, 2007）。之後，基民盟、基社盟與社民黨在家庭政策（父母津貼）、外國人與居留法（Ausländer- und Bleiberecht）[20]、美國在東歐部署防禦飛彈的計畫、最低工資幾個法案中，都有明顯的意見衝突。民意對出爐的安協方案滿意程度也不高，為此三大黨領袖的協商關係甚為惡劣。惟在此一階段，曾出現短暫一年關係和緩的狀況，此即總理梅克爾因為德國成功舉辦幾項大型國際賽會，如：世界杯足球賽、擔任歐盟輪值主席國，成功說服其他國家對歐盟憲法條約的替代方案「改革條約」達成共識、以及七大工業國家的高峰會。透過後兩者的高峰會外交（Gipfeldiplomatie），意外替梅克爾製造政治利多（Niclauß, 2008: 6），也舒緩人民對黑紅執政的不滿。

但2007年10月社民黨在黨主席貝克主導下，黨代表大會通過重回社會主義路線的「漢堡黨綱」、11月起商議的郵政人員最低工資案也遲未定案、社民黨勞工部長明特菲凌和基社盟經濟部長葛羅斯，在第二失業金數額之間無法取得妥協，一再加劇內閣政府不和的現象，曾導致梅克爾聲望大跌11%。這顯示兩大黨政策與意識形態的重大差異，實在難以抵擋政治領袖主觀上結盟執政的意欲和用心，埋下兩大黨下一屆期，可能不再合作的種子。於是兩大黨重新回到政黨發展的本位思考，如

---

[19] 「聯邦議員法」第47條第1項：「黨團應共同參與聯邦議會任務之執行。黨團作為聯邦議會獨立的成員，也應該控制與減輕聯邦議會意見形成與議決過程之負擔」。議員們多認為身為黨團成員，依前述規範，他們在政府決策過程中，應該預先被徵詢意見，而非僅是於決策尾聲階段有小幅修訂之權限。

[20] 該法案准許某些具備融入能力的外國人得以獲得一段長時間的居留狀態，居留期間並可工作。

何爭取下次選舉的選票極大化,進而與其他可能執政伙伴結盟,繼續維持執政地位的策略,就隨之開展;特別於2007-2008年交替之際,隨著第16屆聯邦議會進入後半會期的第三年,邦層面的黑森邦與漢堡議會選舉後,兩大黨和其他主要小黨的關係,也出現明顯變化。

此節將根據史托姆競爭性政黨理論,分別從:(1)政策立法決策;(2)聯邦官職的追求,來分析朝野政黨的行為。

一、政策立法面向的觀察

(一)聯邦議會中的朝野政黨的立法關係

1.立法關係

第16屆聯邦立法統計資料(表10-7)顯示:在提案階段,各政黨就有摒棄黨派意見,聯合提出法律案的情形,分別為:五黨聯合提出2件,[21]黑紅兩大黨與自民黨、綠黨的共同提案數為8,黑紅兩大黨和自民黨合提的有4件,黑紅和綠黨提出的則為2件(Bundestagsbibliothek, 2010)。值得注意的是:這16個法案都被聯邦議會通過,顯然這幾個提案政黨在各該法案上的立場意見相當一致,有著法案提案與審議上的合作。五大黨合作的議案為:修改「記憶、責任與未來基金會」法[22](Stiftung Erinnerung Antwortung und Zukunft)(EVZ Stiftung, 2012),因為其是德國各界對納粹時期作為共同形成的反省、補償與展望機制,因此獲得不分黨派五大聯邦政黨之聯合提案與支持。至於黑紅兩黨與自民黨、綠黨之共同提案的八個法律案,主要分成三領域:有三項是關於歐盟事務參與加強,及因應歐盟條約修改之基本法修改;兩項是有關聯邦議員與保護權限修改;另外三項分別為基本法修改、聯邦總統選舉法修改和有關納粹時期非法判決處罰照護取消之修改等。與自民黨共同提案的四項則是修改聯邦-邦事務合作的法律、基本法45d,和選舉監察法的修

---

[21] 這包括2006. 11. 30. 五黨共同提出的「回憶、責任與未來」基金會法的第四次修訂(Viertes Gesetz zur Änderung es Gesetzes zur Errichtun einer Stiftung "Erinnerung, Verantwortun und Zukunft"),和兩年後2008. 4. 22. 接續提出的「記憶、責任與未來」基金會法第五次修訂。

[22] 「記憶、責任與未來」基金會成立於2000年,宗旨是記憶德國與歐洲境內的衝突歷史,增進對不同文化與猶太人在歐洲歷史中的認識與理解、提升人權行動、對納粹時期的受害者有責任並給予應有之賠償。

訂、國會加強對聯邦新聞服務的監督等。與綠黨共同提案則爲強化與擴大聯邦議會與參議院對歐洲事務參與的權限，和對德東秘密警察文件法的修訂。從前述可看出綠黨與自民黨對德國國會增加對歐盟事務的參與有重大利益，因此與兩大黨共同提案，並支持法案通過。當然也顯出自民黨相較於綠黨在法案上，與兩大黨有更多的利益交集。

　　除了五大黨出現兩草案合作提案的情形外，黑紅兩大黨均曾和自民黨與綠黨共同或分別合作過，唯獨未出現黑紅兩執政黨和左黨聯合提案的情形，這或可解釋爲兩大黨與左黨的政策立場差異仍大；或同時，左黨的提案內容並未被兩大政黨視爲可行方案所以未加以重視。此外，三小黨各提了43-48個法律草案，總數達到135個，但聯邦議會並未通過一個，顯示出未被兩大黨支持的草案，絕無可能獲得聯邦議會多數支持。

表10-7　立法過程統計數字—第16會期概覽（2010年4月21日）

1. 聯邦參議院、聯邦議會提案總計	
政府提案	539
各邦提案	167
會期前已交付聯邦參議院之提案	13
聯邦議會提案	264
2. 聯邦議會提案	905
政府提案	537
聯邦參議院提案	104
聯邦議會提案	264
聯盟黨、社民黨、自民黨、左黨、綠黨	2
聯盟黨、社民黨、自民黨、綠黨	8
聯盟黨、社民黨、自民黨	4
聯盟黨、社民黨、綠黨	2
聯盟黨、社民黨	97
自民黨	44
左黨	43

表10-7　立法過程統計數字—第16會期概覽（2010年4月21日）（續）

綠黨	48
非黨團提案	16
3. 聯邦議會第一階段審查法案	852
4. 聯邦議會通過	616
政府提案	488
聯邦參議院提案	19
聯邦議會提案	89
聯盟黨、社民黨、自民黨、左黨、綠黨	2
聯盟黨、社民黨、自民黨、綠黨	8
聯盟黨、社民黨、自民黨	4
聯盟黨、社民黨、綠黨	2
聯盟黨、社民黨	70
自民黨	0
左黨	0
綠黨	0
非黨團提案	3
5. 進入聯邦參議院處理的法案	
（包括第二回合議決和組成兩院協調委員會者）	616
參議院否決之法案	1
參議院提出「異議」之法案	3
由聯邦議會否決參議院異議之法案	3
6. 總統公布之法律 *	613
為須參議院通過之法律	256 (41.8%)
不需參議院通過之法律	357 (58.2%)

資料來源：Bundestag（2010b）。

　　檢視執政聯盟或聯邦政府提出的法案通過得票率和各政黨投票的情形，除了可看出執政黨內的政黨關係和諧度，以及對共同提案的支持度外；也可查知其他政黨對該等法案內容，或是對執政黨的附和程度。根據聯邦議會法案議決結果，發現在多項國際維和行動案的表決中，只要不涉及出兵行動，或是雖涉及出兵軍事行動但出兵地點屬於低風險之地區，其所獲得的同意票都高於執政聯盟全部議員數的總和。依據聯邦議會官網記名投票的結果顯示：2007年3月以來，在124項記名投票案中，有2項提案獲得自民黨、左黨與綠黨三黨集體性的同意支持，一為有關基本法財政稅收權限調整與行政管理之基本法條文（§106、§106b、§107、§108）修改，屬於德國因應全球金融危機下為穩定財政與就業包裹立法下的一部分；另一則是否決聯邦參議院有關「律師及公證人任用權益程序現代化」之提案投票，前項投票無人反對；後項投票則僅有一無黨籍議員投反對票（參見表10-8）。

表10-8　部分獲其他小黨支持通過的法案

時間	法案名稱	同意	反對	廢票	執政黨支持	（他黨支持）
2007.03.09	修正勞工派遣法之第一草案－聯邦政府提案	500 90.91%	50 9.09%	0 0.00%	Union 206 SPD196	左黨47 綠49
2007.04.27	德國派兵參與蘇丹之和平行動	497 90.04%	32 5.8%	23 4.17%	Union 200 SPD202	自民52 綠45
2007.06.14	德國派兵進駐外國與贊成AMIS監督委員會	506 89.72%	40 7.09%	18 3.19%	Union 208 SPD201	自民50 綠47
2007.06.21	德國派兵參與科索沃之國際安全現局	515 89.41%	58 10.07%	3 0.52%	Union 205 SPD212	自民57 綠41
2007.08.11	第二次財政機關法修改提案	507 91.68%	0 0.0%	46 8.32%	Union 203 SPD201	自民60 綠43
2007.11.15	德國出兵參與Darfur計畫	512 90.14%	44 7.75%	12 2.11%	Union 203 SPD208	自民55 綠46
2007.11.15	德國出兵參與蘇丹和平行動	517 90.38%	41 7.17%	14 2.45%	Union 206 SPD208	自民57 綠46
2007.12.14	勞工派遣法之修訂案	466 84.42%	70 12.68%	16 2.9%	Union 176 SPD205	左黨39 綠44
2008.04.24	里斯本條約法之提案	515 89.72%	58 10.10%	1 0.17%	Union 198 SPD211	自民59 綠47

表10-8　部分獲其他小黨支持通過的法案（續）

時間	法案名稱	同意	反對	廢票	執政黨支持	（他黨支持）
2008.04.24	基本法修正案 （第23、45、93條） （增進兩院、憲法法院對歐盟事務的參與和司法審查）	519 90.10%	8 1.39%	49 8.51%	Union 202 SPD210	自民59 綠47
2008.06.05	聯邦軍進駐科索沃	499 89.27%	57 10.20%	3 0.54%	Union 204 SPD198	自民56 綠41
2008.09.25	短程交通費補貼	450 82.27%	96 17.55%	1 0.18%	Union 203 SPD200	綠47
2008.10.17	財政市場穩定法	476 82.64%	99 17.19%	1 0.17%	Union 213 SPD207	自民55
2008.12.19	聯邦軍進駐阿特蘭大以抵禦海盜議案	491 87.99%	55 9.86%	12 2.15%	Union 209 SPD194	自民53 綠35
2009.02.13	基本法修正案 （第106、106b、107、108） （財政稅收權限移轉以因應金融危機）	562 100%	0 0.0%	0 0.0%	Union 209 SPD204	自民53 左黨49 綠46
2009.05.13	妊娠時期之困境救助案	461 82.91%	62 11.15%	33 5.94%	Union 207 SPD199	綠45 自民10
2009.05.28	聯邦軍進駐科索沃	503 89.03%	54 9.56%	8 1.42%	Union 208 SPD208	自民48 綠39
2009.06.18	聯邦軍參與阿特蘭大行動	475 90.13%	42 7.97%	10 1.90%	Union 199 SPD192	自民52 綠31
2009.06.18	重回聯邦參議院決議：律師及公證任用權之程序現代化法案	548 99.82%	1 0.18%	0 0.0%	Union 202 SPD204	自民52 左黨41 綠48
2009.07.02	聯邦軍參與Darfur行動	478 90.19%	50 9.43%	2 0.38%	Union 190 SPD195	自民48 綠45
2009.07.02	聯邦軍參與蘇丹之和平行動	487 90.19%	39 7.22%	14 2.59%	Union 194 SPD199	自民48 綠46
2009.07.02	聯邦軍參與NATO-AWACS駐軍阿富汗	460 82.73%	81 14.57%	15 2.70%	Union 200 SPD184	自民46 綠30
2009.09.08	拓展強化國會兩院參與歐盟事務權	446 90.28%	46 9.31%	2 0.40%	Union 195 SPD171	自民39 綠40

資料來源：作者整理自Bundestag（2010a）。

　　另外124項記名投票議案中，共有23項執政聯盟所提的提案，獲得在野三黨不同程度上的集體支持而以超過聯邦議會議席八、九成的同意票數，通過這些議案，占該一時期所有記名法案通過案的18.5%比例。其中有關德國聯邦國防軍出兵參與聯合國維和活動，或是提升國會參與歐盟事務的14項提案，都獲得自民黨與綠黨議員的多數支持，比例高達11.3%。

　　自民黨與綠黨為何會支持該類提案呢？探究起來，綠黨主要是基於持續支持過去紅綠政府參與維安行動政策的延續。對自民黨而言，則是基於長期外交政策上支持右派政府，以積極方式參與國際維和行動而顯現的投票行為。

　　至於其他類型有關社會政策與經濟議題等法案，也有獲得綠黨、自民黨與左黨支持之情形。獲得左黨支持的法案則為重視勞工權益之法案如：「修正的雇員派遣法第一草案」等。自民黨也曾單獨支持「財政市場穩定法」，希望儘速恢復金融秩序，以促進自由經濟。綠黨則單獨支持「短程交通費補貼法」的立法，這將提升乘客搭乘大眾運輸工具的意願，而對環境友善。三小黨對三項黑紅提案的支持，分別反映三黨議題重視的差別。更重要地亦顯示出：某些執政聯盟之提案，也能關照在野黨人士的意見；在此前提下，在野黨對執政黨政策提案上之投票狀況，並非完全依照典型的意識形態差距來進行，顯現德國國會政黨理性溝通。

　　前述在野黨對執政聯盟法案支持的現象，若從政黨競爭行為的角度分析，即出現綠黨多數於此23項法案中支持了22項、多數自民黨議員支持20項法案，以及左黨支持3項法案的結果。這顯示在前述以聯邦國防軍派兵進駐低風險地區或非軍事性的維和活動、乃至於國會歐盟參與為主的法案中，綠黨投票支持黑紅政府主導的法案情形，比自民黨還多；意味著在許多外交事務上，綠黨的外交政策走務實路線，以致於和自民黨的右派路線少有差異，趨同於黑紅執政的外交路線。

2. 聯邦議會政黨對聯邦政府之監督

　　討論聯邦議會監督政府施政，尤其應重視在野黨所扮演的角色。國會監督的內容含括：對監督對象國家行為的後果觀察、後果評估以及規劃；而質詢權屬於國會及議員典型的監督權（呂坤煌，2008：42）。聯邦議會議事規則規定的質詢

方式包括：大質詢（große Anfragen）、[23]小質詢（kleine Anfragen）、[24]提問時間
（Fragestunde）、書面質詢及時事時間（Aktuellestunde）。表10-9為梅克爾大聯合
政府時期，各類監督方式的統計數據。大質詢的主題多為具有重大政治意涵的綜合
議題，多為在野黨所提出。自民黨、綠黨與左黨各自提出17、34、11件的大質詢，
兩大黨同期僅提出1件。對在野黨而言，可透過大質詢來主導議題，在辯論中獲致
與執政黨團公開論政與評價的資訊。自民黨、綠黨與左黨提出的小質詢數目驚人，
分別為1005、788、1505。而這些回覆的資訊，所發生的影響力大小，多視其是否
能被再運用為大質詢、或法律提案的素材，而有公開性的擴大效果而定。議員亦可
單獨提出不同形式的個別詢問（Einzelfragen von Abgeordneten）（表10-9），來監
督政府的施政績效（呂坤煌，2008：42-51）。

表10-9　國會監督能力統計數字—第16會期概覽（2010年3月5日）

I. 質詢		在野黨監督比例
大質詢	63（件）	
聯盟黨、社民黨	1	
自民黨	17	98.4%
左黨	11	
綠黨	34	
小質詢	3,299	
聯盟黨、社民黨	1	
自民黨	1,005	99.97%
左黨	1,505	
綠黨	788	
議員個別質詢		
a) 口頭質詢	2,703	
聯盟黨	130	

[23] 大質詢根據聯邦議會議事規則75條第1項第5款、76條第1項及100條第1項之規定，為聯邦議
會任一黨團或議員總額百分之五，得向議長提出對於聯邦政府之大質詢。將該通知聯邦政府
後，並要求聯邦政府表示何時答覆之。
[24] 小質詢提出後根據議事規則104條第2項，議長應要求聯邦政府於14天內回覆，不然得展延期
限。

表10-9　國會監督能力統計數字—第16會期概覽（2010年3月5日）（續）

社民黨	35	
自民黨	383	93.9%
左黨	977	
綠黨	1,176	
無黨團	2	
b) 書面質詢	12,789	
聯盟黨	2,053	
社民黨	772	
自民黨	4,087	77.9%
左黨	2,881	
綠黨	2,821	
無黨團	175	
c) 緊急質詢	111	
自民黨	18	100%
左黨	41	
綠黨	52	
II. 其他相關統計數字		
時事時間	113	
聯邦議會的問題時間	67	
聯邦政府問題時間	59	

資料來源：Bibliothek des Bundestags（2010）。

　　被媒體喻為「使國會辯論具有及時反映時政意義」的「時事時間」運用，多由黨團主席或黨內具專家背景的議員代表上台發言，企圖透過精采言詞辯詰，發表該黨之政策立場；因能引發各黨政策重新評估與再度精準確立價值的作用，常有爆炸性的吸睛效果（呂坤煌，2008：51-53）。表10-10顯示該期間共舉行113件「時事時間」，由基民盟單獨提出者有1次，黑紅執政聯盟提出者有18次。其他單獨由自民黨、綠黨與左黨提出者分別有24、35、27。至於跨黨派提出的五種組合，扣除大聯合政府的黑紅組合，其他四組合（如：黑紅綠、黃（小）紅綠、黃（小）紅、黃綠）的次數分別介於1-2次，但多為黃綠（小）紅三小黨之間的合作；較為奇特者

表10-10　時事時間統計數字—第16會期概覽（2010年3月5日）

時事時間總計	113(件)	在野黨提出比例
有別於問題時間者	102	
與問題時間相關者	11	
提出者		
聯盟黨、社民黨、綠黨	2	
聯盟黨、社民黨	18	
聯盟黨	1	
自民黨、左黨、綠黨	1	81.4%
自民黨、左黨	2	
自民黨、綠黨	2	
自民黨	24	
左黨、綠黨	1	
左黨	27	
綠黨	35	
總計	113	

資料來源：Bundestag（2010b）。

是出現兩次大聯合黑紅兩黨與綠黨合作提案運用時事時間，頗讓人驚訝三黨的合作關係，竟然可以跨越執政與在野黨之分際。

（二）朝野政黨在聯邦參議院的關係

　　朝野政黨在聯邦參議院的互動，最主要影響到聯邦政策立法的方向與效率。聯邦參議院的結構由各邦政府代表組成，因此只要邦議會改選，邦政府組成改變，就會影響聯邦參議院之政黨組成結構。其多數黨組成結構一旦與聯邦之執政聯盟不同，就可能藉著這多數杯葛「需參議院通過法律」在參議院的通過，尤其在聯邦制度改革於2006年9月生效前，基本法中有關「需參議院通過法案」項目約占所有法律案之60%，國會兩院的多數不一致將影響聯邦政府政務之推動，這也是聯邦制度改革中要減少基本法中有關「需參議院通過法案」項目的重要理由，以此來提升聯邦立法的效率。

　　表10-11為2005年梅克爾大聯合政府成立以來，聯邦參議院在各地邦議會選後不同政黨結盟所占的席次比例。2005年5月北萊茵-威斯特法倫邦議會選舉後，社民

黨失去該邦執政權，引發當時聯邦的施羅德政府認為聯邦議會裡在野的聯盟黨與自民黨，擁有參議院43席，其比例接近2/3參議院總數規模，有能力在參議院杯葛紅綠政府所提出法案，將不利聯邦政府施政，而提請聯邦總統解散聯邦議會，重新改選。2005年11月梅克爾大聯合政府成立後，僅由黑紅兩大政黨握有的席次達到36席，超過總席次之一半，若還透過政黨議事協商，廣納各邦同具執政伙伴小黨的意見，再予協商，就能順利獲取爭取法案的通過，達到最大的立法效益，進行重大政治改革。截至2009年1月底黑森邦議會改選前，黑紅兩大黨得利於掌握國會兩院多數，而順利推動政務。然而政策追求極大化，除了使法案獲得議會支持的合法正當性外，也要讓民眾滿意，並轉換為對執政黨選票的支持。如此選票極大化，和執政機會的爭取、獲取官職的目標結合時，才是三合一效果的極致；惟社民黨所獲得回饋與支持度下降迅速。另外，聯邦參議院的政黨結盟議席亦反映歷年各邦議會選舉及邦政府的更替結果，表10-11也顯示2009年1月後，兩大黨已喪失主導邦政治發展的地位，取而代之的是聯盟黨與自民黨在聯邦參議院與邦政治中的優勢。幸好，2006年7月基本法已經修改，將需聯邦參議院同意的法案條件調整，使該類法案數從原本占每屆所有法案數的比例從60%降至30-35%，後來近七成送進聯邦參議院的法案，只要法定程序走完，不管參議院通過與否，聯邦議會的同意大抵決定了該法案的命運。2009年4月3日，聯邦參議院雖然否決「解救銀行法」（Bankenrettungsgesetz），但因為聯邦參議院放棄提議成立兩院協商委員會，因此該法案完成兩院立法程序，送聯邦總統簽署生效。針對此一非「需參議院通過之法案」，即使參議院未獲多數通過，但在聯邦議會黑紅擁有73%議席情況下，根據基本法第77-78條之程序，聯邦議會的執政聯盟可輕易再以2/3多數同意該案；當該案第二回合再送至參議院表決時，因參議院中非黑紅的反對黨聯合並無獲得2/3多數否決該案之實力，多作其他行動也無法改變聯邦議會對此類法案的絕對影響力，僅是徒勞無功而已，考慮至此，參議院裡的非黑紅陣營就無意多開闢戰場，或破壞自己與黑紅兩黨的關係。

　　除了前述聯邦制度修改大大減輕聯邦參議院對聯邦立法之杯葛外，為了聯邦與邦關係和諧，或為了中央地方施政的需要，黑紅兩黨依舊須加強與聯邦參議院成員，或與邦政府進行政策協調；這也讓最具連任實力的聯盟黨，在黑紅聯合政府中陷入尷尬角色：要在現今的執政伙伴－社民黨和半年後最有可能的執政伙伴-自民黨之間，取得權力運作的平衡。這情勢轉變也讓人提前嗅出聯邦政局即將變天的味道。

表10-11 2005-2009年聯邦參議院的政黨議席席次比例變化

時間	邦議會改選影響之邦政府組成 黑紅席次增加狀況	參議院席次比 兩大黨：其他政黨（黑黃）
施羅德中間偏左政府時期		
2005.2	什烈斯威一霍爾斯坦：社民黨＋綠黨變成基民盟＋社民黨，多4	36：33（黑黃37）
2005.5	北萊茵一威斯特法倫：社民黨＋綠黨變成基民盟＋自民黨，0	36：33（黑黃43，接近2/3）
梅克爾大聯合政府時期		
2006.3	巴登一符騰堡：沒變動，還是基民盟＋自民黨，0 萊蘭一普法爾茲：社民黨＋自民黨變成社民黨，多4 薩克森一安哈特：基民盟＋自民黨變成基民盟＋社民黨，多4	36：33（黑黃43） 40：29（黑黃43） 44：25（黑黃39）
2006.9	梅克倫堡一弗波門：社民黨＋左黨變成社民黨＋基民盟，多3 柏林：沒變動，還是社民黨＋民社黨（左黨），0	47：22（黑黃39） 47：22（黑黃39）
2007.5	布萊梅：社民黨＋基民盟變成社民黨＋綠黨，少3	44：25（黑黃39）
2008.1	下薩克森：基民盟＋自民黨，沒變動。0 黑森：基民盟變成少數，左派成多數。	44：25（黑黃39） 但因組閣不成，維持原狀
2008.2	漢堡：基民盟變成基民盟＋綠黨，少3	41：28（黑黃36）
2008.9	巴伐利亞：基社盟變成基社盟＋自民黨，少6	35：34（黑黃36）
2009.1	Hessen黑森：基民盟變成基民盟＋自民黨，少5	30（未過半）：39（黑黃36）
2009.8	薩爾：基民盟變成基民盟＋自民黨＋綠黨，少3 薩克森：基民盟＋社民黨變成基民盟＋自民黨，少4 杜林根：基民盟變成基民盟＋社民黨，0	27：42（黑黃33） 23：46（黑黃37） 23：46（黑黃33）
2009.9	什烈斯威一霍爾斯坦：基民盟+社民黨變成基民盟+自民黨，少4 布蘭登堡：基民盟＋社民黨變成社民黨＋左黨，少4	19：50（黑黃37） 15：54（黑黃37）
梅克爾中間偏右政府時期		
2010.5	北萊茵一威斯特法倫，基民盟＋自民黨變成社民黨＋綠黨，0	15：54（黑黃31，未過半）

資料來源：根據Bundeswahlleiter（2011）中2005-2010歷年各邦議會選舉資料與Stüwe（2008: 26-27）彙整。

　　除了基於地方執政實力，反映到聯邦參議院的政黨結盟考量，讓各政黨在聯邦參議院立法過程中會進行跨黨立法合作外；於特殊狀況，如：2008-2009年全球面臨金融海嘯，也促使政黨立法行為改變，而出現政黨之間在中央、地方大團結與合作，在2008年10月17日聯邦參議院於金融危機嚴重時，以一致性投票結果通過財政穩定法案（Bundesrat, 2008）。

二、爭取聯邦官職議題之討論

　　2005年11月至2009年9月27日聯邦議會屆期改選前，聯邦層級的官職僅有2009年5月進行聯邦總統之改選，以及聯邦議會選舉後形成新的聯邦政府，產生聯邦總理共兩項官職的競爭。這兩項都是植基於政黨實力與結盟關係的結果，分述如下，以討論聯邦各主要政黨在官職爭取上的衝突與合作。

（一）聯邦總統選舉之討論

　　聯邦總統科勒（Horst Kohler）的第一個任期從2004年6月1日開始，當時正值紅綠聯邦政府時期，其是由聯盟黨與自民黨兩在野黨所推舉的人選，要對抗社民黨與綠黨執政聯盟的候選人，以接任社民黨籍卸任總統勞（Johannes Rau）之職務。聯邦總統是由聯邦大會（Bundesversammlung）選舉產生，其成員總額之半數由所有聯邦議會議員所組成，另外半數則由各邦議會依據各邦人口比例選出的代表組成，兩者分別反映各主要政黨在聯邦議會與邦議會的政治實力。2004年選舉時，黑黃兩黨憑藉著在邦層面的政黨多數，推出曾擔任國際貨幣基金會秘書長的科勒和紅綠兩黨提名的施望（Gesine Schwan）競選。於第一輪投票中，科勒在1,202張有效票中，即以604：589獲得絕對多數，當選為聯邦總統。五年總統任內，即使聯邦總統為一不具重要職權的虛位總統，但科勒任內因為提倡德國的愛國主義，提升國民自信心與創新改革，並且因擱置三項有違憲之虞的法案，凸顯了聯邦總統對公平正義與法治國原則維護的決心，而在民間擁有極高聲望。

　　2008年5月22日科勒主動出擊宣布其將競選下任聯邦總統，當時聯邦議會中，雖然黑紅大聯合政府約有73%的議席比例，但因兩大黨合作關係不佳，加上社民黨也決定自行推出2004年時同樣的競選對手施望來參選，而形成左右對決的情況。由於科勒任內作為，對梅克爾聯邦總理的執政並非完全配合支持，因此傳出聯盟黨並非十分情願支持科勒續選，後來考慮科勒民間聲望不墜，所以聯盟黨仍然提名科勒參選。少了社民黨在聯邦議會之支持，聯盟黨僅能在聯邦參議院積極爭取右派執政的邦政府代表支持。夾著自民黨和基民盟、基社盟在德西大邦聯合執政的優勢，並於2009年1月黑森邦邦議會後，黑黃在聯邦參議院占有過半席次多數；加上自民黨從2005年大選後，即視聯盟黨為下次聯邦議會選舉與聯合政府組閣的唯一夥伴，所以在爭取重回聯邦執政地位的考量下，自民黨願意大力奧援聯盟黨，因此聯盟黨和自民黨、自由選民黨合組右派聯盟，共同支持科勒競選連任。2009年5月23日聯邦

大會改選聯邦總統，科勒以613票再度當選。

　　該次聯邦總統選舉因為時間接近2009年9月底的聯邦議會選舉，因此也顯示各主要政黨透過此次機會，展示合組執政聯盟的意向態度與合作強度。右派政黨在聯邦總統選舉的大團結成果豐碩，在左黨另外提出自家人選投入聯邦總統選戰的情況下，社民黨的施望得票數下降。於三位候選人參選時，科勒能夠於第一輪投票就獲得絕對多數，除了表示右派政黨的合作外，也顯示右派政黨實力大增的結果。但就政治人物而言，科勒五年來所累積的民間聲望與支持，樹立全民總統地位，亦是自助人助的成功例子。

（二）朝野政黨在聯邦總理位置的競逐

　　2008年9月社民黨貝克辭去黨主席一職，放棄競逐聯邦總理的提名後，黨代表大會提名當時的聯邦外交部長史坦邁爾為聯邦總理候選人，並選出明特菲凌為新任黨主席。由於此時距離下屆聯邦議會屆期改選只剩一年光景，因此引發政黨間競選與執政結盟議題的討論。鑑於社民黨在其特別黨代表會中，決議對於其未來執政夥伴的選項保持開放態度；甚至在史坦邁爾拋出將會考慮紅黃綠的執政選項之際，當時的聯邦總理梅克爾也和自民黨主席威斯特威勒展開一場信任談話。會議主軸為2009年9月27日的聯邦議會選舉，兩黨將努力促使黑黃於2009年選後組成聯合政府；萬一未出現預期的黑黃多數聯盟狀況，兩黨主席也作出以下承諾：一是聯盟黨將不會與社民黨再次組成大聯合政府；二是自民黨也表示不會和社民黨組成紅綠燈政府。在前述情形及社民黨不尋求與左黨合作時，黑黃兩大黨將努力爭取與綠黨合作，組成黑黃綠的聯盟執政（Schuler, 2009）。雖然黑黃綠的執政組合未在聯邦層面出現，但在爭取官職最大化，務必成為執政黨地位的考量下，聯盟黨的高層顯然衡估到與黃綠兩黨合作實現自己政策主張的機會，比黑紅兩大黨繼續合作的機會大得多。而威斯特威勒則認為黑黃綠的組合，會比紅黃綠聯盟更有機會取得執政地位。不過，黑黃兩黨領袖們決議組成黑黃綠聯盟的打算，在聯盟黨與自民黨內並未成為共識，仍有許多雜聲。根據選舉研究學者薛波納爾（Klaus-Peter Schöppner）的研究顯示：聯盟黨內許多議員認為根據當時漢堡市黑綠兩黨的執政經驗，黑綠聯盟對基民盟主體認同的傷害是高於同樣為跨政黨分歧的黑紅聯盟。另外，自民黨內則有部分人士支持社民黨的史坦邁爾，而認為應該採紅黃綠的選項（Spiegel, 2008）。大聯合政府內早就對社民黨不滿的基社盟，對黑紅的繼續合作，也不期待。例如：2009年3月中旬社民黨外交部長史坦邁爾於歐寶（Opel）汽車廠出現財

政危機，發出政府將負責解決的言論時，基社盟主席社赫弗就發表：「社民黨若不滿執政聯盟，建議其應該退出執政聯盟」（ZDF, 2009）的言論，這意味著基社盟對社民黨的忍耐已經接近極限。

另一方面，從左派可能主導執政方向的社民黨角度分析，社民黨和綠黨的合作因曾有1998-2005年的紅綠合作經驗，因此當左派政黨獲得多數時，紅綠容易攜手合作。至於社民黨和左黨的組合，社民黨認為：左黨的存在與茁壯，對其發展與執政是種兩難，主因為前主席拉方田帶走重要的工會或邦層級領導人（König, 2009: 50），[25] 引發基層退黨潮，致使社民黨黨員人數急遽減少，左黨已經成為社民黨發展的最大威脅。但是面對社民黨民調支持度低迷，若要繼續維持聯邦執政地位，除了組成大聯合政府之外，和其他具備執政能力的小黨合作，維持和諧關係，就有其必要性。綜觀過去社民黨的執政經驗中，僅有柏林市於2001年起和左黨前身的民社黨有聯合執政的經驗，然這還與柏林市長沃維萊特（Klaus Wowereit）特殊的個人特質形成的高人氣有關，並不容易複製於其他邦。2008年1月黑森邦議會選舉，左派三政黨獲得過半席位，很有機會取代基民盟的政府執政。但社民黨邦總理候選人伊普希蘭提（Andrea Ypsilanti）選前排除和選後與左黨合作的矛盾作法，因無法成功說服社民黨四位議員，而使社民黨主導的紅紅綠組閣動作在黑森破局。這失敗加深主導社民黨聯邦政治路線的明特菲凌與史坦邁爾於2009年的選舉黨綱中訂下：排除與左黨合組聯邦政府的原則。其主因為：A.兩黨在聯邦政策議題內容上有重大差異（例如：在自由主義和政府權威主義的衝突、外交政策上軍事武力的使用選擇、社會國原則在「2010議程」對於公平實現的衝突）。B.基於歷史上曾有社民黨在東德時期被迫與德國共產黨合併的經驗，而懷疑左黨內部民主的程度。C.基於社民黨許多領導階層對左黨黨主席拉方田，以及對其他前社民黨籍背景的左黨幹部的懷疑，社民黨認為其為背叛者，因此社民黨難以與左黨合作（Niedermayer, 2009: 273）。

這樣的原則出爐後，聯邦交通部長提芬舍（Wolfgang Tiefensee）認為選前排除紅紅執政選項，並不是個成熟的想法。他認為：對社民黨而言，要看到左黨具備聯邦執政能力，紅紅兩黨在聯邦層面組閣，至少還要十年時間醞釀。但當時的左黨黨

---

[25] 如前社民黨巴登伍騰堡邦的主席毛爾，成為左黨德西任務的負責人；還有金屬工會的全權代理人恩斯特，也成為聯邦議員；以及眾多在德西各邦過去為勞動正義黨的幹部，多轉為左黨內政黨或黨團幹部，可以直接聽命於拉方田而執行政策方針，除了使左黨的執行成效卓著外，連帶也引發更多社民黨基層左派的支持者，投入左黨陣營。

主席兼聯邦議會黨團主席的拉方田，則對與社民黨立即合作組成聯合政府一事，抱持開放態度。他認為：「左黨想要改善人民的生活條件，當我們達到進入聯邦政府將使得我們的期待更容易實現成果時，左黨就會參與執政」（Spiegel, 2008）。

　　從前述各黨領導人物對2009年聯邦議會選舉的執政組合意向，和各黨選前的民調支持趨勢來檢視，屬於右派政黨主導的選項中，聯盟黨與自民黨支持的優先選項同為順序為：黑黃、黑黃綠。左派政黨主導的選項中，社民黨以紅黃綠為主，黑紅次之，綠黨則可右可左，或可與黑黃組成牙買加聯盟，[26]或與紅黃組成紅綠燈聯盟。左黨則僅能組成紅紅綠聯盟。由此看出，自民黨與綠黨為黑紅兩大黨在爭取執政地位時，不可少的對象。就可行性而言，自民黨在2009年聯邦議會選舉前的實力與重要性又高於綠黨，因此其結盟意向在選後主導了德國聯邦政府的組閣方向。然而，可以確定的是：黑紅兩大黨的組合在2008年底，就非五大政黨間主要的執政選項，僅有社民黨仍對此抱持希望，希冀成為其維繫執政地位的最大機會。但時不我予，9月27日聯邦議會選舉結果揭曉，原三個執政黨得票率均下降，基民盟為27.3%，基社盟為6.5%（兩者合計33.8%），社民黨的選舉結果更為二次戰後最差的一次，和2005年相較，流失11.2%的選票，僅獲得23.0%的選票支持，成為一個中型政黨；原先在野的自民黨、左黨與綠黨得票結果大躍進，均突破10%（表10-12）。這次選舉結果也呼應表10-11所示，一方面黑紅兩大黨於2009年1月起失去聯邦參議院多數（30/69），失去邦層級中多數邦的執政地位；另一方面黑黃兩黨合作，在梅克爾大聯合政府期間的16邦之中，陸續取得6邦的執政權，成為最多執政地位的聯合執政形式。[27]選後獲得過半席次的右派：聯盟黨和自民黨開始進行聯合執政協商，基民盟之梅克爾續任聯邦總理，黑紅大聯合政府於2009年10月27日劃下句點。

---

[26] 牙買加國旗因為黑黃綠顏色特徵明顯，因此德國人亦以「牙買加」聯盟來稱呼「黑黃綠」聯盟或黑黃綠聯合政府。

[27] 梅克爾大聯合執政時期德國16邦中，至2009年9月27日邦的執政形式（包括9/27什列斯威—霍爾斯坦與布蘭登堡邦最新選後的執政狀況）與比例依次為：黑黃7、黑紅3、紅紅2、紅1、紅綠1、黑綠1、黑黃綠1。

表10-12　2005/2009年德國聯邦議會選舉結果比較

		投票率	聯盟黨	社民黨	自民黨	綠黨	民社黨／左黨	其他
2005	選票%	77.7	35.2	34.2	9.8	8.1	8.7	4.0
	席位	614ᵃ	226	222	61	51	54	0
2009	選票%	70.8	33.8	23.0	14.6	10.7	11.9	6.0
	席位	622ᵇ	239	146	93	68	76	0

資料來源：Bundeswahlleiter（2009a）；Bundeswahlleiter（2009b）；Bundeszentrale fur Politische Bildung（2009）。

說明：ᵃ法定當選名額為598，超額16人，其中社民黨9人、基民盟7人。

　　　ᵇ超額24人，其中基民盟21人、基社盟3人。

　　執政結盟選項的分析，除了可瞭解政黨間各自對其政策和意識形態定位與距離的評估；最後的選戰結果，亦可以檢視各政黨目標與行為之間落實的差距；此外，從政黨選舉政見的比較，亦可藉此對照政黨未來結盟的可行性。

　　從前述表10-5「2009年時德國五大政黨政見重點比較」中發現，德國聯邦議會的五大政黨在19項政策領域中的12項中，都有一些重要共識，如：勞動政策上的就業媒合機制、財政危機處理上主張強化財政市場、退休制度則支持法定退休金的實施，並在東西德之間設立平衡體系、衛生政策上則支持預防性措施的必要、家庭政策要提供孩童更多長期且免費的照顧機會、教育政策上要投注更多經費在教育的軟硬體設施、能源政策要強化公民有效使用能源的敏感度，也將繼續落實再生能源的時程表、環境政策則是主張動物保護，以及農業土地和森林海洋保護。氣候變遷上則確立減少溫室氣體排放，與碳排放交易制度的實施、外交政策上重視歐盟，同時反恐議題也是重要的政策、各黨也支持快速網路建制擴及邦層面。這顯示德國主要政黨的政策或意識形態上所呈現的互動，使德國具備溫和聚斂性的政黨體系特質。意即在前述許多政策的共識上，德國主要政黨在議會政策與法案的合作，也時有所見，所以會有表10-8中多項黑紅推出的議案，獲得自民黨與綠黨支持的情形。

　　五黨之中，除了左黨迄今無聯邦執政的經驗外，其他四黨都曾參與聯邦政府的組閣。從選舉政見中也看出左黨對市場經濟體系的失望，及更多國有化政策的主張，甚至是聯邦國防軍出兵與阿富汗問題駐軍的重大差異，因此凸顯執政組合選項中與左黨合作冷門的情形。

　　當2008年底，聯盟黨與社民黨並未將再組大聯合政府視為一年後選舉組閣的

首要選項後，政黨間的執政競爭再度回到左右陣營對抗的局面。表10-5也顯示聯盟黨與自民黨除了前述的五黨共識政策部分外，在基本主張、勞動就業、核電政策、歐洲政策上，兩黨有更多的共識。兩黨較大爭議處是在稅制改革、健康保險、與源自於反恐範圍引發的網路使用、資料保護與雙重國籍議題。在2009年9月27日聯盟黨與自民黨取得聯邦議會過半席位後，隨即展開聯合執政協商，經過三週討論所簽訂之黑黃聯合政府協議，以2013年前不加稅、2010年開始逐步減稅，減至240億歐元的規模、健保政策保費調整將先於2011年提出獨立於所得基準的費率，並簡化法定保險轉換至私人保險的程序、線上搜索需由聯邦法官決定、對於網路上的兒童色情圖畫並非予以封鎖，而是刪除。而有關資料儲存所進行的國家資料儲備，僅有在「艱難危險」狀況時才能使用（Landeszentrale fur politische Bildung Baden-Wurttemberg, 2009）。達成協議後，梅克爾於10月28日再度由聯邦議會選舉為聯邦總理，開始其第二個任期。

伍、結論

一、政黨目標、影響因素、政黨行為加實踐能力與目標結果的關係

　　第16屆聯邦議會會期中，並未出現執政黨退出聯合政府或國會提出倒閣、更替聯邦執政伙伴之情形。這段期間聯邦議會政黨結構不變，朝野的關係將僅限於國會的法案之立法關係，和聯邦官職中2009年的聯邦總統、與第17屆聯邦議會改選的新聯邦政府執政地位的爭取。根據史托姆的競爭性政黨理論本文以政黨領袖強度，黨主席能否：(1)順利整合政黨路線和擺平政黨人事紛爭；(2)具備政黨組織權威；(3)有無積極者的支援來決定，而該時期(4)黨主席的更替次數可以作為反映政黨特質，並作為再次佐證政黨領袖強度的依據。更替次數越多，政黨本身難以全身之力達成目標。第二個關鍵影響因素為意識形態定位，德國為溫和多黨制的國家，聯合政府形成和結盟政黨的意識形態息息相關，並參考該時期邦政府組成對聯邦政府執政選項所造成的試金石效應，而解釋德國五大政黨，在梅克爾大聯合政府時期的行為和目標達成的可能性和難易程度。

　　整體而言，此一時期德國聯邦政黨，都以執政取得聯邦官職為主，並努力在

此過程中發揮政策影響力。不過該項目標與政策影響力的競逐中，僅有自民黨與左黨在過程中兼顧兩者，最後自民黨順利達成執政目標。基民盟則在黑紅執政後期，改變之前須向左妥協的政策立場，逐漸回到傳統右派陣營，才得以兼顧執政與政策影響力目標的追求。各政黨達成目標的實踐力以政黨領袖強度高低為度；這也是和其他政黨互動爭取政黨利益的實力基礎，若無強有力的政黨領袖基礎，擬定正確目標、運用策略行動、政黨無法獲取有效的資源，如：黨員、選民、財物的支持而成長。社民黨就因為政黨領袖強度低，以至於無法發揮領導作用，動員資源，在政黨目的追求過程中，亦無法堅守政策立場，逐漸失去競逐執政權的主導地位，進而喪失大黨地位。

　　其次，意識形態定位和邦政治中有無聯合執政經驗，對於政黨合作意向大有影響。換言之，在野小黨實踐目標能力強者若與意識形態接近的執政黨接近，基於未來共同執政的想像，在立法政策議題上會和當時的執政黨成員有一定程度的夥伴合作關係，如：自民黨對於聯盟黨，或綠黨之於社民黨，在提案與表決時會有不同程度的部分合作、部分務實支持的投票行為，其中自民黨在提案部分與執政聯盟合作多；但在法案議決時，綠黨對黑紅有關外交出兵、增加歐盟參與之法案比自民黨的支持多。左黨僅在極少的特殊法案才有支持。左黨因無聯邦執政經驗，儘管也不排斥有機會時與社民黨聯合執政，但並未被社民黨主要領導者接受，所以在與其他四黨平常的朝野互動中，顯得特立獨行。

　　但在不涉及執政地位與政黨基本政策變更的政黨監督行為上，朝野政黨就維持著原有的朝野分際。所以在政黨大小質詢、個別議員的質詢和時事時間進行中，各在野黨的確善盡在野職責，進行各種形式的監督。然而更重要落實執政聯盟責任政治的方式，卻是以政黨內部菁英更替的方式實現。大聯合政府的執政黨和其領袖在國會中有實力不容小覷的在野黨監督、在政黨內更有因應選舉失利的壓力或黨內權位鬥爭的責任機制運作，如：社民黨與基社盟內多次的黨主席更換；這顯示梅克爾黑紅大聯合政府時期，並非缺乏監督的時期。

　　至於聯邦官職追求面向上，表10-13整理出五大政黨在聯邦總統、聯邦政府與總理上，對於政黨官職目標追求的選項與實際結果。

　　在官職追求上，因為黑紅跨左右分歧的合作，讓兩大黨互相怨懟，實力下降，黨內紛爭多，並讓小黨成長迅速，因此黑紅在2007年秋季後逐步尋求回到傳統陣營來發展。聯盟黨探詢和自民黨合作，正好符合威斯特威勒和自民黨本身的目標和利益；社民黨則尋求綠黨的支持，起自2009年的聯邦總統選舉，由黑黃陣營勝出。聯

表10-13　2009年德國主要政黨官職目標與實情分析表

政黨	執政優先選項	排除選項	少數聲音	政黨意識形態定位	邦政府組成	聯邦總統/當選票數	聯邦政府/當選席次
自民黨	聯盟黨＞聯盟黨＋綠黨	社民黨＋綠黨、左黨	紅黃綠＞黑黃綠	自由市場競爭、創新自由主義，和偏科技中心論的政黨	黑黃、紅黃、黑黃綠	科勒　613	93
聯盟黨	自民黨＞自民黨＋綠黨	社民黨、左黨	黑紅＞黑黃綠	強調市場經濟，兼具傳統家庭價值和偏科技中心論。	黑黃、黑紅、黑綠、黑黃綠		239
社民黨	開放	左黨		兼具社會保障與市場經濟、自由主義與較偏向生態中心論的政黨，但經常左右擺盪	紅綠、紅紅、紅黑	施望　503	146
綠黨	開放	無		生態社會市場經濟、自由主義、生態中心論的政黨	紅綠、黑綠、黑黃綠		68
左黨	社民黨	聯盟黨、自民黨		社會主義經濟、強調國家角色，自由主義，偏生態中心主義。	紅紅	首丹[a]　91	76

資料來源：作者自製。

說明：[a] 首丹（Peter Sodann）為左黨提出的聯邦總統候選人。

邦議會選舉，則是黑黃對決紅綠，或是次選項：黑黃綠對決紅綠黃的戰爭。黃、綠被黑、紅兩黨均視為可以結盟執政的對象。不過邦層級層面尚未出現黑黃綠的執政組合，加上為跨左右聯盟型態，意識形態差異大，因此聯盟黨和自民黨均將其視為選後出現意外結果時的備胎來應對。

二、朝野關係對德國政治的影響

（一）政黨意識形態內涵豐富

　　歸納出梅克爾黑紅大聯合政府時期朝野政黨的關係特色後，其對此一時期德國政治的影響，可從政策意識形態、執政官職兩面向述之。黑紅大聯合政府時期，當左右兩大黨因為維持官職的需求，必須接受執政協議的約束，使得聯盟黨的意識形態自然而然地向左、社民黨向右傾斜。相對而言，在意識形態政策發展的政治光譜上，右派的自民黨、部分成員系出社民黨的左黨，與後物質主義重視生態的綠黨，因而有較大的發展空間，爭取選民與黨員等支持者之重視。尤其左黨成長迅速的肇因始於社民黨的衰落，如此使得整個政黨體系分歧增加，使得在左派意識形態上，更為細分，形成聯邦政治為五黨政黨體系，呈現更為豐富的意識形態內涵。

（二）執政選項多元

　　另外，此一時期政黨領袖強度高的自民黨和左黨，在執政目標需與政策立場為後盾時，也透過黨主席角色的強化、整合政黨力量，是以邦議會與聯邦議會選舉中得票成長快速。綠黨則稍微遜色，2009年聯邦大選時得票最少。黑紅兩大黨因執政所需，政策意識形態向中間靠攏，各自偏移原有的政策立場，也失去部分支持者之支持；社民黨實力消退的情況尤其明顯。相對地，小黨們則競逐兩大黨流失的選民與黨員。為此，兩大黨於任期屆滿前一年時，著眼於競逐下屆執政地位時，在政策意識形態定位上，就逐漸轉回左右定位來爭取在傳統選民的支持；然在大黨實力已經衰退，小黨成長，原有的大小政黨實力接近時，大黨就需要其他一兩黨的參與，才能執政。這種執政新情勢不僅反映在政黨實力結構，選前從組閣選項的多元也能說明：原來的黑黃右派對抗紅綠左派路線的傳統結盟形式，也因黑黃綠對抗紅黃綠選項的浮出檯面，使得聯邦執政結盟選項多元。

　　回溯前言黑紅兩大黨在此一時期於聯邦議會約占73%議席的執政結構，而被認為朝野政治將是「大黨越大、小黨越小、施政缺乏監督、大黨意識形態趨同、多元政黨勢力被壓制、責任政治缺乏」的刻板印象。經過本文研究，發現實情是：自2008年秋天起，自民黨與聯盟黨的結盟態勢底定，此時自民黨成為聯盟黨於在野層面潛在執政伙伴的關係穩定，十分明顯。前述預期的狀況在一年後逐漸改變為：「大黨實力衰退、小黨實力增長、施政監督足夠、大黨恢復左右對抗、跨政黨分歧

執政選項增加、執政聯盟之責任政治透過政黨內部菁英更替和重要選舉的成敗實現、在野小黨若具潛在的執政結盟地位,其立法決策和官職追求的行為將與潛在執政的大黨夥伴趨同」,才是該時期德國朝野關係的真相。

展望未來,經過四年黑紅大聯合政府的施政,2009年聯邦大選後,雖然恢復左右對立之政黨型態,黑黃政府朝自由主義市場經濟方向發展,但政黨內部的領袖強度、政黨組織權威、積極者的支持等才是決定政黨實力、發展的關鍵,而這屬於政黨內部組織因素,各政黨之間差異頗大;加上歐債乃至於全球性各類危機的嚴峻衝擊,德國政黨因應環境鉅變的壓力不小。

德國黨政制度中一方面具備鼓勵多元勢力發展的各項機制,適合多元力量出現,梅克爾政府第二任期裡,就出現新興政黨如:海盜黨(Piratenpartei)在邦層級政治的崛起,和成立於2012年2月的替代選擇黨(Alternative für Deutschland)在2013年聯邦議會大選中,以全德4.7%政黨得票率,差點跨過議席分配門檻進入聯邦議會;但另一方面,該體制同樣具備淘汰功能,現有的政黨若未能反映選民意向,未獲得民眾支持,如:自民黨這原為執政黨之老牌政黨,就在2013年的大選中慘敗,無法進入聯邦議會。2013年10月起,德國聯邦政治將在僅有一個中間偏右政黨,和三個左派政黨的情況下展開新局,然對於每個有志於聯邦政治的政黨,新的挑戰又開始了。

參考書目

外文部分

Bibliothek des Bundestags. 2010. "Statistik der Parlamentarischen Initiativen – Überblick 16. Wahlperiode." Bibliothek des Bundestags.

Bundesrat. 2008. "Bundesrat stimmt Finanzmarktstabilisierungsgesetz zu." in http://www. bundesrat.de/cln_109/nn_971006/DE/presse/pm/2008/150-2008.html?__nnn=true. Latest update 20 October 2011.

Bundestag. 2007. "Namentliche Abstimmung Nr.: 1 zum Thema: Gesetzentwurf der Fraktionen der CDU/CSU und SPD über den Entwurf eines Gesetzes zur Stärkung des Wettbewerbs in der gesetzlichen Krankenversicherung (GKV-Wettbewerbsstärkungsgesetz - GKV-WSG)." Drs. 16/3100 und 16/4200.

Bundestag. 2010a. "Namentliche Abstimmungen in der 16. Wahlperiode." in http://webarchiv. bundestag.de/cgi/show.php?fileToLoad=1163 &id=1122. Latest update 13 May 2010.

Bundestag. 2010b. "Statistik der Gesetzgebung-Überblick 16. Wahlperiode. Stand: 21. 4. 2010." in http://www.bundestag.de/dokumente/parlamentsdokumentation/initiativen_wp16.pdf. Latest update 22 April 2011.

Bundestag. 2011. "Bericht über die Rechenschaftsberichte 2008 und 2009 der Parteien sowie über die Entwicklung der Parteienfinanzen gemäß § 23 Absatz 4 des Parteiengesetzes." *Deutscher Bundestag Drucksache* 17/ 8200: 44.

Bundestagsbibliothek. 2010. "Vom BT verabschiedete Gesetzentwürfe mit Beteiligung der Opposition." Bundestagsbibliothek.

Bundeswahlleiter. 2009a. "Endgültiges Ergebnis der Bundestagswahl 2009." in http://www. bundeswahlleiter.de/de/bundestagswahlen/ BTW_BUND_09/ergebnisse/bundesergebnisse/ grafik_stimmenanteile_99-2.html. Latest update 02 October 2011.

Bundeswahlleiter. 2009b. "Endgültiges Ergebnis der Bundestagswahl 2009: Sitzverteilung." in http://www.bundeswahlleiter.de/de/ bundestagswahlen/BTW_BUND_09/ergebnisse/ bundesergebnisse/grafik_sitze_99.html. Latest update 21 April 2011.

Bundeswahlleiter. 2011. "Ergebnisse der jeweils letzten Landtagswahlen." in http://www. bundeswahlleiter.de/de/landtagswahlen/ergebnisse/. Latest update 25 August 2011.

Bundeszentrale für Politische Bildung. 2009. "Überhangmandate: Nach Bundesländern. Bundestagswahlen 1949 bis 2009." in http://www.bpb.de/nachschlagen/zahlen-und-fakten/wahlen-in-deutschland/55584/ueberhangmandate. Latest update 09 July 2012.

Carson, Rachel. 1985. *Silent Spring.* Boston: Houghton Mifflin.

CDU/CSU. 2009. "Regierungsprogramm 2009-2013. 28. Juni 2009." in http://www.cdu.de/doc/pdfc/090628-beschluss-regierungsprogramm-cducsu.pdf. Latest update 10 October 2012.

Die Grünen. 2009. "Der Neue Grüne Gesellschaftsvertrag." in http://www.gruene-partei.de/cms/files/dokbin/295/295495.wahlprogramm_komplett_2009.pdf. Latest update 13 August 2011.

Die Linke. 2007. "Programmatische Eckpunkte: Programmmatisches Gründundsdokument der Partei DIE LINKE. Beschluss der Parteitage der WASG und der Linkspartei.PDS am 24. und 25. März 2007 in Dortmund." in http://www.die-linke.de/fileadmin/download/dokumente/
alt/programmatische_eckpunkte.pdf. Latest update 10 August 2011.

Die Linke. 2009. "Bundestags-progamm." in http://die-linke.de/fileadmin/ download/wahlen/pdf/LinkePV_LWP_BTW_090703b.pdf. Latest update 19 October 2012.

Downs, Anthony. 1957. *An Economic Theory of Democracy.* NewYork: Harper Collins.

EVZ Stiftung. 2012. "Handlungsfelder und ihre Projekte." in http://www.stiftung-evz.de/handlungsfelder.html. Latest update 19 July 2012.

FDP. 2009. "Beschluss des 60. Ord. Bundesparteitags der FDP." in http://www.deutschlandprogramm.de/files/653/FDP-Bundestagswahlprogramm2009.pdf. Latest update 16 October 2012.

Groennings, Sven et al. 1970. *The Study of Coalition Behavior: Theoretical Perspectives and Cases from Four Continents.* NewYork: Holt, Rinehart and Winston.

James, P. 2009. "End of an Era? The Landtagswahl in Bavaria." *German Politics* 1: 103–109.

Jesse, E. and J. P. Lang. 2008. *DIE LINKE - der smarte Extremismus einer deutschen Partei.* München: Olzog Verlag GmbH.

Klingemann, Hans-Dieter und Andrea Volkens. 2002. "Struktur und Entwicklung von Wahlprogrammenin der Bundesrepublik Deutschland 1949-1998." in Oscar W. Gabriel. usw. Hrsg. *Parteiendemokratie in Deutschland*: 507-527. Wiesbaden: Westdeutscher Verlag.

Köing, Jens. 2009. "Der Chef und sein Anwalt-Lafontaine und Gysi." in Matthias Machnig and Joachim Raschke. Hrsg. *Wohin steuert Deutschland? Bundestagswahl 2009: Ein Blick hinter die Kulissen* : 47-53. Hamburg: Hoffmann und Campe Verlag.

Landeszentrale für politische Bildung Baden-Württemberg. 2009. "*Schwarz - Gelb gewinnt die Bundestagswahl 2009.*" in http://www.bundestagswahl-bw.de/. Latest update 02 October 2011.

Laver, Michael and Norman Schofiled. 1990. *Multiparty Government: The Politics of Coalition in Europe.* New York: Oxford University Press.

Laver, Michael and Kenneth A. Shepsle. 1996. *Making and Breaking Governments.* N.Y.: Cambridge University Press.

Lijphart, Arend. 1984. "Power Sharing Versus Majority Rule: Patterns of Cabinet Formation in the Twenty Democracies." *Comparative Political Studies* 17, 2: 265-279.

Lijphart, Arend. 1999. *Pattens of Democracy: Government Forms and Performance in Thirty-Six Countries.* New Haven: Yale University Press.

Naess, Arne. 1989. *Ecology, Community, and Lifestyle: Outline of an Ecosophy.* Cambridge: Cambridge University Press.

Niclauß, K. 2008. "Kiesinger und Merkel in der Grossen Koalition." *Aus Politik und Zeitgeschichte* 16: 3-10.

Niedermayer, Oskar. 2009. "Wahleinliche und unwahrscheinliche Koalitionen." in Matthias Machnig and Joachim Raschke. Hrsg. *Wohin steuert Deutschland? Bundestagswahl 2009: Ein Blick hinter die Kulissen*: 267-279. Hamburg: Hoffmann und Campe Verlag.

Probst, Lothar. *2009.* "Wie strategiefähig sind Bündnis 90/Die Grünen im Superwahljahr 2009." in Matthias Machnig and Joachim Raschke. Hrsg. *Wohin steuert Deutschland? Bundestagswahl 2009: Ein Blick hinter die Kulissen*: 258-267. Hamburg: Hoffmann und Campe Verlag.

Riker, William H. 1962. *The Theory of Political Coalitions.* NewYork: Yale University Press.

Sartori, Giovanni. 1976. *Parties and Party System.* Cambridge: Cambridge University Press.

Schlesinger, Joseph A. 1985. "The New American Political Party." *American Political Science Review* 79: 1152-1169.

Schuler, Katharina. 2009."Wunschpartner auf Distanz Zeit online." in http://www.zeit.de/online/2009/04/merkel-westerwelle. Latest update 20 April 2011.

Spiegel. 2008. "CDU und SPD schmieden neue Bündnisse." in http://www.spiegel.de/politik/deutschland/0.1518.578048.00.html. Latest update 01 October 2011.

SPD. 2009. "Regierungsprogramm der SPD 2009 – 2013. 14. Juni 2009." in http://www.lange-spd.de/cms/upload/Downloads/regierungsprogramm -SPD_2009-2013.pdf. Latest update 16 October 2012.

Strøm, Karre. 1990. "A *Behavioral Theory of Competitive Political* Parties." A*merican journal of* Political *Science* 34, 2: 565-598.

Stüwe, Klaus. 2008. "Bundesrat in Zeiten Grosser Koalitionen." *Aus Politik und Zeitgeschichte* 16: 24-31.

Tagesschau. 2009. "Die wichtigsten Programmpunkte der Parteien auf einen Blick." in http://www.tagesschau.de/static/flash/wahl2009/ programme/. Latest update 01 October 2011.

ZDF. 2009. "Seehofer legt SPD Abschied von Koalition nahe." in http://www.heute.de/ZDFheute/inhalt/30/0,3672,7539166,00.html. Latest update 12 July 2012.

中文部分

呂坤煌。2008。《德國聯邦眾議院黨團權限之探討》。台北：立法院。

第十一章　誰是投票穩定者與變遷者？ 2008年總統選舉的實證分析*

吳重禮、崔曉倩

壹、前言

　　本章旨在探討兩項議題：首先，在2004年與2008年兩次總統選舉中，穩定投票支持藍營候選人和綠營候選人，以及兩次選舉皆無具體表態的情形爲何，而改變投票行爲（包括「由綠轉藍」、「由藍轉綠」、「由未表態轉而支持泛藍」、「由未表態轉而支持泛綠」、「由支持泛藍轉而成爲未表態」、「由支持泛綠轉而成爲未表態」）的比例又爲何？其次，穩定支持某一政黨與改變投票行爲之選民的差異所在，且其影響因素爲何？回顧2004年總統選舉，民進黨提名的陳水扁和呂秀蓮以50.11%選票，微幅領先連戰、宋楚瑜搭檔所獲得的49.89%選票，連任成功。2008年總統選舉，國民黨馬英九和蕭萬長獲得58.45%選票，而謝長廷和蘇貞昌僅取得41.55%選票，民進黨黯然交出八年的中央執政權。可以確定的是，就藍綠陣營選票「淨變量」（net/aggregate change）（黃紀，2005：5）的角度來說，在這兩次選舉中，至少有8.56%的選民改變其投票對象，至於其「總變量」（gross/individual change）則仍有待探討。簡言之，由於「投票穩定與變遷」（electoral stability and change）促使臺灣政治版圖產生明顯變化，本研究嘗試藉由實證分析，瞭解形塑臺灣民眾投票抉擇的情形及其影響因素，包括個人社會特徵及其相關政治態度的差別。

* 本論文使用資料全部採自「2005年至2008年『臺灣選舉與民主化調查』四年期研究規劃（IV）：民國九十七年總統大選民調案」（簡稱爲TEDS 2008P）（NSC 96-2420-H-004-017）。「臺灣選舉與民主化調查」多年期計畫總召集人爲國立政治大學政治學黃紀教授，TEDS 2008P是針對2008年總統選舉所執行之年度計畫，計畫主持人爲國立政治大學選舉研究中心游清鑫教授，該計畫資料由國立政治大學選舉研究中心、世新大學行政管理學系、東海大學政治學系，以及國立中山大學政治學研究所執行並釋出；詳細資料請參閱網頁：http://www.tedsnet.org。作者感謝上述機構及人員提供資料協助，惟本章之內容概由作者自行負責。此外，研究助理吳嘉玲、邱銘哲、劉自平在資料蒐集與資料處理方面的戮力協助，使本論文得以順利完成，謹誌謝忱。

　　就學術價值和實際政治觀點而言，探究投票穩定者與變遷者的基本特質，至少具有兩項重要意涵。首先，在行為學派研究中，投票抉擇為重要領域，其中投票穩定與變遷，以及「浮動選民」（floating voter；或稱「擺動選民」〔swing voter〕）相關議題，更是長期備受關注的焦點（Berelson, Lazarsfeld, and McPhee, 1954; Carmines and Stimson, 1989; Claassen, 2007; Converse, 1964; Delli Carpini and Keeter, 1996; Key, 1966; Mayer, 2007; Shively, 1992; Zaller, 2004）。甚者，在許多選舉制度化的民主國家，浮動選民係普遍存在的現象，亦成為比較政治領域的新興研究課題（Birnir, 2007; Roberts and Wibbels, 1999; Tavits, 2005）。因此，就比較政治的觀點而言，分析我國投票穩定者與變遷者的基本特質，不僅有助於瞭解選民投票行為，亦得將研究結果做為跨國比較的基礎。其次，就實際政治參考價值而言，近年來我國政治局勢變動甚鉅（諸如立法委員選舉制度改採「單一選區兩票制」導致親民黨、臺灣團結聯盟和新黨呈現式微態勢、中央政府與部分地方政權的政黨輪替、兩岸議題高度政治化，以及泛藍與泛綠朝野陣營的嚴重對峙等），因此釐清投票穩定者與變遷者的社會特徵與政治態度，對於朝野政治菁英、政黨組織，以及候選人擬定選舉動員策略與規劃競選議題，應有莫大助益。

　　鑑此，本章擬探究下列相關議題。首先，檢視相關研究文獻，扼要說明投票穩定與變遷的概念意涵，鋪陳理論架構，藉以闡明本章的研究背景與動機。其次，本章藉由「2005年至2008年『臺灣選舉與民主化調查』四年期研究規劃（IV）：民國九十七年總統大選民調案」（簡稱為TEDS 2008P）資料，呈現2004年與2008年兩次總統選舉中，各種類型的投票穩定者與變遷者比例，並且據此和社會特徵與政治態度進行「交叉分析」（cross-tabulation analyses）。再者，依據依變數特性，設立「多項勝算對數模型」（multinomial logit model）進行檢證。實證資料顯示，教育程度、省籍、政黨認同、政治興趣、族群認同、統獨立場，以及陳水扁總統施政評價，為解釋投票穩定者與變遷者的重要因素。在結論中，本章摘述研究脈絡、實證結果及其學術限制。無疑地，關於投票穩定與變遷相關研究，係值得學界持續關注的議題。

貳、投票穩定與變遷的意涵及其相關理論架構

　　行為學派研究者一向致力於界定影響民眾政治行為（尤其是選舉參與和投票抉

擇）的可能變數，以及這些變數之間的因果關係（Berelson, Lazarsfeld, and McPhee, 1954; Campbell *et al.,* 1960; Campbell, Gurin, and Miller, 1954; Conway, 2000; Downs, 1957; Huckfeldt, Ikeda, and Pappi, 2000; Huckfeldt, Sprague, and Levin, 2000; Milbrath and Goel, 1977; Rosenstone and Hansen, 2003; Schlesinger, 1986; Stone and Schaffner, 1988）。從「縱貫時序研究」（longitudinal studies）觀點視之，當投票抉擇涉及兩個以上時間點，其即屬於投票穩定與變遷的研究範疇（黃紀，2005：5）。就學理來說，投票穩定指涉的是，選民在連續幾次的選舉中，把選票投給相同政黨的一致程度；反之，投票變遷指涉的是，選民在不同時間點的選舉中，投票支持不同政黨的現象。

　　儘管探討投票穩定與變遷的學術著作甚多，然而，不同研究者對於若干議題往往抱持迥異的立場。依據筆者的分析，投票穩定與變遷的研究領域約可歸納爲四個面向。[1]其一，若干文獻描述選民的投票抉擇呈現何種變動的趨勢，以及解釋這些變動的可能肇因；舉例來說，許多研究美國政治的學者依循Key（1955, 1959）所發展「關鍵選舉」[2]（critical election）與「漸進重組」[3]（secular realignment；或稱「政黨重組」〔party realignment〕）的理論架構，彙整集體選舉資料分析選民投票行爲的長期變遷情形（Burnham, 1970; Carmines and Stimson, 1989; Merrill, Grofman, and Brunell, 2008; Nardulli, 1995; Pomper, 1967）。其二，有些研究討論究

---

[1] 必須強調的是，投票穩定與變遷所涉及的各類研究議題往往相互糾葛，互爲因果，或許並不宜截然劃分。某一項議題所蘊含的意涵，與其他問題亦有若干重疊之處。在此，爲清楚呈現討論議題，始將其區分爲四種面向。

[2] Key（1955: 16）提出「關鍵選舉」概念以描述某種特定性質的選舉類型，這種選舉所造成的結果是「明顯且持續性的政黨選民重組」（sharp and durable electoral realignment between parties），形塑嶄新的、持續性的選民結構，促使某個政黨持續勝選。Key以美國東北部城市爲分析單位，檢證1916年至1952年期間選民投票總體資料。長期政黨得票趨勢顯示，自1928年總統選舉之後，某些地區形成了新的選民群體，民主黨的得票率短期內明顯成長，並且這種情形維持到1952年。因此，1928年的選舉可視之爲關鍵選舉。這些地區的選民具有若干重要特質，包括都市型居民、高度工業化地域、外國移民後裔，以及信奉天主教等。至於在其他地區，儘管民主黨得票亦呈現明顯成長，不過卻是短暫現象，並不符合關鍵選舉「持續性」特質。

[3] 爲了修正關鍵選舉概念，Key（1959: 199）提出另一種類型的政黨重組，亦即「漸進重組」，藉此描述選民對於政黨依附感的漸進移轉。更精確地說，這是某種類別的選民對於政黨的心理依附感，從某一黨轉換到另一黨的過程，而且這種轉變延續了相當長的時間。所謂某種類別選民可能是職業、收入、宗教信仰、居住地區等方面性質相近的選民，由於某些特質使得這類選民的政黨依附感趨向同質化。欲解釋漸進重組的起動機制，吾人可以設想，相同類別選民朝向政治同質化過程，這個過程提供給政治菁英動員選民的機會，裨益其所屬政黨贏得選舉。

竟如何確切地測量投票穩定與變遷,其爭議焦點著重於「總體層級」(aggregate-level)集體資料詮釋行為結果,或者採取「個人層級」(individual-level)態度調查分析選民投票行為(Erikson, MacKuen, Stimson, 1998; Green, Palmquist, and Schickler, 1998; Hetherington, 2001; MacKuen, Erikson, and Stimson, 1989, 1992)。其三,部分研究試圖瞭解投票穩定者與變遷者之基本特質的差異(Keith *et al.*, 1992; Ladd and Hadley, 1975; Mayer, 2007;Zaller, 2004)。其四,有些著作則探討投票穩定與變遷對於政黨體系的影響與民主發展的效應(Birnir, 2007; Claassen, 2007; Roberts and Wibbels, 1999)。近來,國內學界援引投票穩定研究脈絡,運用於本土化研究,已獲致若干成果(諸如王鼎銘等,2004;王鼎銘、郭銘峰,2009;盛治仁,2004;黃紀,2005;黃紀、王鼎銘、郭銘峰,2005)。

本研究旨在藉由「個人層級」面訪調查資料,以2004年與2008年總統選舉為研究標的,瞭解投票穩定者與變遷者之分布情形,並且探討其社會特徵與政治態度的差異。[4]依據研究目的,本章選取選民之性別、年齡、教育程度、省籍、地理區域等各項個人基本背景資料,以及政黨認同、政治興趣、政治知識、族群認同、統獨立場、陳水扁總統施政評價等各項政治態度變數,做為本研究的自變數。其相關理論架構,茲摘述如下。

在性別方面,男性對於政治事務抱持較高度的參與興趣,政治資訊的接收能力較強,參與政治活動的程度較高。部分研究指出,這種性別的差異主要源自於個人「政治功效意識」(sense of political efficacy)強弱的不同;相較於女性選民,男性擁有較強烈的感覺,認為自己具有處理複雜政治事務的能力和智識(Campbell *et al.*, 1960: 489; Milbrath and Goel, 1977: 117)。這似乎意味著男性選民較具資訊吸收的能力,得以比較朝野政黨的黨綱意見,瞭解特定政黨的政策立場,甚至易受政黨

---

4 值得說明的是,如前言所述,由於2004年與2008年總統選舉僅有國民黨與民進黨兩組候選人,做為投票穩定與變遷之分析單位較為適切。相對來說,1996年總統選舉共計有四組候選人(分別為陳履安和王清峰〔無黨籍〕、李登輝和連戰〔國民黨〕、彭明敏和謝長廷〔民進黨〕、林洋港和郝柏村〔無黨籍〕),2000年總統選舉更有五組候選人(分別為宋楚瑜和張昭雄〔無黨籍〕、連戰和蕭萬長〔國民黨〕、李敖和馮滬祥〔新黨〕、許信良和朱惠良〔無黨籍〕、陳水扁和呂秀蓮〔民進黨〕)。這主要是因為國內政治生態的丕變,造成國民黨和民進黨內部不斷分裂,黨內政治人物相繼出走,這也使得選民投票抉擇增添許多變數。對於投票穩定與變遷的研究來說,為了簡化類別,往往必須以相同「意識形態的候選人組合」做為整合對象,不啻增加分析推論的難度。顯著的例證是1996年總統選舉中,投票支持李登輝和連戰的選民究竟應歸屬於藍營或者綠營支持者,恐有相當爭議;同樣地,2000年總統選舉中,許信良和朱惠良的支持者亦有類似問題。

認同因素的引導，維持較為穩定的投票取向。反之，女性選民較易受到短期因素和資訊（例如候選人條件或政策訴求）影響，進而改變其投票抉擇。

　　部分研究指出，選民年齡與其本身的政治態度和政治行為有著顯著的關係（陳義彥、蔡孟熹，1997；劉義周，1994；Conway, 2000）。大體而言，個人政治資訊的取得與政治經驗的累積，經常會隨著年紀的成長而增加，「心理涉入感」（psychological involvement）亦逐漸增強，促成本身政治參與程度的升高。就「生命週期效應」（life cycle effects）觀點來看，年齡愈輕的選民對於政治體系的認知較為薄弱，對於政黨的情感依附不深且不固定。相反地，在考量家庭與事業因素之下，年齡愈長的選民通常其政治行為較保守，隨著對於政治事務的熟悉而強化其政黨認同，故年齡越長的選民投票穩定程度較高（吳重禮、王宏忠，2003；吳重禮、鄭文智、崔曉倩，2006；Abramson, 1983）。

　　無疑地，教育程度係個人社會經濟地位的重要指標。若干美國實證研究顯示，教育程度對於民眾的政治傾向具有顯著影響；詳言之，個人教育程度愈高，社會資訊吸收能力愈強，訊息處理技巧愈成熟，對於政治事務的判斷力愈強，因此投票取向較為穩定（Keith *et al.,* 1992; Zaller, 2004）。反觀，教育程度愈低，對於政治事務較不關心，政治學習能力愈弱，甚至減低對於政治事務的判斷力；這群選民對於投票參與興趣不高，即使進行投票也可能任意為之，成為典型的浮動選民（Berelson, Lazarsfeld, and McPhee, 1954; Zaller, 2004）。近年來，臺灣政治局勢丕變，教育程度與投票抉擇的關係為何，頗令人好奇。在此，本研究假設，教育程度愈高者，其投票穩定程度愈高，反之亦然。

　　由於我國政治環境背景使然，省籍因素向來是臺灣實證研究的重要變數。在特有社會歷史背景之下，每逢選舉期間，省籍議題經常成為熱門話題，甚至成為選舉動員的關鍵訴求。若干文獻指出，相對於人數最多的本省閩南族群，大陸省籍人士對於某些政治議題（諸如兩岸統獨議題）具有顯著立場，或者因為強烈的「團體意識」（group consciousness），對於政治事務存有特定看法，政治參與程度較高（王甫昌，1998；黃秀端，1995；黃紀、吳重禮，2000；Wu, 2008）。由此推論，相較於其他族群，外省籍選民的投票穩定程度較高。除了閩南與外省族群之外，客家籍民眾的投票穩定度亦是本研究關注焦點，故將此類型納入觀察。

　　再者，「脈絡效應」（contextual effects）對於選民投票抉擇的影響，亦是本研究關切的重點，亦即居住在不同地理區域的選民，是否由於地域特性的差異，影響其投票穩定與變遷。若干研究指出，由於區域結構、經濟形態、人口特性等因素

差異的影響，使得不同地區的民眾往往抱持不同的政治立場（吳重禮、譚寅寅、李世宏，2003；謝邦昌、江志民，1998）。就現今政治版圖而言，雲林、嘉義以南各個縣市儼然成為泛綠陣營的鐵城重鎮，而濁水溪以北似乎以泛藍陣營的支持者居多。鑑於「北藍南綠」的對立態勢，有識者甚至斷言「南北差距」、「南方政治」於焉產生。依據前述之剖析，本研究假設，北部選民較易成為泛藍穩定者，南部民眾較易成為泛綠穩定者，至於中部和東部的選民則有待檢驗。

　　無疑地，政黨認同是選民投票考量的關鍵因素，而且和投票穩定程度的高低息息相關。政黨認同屬於選民自我認知的一種特質，具有長期穩定的效應，用以解釋政治態度與投票行為的形成（Campbell et al., 1960: 121-123）。關於政黨認同運用到投票行為研究，密西根學派主張，政黨認同係影響投票抉擇長期且穩定的「心理依附」（psychological attachment）因素。政黨認同之所以成為經驗政治理論的核心概念，主要是因為政黨認同協助選民瞭解政治社會，決定政治偏好；換言之，政黨認同不僅左右個人投票抉擇，甚至影響選民對於「議題」詮釋與「候選人」評價（Campbell, Gurin, and Miller, 1954; Converse, 1964; Milbrath and Goel, 1977; Niemi and Weisberg, 1993; Rosenstone and Hansen, 2003）。回顧國內文獻，若干著作以縣市行政首長選舉做為研究對象，證實政黨認同為解釋投票穩定與變遷的重要變數（陳若蘭，2001；黃紀、張益超，2001）。據此，本研究假設，相對於無政黨傾向者，泛藍認同者與泛綠認同者的投票穩定程度愈高。

　　就政治興趣與投票穩定的關係而言，部分研究指出，彼此呈現正向關係（Abramson, 1983; Conway, 2000; Rosenstone and Hansen, 2003）。猶如教育程度的影響，政治知識對於民眾的政治行為具有顯著影響。基本上，政治參與需要考量個人的資源與能力，若干選民對於政治事務和選舉動員缺乏興趣，較不願意涉入政治參與，對於政治議題可能僅有些微的認知，甚少瞭解政治訊息，對於政治活動抱持冷漠態度，致使投票參與的動機偏低。因此，即使勉強投票也可能隨意為之，導致其投票穩定程度低落。據此，本研究假設，具有高度政治興趣的選民傾向成為投票穩定者，而對於政治事務缺乏興趣的民眾則較易成為變遷者。

　　相當程度而言，政治知識的高低形塑個人對於政治事務的價值與判斷，影響政治態度的形成，並且提供選民對政治體系的基本瞭解（Delli Carpini and Keeter, 1996; Gomez and Wilson, 2001, 2006）。以往研究指出，臺灣民眾政治知識的主要來源係電視報導與報紙新聞，至於影響政治知識的變數則有性別、教育程度、選舉興趣，以及媒體接觸等；實證研究顯示，男性、高教育程度、對選舉活動愈感興

趣，以及使用媒體愈頻繁的民眾，其政治知識愈高（黃秀端，1996）。亦有研究針對政治知識與投票行爲進行分析，其發現，清楚表態支持某政黨的選民，其政治知識程度愈高；其中，以新黨偏好者的政治知識最高，其次爲國民黨支持者，而民進黨認同者則最低（翁秀琪、孫秀蕙，1994）。關於政治知識與投票穩定的情形，本研究假設，政治知識越高的選民，其投票穩定程度越高，反之亦然。

此外，族群認同爲探討我國選民投票行爲的重要因素，並且是探討臺灣民主化過程中不可或缺的變數（王甫昌，1998；吳乃德，1999；吳重禮、許文賓，2003；黃紀、吳重禮，2000；Wu, 2008）。在以往威權體制統治之下，「中國意識」儼然成爲唯一主流價值。然而，近十餘年來，隨著民主化與本土化的開展，臺灣意識逐漸抬頭，部分民眾逐漸強調本身「臺灣人」的認知取向。猶有進者，族群認同輔以省籍因素、統獨議題的交互影響，遂成爲決定政治行爲的關鍵變數。必須說明的是，儘管族群認同與省籍因素具有相當程度的關聯性，但前者屬於主觀的心理歸屬感，而後者隸屬客觀的人口特徵，兩者並不能畫上等號。一份研究指出，在2000年總統與2001年立法委員選舉中，「相對於自認爲是『臺灣人』的選民，認知本身爲『中國人』者其投票傾向以『泛藍穩定者』爲主，此結果符合對該族群的普遍認知」（吳重禮、王宏忠，2003：96）。據此，本研究假設，相對於自認爲「兩者皆是」民眾，表示自身爲「中國人」者傾向成爲泛藍穩定者，而「臺灣人」者則較易成爲泛綠穩定者。

與族群認同密切相關的是台海兩岸統獨爭議。誠如所知，統獨立場係當前臺灣社會備受矚目的政治議題，也是研究民眾政治行爲的關鍵因素（盛杏湲，2002；陳陸輝，2000；陳義彥，1996；傅恆德，1994；游清鑫，2002）。基本上，朝野政黨的政策立場，倘若存在明確差異，則民眾較易依憑政黨標籤進行選擇。儘管有識者認爲，就既存國內政治態勢與兩岸關係，配合國際社會對於台海和平穩定發展的期待，現今朝野政黨的統獨議題差距甚微，皆主張「臺灣優先」立場。然而，依據實際統獨意識形態光譜的分布位置，本研究假設，相對於維持現狀的民眾，主張臺灣獨立者傾向成爲泛綠穩定者，而認爲兩岸應該走向統一者則較易成爲泛藍穩定者。

再者，研究文獻指出，若干選民從理性選擇角度出發，思考執政者的施政表現，並評估自身所獲取的「政策效用」（policy utility），決定是否支持現任者（Downs, 1957）。Fiorina（1981）據此提出「回溯性投票」（retrospective voting）的觀點，其認爲選民在考量投票抉擇時，會回顧現任首長過去的施政表現且給予評價，並且據此決定其投票對象。國內部分研究亦指出，選民對於現任者施

政表現的評價好壞，如同一把政治溫度計，足以反映民眾對於執政者的感受，進而影響選民的政治態度和投票行為（Wu and Huang, 2007）。在此，本研究假設，對於陳水扁總統施政表現持正面評價的選民，傾向成為泛綠穩定者；反之，抱持負面觀點者則傾向成為泛藍穩定者。

　　綜合前述各項理論與研究經驗，本研究選定個人基本背景資料和多項政治態度變數，與投票穩定及變遷進行交叉分析。在下一節中，首先說明TEDS 2008P資料特性，接續呈現2004年與2008年兩次總統選舉投票穩定者與變遷者的情形，進而初步檢驗九種類型選民的差異。關於問卷措辭與選項，以及變數之重新編碼請參見附錄。

參、資料說明與初步分析

　　本研究擷取TEDS 2008P資料，進行實證分析。該面訪調查為針對臺灣民主化與政治變遷執行之年度計畫，以年齡滿20歲以上具有投票權之臺灣民眾為其研究對象，研究範圍包括台北市、高雄市和臺灣省21縣市，但並不包含福建省金門縣與連江縣。該全國性民意調查計畫執行期間為2008年6月29日至9月20日（包含複查和再測），本研究擷取其中獨立樣本共計1,905份。[5]

　　根據TEDS 2008P所釋出的原始資料，受訪者對於投票抉擇的選項甚多，除了具體表示投票支持國民黨和民進黨候選人之外，尚包括「忘了」、「沒去投票」、「投廢票」、「拒答」，以及「當時沒有投票權」（2004年3月總統選舉）。在有效樣本數、完整、簡約等多方考量之下，作者將「忘了」、「沒去投票」、「投廢票」、「拒答」合併為「其他」，其性質類似於未具體表達意見；至於「當時沒有投票權」則以遺漏值處理為宜。據此，得以區分為以下九類選民。[6]

---

[5]　此次調查訪問的範圍包括獨立樣本和追蹤樣本。總計獨立樣本共接觸了5,981個樣本，成功1,905份問卷，成功率為31.85%；追蹤樣本共接觸1,230個樣本，成功755份問卷，成功率為61.38%。另外，在再測問卷方面，追蹤樣本因考慮訪問的難度，僅就獨立樣本進行再測問卷，成功384個樣本。在樣本代表性檢定方面，就獨立樣本中的成功樣本之性別、年齡、教育程度、地理區域等四方面予以檢定。各項檢定的母群參數依據2007年內政部出版之《中華民國台閩地區人口統計（2007年）》。為使成功樣本與母群結構更為符合，對於樣本分布採用「多變數反覆加權法」（raking）進行加權。加權後的樣本代表性檢定結果，顯示樣本結構與母體並無差異（游清鑫，2009：41-44）。

[6]　在分類方法上，若僅考量兩次總統選舉皆有明確回答的受訪者，亦即「泛綠穩定者」、「綠

　　如表11-1所示，選民在2004年與2008年總統選舉皆投票支持民進黨提名的候選人，則此類選民以「泛綠穩定者」稱之，計有464人，占有效總樣本數1,784人中的26%。在2004年總統大選支持民進黨候選人，而在2008年總統選舉投給國民黨候選人者，以「綠藍變遷者」稱之，計有171人，約為9.6%。在2004年總統選舉支持民進黨候選人，而在2008年總統選舉並未具體表態者，以「綠未變遷者」稱之，計有114人，約占6.4%。在2004年總統大選投給國民黨候選人，而在2008年總統選舉支持民進黨候選人者，以「藍綠變遷者」稱之，該類型的人數較少，共有9位，僅為0.5%。倘若兩次選舉均投票支持國民黨候選人者，則以「泛藍穩定者」稱之，該類型人數最多，共有540人，約為30.3%。在2004年總統選舉支持國民黨候選人，而在2008年總統選舉並未具體表態者，以「藍未變遷者」稱之，共計有43人，比例為2.4%。在2004年總統選舉並未具體表態，但在2008年總統選舉支持民進黨候選人，以「未綠變遷者」稱之，此類型人數有限，僅有34人，為1.9%。在2004年總統選舉並未具體表態，而在2008年總統選舉支持國民黨候選人，以「未藍變遷者」稱之，計有132人，比例為7.4%。倘若兩次選舉均未具體表達意見者，則以「未未者」稱之，該類型共有272人，約占有效總樣本數的15.5%。

表11-1　2004年與2008年總統選舉之選民投票抉擇

<table>
<tr><td colspan="4" align="center">2004年總統選舉</td></tr>
<tr><td rowspan="7">2008年總統選舉</td><td></td><td align="center">陳水扁、呂秀蓮</td><td align="center">連戰、宋楚瑜</td><td align="center">其他</td></tr>
<tr><td rowspan="3" align="center">謝長廷、蘇貞昌</td><td align="center">泛綠穩定者</td><td align="center">藍綠變遷者</td><td align="center">未綠變遷者</td></tr>
<tr><td align="center">464</td><td align="center">9</td><td align="center">34</td></tr>
<tr><td align="center">(26.0%)</td><td align="center">(0.5%)</td><td align="center">(1.91%)</td></tr>
<tr><td rowspan="3" align="center">馬英九、蕭萬長</td><td align="center">綠藍變遷者</td><td align="center">泛藍穩定者</td><td align="center">未藍變遷者</td></tr>
<tr><td align="center">171</td><td align="center">540</td><td align="center">132</td></tr>
<tr><td align="center">(9.59%)</td><td align="center">(30.27%)</td><td align="center">(7.4%)</td></tr>
</table>

<table>
<tr><td rowspan="3" align="center">其他</td><td align="center">綠未變遷者</td><td align="center">藍未變遷者</td><td align="center">未未者</td></tr>
<tr><td align="center">114</td><td align="center">43</td><td align="center">277</td></tr>
<tr><td align="center">(6.39%)</td><td align="center">(2.41%)</td><td align="center">(15.53%)</td></tr>
</table>

藍變遷者」、「藍綠變遷者」和「泛藍穩定者」（有效樣本數共為1,184人），這樣的分類雖然具備「簡約」性質，卻也忽略了其他同樣具有分析意義的受訪者（亦即回答投票抉擇，選項為「忘了」、「沒去投票」、「投廢票」、「拒答」者）。因此本文將這些不具明確回答但仍具分析意義之答案納入樣本，區分成目前的九種類型。

必須說明的是，本章所使用的資料並非定群的追蹤資料，而是TEDS 2008P的問卷結果。由於TEDS 2008P為選後面訪調查，且針對2004年總統選舉為「回憶」性回答，因此資料難免產生若干限制與問題。就本章的研究範圍來說，可能存在著「錯誤回答」（misreporting；亦稱「過度回答」〔overreporting〕）以及「回憶性誤差」的問題。在「錯誤回答」當中，以「勝選者情結」（亦即受訪者在選後調查中表示投票支持勝選者，儘管其實際投票支持落選者）可能影響後續分析和推論（Atkeson, 1999; Presser, 1990; Wu, 2006）。就初步統計結果觀之，雖然本章資料或許確實存在「勝選者情結」，然而其效應相當有限。[7]至於「回憶性誤差」部分，由於總統選舉之候選組別少，問卷選項亦相當單純，因此該項誤差對於效度上的影響並不大。

在瞭解選民投票穩定與變遷的分類和比例之後，本研究進一步將選民投票行為分為穩定者（包括「泛綠穩定者」與「泛藍穩定者」）與變遷者（包括「綠藍變遷者」、「藍綠變遷者」、「綠未變遷者」、「藍未變遷者」、「未綠變遷者」與「未藍變遷者」等六種）兩大類，藉此探究各種類型選民的差異。根據「社會學途徑」（sociological approach）觀點，社會人口因素決定民眾的政治取向，這些社會特徵提供選民基本的「社會脈絡」（social context）、「資訊脈絡」（informational context），以及「個人網絡」（personal network），藉由次級團體建構人際互動關係，進而影響政治意見與行為（Berelson, Lazarsfeld, and McPhee, 1954; Huckfeldt, Ikeda, and Pappi, 2000; Huckfeldt, Sprague, and Levin, 2000）。鑑此，本研究依據民眾基本資料，包括性別、年齡、教育程度、省籍、地理區域等變數，將受訪者做不同區分，以檢證不同特徵的社會群體在投票抉擇的差異。本章假設，屬於某種性質的團體成員擁有高度「政治同質性」（political homogeneity），相較於其他團體，成員彼此政治行為頗為相似。表11-2所示，為民眾基本資料與投票抉擇之交叉分析。藉由卡方檢定，在95%信心水準下，這些社會特徵變數多與投票抉擇顯著相

---

[7] 誠如表11-1所示，在2004年總統選舉總得票數1,341當中（464＋171＋114＋9＋540＋43），表態支持陳水扁和呂秀蓮的比例為55.85%（（464＋171＋114）÷1,341），高於其實際得票率50.11%；而表示支持連戰和宋楚瑜的比例為44.15%（（9＋540＋43）÷1,341），低於其實際得票率49.89%。無獨有偶地，2008年表示支持謝長廷和蘇貞昌的比例為37.56%（（464＋9＋34）÷（464＋9＋34＋171＋540＋132）），低於其實際得票率41.55%，而表態支持馬英九和蕭萬長的比例為62.44%（（171＋540＋132）÷（464＋9＋34＋171＋540＋132）），高於其實際得票率58.45%。

表11-2　選民個人基本資料與投票抉擇之交叉分析

	穩定者		變遷者						
	泛綠穩定者	泛藍穩定者	綠藍變遷者	藍綠變遷者	綠未變遷者	藍未變遷者	未綠變遷者	未藍變遷者	
性別									
男性	253(33.1%)	268(35.0%)	70(9.2%)	3(0.4%)	61(8.0%)	28(3.7%)	22(2.9%)	60(7.8%)	N = 1507
女性	211(28.4%)	272(36.7%)	101(13.6%)	6(0.8%)	53(7.1%)	15(2.0%)	12(1.6%)	72(9.7%)	DF = 7 $\chi^2 = 18.63$**
年齡									
20歲至29歲	57(29.7%)	57(29.7%)	24(12.5%)	0(0.0%)	16(8.3%)	9(4.7%)	9(4.7%)	20(10.4%)	N = 1507
30歲至39歲	87(25.8%)	126(37.4%)	45(13.4%)	1(0.3%)	24(7.1%)	10(3.0%)	7(2.1%)	37(11.0%)	DF = 28
40歲至49歲	94(28.6%)	138(41.9%)	32(9.7%)	4(1.2%)	27(8.2%)	4(1.2%)	5(1.5%)	25(7.6%)	$\chi^2 = 40.63$
50歲至59歲	116(36.3%)	112(35.0%)	28(8.8%)	3(0.9%)	23(7.2%)	11(3.4%)	5(1.6%)	22(6.9%)	
60歲以上	110(33.4%)	107(32.5%)	42(12.8%)	1(0.3%)	24(7.3%)	9(2.7%)	8(2.4%)	28(8.5%)	
教育程度									
大專以上程度	128(23.8%)	245(45.6%)	50(9.3%)	1(0.2%)	27(5.0%)	19(3.5%)	11(2.0%)	56(10.4%)	N = 1503
高中職程度	122(28.9%)	165(39.1%)	47(11.1%)	4(0.9%)	32(7.6%)	9(2.1%)	10(2.4%)	33(7.8%)	DF = 21
國中程度	70(37.4%)	51(27.3%)	20(10.7%)	2(1.1%)	22(11.8%)	4(2.1%)	4(2.1%)	14(7.5%)	$\chi^2 = 84.63$***
小學以下程度	142(39.8%)	78(21.8%)	54(15.1%)	2(0.6%)	33(9.2%)	10(2.8%)	9(2.5%)	29(8.1%)	
省籍									
本省客家人	40(24.7%)	63(38.9%)	22(13.6%)	1(0.6%)	9(5.6%)	5(3.1%)	4(2.5%)	18(11.1%)	N = 1480
大陸各省市人	4(2.1%)	138(73.8%)	12(6.4%)	0(0.0%)	5(2.7%)	13(7.0%)	1(0.5%)	14(7.5%)	DF = 14
本省閩南人	416(36.8%)	326(28.8%)	134(11.8%)	7(0.6%)	98(8.7%)	24(2.1%)	29(2.6%)	97(8.6%)	$\chi^2 = 188.30$***
地理區域									
東部	7(16.7%)	26(61.9%)	1(2.4%)	2(4.8%)	1(2.4%)	2(4.8%)	1(2.4%)	2(4.8%)	N = 1506
南部	210(42.4%)	121(24.4%)	52(10.5%)	1(0.2%)	48(9.7%)	10(2.0%)	15(3.0%)	38(7.7%)	DF = 21
中部	75(25.8%)	99(34.0%)	40(13.7%)	2(0.7%)	21(7.2%)	9(3.1%)	5(1.7%)	40(13.7%)	$\chi^2 = 109.14$***
北部	172(25.4%)	294(43.4%)	78(11.5%)	4(0.6%)	44(6.5%)	22(3.2%)	13(1.9%)	51(7.5%)	

說明：N為有效分析樣本數；DF為自由度（degrees of freedom）；χ^2為chi-square；*$p < .05$；**$p < .01$；***$p < .001$。

關，且多數實證結果與研究假設相當契合。[8]

　　首先，在性別方面，交叉分析結果顯示男女間的投票穩定度存在顯著差異。其中「泛綠穩定者」的男性選民比例高於女性，女性成為「綠藍變遷者」的比例略高於男性，此與一般的經驗認知甚為相近。惟「泛藍穩定者」的性別差異似乎並不顯著。

　　在年齡方面，20歲至39歲年輕選民屬於「綠藍變遷者」的比例較高；相對而言，30歲至49歲的青壯年選民有較高比例成為「泛藍穩定者」，而50歲以上中老年人成為「泛綠穩定者」的情形較為明顯。值得一提的是，20歲至29歲和60歲以上的民眾成為「未未者」的人數偏高（20歲至29歲有47人、60歲以上則有70人）；這可能是因為年齡愈輕的選民對於政治事務的熟悉較為薄弱，因此減少政治參與的興趣；另一方面，年長者由於身體機能的逐漸衰退，同儕社交接觸的頻率下降，加上退休之後對於政治社會涉及的程度減弱，因此其投票參與呈現下滑的趨勢。不過交叉分析結果發現，整體說來，各年齡層和投票穩定之間不具顯著差異。

　　在教育程度方面，區分為小學以下程度、國中程度、高中職程度、大專以上程度四類。大體而言，小學以下程度者成為「綠藍變遷者」的比例偏高。其次，資料顯示，高中職和大專以上教育程度民眾成為「泛藍穩定者」的比例較高，此結果與研究假設頗為吻合。同樣值得注意的是，國中程度與小學以下學歷的選民有較高比例成為「泛綠穩定者」和「綠未變遷者」。

　　至於省籍因素與投票穩定度的關係，與本研究提出之假設相當一致。實證數據顯示，「泛藍穩定者」比例最高者為大陸各省市人，其次為本省客家人，而比例最低為本省閩南人；反之，本省閩南人有較高比例傾向成為「泛綠穩定者」和「綠未變遷者」。至於本省客家人和閩南人成為「綠藍變遷者」的比例較高。

　　無疑地，地區差異為當前我國關鍵政治議題之一。整體說來，「泛藍穩定者」的比例在東部最高，其餘依序為北部、中部和南部，而南部地區的「泛綠穩定者」比例明顯偏高。這種情形與本章的預期方向相當吻合。此外，中部地區「綠藍變遷者」和「未藍變遷者」的比例略高於其他地區。

　　曾如前述，除了個人基本社會特徵之外，選民的政治態度與其投票抉擇亦密切相關。在此，筆者考量資料性質，納入政黨認同、政治興趣、政治知識、族群認

---

[8] 必須說明的是，由於資料中「藍綠變遷者」比例偏低，任何詮釋或推論恐有偏差之嫌。因此，後續之交叉分析，本文將僅呈現其相關數據，但不進行詳盡說明。

同、統獨立場，以及陳水扁總統施政評價等變數。表11-3數據顯示，這些政治態度皆與投票抉擇顯著相關。

政黨認同對於投票穩定程度的影響顯然是不可忽視的。更確切地說，泛綠與泛藍認同者的投票穩定度極高，占「泛綠穩定者」和「泛藍穩定者」約爲七成，此與社會經驗認知相符。反觀，在「綠藍變遷者」中，無政黨傾向的比例明顯較高。值得強調的，在「綠未變遷者」中，泛綠認同者和無政黨傾向的比例較爲明顯；在「未藍變遷者」中，無政黨傾向和泛藍認同者的比例較爲偏高。

再者，誠如預期，政治興趣偏低的選民傾向成爲「綠藍變遷者」、「綠未變遷者」，以及「未藍變遷者」。反觀，中度和高度政治興趣者成爲「泛藍穩定者」和「泛綠穩定者」的比例偏高，顯示這些選民對於社會訊息與政治議題較爲關切。

無獨有偶地，政治知識的影響和政治興趣的效應甚爲類似。政治知識偏高和高度政治知識者成爲「泛藍穩定者」的比例較爲顯著；至於「泛綠穩定者」、「綠藍變遷者」和「未藍變遷者」中，政治知識的差異似乎並不顯著。

在族群認同部分，實證資料顯示，認知本身爲「中國人」者其投票傾向以「泛藍穩定者」爲主，此結果符合對該類民眾的普遍認知，而自認「兩者皆是」者亦有顯著比例傾向成爲「泛藍穩定者」。同樣值得深思的現象是，自認「臺灣人」的選民有較高比例成爲「泛綠穩定者」和「綠未變遷者」。

猶如諸多研究文獻證實，統獨爭議爲當前我國關鍵政治議題之一，且爲左右選民政治行爲的關鍵因素。誠如研究假設所預期，贊同臺灣獨立者傾向成爲「泛綠穩定者」，而認爲兩岸應該朝向統一者成爲「泛藍穩定者」和「未藍變遷者」的比例明顯較高。另外，主張維持現狀者亦有相當比例成爲「泛藍穩定者」和「未藍變遷者」。

在陳水扁總統施政評價方面，與研究假設契合的是，抱持正面滿意評價的選民傾向成爲「泛綠穩定者」和「綠未變遷者」，而抱持負面看法的民眾有較高比例成爲「泛藍穩定者」和「未藍變遷者」。至於其他類型的投票穩定與變遷，總統施政評價的差異似乎並不明顯。

藉由表11-2與表11-3的交叉分析，初步瞭解各個變數與投票抉擇的關係，且多印證本章所提出的研究假設。當然，每個變數之影響必須與其他變數相較，透過整體分析，始得做更客觀的評估。由於投票穩定與變遷的這八類選民之間並無順序關係，屬於「無序多分變數」（nonordered polytomous variable）。根據依變數性質，本章設定「多項勝算對數模型」，以統計軟體Stata 12.0進行資料檢定與分析。

表11-3　選民政治態度與投票抉擇之交叉分析

	穩定者		變遷者						
	泛綠穩定者	泛藍穩定者	綠藍變遷者	藍綠變遷者	綠未變遷者	藍未變遷者	未綠變遷者	未藍變遷者	
政黨認同									N = 1468 DF = 14 χ^2 = 1228.20***
泛藍認同者	3(0.5%)	463(75.2%)	58(9.4%)	2(0.3%)	5(0.8%)	22(3.6%)	2(0.3%)	61(9.9%)	
泛綠認同者	376(76.6%)	6(1.2%)	23(4.7%)	3(0.6%)	56(11.4%)	0(0.0%)	22(4.5%)	5(1.0%)	
無政黨傾向	74(20.5%)	64(17.7%)	87(24.1%)	3(0.8%)	49(13.6%)	18(5.0%)	7(1.9%)	59(16.3%)	
政治興趣									N = 1468 DF = 14 χ^2 = 112.21***
高度	201(31.6%)	299(47.0%)	52(8.2%)	1(0.2%)	23(3.6%)	12(1.9%)	12(1.9%)	36(5.7%)	
中度	120(28.6%)	147(35.1%)	53(12.6%)	5(1.2%)	32(7.6%)	15(3.6%)	10(2.4%)	37(8.8%)	
低度	137(31.8%)	91(21.2%)	63(14.6%)	3(0.7%)	56(13.0%)	16(3.7%)	12(2.8%)	53(12.3%)	
政治知識									N = 1507 DF = 21 χ^2 = 52.77***
高度	105(27.1%)	170(43.9%)	33(8.5%)	2(0.5%)	27(7.0%)	10(2.6%)	9(2.3%)	31(8.0%)	
偏高	145(30.0%)	188(38.9%)	56(11.6%)	3(0.6%)	32(6.6%)	14(2.9%)	8(1.7%)	37(7.7%)	
偏低	102(33.1%)	102(33.1%)	32(10.4%)	4(1.3%)	22(7.1%)	12(3.9%)	3(1.0%)	31(10.1%)	
低度	112(34.0%)	80(24.3%)	50(15.2%)	0(0.0%)	33(10.0%)	7(2.1%)	14(4.3%)	33(10.0%)	
族群認同									N = 1485 DF = 14 χ^2 = 376.48***
臺灣人	385(48.5%)	138(17.4%)	89(11.2%)	5(0.6%)	82(10.3%)	12(1.5%)	23(2.9%)	59(7.4%)	
中國人	1(1.2%)	57(66.3%)	15(17.4%)	0(0.0%)	2(2.3%)	4(4.7%)	0(0.0%)	7(8.1%)	
兩者皆是	74(12.2%)	338(55.8%)	65(10.7%)	4(0.7%)	28(4.6%)	26(4.3%)	10(1.7%)	61(10.1%)	
統獨立場									N = 1436 DF = 14 χ^2 = 396.67***
偏向統一	11(5.4%)	131(64.2%)	22(10.8%)	1(0.5%)	8(3.9%)	13(6.4%)	1(0.5%)	17(8.3%)	
偏向獨立	243(65.7%)	31(8.4%)	29(7.8%)	4(1.1%)	31(8.4%)	5(1.4%)	15(4.1%)	12(3.2%)	
維持現狀	185(21.5%)	366(42.5%)	109(12.6%)	4(0.5%)	67(7.8%)	24(2.8%)	13(1.5%)	94(10.9%)	
陳水扁總統施政評價									N = 1412 DF = 7 χ^2 = 419.46***
不滿意	162(16.4%)	499(50.5%)	111(11.2%)	7(0.7%)	55(5.6%)	34(3.4%)	23(2.3%)	98(9.9%)	
滿意	278(65.7%)	26(6.1%)	45(10.6%)	2(0.5%)	44(10.4%)	3(0.7%)	8(1.9%)	17(4.0%)	

說明：N 為有效分析樣本數；DF 為自由度（degrees of freedom）；χ^2 為 chi-square；*$p < .05$；**$p < .01$；***$p < .001$。

肆、實證結果與分析討論

　　在分析模型中，依照2004年與2008年總統選舉投票行為，本章將依變數區分為八類，以「泛藍穩定者」做為參照組。在自變數方面，除扣除交叉分析結果不為顯著之年齡外，其餘變數皆納入分析模型。其中政治知識重新編碼為「連續變數」（continuous variables），[9]其餘變數由於屬於「質變數」（qualitative variable），故均依據先前處理方式以「虛擬變數」（dummy variables）登錄之。[10]必須說明的是，「多項勝算對數模型」必須通過「無關選項獨立性」（independence of irrelevant alternatives, IIA）檢定。該檢定假設選民的投票選擇或是偏好，並不會因為其他的可替代選項而有所改變；換言之，選民在2008年選擇泛藍或泛綠的機率比，若是會受到其他選擇（例如不去投票、投廢票等選擇）而有所改變時，即表示違背IIA假設，此時便無法利用「多項勝算對數模型」進行分析。鑑此，本章在進行估計前先透過Hausman檢定來檢測IIA假設是否成立。表11-4出示以「泛藍穩定者」為基準之下的檢測內容；結果顯示，除剔除「未綠變遷者」之模型外，其餘型態的投票行為之IIA假設皆可通過，顯示「多項勝算對數模型」是適切的模型。

　　表11-5所示為影響臺灣2004年與2008年總統選舉，選民投票穩定與變遷之分析結果，包含四種型態的個別估計值與t檢定的結果。[11]第一列所呈現的數據，其意指

---

[9] 在政治知識方面，TEDS 2008P問卷共有3項測量題目，作者將答對者登錄為1，答錯、知道但忘記了、不知道、拒答則登錄為0。之後，再將此進行加總，成為從0至3的連續變數。得分愈高者，表示政治知識程度愈高，反之亦然。

[10] 詳言之，在性別方面，以「女性」為參照組。在教育程度方面，區分為「大專以上程度」、「高中職程度」、「國中程度」和「小學以下程度」等四類，以「小學以下程度」為參照組。在省籍方面，區分為「本省客家人」、「大陸各省市人」和「本省閩南人」等三類，以「本省閩南人」為參照組。在地理區域方面，區分為「北部」、「中部」、「南部」和「東部」等四個地區，以「北部」為參照組。在政黨認同方面，區分為「泛藍認同者」、「泛綠認同者」和「無政黨傾向」等三類，以「無政黨傾向」為參照組。在政治興趣方面，區分為「高度」、「中度」和「低度」等三類，以「低度」為參照組。在族群認同方面，區分為「臺灣人」、「中國人」和「兩者皆是」等三類，以「兩者皆是」為參照組。在統獨立場方面，區分為「偏向統一」、「偏向獨立」和「維持現狀」等三類，以「維持現狀」為參照組。在陳水扁總統施政評價方面，區分為「不滿意」和「滿意」等兩類，以「滿意」為參照組。

[11] 本研究模型包含七個方程式與一個限制式，因此分析結果應該呈現七列的迴歸係數與標準差，然而表11-5僅包含四種程式的個別估計值與t檢定的結果。其原因在於，猶如表11-1所示，「藍綠變遷者」、「藍未變遷者」和「未綠變遷者」的次數甚少。如果既有資料的次類別選民個數有限，除了造成統計分析的限制之外，更會徒增解釋的困難。因此較為適宜的做法是，模型估計仍然維持七個方程式，然而為避免過度推論之嫌，故省略呈現「藍綠變遷者」、「藍未變遷者」和「未綠變遷者」的估計值和檢定結果。對於分析資料有興趣之讀者，敬請不吝聯繫，作者樂於提供詳細的資訊。

表11-4　無關選項獨立性之檢定結果

省略之選項	卡方值（χ^2）	p值	檢定結果
泛綠穩定者	-154.15	1.00	For H_0
綠藍變遷者	-109.22	—	For H_0
藍綠變遷者	-88.26	1.00	For H_0
綠未變遷者	-68.97	0.86	For H_0
藍未變遷者	16.41	0.67	For H_0
未綠變遷者	44.59	0.001	Reject H_0
未藍變遷者	-197.71	—	For H_0

說明：1.H_0代表IIA成立。

2.表中的p值從略，係因卡方值（χ^2）的檢測結果為負值。根據Hausman and McFadden（1984），Hausman檢定省略某一選項後的檢定，若卡方值之檢測結果呈現負值，則表示不違反IIA的嚴謹假設。

相對於「泛藍穩定者」，影響「泛綠穩定者」投票穩定程度的迴歸係數與標準差。相同地，第二列、第三列、第四列為相對於「泛藍穩定者」，各個變數左右「綠藍變遷者」、「綠未變遷者」與「未藍變遷者」投票穩定與否的係數。總體而言，依據模型的「準決定係數」（pseudo coefficient of determination, pseudo R2），總共解釋約四成四的變異量；模型中所含括的變數群對於依變數而言，具有若干程度的解釋能力。另外，模型的「符合度檢定」（likelihood ratio tests of model fitting information）的數值為1512.14；數據顯示，模型推論的結果具有其可信度。[12]詳言之，教育程度、省籍、地理區域、政黨認同、政治興趣、族群認同、統獨立場，以及陳水扁總統施政評價等變數，為預測選民投票穩定與變遷程度的重要指標。反觀，性別、年齡，以及政治知識等各項變數未達統計顯著水準，顯示這些因素對於選民投票穩定度之影響並無明顯差異。經過整體比較之後，選民投票抉擇的影響變數，詳述如下。

---

[12] 值得補充的是，在模型所設定的自變數中，並無高度「共線」（multicollinearity）的問題。檢視這些自變數的「相關係數」（correlation coefficients），其中「年齡」與「教育程度」的係數最高，為-.631；其次，「教育程度」與「政治知識」之係數為.402；再其次，「教育程度」與「陳水扁總統施政評價」之係數為-.315、「政黨認同」與「政治興趣」之係數為.306，以及「族群認同」與「陳水扁總統施政評價」之係數為-.306。其餘係數皆介於±.30之間，未達一般判別共線的程度（r > .85）。由於資料處理過程的相關分析甚多，礙於篇幅有限，在此無法詳盡陳述。

表11-5　選民投票抉擇之多項勝算對數模型分析

	泛綠穩定者/泛藍穩定者		綠藍變遷者/泛藍穩定者		綠未變遷者/泛藍穩定者		未藍變遷者/泛藍穩定者	
	迴歸係數	標準差	迴歸係數	標準差	迴歸係數	標準差	迴歸係數	標準差
常數	2.608*	1.042	3.244***	.846	2.565*	1.150	.863	.893
性別（對照組：女性）								
男性	.381	.312	.002	.238	.551	.336	.194	.251
教育程度（對照組：小學以下程度）								
大專以上程度	-.877	.606	-1.147*	.481	-.836	.672	.779	.558
高中職程度	-.095	.548	-.542	.432	.165	.603	.612	.526
國中程度	.040	.561	-.272	.459	.369	.598	.485	.564
省籍（對照組：本省閩南人）								
本省客家人	-.245	.490	.149	.359	-.195	.556	.588	.388
大陸各省市人	-1.991*	.873	-.548	.375	-.318	.659	-.219	.378
地理區域（對照組：北部）								
東部	-.852	1.071	-2.028	1.130	-1.400	1.286	-10.408	42.459
南部	-.001	.350	-.021	.288	-.180	.386	.304	.322
中部	.100	.414	.115	.310	.503	.430	.899**	.310
政黨認同（對照組：無政黨傾向）								
泛藍認同者	-4.944***	.761	-2.017***	.265	-3.640***	.531	-1.820***	.276
泛綠認同者	3.668***	.536	.863	.554	2.306***	.556	-.688	.776
政治興趣（對照組：低度）								
高度	.614	.375	-.290	.301	-.928*	.415	-.885**	.345
中度	.316	.374	-.031	.305	-.352	.390	-.396	.316
政治知識	-.054	.160	.083	.125	.019	.171	-.053	.130
族群認同（對照組：兩者皆是）								
臺灣人	.741*	.334	.455	.255	.946**	.364	.535*	.268
中國人	-2.738*	1.345	.304	.441	-1.006	1.129	-.141	.504
統獨立場（對照組：維持現狀）								
偏向統一	-1.706**	.586	.007	.314	-.862	.594	-.379	.353
偏向獨立	1.660***	.408	.068	.357	1.034*	.441	.305	.429
陳水扁總統施政評價（對照組：滿意）								
不滿意	-2.390***	.391	-1.344***	.345	-1.791***	.415	-.837*	.402

χ^2 =1512.14*** ; McFadden Pseudo R^2 =0.4413 ; N =1225

說明：1.χ^2為chi-square；N為有效分析樣本數；.05顯著水準下之臨界值為t = 1.960；.01顯著水準下之臨界值為t = 2.576；.001顯著水準下之臨界值為t = 3.291。

　　　2.*p < .05；**p < .01；***p < .001；顯著水準係採雙側檢定（level of significance for two-tailed test）。

　　就個人背景因素看來，教育程度與投票穩定程度之間並無顯著關係。此實證結果迴異於研究假設，亦即教育程度愈高者，其投票穩定程度未必愈高；這可能肇始於高學歷選民較為熟悉政治事務，對於近年來國內朝野對峙局勢劇烈動盪抱持否定的態度，因而影響其投票穩定行為。不過數據顯示，相對於泛藍穩定的選民，學歷愈高的民眾愈傾向不易成為「綠藍變遷者」，且以擁有大專以上學歷者最為顯著，表示大專以上學歷的選民由綠轉藍的機率，相對較低。

　　其次，諸多研究指出，省籍係構成國內長期存在政治糾結的主要因素，並且藉由情感的投射作用，產生族群認同與國家認同的爭議，是決定臺灣民眾政治態度與投票行為的重要變數。實證資料顯示，省籍確實是不容小覷的。大體說來，相較於本省閩南人，大陸各省籍選民之投票模式符合「泛綠穩定者」之機率甚低；這種情形與社會經驗認知相當符合。

　　在地理區域方面，相對於北部地區的選民，居住在中部的民眾成為「未藍變遷者」之機率顯著高於「泛藍穩定者」，代表中部地區選民傾向成為「未藍變遷者」。至於其他地區之估計值皆未達統計顯著水準，顯示「南北差異」地域政治特性並無明顯影響。從另一個角度來詮釋這種現象，其意味著所謂「北藍南綠」的論斷，恐有言過其實之嫌。

　　政黨認同對於投票穩定程度的影響顯然是甚為關鍵的。分析結果發現，相對於無政黨傾向者，泛藍認同者成為「泛綠穩定者」、「綠藍變遷者」、「綠未變遷者」和「未藍變遷者」的機率甚低，而泛綠認同者則偏好為「泛綠穩定者」和「綠未變遷者」之投票模式。直言之，泛藍和泛綠偏好者在近兩次總統選舉，分別傾向投票支持國民黨和民進黨候選人，期望所屬陣營贏得政權，故其投票穩定度極高。這種情形與本章的預期方向相當符合。

　　再者，在政治興趣方面，分析結果顯示相對於「泛藍穩定者」，「泛綠穩定者」之估計係數為正、而「綠藍變遷者」、「綠未變遷者」和「未藍變遷者」的估計係數皆為負。表示政治興趣愈高者，會採取穩定投票行為的傾向愈高。此結果與本章研究預期相當一致。其可能解釋在於，當選民對於公共事務較為關切，瞭解較多政治訊息，其涉入政治參與的意願愈強，促使其投票抉擇較為穩定。另一方面，相對於低度政治興趣者，抱持高度政治興趣的民眾成為「綠未變遷者」以及「未藍變遷者」的機率顯著低於成為「泛藍穩定者」。可能因為若干政治興趣較高的民眾有感於民進黨政府作為仍有不足，故在2008年總統選舉轉而支持國民黨。

　　另外，族群認同向來是國內關鍵政治議題，也是決定選民政治行為的重要變

數。實證資料顯示，相對於「既是臺灣人也是中國人」者，自認臺灣人的民眾傾向「泛綠穩定者」、「綠未變遷者」和「未藍變遷者」等投票模式；而自認為中國人的民眾則排斥成為「泛綠穩定者」。對此現象，或許是重新執政的國民黨必須審慎檢討之處。

在統獨立場方面，其對於投票抉擇的影響和政黨認同的效應甚為類似。詳言之，相較於主張維持現狀的選民，認為兩岸應該朝向統一的選民傾向排斥成為「泛綠穩定者」；反之，認為臺灣應朝向獨立方向發展者則明顯成為「泛綠穩定者」或「綠未變遷者」。此結果再次證明，統獨爭議係我國當前關鍵議題，特別是近年來競選過程，統獨議題持續造成朝野政黨的對立，造成諸多選民的投票抉擇亦深受影響。

同樣地，政府施政滿意評價的效應顯然甚為關鍵。就學理而言，民眾對於政府施政表現評價，足以反映人民對於執政者的感受，係決定民眾政治態度和投票行為的重要因素。分析結果顯示，該變數的估計係數皆為負值。這表示相對於「泛綠穩定者」、「綠藍變遷者」、「綠未變遷者」和「未藍變遷者」而言，對於陳水扁總統施政評價持負面意見者，較傾向成為「泛藍穩定者」，其中又以排斥成為「泛綠穩定者」的機率最大。

伍、結論與建議

過去數十年來，行為學派研究者運用各種分析途徑與測量方式，對於選民投票行為進行瞭解；其中，民眾如何決定其投票對象係實證研究的核心概念。整體而言，投票抉擇得以歸納為四個研究主軸：其一，在某一個時間點的某一項選舉，選民如何決定其投票取向；其二，在某一個時間點，當有兩種以上的選舉同時進行，選民如何決定其投票行為；其三，在兩個以上的時間點，面臨相同層級的選舉，選民如何決定其投票取向；其四，在兩個以上的時間點，有兩種以上的選舉同時進行，選民如何決定其投票行為。就學理而言，兩個以上時間點之「縱貫時序研究」，其涉及諸多重要議題，因此已成為學界關切焦點，這些議題包括「關鍵選舉」（Key, 1955）、「漸進重組」（Key, 1959）、「政黨解構」（party dealignment）（Burnham, 1970; Merrill, Grofman, and Brunell, 2008; Nardulli, 1995; Pomper, 1967）、「政治循環」（political cycle）（Schlesinger, 1986）、

「議題演化」（issue evolution）（Carmines and Stimson, 1989）、「宏觀黨性」（macropartisanship）（MacKuen, Erikson, and Stimson, 1989）等。由於投票穩定研究具備學術理論意涵和政治參考價值，本章以2004年與2008年臺灣總統選舉為研究對象，探求選民投票穩定與變遷的狀況，並且檢證四類選民的社會特徵及其政治態度的差異。

本研究採用TEDS 2008P面訪資料，藉由實證模型進行檢證。綜合各項資料所呈現的結果，本研究提出兩點初步結論。首先，過去數年間，臺灣朝野執政局勢與政黨體系變動甚鉅，因此一種社會普遍觀點認為，這主要是因為多數選民的投票變動程度甚高。總體來說，這樣的看法部分正確，卻也有值得商榷之處。實證資料顯示，在2004年和2008年總統選舉中，約略七成一的選民其投票抉擇呈現穩定狀態，且多數是固定政黨取向投票者，國民黨基本支持者約占三成，二成六則持續支持民進黨，約有一成五對於兩次選舉皆無具體表態。換言之，仍有約二成九的選民改變其投票行為，將近一成由民進黨轉而支持國民黨，而亦有相當比例的民眾由未表態轉而支持國民黨，以及從支持民進黨轉而成為不願意表態的選民。其次，教育程度、省籍、政黨認同、政治興趣、族群認同、統獨立場，以及陳水扁總統施政評價等，為影響選民投票穩定與變遷的重要變數，而且其影響方向多數印證本章提出的研究假設。

綜合前述研究結果，筆者以為，在沒有其他短期干擾因素影響之下，臺灣政黨體系未來將呈現相當穩定的結構，主要在於國民黨和民進黨之爭，而新黨、親民黨、臺灣團結聯盟將逐漸式微。儘管多數臺灣選民投票行為甚為穩定，然而浮動選民所造成的變動仍然不容小覷，畢竟在兩黨競爭激烈的對峙局勢下，部分選民改變投票取向即可能左右選舉勝敗。其次，就投票變遷的選民結構而言，實證研究發現，即使在2004年投票支持陳水扁和呂秀蓮的選民，可能因為對於民進黨政府表現感到不滿，導致在2008年轉而支持馬英九和蕭萬長，或者採取不投票方式表達意見。此實證結果與一般社會觀點認知民進黨在2008年總統敗選的肇因，似乎甚為契合。

當此之際，研究民眾投票穩定與變遷及其影響因素，殊為重要，卻也不易。持平而論，在理論架構的搭建方面，本研究顯然存在力有未逮之處，缺乏創新論述，限制了本章的學術貢獻。另外，就研究範疇與資料彙整的規模，相較於西方學術文獻其研究時序動輒橫跨數十年甚至百年，而且融合集體投票資料和個人面訪調查資料，本研究確實較為單薄。勉強稱其具有價值之處，僅在於2004年和2008年總統選

舉投票穩定者和變遷者的資訊更新而已。儘管如此，基於「行遠必自邇，登高必自卑」的立場，筆者期望透過本章微薄研究結果，引發學界之共鳴，相互切磋，以補不足之處。

參考書目

英文部分

Abramson, Paul R. 1983. *Political Attitudes in America*. San Francisco: W.H. Freeman.

Atkeson, Lonna Rae. 1999. "'Sure, I Voted for the Winner!' Overreport of the Primary Vote for the Party Nominee in the National Election Studies." *Political Behavior* 21, 3: 197-215.

Berelson, Bernard R., Paul F. Lazarsfeld, and William N. McPhee. 1954. *Voting*. Chicago: University of Chicago Press.

Birnir, Jóhanna Kristín. 2007. "Divergence in Diversity? The Dissimilar Effects of Cleavages on Electoral Politics in New Democracies." *American Journal of Political Science* 51, 3: 602-619.

Burnham, Walter D. 1970. *Critical Elections and the Mainsprings of American Politics*. New York: W.W. Norton.

Campbell, Angus, Gerald Gurin, and Warren Miller. 1954. *The Voter Decides*. Evanston, IL: Row, Peterson.

Campbell, Angus, Philip E. Converse, Warren E. Miller, and Donald E. Stokes. 1960. *The American Voter*. New York: John Wiley and Sons.

Carmines, Edward G., and James A. Stimson. 1989. *Issue Evolution: Race and the Transformation of American Politics*. Princeton, NJ: Princeton University Press.

Claassen, Ryan L. 2007. "Floating Voters and Floating Activists: Political Change and Information." *Political Research Quarterly* 60, 1: 124-134.

Converse, Philip E. 1964. "The Nature of Belief Systems in Mass Publics." in David E. Apter. ed. *Ideology and Discontent*: 206-261. New York: Free.

Conway, M. Margaret. 2000. *Political Participation in the United States*. 3rd ed. Washington, DC: Congressional Quarterly Press.

Delli Carpini, Michael X., and Scott Keeter. 1996. *What Americans Know about Politics and Why It Matters*. New Haven, CT: Yale University Press.

Downs, Anthony. 1957. *An Economic Theory of Democracy*. New York: Harper and Row.

Erikson, Robert S., Michael B. MacKuen, and James A. Stimson. 1998. "What Moves Macropartisan? A Response to Green, Palmquist, and Schickler." *American Political Science Review* 92, 4: 901-912.

Fiorina, Morris P. 1981. *Retrospective Voting in American National Elections*. New Haven, CT: Yale University Press.

Gomez, Brad T., and J. Matthew Wilson. 2001. "Political Sophistication and Economic Voting in the American Electorate: A Theory of Heterogeneous Attribution." *American Journal of Political Science* 45, 4: 899-914.

Gomez, Brad T., and J. Matthew Wilson. 2006. "Cognitive Heterogeneity and Economic Voting: A Comparative Analysis of Four Democratic Electorates." *American Journal of Political Science* 50, 1: 127-145.

Green, Donald, Bradley Palmquist, and Eric Schickler. 1998. "Macropartisan: A Replication and Critique." *American Political Science Review* 92, 4: 883-899.

Hausman, Jerry, and Daniel McFadden. 1984. "Specification Tests for the Multinomial Logit Model." *Econometrica* 52, 5: 1219-1240.

Hetherington, Marc J. 2001. "Resurgent Mass Partisanship: The Role of Elite Polarization." *American Political Science Review* 95, 3: 617-631.

Huckfeldt, Robert, John Sprague, and Jeffrey Levin. 2000. "The Dynamics of Collective Deliberation in the 1996 Election: Campaign Effects on Accessibility, Certainty, and Accuracy." *American Political Science Review* 94, 3: 641-651.

Huckfeldt, Robert, Ken'ichi Ikeda, and Franz Urban Pappi. 2000. "Political Expertise, Interdependent Citizens, and the Value Added Problem in Democratic Politics." *Japanese Journal of Political Science* 1, 2: 171-195.

Keith, Bruce E., David B. Magleby, Candice J. Nelson, Elizabeth Orr, Mark C. Westlye, and Raymond E. Wolfinger. 1992. *The Myth of the Independent Voter*. Berkeley, CA: University of California Press.

Key, V. O., Jr. 1955. "A Theory of Critical Elections." *Journal of Politics* 17, 1: 3-18.

Key, V. O., Jr. 1959. "Secular Realignment and the Party System." *Journal of Politics* 21, 2:

198-210.

Key, V. O., Jr. 1966. *The Responsible Electorate: Rationality in Presidential Voting, 1936-1960.* Cambridge, MA: Harvard University Press.

Ladd, Everett C., Jr., and Charles D. Hadley. 1975. *Transformations of the American Party System: Political Coalitions from the New Deal to the 1970s.* New York: W.W. Norton.

MacKuen, Michael B., Robert S. Erikson, and James A. Stimson. 1989. "Macropartisanship." *American Political Science Review* 83, 4: 1125-1142.

MacKuen, Michael B., Robert S. Erikson, and James A. Stimson. 1992. "Question Wording and Macropartisanship." *American Political Science Review* 86, 2: 475-486.

Mayer, William G. 2007. "The Swing Voter in American Presidential Elections." *American Politics Research* 35, 3: 358-388.

Merrill, Samuel, III, Bernard Grofman, and Thomas L. Brunell. 2008. "Cycles in American National Electoral Politics, 1854-2006: Statistical Evidence and an Explanatory Model." *American Political Science Review* 102, 1: 1-17.

Milbrath, Lester, and M.L. Goel. 1977. *Political Participation.* Chicago: Rand McNally.

Nardulli, Peter F. 1995. "The Concept of a Critical Realignment, Electoral Behavior, and Political Change." *American Political Science Review* 89, 1: 10-22.

Niemi, G. Richard, and Herbert F. Weisberg. 1993. eds. *Classics in Voting Behavior.* Washington, DC: Congressional Quarterly Press.

Pomper, Gerald M. 1967. "Classification of Presidential Elections." *Journal of Politic* 29, 3: 535-566.

Presser, Stanley. 1990. "Can Changes in Context Reduce Vote Overreporting in Surveys?" *Public Opinion Quarterly* 54, 4: 586-593.

Roberts, Kenneth M., and Erik Wibbels. 1999. "Party Systems and Electoral Volatility in Latin America: A Test of Economic, Institutional, and Structural Explanations." *American Political Science Review* 93, 3: 575-590.

Rosenstone, Steven J., and John Mark Hansen. 2003. *Mobilization, Participation, and Democracy in America.* New York: Longman.

Schlesinger, Arthur M., Jr. 1986. *The Cycles of American History.* Boston: Houghton Mifflin.

Shively, Phillips W. 1992. "From Differential Abstention to Conversion: A Change in Electoral Change, 1864-1988." *American Journal of Political Science* 36, 2: 309-330.

Stone, William F., and Paul E. Schaffner. 1988. *The Psychology of Politics*. 2nd ed. New York: Springer-Verlag.

Tavits, Margit. 2005. "The Development of Stable Party Support: Electoral Dynamics in Post-Communist Europe." *American Journal of Political Science* 49, 2: 283-298.

Wu, Chung-li. 2006. "Vote Misreporting and Survey Context: The Taiwan Case." *Issues & Studies* 42, 4: 223-239.

Wu, Chung-li. 2008. "Ethnicity, Empowerment, and Political Trust: The 2005 Local Elections in Taiwan." *Issues & Studies* 44, 1: 105-132.

Wu, Chung-li, and Chi Huang. 2007. "Divided Government in Taiwan's Local Politics: Public Evaluations of City/County Government Performance." *Party Politics* 13, 6: 741-760.

Zaller, John R. 2004. "Floating Voters in U.S. Presidential Elections, 1948-2000." in Willem E. Saris and Paul M. Sniderman. eds. *Studies in Public Opinion: Attitudes, Nonattitudes, Measurement Error, and Change*: 166-214. Princeton, NJ: Princeton University Press.

中文部分

王甫昌。1998。〈族群意識、民族主義與政黨支持：一九九〇年代臺灣的族群政治〉。《臺灣社會學研究》2：1-45。

王鼎銘、蘇俊斌、黃紀、郭銘峰。2004。〈日本自民黨之選票穩定度研究：1993、1996及2000年眾議院選舉之定群追蹤分析〉。《選舉研究》11，2：81-109。

王鼎銘、郭銘峰。2009。〈混合式選制下的投票思維：臺灣與日本國會選舉變革經驗的比較〉。《選舉研究》16，2：101-130。

吳乃德。1999。〈家庭社會化和意識型態：臺灣選民政黨認同的世代差異〉。《臺灣社會學研究》3：53-85。

吳重禮、王宏忠。2003。〈我國選民「分立政府」心理認知與投票穩定度：以2000年總統選舉與2001年立法委員選舉爲例〉。《選舉研究》10，1：81-114。

吳重禮、許文賓。2003。〈誰是政黨認同者與獨立選民？以2001年臺灣地區選民政黨認同的決定因素爲例〉。《政治科學論叢》18：101-140。

吳重禮、鄭文智、崔曉倩。2006。〈交叉網絡與政治參與：2001年縣市長與立法委員選舉的實證研究〉。《人文及社會科學集刊》18，4：599-638。

吳重禮、譚寅寅、李世宏。2003。〈賦權理論與選民投票行爲：以2001年縣市長與第五屆立法委員選舉爲例〉。《臺灣政治學刊》7，1：91-156。

翁秀琪、孫秀蕙。1994。〈選民的媒介使用行為及其政治知識、政黨偏好與投票型之間的關聯：兼論臺灣媒體壟斷對政治認知與行為之影響〉。《選舉研究》1，2：1-25。

盛杏湲。2002。〈統獨議題與臺灣選民的投票行為：一九九〇年代的分析〉。《選舉研究》9，1：41-80。

盛治仁。2004。〈媒體、民調和議題—談競選過程中民意的變動性和穩定性〉。《選舉研究》11，1：73-98。

陳若蘭。2001。〈台北市選民投票變遷之研究：民國八十三年與八十七年台北市長選舉之分析〉。國立中正大學政治學研究所碩士論文。

陳陸輝。2000。〈臺灣選民政黨認同的遲續與變遷〉。《選舉研究》7，2：109-139。

陳義彥。1996。〈不同族群政治文化的世代分析〉。《政治學報》27：83-121。

陳義彥、蔡孟熹。1997。〈新世代選民的政黨取向與投票抉擇〉。《政治學報》29：63-91。

傅恆德。1994。〈政治文化與投票行為：民國七十八年立委和八十年國大代表選舉〉。《選舉研究》1，2：27-51。

游清鑫。2002。〈選戰策略：2001年選舉的總體觀察〉。《國家政策論壇》2，1：12-19。

游清鑫。2009。《2005年至2008年「臺灣選舉與民主化調查」四年期研究規劃（IV）：民國九十七年總統大選民調案》（NSC 96-2420-H-004-017）。台北：行政院國家科學委員會。

黃秀端。1995。〈一九九四年省市長選舉選民參與與競選活動之分析〉。《選舉研究》2，1：51-75。

黃秀端。1996。〈政治知識之認知與性別差異〉。《東吳政治學報》5：27-50。

黃紀。2005。〈投票穩定與變遷之分析方法：定群類別資料之馬可夫鍊模型〉。《選舉研究》12，1：1-37。

黃紀、王鼎銘、郭銘峰。2005。〈日本眾議院1993及1996年選舉-自民黨之選票流動分析〉。《人文及社會科學集刊》17，4：853-883。

黃紀、吳重禮。2000。〈臺灣地區縣市層級「分立政府」影響之初探〉。《臺灣政治學刊》4：105-147。

黃紀、張益超。2001。〈一致與分裂投票：嘉義市一九九七年市長與立委選舉之分析〉。徐永明、黃紀主編《政治分析的層次》：183-218。台北：韋伯文化。

劉義周。1994。〈臺灣選民政黨形象的世代差異〉。《選舉研究》1，1：53-73。

謝邦昌、江志民。1998。〈民意測驗中的社經發展指標、人口特性與投票行為之研究〉。《民意研究季刊》204：26-45。

附錄　問卷題目節錄與重新編碼

投票抉擇

H3．請問上一次（2004年3月）的總統選舉，您投給哪一組候選人？(1)陳水扁、呂秀蓮(2)連戰、宋楚瑜(3)其他：忘了、沒去投票、投廢票，以及拒答（當時沒有投票權設為遺漏值）

H1a．請問您投票給哪一組候選人？(1)謝長廷、蘇貞昌(2)馬英九、蕭萬長(3)其他：忘了、沒去投票、投廢票，以及拒答

■重新編碼：2004年與2008年均選擇1者，編碼為1，稱為「泛綠穩定者」；2004年與2008年分別選擇1及2者，編碼為2，稱為「綠藍變遷者」；2004年與2008年分別選擇1及3者，編碼為3，稱為「綠未變遷者」；2004年與2008年分別選擇2及1者，編碼為4，稱為「藍綠變遷者」；2004年與2008年均選擇2者，編碼為5，稱為「泛藍穩定者」；2004年與2008年分別選擇2及3者，編碼為6，稱為「藍未變遷者」；2004年與2008年分別選擇3及1者，編碼為7，稱為「未綠變遷者」；2004年與2008年分別選擇3及2者，編碼為8，稱為「未藍變遷者」；2004年與2008年均選擇3者，編碼為9，稱為「未未者」。

性別

S18．受訪者性別：(1)男(2)女

年齡

S1．請問您是民國幾年出生的？（如受訪者無法回答出生年，則改問現在幾歲，並換算成出生年填入，即97－年齡＝出生年）＿＿＿＿年（拒答設為遺漏值）

■重新編碼：出生年換算為年齡，年齡＝97－出生年。

教育程度

S4．請問您的教育程度是什麼（台：您讀到什麼學校）？(1)不識字(2)識字但未入學(3)小學肄業(4)小學畢業(5)國、初中肄業(6)國、初中畢業(7)高中、職肄業(8)高中、職畢業(9)專科肄業(10)專科畢業(11)大學肄業（含在學中）(12)大學畢業(13)研究所（拒答設為遺漏值）

■重新編碼：9至13編碼爲1，以「大專以上程度」表示；7至8編碼爲2，以「高中職程度」表示；5至6編碼爲3，以「國中程度」表示；1至4編碼爲4，以「國小以下程度」表示。

省籍

S2‧請問您的父親是本省客家人、本省閩南人（台：河洛）人、大陸各省市人，還是原住民？(1)本省客家人(2)大陸各省市人(3)本省閩南人（原住民、外籍人士、華僑、不知道，以及拒答設爲遺漏值）

地理區域

(1)東部：宜蘭縣、花蓮縣、台東縣(2)南部：雲林縣、嘉義縣、台南縣、高雄縣、屏東縣、澎湖縣、嘉義市、台南市、高雄市(3)中部：台中縣、彰化縣、南投縣、台中市(4)北部：台北縣、桃園縣、新竹縣、苗栗縣、基隆市、台北市、新竹市

政黨認同

N1‧目前國內有幾個主要政黨，包括國民黨、民進黨、新黨、親民黨，以及臺灣團結聯盟，請問您有沒有（台：咁有）偏向哪一個政黨？(1)有（跳問N1b）(2)沒有（訪員漏問、不知道，以及拒答設爲遺漏值）

N1a‧那相對來說（台：那安捏比較起來），請問您有沒有稍微（台：咁有稍塊）偏向哪一個政黨？(1)有（續問N1b）(2)沒有（訪員漏問、不知道，以及拒答設爲遺漏值）

N1b‧請問是哪一個政黨？(1)國民黨(2)民進黨(3)新黨(4)親民黨(5)臺灣團結聯盟（綠黨、紅黨、不知道，以及拒答設爲遺漏值）

■重新編碼：N1或N1a答1且N1b答1、3或4者，編碼爲1，稱爲「泛藍認同者」表示；N1或N1a答1且N1b答2或5者，編碼爲2，以「泛綠認同者」表示；N1與N1a均答2者，編碼爲3，稱爲「無政黨傾向」。

政治興趣

B1‧請問您平時有沒有（台：咁有）與人討論有關政治或選舉方面的問題？是時常討論、有時討論、很少討論、還是從來不討論？(1)時常討論(2)有時討論(3)很少討論(4)從來不討論（拒答設爲遺漏值）

B2‧請問您對這次總統選舉的競選過程關不關心（台：咁有關心）？是非常關心、有點關心、不太關心，還是非常不關心？(1)非常關心(2)有點關心(3)不太關心(4)非常不關心（看情形、無意見、不知道，以及拒答設為遺漏值）

■重新編碼：將B1與B2加總，其得分原為2至8，得分愈低者，代表政治興趣愈高，反之亦然。作者依據測量尺度和次數分配，將2至4分者編碼為1，以「高度」表示，比例為42.9%；5分者編碼為2，以「中度」表示，次數比例為28.7%；6至8分者編碼為3，以「低度」表示，次數比例為28.4%。

政治知識

G1‧請問您：現任的美國總統是誰？(1)對(0)錯(0)知道，但忘記名字(0)拒答(0)不知道

G2‧請問您：現任的行政院長是誰？(1)對(0)錯(0)知道，但忘記名字(0)拒答(0)不知道

G3‧請問您：我國（台：咱國家）哪一個政府機關有權解釋憲法？(1)對(0)錯(0)知道，但忘記了(0)拒答(0)不知道

■重新編碼：三項測量政治知識的題目，答對者登錄為1，「答錯」、「知道，但忘記了」、「不知道」、「拒答」則登錄為0。將G1、G2、G3加總，成為從0至3的連續變數，得分愈高者，表示政治知識程度愈高，反之亦然。在表二政治知識與投票抉擇的交叉分析中，3分表示「高度」，2分表示「偏高」，1分表示「偏低」，0分表示「低度」。

族群認同

M1‧在我們（台語：咱）社會上，有人說自己是「臺灣人」，也有人說自己是「中國人」，也有人說都是。請問您認為自己是「臺灣人」、「中國人」，或者都是？(1)臺灣人(3)兩者皆是(2)中國人（原住民、不知道，以及拒答設為遺漏值）

統獨立場

M3‧關於臺灣和大陸的關係，請問您比較偏向哪一種？(1)儘快統一(2)儘快獨立(3)維持現狀，以後走向統一(4)維持現狀，以後走向獨立(5)維持現狀，看情形再決定獨立或統一(6)永遠維持現狀（很難說、無意見、不知道以及拒答設為遺

漏值）

■重新編碼：1與3編碼為1，以「偏向統一」表示；2與4編碼為2，以「偏向獨立」
　表示；5與6編碼為3，以「維持現狀」表示。

陳水扁總統施政評價

C1．請問您對陳水扁擔任總統期間的整體表現，您覺得是非常滿意、有點滿意、
　不太滿意、還是非常不滿意？(1)非常滿意(2)有點滿意(3)不太滿意(4)非常不滿
　意（看情形、無意見、不知道，以及拒答設為遺漏值）

■重新編碼：1與2編碼為2，以「滿意」表示；3與4編碼為1，以「不滿意」表示。

壹、前言

　　陳水扁前總統八年的執政為臺灣帶來許多前所未見的議題，其中一個關鍵的議題是臺灣是否需要修憲成一個法國式的半總統制國家（見Shugart, 2005）？一方面，這樣的建議來自於2000至2008年間由於陳前總統所領導的民進黨在立法院不是多數所導致的「立法遲滯」之痛苦經驗，儘管分立政府是否真的就導致無效率的施政可資辯論（吳重禮，2002；盛杏湲，2003）。另一方面，有識者認為，由於陳前總統所涉及的貪汙弊案，臺灣需要一個更強勢的立法院來監督可能腐化的行政部門。由於現行法國政治的運作與臺灣經驗有許多雷同之處，因此國內有許多以法國第五共和為出發來研究臺灣半總統制運行的研究（徐正戎、張峻豪，2004；林繼文，2009；陳宏銘，2009；蘇子喬，2010）。

　　半總統制所涉及的不僅是應當採用何種憲政制度的抉擇，它還牽涉到行政與立法部門如何互動的問題。在過去，政治菁英握有解釋「什麼是理想行政-立法互動」概念的話語權，甚至是行政上的主導權；包括政治人物與學者在內，當他們在憲政設計之初即設定議題並且引導討論方向，最後決定何種行政－立法互動才是一個負責任的憲政體制（Shugart, 2005）。有的時候，臺灣的政治菁英樂見與美國總統制有關的憲政設計；其他時候，政治菁英傾向支持臺灣採用與英國內閣制有關的設計。[1]

　　然而，這些針對行政與立法如何互動的討論，常常忽略了一般民眾的聲音。而民主程序的正當性奠基於廣泛的公民參與，因此忽略民眾的聲音往往讓一套由上而下設計的憲政制度缺乏正當性。也許有人會認為一般民眾無法影響行政與立法關係，因為這些民眾頂多能夠投下「無關痛癢」的一票，而非直接制定政策。民選官

---

[1] 如施明德與許信良等政治菁英，甚至力倡將現行的中華民國憲政體制全然改為內閣制。

員反而能夠藉由修憲或者立法而直接影響行政與立法關係。除此之外，由於資訊成本過高，一般民眾也不見得如學者所預期的對於行政與立法關係有高度關注（吳重禮等，2004：80）。儘管這些說法都可以理解，但若從民主國家不可忽視民意的面向來看，提出一個探究臺灣民眾如何看待行政與立法關係的理論，能夠補充半總統制文獻在這方面的空缺，畢竟目前國內半總統制的研究汗牛充棟，卻從未有從民調觀點切入的系統性探討。[2]

再者，研究臺灣民眾看待行政與立法關係，與研究總統制或者內閣制國家的民眾看待他們自己的行政與立法關係，有明顯的差異。臺灣的憲政系統既非總統制亦非內閣制，乃屬於半總統制，或者精確地說為「總統議會制」。[3]國內、外鮮有針對半總統制國家的民眾探究他們如何看待半總統制行政與立法關係的主題研究。因此本章節在此著力，做為一個研究議題的濫觴。

值得說明的是，本章節的研究重心在於了解「一般公民」而非政治菁英（如政治人物與學者）對於行政、立法關係的看法。儘管對於半總統制的學者來說，一般民眾對於行政與立法互動的看法可能沒有道理，或者不具邏輯上的一致性，但由於此面向是研究臺灣及其他半總統制國家領域中嶄新的嘗試，因此仍舊值得探究。

筆者將從兩個角度來檢視中華民國的行政與立法關係：第一個是分立政府；第二個是閣揆任命權。對於臺灣來說，分立政府意即總統這個位子由一個政黨的當選人擔任，立法院的多數黨則屬於另外一個政黨（吳重禮，2002：78）。而閣揆任命權則是與「總統」抑或「立法院」應該擁有任命閣揆的權力有關。了解民眾認為閣揆任命權屬於總統或者立法院，能夠協助我們了解這些民眾如何看待現行的行政與立法關係。本章的論述有二：第一個是民眾對於分立政府的喜愛（相對於一致性政府的喜愛），暗示著民眾傾向給予立法院而非總統，更多政治權力運作上的餘裕。第二個是民眾對於總統任命行政院院長（而非立法院任命行政院院長）的支持，暗示了這些民眾願意賦予總統關鍵的人事權；決定閣揆的人事權之所以關鍵，是因為根據我國憲法，行政院院長是最高的行政機關首長，因此民眾若能支持總統對最高行政首長的任命權，則暗示民眾傾向決策中心往總統偏斜。

---

[2] 盛杏湲（2005）和盛杏湲、黃士豪（2006）兩篇探討臺灣民意對於立法院的觀感，但卻未直接檢視行政與立法關係。

[3] 根據Shugart與Carey（1992）與Shugart（2005: 18），典型的總統國會制有以下特徵：總統任命閣揆，閣揆一旦被任命之後，對於總統與國會同時負責，臺灣的憲政運作有這些特徵，因此被認為是總統國會制。

　　最後，筆者分類不同教育程度、政治知識、政治興趣的民眾，觀察這些因素本身程度上的不同，是否連結民眾對於行政、立法關係看法的不同？美國的研究顯示（Converse, 1964）政治較為練達的選民比較有能力回答與意識形態有關的問題，這群選民並且對於國會整體的表現評價較低（Hibbing and Theiss-Morse, 1995）。根據文獻探討，一連串的研究問題包括：政治較為練達或者教育程度較高者，對於立法委員職權的行使，比起政治較不練達者或教育程度較低者，是否有不同的期許？此外，政治較為練達者比起政治較不練達者，對於一個理想的行政、立法關係有何不同的看法？或者就算政治較為練達的一群民眾，也難以理解行政與立法之間複雜的互動關係？筆者藉由分析2001年、2004年和兩筆2008年的「臺灣選舉與民主化調查」（Taiwan's Election and Democratization Study或TEDS）之民調資料來回答以上問題。

貳、文獻探討

　　Shugart認為（1999），臺灣是世界上總統議會制的國家之一。此制度的特徵是具有「破碎」（fragmented）的國會，而且國會議員普遍比較照顧自己的選區，而不是專注於國會中的專業立法。再者，總統議會制中的總統擁有全國性的選民，於此情形之下，總統較國會議員更願意為了國家整體利益（the provision of national collective goods）而努力。另一方面，總統議會制下的國會議員為了在選戰中贏得連任，必須專心一致地經營選區；因此對於個別議員來說，選區利益與國家整體利益時常形成一種零和對峙。藉由Shugart（1999）的研究，吾人發現總統議會制有一種先天結構性的誘導，促使臺灣的立法委員將大部分的精力投注在各自的選區當中，但是他們的選民想要他們這麼做嗎？

　　以上這個問題可以在美國國會研究中找到一點蛛絲馬跡。Hibbing與Theiss-Morse（1995）發現：國會是美國最不受歡迎的一個政府機構；個別總統的支持度則是時好時壞，端視於個別總統的個人魅力與施政表現。最後，一般美國民眾最喜歡的是最高法院，原因非常弔詭地在於：美國民眾對於最高法院極複雜且專業的運作過程了解有限（Hibbing and Theiss-Morse, 1995; Keefe and Ogul, 2001; Bond et al., 2001），因為不了解反而產生了良好的印象。

　　Hibbing與Theiss-Morse（2002）在另一篇實證研究當中，發現一般美國民眾為

何最不喜歡國會？對於民眾而言，國會的立法過程充滿太多議員間的衝突，立法過程也缺乏效率；若立法要有效率，意味著議員間必須捐棄己見、力促妥協，才能夠成就立法。然而，一般民眾卻又不喜歡國會議員間的妥協，認為那是議員出賣自己誠信與道德的表現。Hibbing與Theiss-Morse（2002）認為美國民眾對於嘈雜喧嘩的立法過程感到不耐，是大有問題的，因為議員間若無辯論與協調的過程存在，就無民主的可能，更何況政治是一門妥協的藝術，立法過程中兩黨為達成共識，一旦走到妥協時刻，民眾卻又不買帳。最後出現民眾又要馬兒好（國會立法有效率），又要馬兒不吃草（兩黨議員間不應為了達成立法目的而各自妥協原先的立場）的矛盾景況。

　　儘管臺灣是總統議會制，而不是如美國一般的總統制，但在臺灣的憲政制度下，臺灣民眾和美國民眾一樣，對於自己的國會有類似批評，盛杏湲等人發現（2006: 104），許多臺灣民眾認為立法院是一個缺乏效率的政府單位；立法委員不是愛作秀的政客，就是一天到晚只重選區利益而不事立法的地方型政治人物。臺灣民眾對於立委職權行使的期許（希望立委們專心立法），與對於立委實際上所從事工作內涵的了解，這兩者之間存在著差距，而此差距導致了臺灣民眾對於立法院評價的低落。

　　根據一項研究調查（趙弘章，2005），僅有21.7%的受訪者表達他們對於立法院的表現感到滿意。又在另一項民調當中（盛杏湲、黃士豪，2006；盛杏湲，2005：35），79.5%的受訪者認為對於立委來說，國家整體的利益應當擺在第一位；但僅有13.6%的受訪者感覺到立委的確是在為國家整體利益打拚（而不是只專注在自己的選區）。對於絕大多數的受訪者來說，一個好的立法委員應該是一個以國家利益為優先的立法者，也許為了全國福祉的前提之下，某些立法必須犧牲掉個別委員的選區利益也應當在所不惜。但絕大多數的受訪者，仍舊感覺到立委過分在乎連任機會，而將大部分的時間與精力奉獻給家鄉選區；更有甚者，奉獻在家鄉中的「特殊利益」與「較為富裕」的特定選民身上（盛杏湲、黃士豪，2006：102）。

　　此外，盛杏湲與黃士豪（2006：97）將臺灣民眾心中認為立委應該要做好的幾項工作，以表列的方式呈現，包括：(1)選區服務、(2)做為政府與民眾之間的橋樑、(3)促進地方建設與發展、(4)立法以解決國家所面臨到的問題、(5)監督行政單位，與(6)審查預算。針對這六大選項，能粗略分為兩類，為「立法院內工作」（in-house functions），以及「選區工作」（district service）。一方面，監督行政

單位與審查預算屬於立委的立法院內工作。另外一方面，選區服務、促進地方建設與發展，與做為政府及民衆之間的橋樑可以大約被歸類爲選區工作。但精確來說，「做爲政府與民衆之間的橋樑」也有可能介於「立法院內工作」與「選區工作」之間。

　　證據顯示（盛杏湲、黃士豪，2006：97），臺灣民衆對於立委院內工作的評價分數，遠低於對於立委選區工作的評價分數，此一比較說明了立委在選區的表現比在立法院內好。但這恐怕不是民衆要立委表現良好的面向，民衆認爲一個好的立法委員，應該要專注於立法、盡責審查政府預算與監督行政單位（盛杏湲、黃士豪，2006：105）。但一般說來，立委對於民衆所希望做好的面向仍有極大的進步空間。總結來說，民衆希望立委多以國家福祉爲目標，但民衆卻感覺到立委實際上以家鄉選區爲主要服務對象。盛杏湲與黃士豪（2006：107）運用量化與質性的第一手資料，挖掘這些民衆感受上的落差，而這些落差拉低了民衆對於立法院整體的評價。

參、政治練達的公民

　　公民的教育程度與政治知識會影響其對於立法委員的判斷。這項發現很直接：教育程度越高的公民，越希望立委施政著重在國家利益，而非選區利益（盛杏湲，2005：35）。依此邏輯，本章假設政治知識越高者，越期許立委能將重心放在國家利益之上。盛杏湲與黃士豪（2006：111）認爲，教育程度較高的公民不喜歡立法院，主因是立法院給人喧雜吵鬧的感覺，但是這些公民尋求社會穩定與和諧。另一方面，由於教育程度越高的公民，越了解立法院組織與立法過程，因此他們有可能對於立法院表現更爲挑剔。

　　這裡的關鍵在於教育程度與政治知識是否扮演相同的角色？Sniderman等人（1991）依賴受訪者的正式教育年限來測量他們的推理能力。Converse（2000; 1964）認爲多項政治知識題目的測量，比起教育程度的測量，更能夠代表受訪者政治資訊的高低。Zaller（1992）則依賴實驗法，發現多項問卷題目的測量能精確地代表受訪者的政治知識高低。的確，不難想像一個自然科學的博士，其政治知識程度，大概不會優於一個政治系專業的大學畢業生。總之，本章假設政治知識比起教育程度更能詮釋受訪者對於立法院的挑剔程度。

肆、民眾對於行政與立法關係的意見

本章進一步的關鍵議題為：一般民眾怎麼看行政與立法關係？進一步來說，政治練達與政治較不練達的公民，在檢視行政與立法關係上有何不同？關於這些研究問題，臺灣文獻已有初步成果（黃德福，1991；洪永泰，1995；黃紀，2001；吳重禮等，2004）。這些研究多在探究民眾對於分權與制衡的贊同，是否導致他們蓄意藉由投票來造成分立政府的形成？換言之，在絕大部分以分權與制衡觀點為出發的國內文獻中（黃德福，1991；洪永泰，1995；許增如，1999；黃紀，2001；許勝懋，2001、2003；陳文俊、陳玟君，2003；劉從葦，2003；吳重禮、王宏忠，2003；吳重禮等，2004），民眾支持分權與制衡的想法是自變項，而分裂投票是依變項。然而，這些研究並未探索政治練達或者高等教育的選民如何來看待分權與制衡這個觀念？也就是說，政治知識或者教育年限是自變項，而公民是否贊同分權與制衡是應變項。

盛杏湲與黃士豪（2006：104-105）發現：絕大部分焦點訪談中的受訪者，想要見到一個能積極監督行政部門的立法院，然而矛盾的是，這些受訪者同時也對於反對黨立委攻擊式地質詢行政官員感到不悅。整體而言，一般臺灣民眾想要見到一個負責任的立法院，意即立法院要在「積極立法也監督行政」與「避免過度不合理地杯葛行政部門」之間求取一個平衡點。

另外，有兩個足以觀察臺灣民眾判定「負責任的立法部門」與「適切的行政立法關係」的指標。第一，民眾是否贊成由國會而非總統來任命行政院院長？[4]第二，民眾是否支持一個分立政府的產生？這些議題與半總統制當中的總統議會制結構息息相關。民眾決定總統還是國會有權去任命行政院院長，相當程度反映出這些民眾傾向在總統議會制當中，選擇行政院院長與閣員的特定偏好方式（Shugart, 2005: 330）。同時，民眾對於分立政府的喜好與否，反映出這些民眾認為分立政府是否能在臺灣這個總統議會制的國家當中，發揮分權與制衡的功能？縱然分立政府可能發揮分權與制衡的功能，但同時也可能造成行政與立法由不同政黨控制而導致立法遲滯（legislative stalemate）的問題。

針對第一個指標而言，臺灣的總統有權任命與解職行政院院長，但任何行政院院長一旦被任命，行政院院長不僅對總統負責，同時也對立法院負責，形成一種

---

[4] 當然，這是一個反事實性的論述，與現行憲政規範不符合。

雙向負責的關係。然而，一旦立法院通過不信任投票迫使行政院院長下台，則行政院院長得建議總統解散國會以做爲反應；於此情形之下，隨之而來的就是國會全面改選。縱使憲法有此規定，實際上，由於改選成本對於反對黨立委來說很高，選舉不僅涉及大量的人力、精力與金錢成本，個別委員更有選不上的風險，因此實際上在總統議會制的國家當中，國會議員較不願意針對閣揆提出不信任案（Shugart, 2005）。

這裡的重點在於一般的臺灣民眾不見得願意見到立法院與總統任命的閣揆對立的局面（盛杏湲、黃士豪，2006：105）；但同時臺灣民眾又希望國會理性問政與監督行政部門（盛杏湲、黃士豪，2006：104）。換言之，分權與制衡的理想要應用在臺灣的行政與立法關係身上，就會涉及到分立政府難免降低立法效率卻又要監督與制衡的折衷問題。2000年至2008年陳前總統執政期間，泛藍政黨爲國會多數，即遭遇到分立政府的難題（吳重禮，2002：308；盛杏湲，2003）。

因此，若有一個總統與國會間藉由協調的方式來決定閣揆人選的選項，絕大多數的民眾在假設上應該會支持。又，本章假設公民的政治資訊程度（不管是以教育或者政治知識來測量）越高，越有可能選擇這個協調的選項。如稍早所述，政治資訊程度越高的民眾越不喜歡行政與立法對立，因此協調的選項可以符合他們對於行政與立法間合作及政治和諧的期望。

就第二個指標分立政府而言，Fiorina（1996）與其他學者（Ingberman and Villani, 1993; Alesina and Rosenthal, 1995; Terrance et al., 1998; 吳重禮，2002）認爲選民會蓄意藉由分裂投票來製造分立政府的產生，主因在於民眾希望分權與制衡原則在政府運作中被實踐。此外，總統制賦予國會立法特權，國會的權力因此可與總統的行政大權抗衡（Fiorina, 1996）。

儘管臺灣的總統議會制與總統制在許多方面類似（譬如兩者都直選總統），但兩者之間仍存在些微差異，這些差異體現在分立政府的實際運作之上。在美國式的總統制當中，總統不必任命一個將來必須對於國會負責的閣揆。然而，在臺灣的總統議會制底下，由於總統任命的閣揆仍舊依賴立法院對其信任而延續內閣生命（Shugart, 2005: 330），因此可以說臺灣的行政與立法不能算是完全的分權。換言之，臺灣的行政與立法之間仍舊存在些許權力融合（fusion of power）。[5]

---

[5] 這裡所指在臺灣行政－立法關係中的權力融合是一個相對性的概念。臺灣的總統國會制實際運行當中，行政與立法部門要協同任命閣揆（總統權責）與延續閣揆生命（立法院權責），

　　民眾在總統制國家如美國對於「分權與制衡」與「分立政府」的發生習以為常，但若同樣的情形發生在臺灣恐怕不被等量的接受。例如在1992年時，約40%的美國民眾喜好不同政黨控制總統與國會；約僅有28%的民眾傾向支持一致性政府（Garand and Lichtl, 2000: 173-191）。在臺灣，儘管目前為止僅有2000至2008年的分立政府短暫經驗，吳重禮與王宏忠（2003：82）仍發現民眾不喜歡分立政府的存在，尤其當受訪者認為「效率施政」與「避免立法遲滯」應該被優先追求時。再者，一般臺灣民眾希望立法院可以監督政府，不必然意謂著這些民眾希望見到分立政府的發生（盛杏湲、黃士豪，2006：106）。

　　2000至2008年時的分立政府時期所產生的最大問題為立法遲滯（legislative stalemate），其定義為國會立法與行政部門政策制定的牛步化甚至停止運作。再者，分立政府常常引起總統與國會反對黨的宿怨，這種衝突也被稱做為「立法僵持」（Cutler, 1988; Hardin, 1989; McCubbins, 1991; Cox and McCubbins, 1991; Weatherford, 1994; Alesina and Rosenthal, 1995; Binder, 1999; Coleman, 1999）。吳重禮（2002：307）與盛杏湲（2003）認為扁執政八年的分立政府狀態，導致臺灣社會的經濟不景氣與政府失靈，這些分立政府時期的不良經驗都在民眾心中烙印下不好的印象，尤其是那些對於立法院表現較為挑剔、且對於行政效率有所期許的民眾而言，而這些民眾又往往是教育程度較高的一群。

　　除此之外，年輕的臺灣民主目前僅經歷過兩次的政黨輪替（朱雲漢等，2007），[6]而且分立政府的發生（或者有些人稱之為少數政府）要到2000年才實現。於是短暫八年的分立政府經驗，對於尚未體悟到分立政府有分權與制衡好處的臺灣民眾來說，時程上稍嫌太短；儘管一般民眾在地方層級的府會關係上，漸漸體悟到分立政府才是常態（吳重禮等，2004：76）。[7]假若美國在廿世紀絕大部分的時間並沒有經歷過分立政府，則其公民恐怕無法體悟到分權與制衡的價值。因此，我們可以合理假設：有一部分（不可忽視的數目）的臺灣民眾不喜歡分立政府的概

但是這樣的合作關係在英國議會內閣制的國家裡頭則不存在，因為行政與立法合一。因此在議會內閣制當中，內閣的產生與延續完全由國會來決定。但在美式的總統制當中，總統直接民選，總統的幕僚長也就是國務卿也由總統單方面決定，與國會無關，幾乎不存在權力融合的現象，為行政與立法權分立。因此在權力融合的議題上，臺灣介於美國與英國之間，本文對於權力融合的定義來自Shugart（2005）的論述。

6　自1988年臺灣解嚴開始，至截稿為止，臺灣人民僅經歷過廿三年的民主，因此臺灣人民有可能無法確認自己對於民主的信仰，並在面臨政治或者軍事危機時，選擇民主倒退。

7　在2002年的縣市層級府會關係當中，23個縣市中即有14個是屬於分立政府狀態。

念，而且政治知識越高的民眾越不喜歡分立政府。

伍、假設

　　根據文獻探究，本章有三個假設。第一個是有關於政治練達者（或教育程度高者）支持總統與國會藉由協調來決定閣揆人選。第二個是有關於政治練達者（或教育程度高者）會反對分立政府的概念（相較於一致性政府）。第三個是公民的政治知識比起公民的教育程度，更能夠詮釋他們對於臺灣行政與立法關係的看法；統計上來說，在第一與第二個假設當中，我們更容易看到政治知識這個自變項，而非教育程度這個自變項，與依變項有更多的關連。三個假設如下：

一、政治越練達的民眾，越支持總統與國會協調出閣揆人選（相對於由總統或者國會單方面決定）。

二、政治越練達的民眾，越有反對分立政府的傾向（相對於一致性政府）。

三、政治知識比起教育年限更能夠在前兩個假設當中扮演有效的自變項。

　　除了焦點變項之外，本章還控制公民的政黨認同，在2000至2008年間，泛藍政黨（國民黨、親民黨與新黨）的支持者有可能支持分立政府的產生，這是由於當時的總統陳水扁來自於民進黨，也是泛綠政黨（民進黨與臺灣團結聯盟）支持的共主。依此邏輯，泛藍政黨的支持者理當傾向由當時的國會來單方面決定行政院院長人選（而非由總統單方面或者協調選項來決定）。政黨認同與分立政府及閣揆任命方式的文獻，吳重禮等人（2004，92）及盛杏湲與黃士豪（2006，116）有深入討論。

　　值得注意的是，文中許多的統計模型也控制政治興趣，政治興趣與政治練達甚且教育程度一樣，理當能夠解釋公民對於「分立政府」與「閣揆任命方式」兩個議題，是否能深入思考進而表達意見的能力。事實上，盛杏湲（2005）發現政治興趣導致民眾去觀看更多的電視政論節目。林瓊珠（2005）則發現政治興趣越高，政治知識的水準也越高。

　　最後，本章模型當中也控制一些交互變項，包括政治興趣與政治練達的交互變項，與政治興趣及教育年限之間的交互變項，而這些交互變項控制在檢證第一與第二個假設的統計模型當中，希望藉由這些交互變項來明辨政治資訊對於應變項的影響。

陸、資料來源

「臺灣選舉與民主化調查」2002年1月至4月的民調案（簡稱TEDS2001）；2005年1月至3月的民調案（簡稱TEDS2004L）；2008年1月至3月（簡稱TEDS2008L）民調案；與2008年7月至9月（簡稱TEDS2008P）民調案提供一連串關於立法院的問題。總共有四筆TEDS的資料用來檢證本章的三個假設，這些資料提供民眾「期許」立法委員應做什麼工作；與「實際上感受到」立法委員都在做什麼工作的資訊。這些民調資料也提供受訪者看待行政部門表現的資訊。[8]一個缺憾是有些題目只出現在這四筆資料中的其中幾筆，而非每筆都出現，以下敘述這些差異。

TEDS2004L與TEDS2008P包括受訪者認定立法委員理想工作與實際工作內容的資訊。TEDS2001、TEDS2004L與TEDS2008L是唯三筆有受訪者評估行政與立法權表現（內容為評估陳水扁總統當時的施政表現）的資料。所幸四筆資料（TEDS2001、TEDS2004L、TEDS2008L與TEDS2008P）幾乎全部詢問受訪者關於分立政府與閣揆任命方式的題目，除了TEDS2008P沒有包含閣揆任命方式的題目。此外，僅有TEDS2008L包含政治興趣的問題，因此在TEDS2008L的模型中，將控制教育程度與政治興趣的交互變項，與政治知識及政治興趣的交互變項。

至於本章的焦點變項，不同年份的資料皆有些微不同的測量方式。三個問卷問題測量政治知識：誰是中共領導人？哪一個政府機關有權解釋憲法？立委任期有多長？這些政治知識的問題出現在TEDS2001、TEDS2004L與TEDS2008L。在任一年份的民調資料當中，這三種政治知識的測量皆高度相關，因此將他們加總做為一個「政治練達」的綜合變項（composite variable）。

8　本文使用的資料全部係採自「臺灣選舉與民主化調查：民國九十年立法委員選舉全國大型民意調查研究」(TEDS2001)（NSC 90-2420-H-194-001），計畫召集人為國立政治大學黃紀教授；「2002年至2004年『選舉與民主化調查』三年期研究規劃（IV）：民國九十三年立法委員選舉大型面訪案」（TEDS2004L）（NSC 93-2420-H-004-005-SSS），計畫召集人為劉義周教授。「2005年至2008年『選舉與民主化調查』四年期研究規劃（III）：民國九十七年立法委員選舉面訪計畫案」（TEDS2008L）（NSC 96-2420-H-002-025），計畫召集人為中央研究院政治學研究所朱雲漢教授；「2005年至2008年『選舉與民主化調查』四年期研究規劃（IV）：民國九十七年總統選舉面訪計畫案」（TEDS2008P）（NSC 96-2420-H-004-017），計畫召集人為國立政治大學選舉研究中心游清鑫教授。詳細資料請參閱TEDS網頁：http://www.tedsnet.org（最後瀏覽日期為12/13/2013）。作者感謝上述機構及人員提供資料協助，惟本文之內容概由作者自行負責。

然而，2008P並未包括以上三種政治知識測量當中的兩種，因此，在與2008P有關的模型當中，依賴誰是美國總統？誰是行政院院長？與哪一個政府機關有權解釋憲法？來測量政治知識。以上三種測量適度地彼此相關，因此做為另一個「政治練達」的綜合變項。這裡的原則是儘量讓政治知識的測量能在不同年份都保持一致性，確認其他條件不變之下，自變項與應變項之間不產生虛假關係（spurious relationship）。

至於教育程度，四筆資料當中的測量完全相同一致，答案從不識字到研究所（含以上）畢業。本章也控制政黨認同，受訪者可以回答的政黨選項，包括泛藍的國民黨、新黨、親民黨，到泛綠的民進黨與臺灣團結聯盟。最後，TEDS2008L所問有關於政治興趣的問題，主要詢問受訪者對於政治有興趣的程度，為四筆民調資料當中唯一有政治興趣題目的民調。

為了模型精簡，本章避免控制過多的自變項，同時由於不同年份的多筆資料，精簡的模型也能夠協助理解焦點變項與應變項間關連性的廣泛趨勢。具體的問卷問題表列在附錄當中。

柒、研究發現

受訪者被問道：「您認為理想上，立法委員最重要的責任是哪一項？」與「實際上，您覺得大多數立法委員最重視以下哪項工作？」，這兩個問題分別在2005年1月至3月（TEDS2004L）與2008年1月至3月（TEDS2008L）被詢問。表12-1提供這兩個問題的受訪者回應，前三受歡迎的答案以粗體字展現；結果顯示，前三名的答案在2005年與2008年維持一致。

「溝通政府與民眾的意見」是最受歡迎的選項（在2005年有30.5%，在2008年有26.9%的受訪者給此答案）；「監督行政機關」在2005年與2008年為第二與第三受歡迎的答案，這兩個答案在本章被視為是「立法院內工作」。在2005年第三受歡迎的答案為「促進地方建設與發展」，在2008年變成第二受歡迎的答案，而此一選項在本章被視為是「選區工作」。目前為止我們仍舊難以確定一般民眾期許立委多將精力放在立法院內還是放在選區裡？這是由於最受歡迎的答案「溝通政府與民眾意見」的性質界於院內工作與選區工作之間。在2005年與2008年前三名受歡迎的答案，一個是選區服務導向，另一個是院內工作導向，最後一個界於兩者之間。

表12-1 受訪者認為立委理想工作的內涵與認為立委實際工作的內涵

	2005年 1月至3月		2008年 1月至3月	
問題：您覺得在理想上，立法委員最重要的責任是下列哪一項？				
	樣本數	%	樣本數	%
1. 制定法律	132	10.4	169	13.6
2. 監督行政機關	252	**20**	220	**17.7**
3. 溝通政府與民眾意見	384	**30.5**	334	**26.9**
4. 審查預算	52	4.1	65	5.2
5. 選區服務	68	5.4	34	2.7
6. 促進地方建設與發展	218	**17.3**	239	**19.2**
7. 其他	152	12	179	13.7
問題：實際上，您覺得大多數的立法委員最重視下列哪一項工作？				
	樣本數	%	樣本數	%
1. 制定法律	51	4	48	3.8
2. 監督行政機關	135	**10.7**	107	**8.6**
3. 溝通政府與民眾的意見	72	5.7	69	5.5
4. 審查預算	280	**22.2**	329	**26.5**
5. 選區服務	232	**18.4**	229	**18.4**
6. 促進地方建設與發展	109	8.6	92	7.4
7. 貪汙	0	0	6	0.4
8. 保護個人利益	81	6.4	77	6.2
9. 政黨利益	7	0.5	2	0.1
10. 為特定利益團體立法	0	0	3	0.2
11. 其他	291	23.1	278	22.4
加總	1258		1240	

資料來源：臺灣選舉與民主化調查（TEDS 2004 L & TEDS2008L）。
說明：其他選項包含全部都是、貪汙、略過、拒答、看情況、沒意見與不知道。

　　至於民眾感覺到立委實際上都在從事什麼工作？在2005年與2008年部分民眾（22.2%與26.5%）認為審查預算是立委實質上在做的工作。選區服務在兩筆不同

的資料中分別是第二受歡迎的答案，在2005年與2008年皆有18.4%的人選擇此選項；監督政府則是第三受歡迎的選項（10.7%與8.6%）。看起來受訪者不僅視立委為選區服務的工作者，同時也是一個審查行政部門預算的監督者。盛杏湲與黃士豪（2006，97、102）認為民眾期許立委能夠以專業立法和審查預算為主，而非做為一個執著於連任的家鄉式議員，但本章截至目前為止所呈現的描述性統計建議了其實受訪者對於前、後者都有期許。盛杏湲與黃士豪發現，臺灣的立法委員實際上多將時間與精力放在選區當中，院內工作多被疏忽。然而僅從表12-1來看，我們仍舊無法斷定盛杏湲與黃士豪的研究是否有所偏差？這是因為我們只知道受訪者對於立委「理想工作」與「實際工作」所選擇的答案與這些答案受歡迎的順序，但我們並不知道是否在「理想工作」選任一答案的受訪者，也在「實際工作」選擇同一個答案？換言之，我們無從得知對任一受訪者而言，是否存在著他（她）對於立委理想上應該做的工作與實際上在做的工作有不同意見，呈現看法上的落差？

表12-2　受訪者認為立委理想工作與實際工作的交叉分析

2005年1月至3月		立委實際上從事的工作					
		制定法律	監督行政機關	溝通政府與民眾的意見	審查預算	選區服務	促進地方建設與發展
立委理想上的工作	制定法律	4.42 (5)	15.04 (17)	5.31 (6)	25.66 (29)	40.71 (46)	8.85 (10)
	監督行政機關	5.88 (13)	10.86 (24)	7.24 (16)	31.67 (70)	34.39 (76)	9.95 (22)
	溝通政府與民眾的意見	5.63 (17)	15.56 (47)	8.28 (25)	35.43 (107)	20.86 (63)	14.24 (43)
	審查預算	4.88 (2)	31.71 (13)	4.88 (2)	17.07 (7)	21.95 (9)	19.51 (8)
	選區服務	5.00 (2)	15.00 (6)	12.50 (5)	27.50 (11)	27.50 (11)	12.50 (5)
	促進地方建設與發展	7.33 (11)	18.67 (28)	11.35 (17)	34.67 (52)	14.67 (22)	13.33 (20)
Pearson χ^2 (df)		53.473(25)***					
N		867					

表12-2　受訪者認為立委理想工作與實際工作的交叉分析（續）

2008年1月至3月		立委實際上從事的工作					
		制定法律	監督行政機關	溝通政府與民眾的意見	審查預算	選區服務	促進地方建設與發展
立委理想上的工作	制定法律	8.89 (12)	11.11 (15)	8.15 (11)	29.63 (40)	33.33 (45)	8.89 (12)
	監督行政機關	2.56 (5)	9.14 (16)	4.57 (8)	42.86 (75)	32.00 (56)	8.57 (15)
	溝通政府與民眾的意見	5.51 (15)	13.97 (38)	6.25 (17)	40.87 (109)	22.43 (61)	11.76 (32)
	審查預算	5.56 (3)	22.22 (12)	14.91 (8)	14.61 (8)	31.48 (17)	11.11 (6)
	選區服務	8.00 (2)	8.00 (2)	24.00 (6)	32.00 (8)	8.00 (2)	20.00 (5)
	促進地方建設與發展	4.95 (9)	9.89 (18)	9.34 (17)	44.51 (81)	21.98 (40)	9.34 (17)
Pearson χ^2 (df)		51.486(25)***					
N		843					

資料來源：TEDS2004L&TEDS2008L *代表 p < .10; ** 代表p < .05; ***代表p < .01。

說明：空格內為各單項的百分比，橫向加總為100%；括弧內為各單項的樣本數。

　　表12-2呈現這種應然面與實然面看法落差的可能性。首先，制定法律、監督行政與審查預算都屬於院內工作。在2005年與2008年分別有40.7%與33.3%的受訪者選擇「制定法律」為立委應做的工作，同時也選擇「選區服務」做為他們認為立委正在做的工作；這是認知差異的證據。相同的，共有34.39%與32%的受訪者在2005年與2008年同時選擇「監督行政機關做為應然面的工作」，也選擇「選區服務」為實然面的工作，這又是另一項認知差異的證據。

　　有一項例外是，在2005年認為審查預算是立委理想上工作的受訪者當中，相對多數（31.71%）認為立委實際上在監督行政機關，此情況之下認知差異是不存在的，因為審查預算與監督行政機關都算是院內工作。然而，2005年有21.95%的受訪者期許立委做為預算審查者，卻同時認知到他們實際上都在經營選區，亦屬認知差異。

　　在2008年當中，有的受訪者（31.48%）選擇審查預算做為立委應做的工作，

與選區服務做爲立委實際上做的工作，也有呈現認知差異的傾向。整體而言，我們看到許多受訪者在被問到立委的理想工作與實際上工作時，經驗到認知差異。換言之，盛杏湲與黃士豪（2006）點出許多臺灣民衆心中存在著對於立委應然面與實然面工作的認知差異，有其證據基礎。但由於資料的局限性，筆者無法再進一步檢視是否這些認知落差拉低了受訪者對於立法委員的評價？[9]

接下來檢視受訪者的政治資訊程度與他們如何看立委理想上工作的關係。根據文獻探討（盛杏湲、黃士豪，2006），本章假設政治資訊程度越高的受訪者，越傾向選擇立委應重視的工作爲院內工作（制定法律、監督行政機關與審查預算），而不是選區工作（選區服務與促進地方建設與發展），來做爲理想上的工作。再者，推論上由於政治練達程度較高的民衆，有可能對於立委理想與實際工作產生認知差異，因此這些民衆比較容易一方面選擇院內工作爲立委理想上的工作；另一方面感受到選區服務爲立委實際上在從事的工作。表12-3對於這個推論給予實證上的支持。在2005年1月至3月時，政治越練達的民衆，越容易選擇「制定法律」而非「地方建設與發展」來做爲立委應該做的工作項目（$p < .05$）。相同的，監督行政機關而非促進地方建設與發展爲政治練達民衆所認定的立委理想工作。除此之外，由於「溝通政府與民衆意見」的性質跨越選區工作與院內工作之間，因此選擇此一選項作爲立委理想工作的受訪者，其政治練達的程度低於選擇「制定法律」或者「監督行政單位」爲理想工作的受訪者；這些統計上的差異皆顯著在.05或者.10的層級。在2008年1月至3月間的資料中，儘管顯著的程度不如在2005年1月到3月間，但大致也呈現相同的走勢。

至於在受訪者感受到立委實質上進行的工作方面，選擇選區服務的受訪者，比起選擇監督行政機關的受訪者，政治練達程度(政治知識程度)較高。相同的，選擇「審查預算」爲實質工作的受訪者，比起選擇「選區工作」爲實質工作的受訪者，政治練達的程度還低。儘管在表12-4中，2008年1月至3月的走勢不若2005年1月至3月明顯；但整體而言，在2005年與2008年，表12-3與表12-4的確展現了一個趨勢：政治練達度越高的民衆，越容易認爲院內工作爲立委應然面的工作，選區工作爲立委實然面的工作，進一步產生了對立委工作認知上的落差。

---

[9] 對於立委實際上與理想上的工作兩個部分的題目，受訪者在各部分僅能選擇一個答案。換言之，在個別題目當中，受訪者所給的回應選項都是互斥的，因此若我們挑出有認知差異的受訪者，則樣本數會太少，變量不夠而不足以詮釋這些受訪者對於國會議員表現的評估。

表12-3　以受訪者不同政治知識程度來區別他們認為立委應然面的工作

		2005年1月到3月		2008年1月到3月	
		平均數		平均數	
1. 制定法律		1.943		2.063	
2. 監督行政機關		1.823		1.903	
3. 溝通政府與民眾的意見		1.452		1.682	
4. 審查預算		1.621		1.976	
5. 選區服務		1.313		1.4	
6. 促進地方建設與發展		1.387		1.641	
N		446		561	
Scheffe後測		差異	顯著層級	差異	顯著層級
	1 > 3	.491	$p < .05$	1 > 3	.381	$p < .05$
	1 > 6	.556	$p < .05$		
	2 > 3	.371	$p < .10$		
	2 > 6	.436	$p < .10$		

資料來源：TEDS2004L&TEDS2008L。

表12-4　以受訪者不同政治知識程度來區別他們認為立委實然面的工作

		2005年1月到3月		2008年1月到3月	
		平均數		平均數	
1. 制定法律		1.609		1.728	
2. 監督行政機關		1.476		1.811	
3. 溝通政府與民眾的意見		1.565		1.696	
4. 審查預算		1.523		1.756	
5. 選區服務		1.961		2.020	
6. 促進地方建設與發展		1.5		1.7	
N		377		482	
Scheffe		差異	顯著層級	差異	顯著層級	差異
	2 < 5	-.485	$p < .05$			
	4 < 5	-.438	$p < .05$			

資料來源：TEDS2004L & TEDS2008L。

表12-5 預測受訪者對於行政部門的評價

	對於行政部門的評價		
	2002年1月到4月	2005年1月到3月	2008年1月到3月
	Coef. (S.E.)	Coef. (S.E.)	Coef. (S.E.)
常數	7.485(.280)***	3.014(.115)***	5.967(.387)***
政治知識	-.194(.088)**	.008(.034)	-.067(.111)
教育程度	-.069(.031)**	.002(.012)	-.156(.036)***
泛藍支持者	-2.786(.137)***	-1.148(.061)***	-2.835(.193)***
Adj. R^2	.361	.545	.373
N	787	298	417

資料來源：TEDS2001 & TEDS2004L & TEDS2008L。
說明：*代表 $p < .10$；**代表 $p < .05$；***代表 $p < .01$。

接下來檢視受訪者政治練達程度，詮釋他們對於立法與行政部門評價高低的關係？問卷問題為：「請問您對於陳水扁擔任總統期間的整體表現，您覺得非常滿意、有點滿意、不太滿意，還是非常不滿意？」以此題目測量民眾對於行政部門表現的評價應屬合理。在表12-5的三個統計模型當中，我們看到政治知識僅在2002年與對於行政部門的評價呈現負相關（$p < .05$），在同年當中教育程度也與對於行政部門的評價呈現負相關。然而在2005年與2008年，這個關係則是消失不見的。較不意外的是，泛藍陣營的支持者在表12-5當中有志一同地對於行政部門表達較低的評價。

表12-6 預測受訪者對於立法部門的評價

	對於立法部門的評價		
	2002年1月到4月	2005年1月到3月	2008年1月到3月
	Coef.(S.E.)	Coef.(S.E.)	Coef.(S.E.)
常數	4.204(.295)***	3.194(.368)***	3.424(.371)***
政治知識	-.276(.092)***	-.251(.109)**	-.191(.107)*
教育程度	-.047(.033)	-.003(.037)	-.030(.035)
泛藍支持者	.577(.143)***	1.234(.194)***	1.049(.186)***
Adj. R^2	.032	.113	.072
N	782	336	412

資料來源：TEDS2001 & TEDS2004L & TEDS2008L。
說明： *代表 $p < .10$；**代表 $p < .05$；***代表 $p < .01$。

　　表12-6則展現受訪者對於立法部門的評價，政治知識跨越三個模型都與對於國會的評價呈現負相關；然而，教育程度則不具任何詮釋力。最後泛藍政黨支持者對於國會的評價較高，主因為當時的國會多數由泛藍控制。總之，在前六個表當中，我們可以看得到：(1)有些受訪者對於立委應然面上的工作與實然面的工作，有認知不一致的情形。(2)政治知識越高的人，越認定立委應然面工作應著重在院內，但實際從事的工作卻都在選區。與(3)受訪者的政治知識比起教育程度，更能詮釋他們對於立法院的低評價。儘管在「對行政部門的評價」為依變項的表12-5當中，教育程度比政治知識更能詮釋受訪者對於行政部門的低評價，但政治知識仍在2002年1至4月的模型當中顯現為一個有效的自變項（p < .05）。因此就目前的發現而言，假設三「政治知識比起教育年限更能夠在前兩個假設當中扮演顯著的自變項」是成立的，至少就民眾對國會的評價而言。

　　表12-7接著檢視「分立政府」與「誰擁有任命閣揆的權力」等議題。在表12-7的上半段，32.7%、46.3%、34.6%、46.98%的受訪者在2002、2005、2008（在馬英九總統當選前）與2008年（在馬當選之後），表達他們支持分立政府及分權與制衡的觀念。然而，僅從表12-7較難判定為何對於分立政府的支持在四年之中展現高低起伏的趨勢？尤其是這項支持在2005年1至3月還驟升？本章的臆測是在這段期間，藍綠之間惡鬥激烈，幾個民進黨的政治人也牽扯到高雄捷運弊案，在此政治背景之下，民眾支持加強賦予立法院多一點權力來監督執政的民進黨政府。

　　此外，對於為何分立政府的支持在馬選後（2008年3月）從34.6%躍升至46.98%。本章的臆測是：馬從2008年1月即享有一致性政府的優勢（國會亦由泛藍政黨控制），因此對於那些不喜歡馬的民眾可能會憂慮馬的行政團隊過於擅權，因而集中主張多一點力量給立法院來監督行政單位。最後，值得注意的是，支持一致性政府的聲音在六年之間從未薄弱過，支持率從33.9%至 40.5%之間。平均而言，在四筆資料當中，一致性政府的支持者比分立政府的支持者少了約4%。

　　表12-7提供受訪者認為是總統抑或立院有閣揆任命權的資訊？顯然絕大多數的受訪者傾向「協調」的選項（在2002年、2005年、2008年45.2%、49.6%、51%），一如文獻探討所推論。但支持立院有閣揆任命權的受訪者，比支持總統有相同權力的受訪者，整體來說要來得少，有可能是受訪者對於扁時代的行政立法僵局感到厭煩，而期望一個較有效率的行政領頭的局面。

表12-7 受訪者對於分立政府的看法

	2002年 1月到4月		2005年 1月到3月		2008年 1月到3月		2008年 7月到9月	
問題：下列兩種說法，您比較同意哪一個？								
	n	%	n	%	n	%	n	%
1. 在野黨在立法院占有多數席次，才可以制衡政府	661	32.7	583	46.3	429	34.6	895	46.98
2. 應讓總統的政黨在立法院占有多數席次，才可以貫徹政策	819	40.5	426	33.9	453	36.6	674	35.38
3. 拒答	16	0.8[a]	9	0.7	17	1.4	3	0.16
4. 很難說	205	10.1	69	5.4	118	9.5	142	7.45
5. 無意見	91	4.5	35	2.8	47	3.8	49	2.57
6. 不知道	224	11.1	137	10.9	174	14.1	142	7.45
問題：下列三種說法，您比較同意哪一個？								
	n	%	n	%	n	%		
1. 不管立法委員的選舉結果如何，總統都有決定行政院長人選的權力	540	26.7	308	24.5	210	17.0		
2. 在行政院長人選的決定權力上，總統應該和立法院協調	914	45.2	624	49.6	631	51.0		
3. 不管立法委員的選舉結果如何，立法院都有決定行政院長人選的權力	207	10.2	121	9.6	160	13.0		
7. 拒答	9[b]	0.4	6	0.5	10	0.8		
8. 很難說	51	2.5	34	2.7	20	1.6		
9. 無意見	68	3.4	18	1.4	44	3.6		
10. 不知道	232	11.5	145	11.6	162	13.1		

資料來源：TEDS2001 & TEDS2004L & TEDS2008L & TEDS2008P。
說明：[a] 在2002年1月到4月的問卷中還有一個「都不是」的選項（樣本數=6; 0.3%）。
　　　[b] 其中只有一個受訪者的給了「都不是」這個答案。

表12-8提供探索受訪者政治知識程度與其支持分立政府之間的關係。這裡的發現頗為直觀，四個當中的三個模型顯示：受訪者政治知識程度越高，越傾向「反對」分立政府，儘管在2005年1至3月的政治知識自變項未呈現顯著，但是仍然呈現負相關。另一方面，教育程度卻未能有效詮釋民眾對於分立政府的不喜好（除了在

表12-8　政治練達詮釋分立政府

	支持分立政府				
	2002年 1月到4月	2005年 1月到3月	2008年 1月到3月		2008年 7月到9月
			模型1	模型2	
	Coef.(S.E.)	Coef.(S.E.)	Coef.(S.E.)	Coef.(S.E.)	Coef.(S.E.)
常數	-2.127(.448)**	-1.333(.545)**	.302(.448)	.916(.566)	2.591(.406)***
政治知識	-.220(.132)*	-.133(.158)	-.491(.130)***	-.460(.131)***	-.374(.117)***
教育程度	.071(.098)	.074(.055)	.020(.043)	.016(.043)	-.083(.035)**
泛藍支持者	3.320(.211)***	2.812(.294)***	.029(.224)	.029(.225)	-1.685(.179)***
政治興趣	NA	NA	NA	-.189(.107)*	NA
Pseudo R^2	.366	.281	.030	.035	.137
樣本數	706	322	367	365	663

資料來源：TEDS2001 & TEDS2004L & TEDS2008L & TEDS2008P
說明：*代表 p < .10；**代表 p < .05；***代表 p < .01

2008年7月至9月之外），因此假設三「政治知識比起教育年限更能夠在前兩個假設當中扮演顯著的自變項」在表12-8中，受到更為系統性的支持。整體而言，這裡的發現符合第二個假設（政治越練達的民眾越具有反對分立政府的傾向）與第三個假設。

　　最後，我們發現泛藍支持者對於分立政府的支持，從馬英九總統當選前的正相關，轉變為2008年馬當選後的負相關。顯見對於分立政府支持與否的態度，可以受政黨傾向是否為執政現況所滿足而產生反轉，從原本的支持分立政府到2008年總統大選後的反對分立政府。在2008年1至3月的模型中，由於有政治興趣這個變項，因此該變項被控制在模型當中；政治興趣與政治知識的效應類似，政治興趣越高的受訪者，越不喜歡分立政府。在表12-8所延伸出來的模型當中（本章未顯示），筆者嘗試控制政治知識與政治興趣的交互變項；和教育程度與政治興趣的交互變項，結果都未發現任何交互變項呈現顯著，因此我們只能說，民眾的政治知識詮釋他們對於一致性政府的支持。

　　表12-9中的資訊檢證第一個假設：政治越練達的民眾，越支持總統與國會協調出閣揆人選（相對於由立法院單方面決定）。依變項為「閣揆任命權應由誰決

定？」（總統、立院或者是協調），並且建構兩個無序多分（multinomial）的模型。表12-9中的模型並不如表12-8中二元勝算對數模型來得容易詮釋。首先政治知識無法詮釋對於協調選項的支持，換言之，假設一在此未受到支持。但又有一些細部分歧的現象，在2002年1至4月時，比起贊成立法院擁有閣揆任命權，政治知識高者比較傾向贊成總統有閣揆任命權。這樣的方向也許有意義，尤其當在表12-8中我們看到政治知識高的人對於分立政府的概念其實是不喜歡的。

　　然而，在2005年1至3月當中，政治知識高的受訪者傾向支持立法院閣揆任命權，而非協調任命。反覆無常的係數方向，使我們仍舊難以判定到底政治知識與閣揆任命方式是否呈現一種特定的關係？總之，這裡顯示出政治練達的受訪者在閣揆任命權的議題上並無一致性的想法。至於教育程度之自變項，其詮釋效果並不具一致性，在2005年1月至3月當中，教育程度越高者越支持總統，或至少是協調選項來任命閣揆；但教育程度作為一個自變項的效應消失在2002；片段的發現讓我們難以下結論。而政治知識作為政治練達的測量，一下反對立法院任命閣揆，一下又贊成立法院任命閣揆，其方向性呈現不定關係。最後，「泛藍陣營支持者」仍舊是一個有效的自變項，在表12-9中大部分的模型，泛藍支持者會避免由總統來任命閣揆，並且傾向由立法院來任命閣揆；甚至連協調任命的選項都不若立法院任命的選

表12-9　政治知識詮釋「誰有閣揆任命權」

	誰有權任命閣揆？（對照組：由立法院來任命閣揆）			
	2002年 1月到4月		2005年 1月到3月	
	由總統任命	協調任命	由總統任命	協調任命
	Coef.(S.E.)	Coef.(S.E.)	Coef.(S.E.)	Coef.(S.E.)
常數	1.954(.585)***	2.423(.552)***	1.984(.868)**	1.960(.814)**
政治知識	.513(.173)***	-.035(.160)	-.293(.274)	-.500(.255)*
教育程度	-.046(.062)	.019(.058)	.144(.086)*	.172(.079)**
泛藍支持者	-2.331(.322)***	-1.329(.311)***	-2.396(.520)***	-.795(.495)
Pseudo R^2	.074		.099	
N	762		331	

資料來源：TEDS2001 & TEDS2004L
說明：*代表 p < .10；**代表 p < .05；***代表 p < .01

項來的受青睞。不管在2002年或者在2005年，泛藍陣營支持者這個變項都具一致性的詮釋力，並且顯著在p < .01的層級。

　　TEDS2008L是另一筆擁有任命閣揆方式問題的民調，並且是四筆民調中，唯一詢問受訪者政治興趣題目的民調，因此在表12-10當中建構統計模型來凸顯；應變項的時間介於2008年1至3月間。再者，在該模型進一步控制兩個交互變項：「教育程度x政治興趣」與「政治知識x政治興趣」。結果發現，教育程度對於認為由誰來任命閣揆的影響，是受政治興趣的高低所影響的。圖12-1展現變項間的互動關係；在政治興趣程度逐漸提高的前提下，當教育程度每增加一個單位，受訪者就越來越不可能去支持「協調」選項（相對於支持「立法院任命閣揆」選項）。換言之，針對那些原本對政治就有興趣者，教育程度的增加使其越來越不可能去支持協調選項，轉而支持立法院任命閣揆選項，當然這樣的發現難以定論，若就此單一發現而提出對於政治有興趣者傾向給予國會閣揆任命權（而非協調任命）的結論，則與表12-8當中政治興趣高者傾向反對分立政府的發現是互相矛盾的。另外，值得說明的是，在表12-10當中，泛藍支持者仍舊傾向由立法院來任命閣揆，而不傾向由總統來任命，持續第二次政黨輪替前泛藍支持者反對陳前總統擴權的氣氛。至此，

表12-10　預測民眾認為誰有權任命閣揆（包括交互變項）

	2008年1月到3月	
	誰有權任命閣揆？（對照組：由立院來任命閣揆）	
	由總統任命	協調任命
	Coef.(S.E.)	Coef.(S.E.)
常數	-1.283(2.595)	-1.639(2.314)
政治知識	.215(.775)	.114(.683)
教育程度	.296(.267)	.468(.241)*
政治興趣	.768(.736)	.876(.658)
教育程度x政治興趣	-.089(.076)	-.122(.069)*
政治知識x政治興趣	.010(.221)	.012(.195)
泛藍支持者	-1.443(.417)***	-.346(.383)
Pseudo R^2	.050	
樣本數	396	

資料來源：TEDS2008L。

說明：*代表 p < .10；**代表p < .05；***代表p < .01

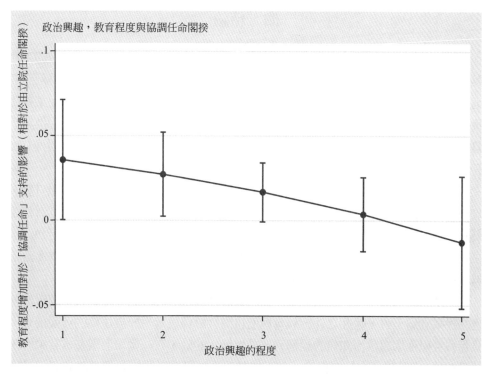

圖12-1

資料來源：TEDS2008L。

保守說來表12-10與圖12-1對於教育程度、政治興趣與閣揆任命權之間的關係所提供的資訊仍然有限，需要將來更多的檢證作全盤思考；而政黨傾向方面，仍舊維持其一致性的詮釋力。

整體來說，在表12-9與12-10當中，我們並未看到政治知識、教育程度、政治興趣與這些變項互動之下可以預測受訪者支持由誰任命閣揆的明確資訊，個別顯著的關聯性顯得有些零星。

捌、結論

　　從本章的統計發現拉高到大方向的層次來談，臺灣民眾對於立委應該做的工作與實際上正在從事的工作，有認知上的差異。這個差異「間接地」詮釋了爲何許多選民對於立法院的表現感到不滿。雖然資料限制讓我們無法明確地檢視爲何某些民眾不喜歡立法院？但這個認知差異有可能是導致這些不喜歡的原因，這樣的推論也與文獻內涵相符合（盛杏湲、黃士豪，2006），立委不受民眾歡迎，主要因爲立委無法符合民眾對他們角色扮演的期待。

　　進一步來說，民眾如何看待立法院與他們對於國、內外政治現勢的知識有關，政治知識越高的民眾，對於立法院不喜歡的程度越高；政治知識高者，也許有較優質的政治鑑賞力，因此比較不容易滿足立委的表現。再者，至少在2000年至2008年之間，政治練達度越高者越不喜歡分立政府，但在其他先進國家如美國，許多政治越練達度高者傾向支持分權與制衡之原則（Fiorina，1996）。

　　本章臆測過去八年在立法院當中的兩黨惡鬥與缺乏效率的立法過程，讓政治練達的民眾感到不耐，除此之外，教育程度也同樣解釋民眾對於立法院的負面情感，儘管教育程度比起政治知識的詮釋力要來得低。的確，在一個未展現在本章中的統計模型裡，[10]受訪者的教育程度，並不如其政治知識來得能夠詮釋受訪者認爲「立委的理想工作應該都在院內，而感覺上立委實際從事的工作都在選區」的意見。

　　至於民眾是否支持立法院而非總統來任命行政院院長？本章尚未能找到明確的民意傾向。在2002年，政治練達程度高者傾向支持總統任命而非立法院任命閣揆；但在2005年，政治練達程度高者反而支持立法院任命而非協調任命。在2002年與2005年當中，也許有很多的混淆性因素導致政治知識與閣揆任命權間的不定關係，未具體控制的當時政治環境因素（例如當時一連串的揭弊新聞與陳水扁總統的弊案）可能影響民意對於閣揆任命權的看法。一個比較保守的說法是，即使是政治練達程度較高的臺灣民眾，對於行政、立法關係如何體現在由誰來任命閣揆上面，恐怕仍不具有深思熟慮的能力。但民眾對於「支持分立政府與否」這種較爲二分法的議題，比較容易因爲政治練達度提升而產生邏輯一致性的意見。

　　這裡延伸出一個更廣泛的議題，那就是如果政治練達程度高者，乃至於大部分的選民都無法具體主張誰應具有閣揆任命權？又爲何可以如此任命的原因？等等

---

[10] 這是爲了文章圖表精簡考量。

和行政與立法有關之核心議題，意味著臺灣半總統制的運作仍舊呈現由上而下的態勢，並且缺乏一般公民對於這個體制應該如何運作的聲音與探討，非民主國家之福。中華民國憲法在1997年時被修改爲總統任命閣揆不需由立法院同意，但閣揆仍舊對立法院負責。有趣的是李登輝前總統是主導含1997年在內的修憲的主要推手，他本人卻從未體驗過分立政府與立法遲滯的問題，這些問題是從2000年第一次政黨輪替之後才開始發生的。在1997年修憲之後，臺灣的政治菁英間也很少提及是否將來遇到分立政府時，也應該推動法國式的「共治」（cohabitation）作爲？在當時，政治人物海納民眾對此議題的看法亦是遙遠夢想。

本章的經驗證據顯示政治練達者不喜歡分立政府，並且多數的民眾喜歡行政、立法協調以決定閣揆人選，可惜的是這些想法在陳水扁執政八年，對峙泛藍政黨所控制的立法院，沒能夠實現。因此當時民眾對於立法院的不滿來到一個歷史新高。

當然，這篇文章的經驗發現有值得檢討之處，例如針對2000-2008年民眾對於行政、立法關係的看法，不見得能夠推估到往後若分立政府再發生時民眾的看法。臺灣的民主仍舊很年輕，就算馬英九總統完成二次政黨輪替，我們的民主仍在不斷變化當中，本章作爲一個研究民意怎麼看待行政、立法關係的開端，企盼後續更周延的研究能深掘這個理論與實務俱重要的主題。

附錄

I. 政治知識

TEDS2001, TEDS2004L, TEDS2008L
請問現在的中國大陸國家主席是誰？
- 1. 正確.
- 0. 錯誤.
- 95. 拒答
- 98. 不知道

請問哪一個機關有權解釋憲法？
- 1. 正確.
- 0. 錯誤.
- 95. 拒答
- 98. 不知道

請問這一屆選出的立法委員一任幾年？
- 1. 正確.
- 0. 錯誤.
- 95. 拒答
- 98. 不知道

TEDS2008P
請問您：現任的美國總統是誰？
- 1. 正確
- 0. 錯誤
- 0. 知道，但忘記名字
- 98. 不知道

請問您：現任的行政院長是誰？
- 1. 正確
- 0. 錯誤
- 0. 知道，但忘記名字
- 98. 不知道

請問您：我國哪一個政府機關有權解釋憲法？

　　1. 正確

　　0. 錯誤

　　0. 知道，但忘記了

　　98. 不知道

II. 教育程度

TEDS2001, TEDS2004L, TEDS2008L, TEDS2008P
請問您的教育程度是什麼？

　　1. 不識字

　　2. 識字但未入學

　　3. 小學肄業

　　4. 小學畢業

　　5. 國、初中肄業

　　6. 國、初中畢業

　　7. 高中、職肄業

　　8. 高中、職畢業

　　9. 專科肄業

　　10. 專科畢業

　　11. 大學肄業（含在學中）

　　12. 大學畢業

　　13. 研究所（含在學、肄業、畢業）

　　90. 其他＿＿＿＿

　　95. 拒答

III. 政治興趣

TEDS2008L
整體來說，請問您對政治的事情感不感興趣？

　　1. 完全沒興趣

　　2. 幾乎沒興趣

　　3. 不太有興趣

　4. 有點興趣

　5. 非常有興趣

　90. 略過

　95. 拒答

　96. 不一定

　97. 無意見

　98. 不知道

IV. 對於立法委員應然面與實然面工作的看法

TEDS2004L(B), TEDS2008L

您覺得在理想上，立法委員最重要的責任是下列哪一項？

　1. 制訂法律

　2. 監督行政機關

　3. 溝通政府與民眾的意見

　4. 審查預算

　5. 選區服務

　6. 促進地方建設與發展

　9. 促進公共安全

　10. 國家整體發展

　91. 全部皆是

　95. 拒答

　96. 不一定

　97. 無意見

　98. 不知道

那在實際上，您覺得大多數的立法委員最重視下列哪一項工作？

　1. 制定法律

　2. 監督行政機關

　3. 溝通政府與民眾的意見

　4. 審查預算

　5. 選區服務

　6. 促進地方建設與發展

　　7. 個人利益

　　8. 政黨利益

　　90. 略過

　　91. 全部皆是

　　92. 全部皆非

　　95. 拒答

　　96. 不一定

　　97. 無意見

　　98. 不知道

V. 對行政院的評價

TEDS2001, TEDS2004L (B), and TEDS2008L

如果以0表示非常不滿意，10表示非常滿意，整體來看，對於陳水扁總統所領導的政府這四年來的表現，請問您的滿意程度是多少

　　95. 拒答

　　98. 不知道

VI. 對立法院的評價

TEDS2001, TEDS2004L (B), and TEDS2008L

若0表示很不好，10表示很好，請問您對立法院過去三年的整體表現，0到10您要給它多少？

　　95. 拒答

　　98. 不知道

VII. 分立政府

TEDS2001,TEDS2004L(B),TEDS2008L,TEDS2008P

請問，下列兩種說法，您比較同意哪一個？(1)在野黨在立法院占有多數席次，才可以制衡（牽制）政府。(2)應該讓總統的政黨在立法院占有多數席次，才可以貫徹政策。

　　1. 在野黨在立法院占有多數席次，才可以制衡政府

　　2. 應該讓總統的政黨在立法院占有多數席次，才可以貫徹政策

95. 拒答

96. 很難說

97. 無意見

98. 不知道

VIII. 閣揆的委任權

TEDS2001, TEDS2004L (B), TEDS2008L

請問，下列三者說法，您比較同意哪一個？(1)不管立法委員的選舉結果如何，總統都有決定行政院長及部會首長人選的權力(2)在行政院長及部會首長人選的決定權力上，總統應該和立法院協調(3)不管立法委員的選舉結果如何，立法院都有決定行政院長及部會首長人選的權力。

95. 拒答

96. 很難說

97. 無意見

98. 不知道

參考書目

英文部分

Alesina, A., and H. Rosenthal. 1995. *Partisan Politics, Divided Government, and the Economy.* New York: Cambridge University Press.

Binder, S. A. 1999. "The Dynamics of Legislative Gridlock, 1947-96." *American Political Science Review* 93, 3: 519-533.

Bond, Jon R. et al. 2001. *Promise and Performance of American Democracy.* Illinois: F. E. Peacock.

Coleman, J. J. 1999. "Unified Government, Divided Government, and Party Responsiveness." *American Political Science Review* 93, 4: 821-835.

Converse, Philip E. 1964. "The Nature of Belief Systems in Mass Publics." in David E. Apter. ed. *Ideology and Discontent*: 206-261. New York: Free Press.

Converse, Philip E. 2000. "Assessing the Capacity of Mass Electorates." *Annual Review of Political Science* 3: 331-353.

Cox, G. W., and M. D. McCubbins. 1991. "Divided Control of Fiscal Policy." in G. W. Cox and S. Kernell. eds. *The Politics of Divided Government*: 155-175. Boulder, CO: Westview Press.

Cutler, L. N. 1988. "Some Reflections about Divided Government." *Presidential Studies Quarterly* 18, 3: 489-490.

Fiorina, Morris P. 1996. *Divided Government*. New York: Macmillan.

Garand, James C., and Marci Glascock Lichtl. 2000. "Explaining Divided Government in the United States: Testing an Intentional Model of Split-Ticket Voting." *British Journal of Political Science* 30, 1: 173-191.

Hardin, C. M. 1989. "A Challenge to Political Science." *PS: Political Science and Politics* 22, 3: 595-600.

Hibbing, John R. and Elizabeth Theiss-Morse. 1995. *Congress as Public Enemy: Public Attitudes toward American Political Institutions.* New York: Cambridge University Press.

Hibbing, John R. and Elizabeth Theiss-Morse. 2002. *Stealth Democracy: Americans' Beliefs about How Government should Work.* New York: Cambridge University Press.

Ingberman, D., and J. Villani. 1993. "An Institutional Theory of Divided Government and Party Polarization." *American Journal of Political Science* 37, 2: 429-471.

Keefe, William J. and Morris S. Ogul. 2001. *The American Legislative Process: Congress and the State.* New Jersey: Prentice-Hall.

McCubbins, M. D. 1991. "Government on Lay-away: Federal Spending and Deficits under Divided Party Control." in G. W. Cox and S. Kernell. eds. *The Politics of Divided Government*: 113-153. Boulder, CO: Westview Press.

Shugart, Matthew Soberg and John M. Carey. 1992. *Presidents and Assemblies: Constitutional Design and Electoral Dynamics*. New York: Cambridge University Press.

Shugart, Matthew Soberg. 1999. "Presidentialism, Parliamentarism, and the Provision of Collective Goods in Less-Developed Countries." *Constitutional Political Economy* 10: 53-88.

Shugart, Matthew Soberg. 2005. "Semi-Presidential Systems: Dual Executive and Mixed Authority Patterns." *French Politics* 3, 3: 323-351.

Sniderman, Paul et al. 1991. *Reasoning and Choice: Explorations in Political Psychology.* Cambridge, UK: Cambridge University Press.

Terrance, V. L, Jr., Walter De Vries, and Donna L. Mosher. 1998. *Checked & Balanced: How Ticket-splitters are Shaping the New Balance of Power in American Politics.* Grand Rapids, MI: William B. Eerdmans.

Weatherford, M. S. 1994. "Responsiveness and Deliberation in Divided Government: Presidential Leadership in Tax Policy Making." *British Journal of Political Science* 24, 1: 1-31.

Zaller, John. 1992. *The Nature and Origin of Mass Opinion*. Cambridge, UK: Cambridge Univerty Press.

中文部分

朱雲漢等。2007。〈東亞民主困境與當代思維陷阱〉。《臺灣社會研究季刊》65：249-256。

吳重禮。2002。〈美國「分立政府」運作的爭議：以公共行政與政策為例〉。《歐美研究》32，2：271-316。

吳重禮、王宏忠。2003。〈我國選民「分立政府」心理認知與投票穩定度：以2000年總統選舉與2001年立法委員選舉為例〉。《選舉研究》10，1：81-114。

吳重禮等。2004。〈選民分立政府心理認知與投票行為：以2002年北高市長暨議員選舉

爲例〉。《政治科學論叢》21：75-115。

林瓊珠。2005。〈臺灣民眾的政治知識：1992~2000年的變動〉。《選舉研究》12，1：147-171。

林繼文。2009。〈共治可能成爲半總統制的憲政慣例嗎？法國與臺灣的比較〉。《東吳政治學報》27，1：1-51。

洪永泰。1995。〈分裂投票：八十三年台北市選舉的實證分析〉。《選舉研究》2，1：119-145。

徐正戎、張峻豪。2004。〈從新舊制度論看我國雙首長制〉。《政治科學論叢》22：139-180。

盛杏湲。2003。〈立法機關與行政機關在立法過程中的影響力：一致政府與分立政府的比較〉。《臺灣政治學刊》7，2：51-105。

盛杏湲。2005。〈選區代表與集體代表：立法委員的代表角色〉。《東吳政治學報》21：1-40。

盛杏湲、黃士豪。2006。〈臺灣民眾爲什麼討厭立法院？〉。《臺灣民主季刊》3，3：85-128。

許增如。1999。〈一九九六年美國大選中的分裂投票行爲：兩個議題模式的探討〉。《歐美研究》29，1：83-126。

許勝懋。2001。〈台北市選民的分裂投票行爲：一九九八年市長選舉分析〉。《選舉研究》8，1：117-158。

許勝懋。2003〈台北市民具有制衡觀嗎？1998與2002市長選舉之比較研究〉。《2002年臺灣選舉與民主化調查國際學術研討會》。2003年11月1-2日，台北：國立政治大學。

陳文俊、陳玟君。2003。〈高雄市選民的一致與分裂投票行爲之研究—2002年高雄市長與市議員選舉個案〉。《2002年臺灣選舉與民主化調查國際學術研討會》。2003年11月1-2日，台北：國立政治大學。

陳宏銘。2009。〈臺灣半總統制下的黨政關係：以民進黨執政時期爲焦點〉。《政治科學論叢》41：1-55。

黃德福。1991。〈臺灣地區七十八年底選舉分裂投票之初探研究—以台北縣雲林縣與高雄縣爲個案〉。《政治學報》19：55-80。

黃紀。2001。〈一致與分裂投票：方法論之探討〉。《人文及社會科學集刊》13，5：541-574。

趙弘章。2005。〈立委選制與國會改革的下一步：委員會專業化與黨團協商透明化〉。
　　《臺灣智庫通訊》16 (6th June)：5-7。

劉從葦。2003。〈中央與地方分立政府的形成：一個空間理論的觀點〉。《臺灣政治學
　　刊》7，2：107-147。

蘇子喬。2010。〈臺灣憲政體制的變遷軌跡（1991-2010）：歷史制度論的分析〉。《東
　　吳政治學報》28，4：147-223。

國家圖書館出版品預行編目資料

轉型中的行政與立法關係／黃秀端等著. －－
初版.－－臺北市：五南, 2014.04
　　面；　公分
ISBN 978-957-11-7583-6 (平裝)
1.行政立法關係　2.比較研究
572.56　　　　　　　　　103005467

1PAC

轉型中的行政與立法關係

作　　者 — 黃秀端　盛杏湲　陳宏銘　蔡韻竹　吳志中
　　　　　　廖達琪　黃宗昊　沈有忠　劉書彬　吳重禮
　　　　　　邱師儀　陳月卿　李承訓　崔曉倩

發 行 人 — 楊榮川

總 編 輯 — 王翠華

主　　編 — 劉靜芬

責任編輯 — 蔡惠芝

封面設計 — P.Design視覺企劃

出 版 者 — 五南圖書出版股份有限公司

地　　址：106台北市大安區和平東路二段339號4樓

電　　話：(02)2705-5066　　傳　　真：(02)2706-6100

網　　址：http://www.wunan.com.tw

電子郵件：wunan@wunan.com.tw

劃撥帳號：01068953

戶　　名：五南圖書出版股份有限公司

台中市駐區辦公室/台中市中區中山路6號

電　　話：(04)2223-0891　　傳　　真：(04)2223-3549

高雄市駐區辦公室/高雄市新興區中山一路290號

電　　話：(07)2358-702　　傳　　真：(07)2350-236

法律顧問　林勝安律師事務所　林勝安律師

出版日期　2014 年 4 月初版一刷

定　　價　新臺幣520元